解脫煩惱的智慧

真蓮行者 著

敬師 重法 實修

僅以出版此書之功德迴向給
根本傳承上師蓮生活佛。
請佛住世，大轉法輪！
以及生我、育我的父親和母親！

推薦序

眞蓮行者是我弟弟，國立清華大學工學博士，是系統工程、全面品質管理與問題解決方法論的專家。本書《解脫煩惱的智慧》是我弟弟寫的第二本佛書，與前一本佛書《解脫煩惱的方法：八正道》是姊妹作。前一本書談方法，後一本書談智慧。有了「方法」就知道該如何進行實修，形成一種習慣。有了「智慧」就知道該如何判斷選擇，形成一種價值觀。並融入我們的日常生活，讓「身、口、意」的行爲都能夠符合佛陀的教誡，實踐所謂的「生活佛教」。除了可以清淨生活，圓滿人生之外，進一步還可以提昇生命，解脫生死。這兩本書論述的共同基礎都是以原始佛教「四阿含經」爲依據，將浩瀚如海的佛法智慧做了一個系統性的整理與呈現。今天再度爲舍弟寫推薦序，身爲兄長的我，仍然感到非常的高興與榮幸。因爲能夠再一次向社會大眾推薦一本值得你我珍藏的好書。

本書總共整理出十種解脫煩惱的智慧，以及一個當下管理的轉念模式，非常實用。讀完這本書之後，有幾點感想。在生命的智慧方面：（一）原來有情生命不斷延續發展，甚至流轉生死的力量是因爲執取五蘊，貪求四食，染著五欲，並透過六根攀緣六塵，造無量業，因此千萬不可以執著與貪染。（二）原來十法界不離一念心。三界火宅的層次與結構完全和有情眾生的心念與行爲相互對應。一念妄動就會流浪生死，因此要自淨其意。在人生的智慧方面：（一）原來人生如夢如幻，都只是暫時的存在，因此要學會看破放下。看破是眞智慧，放下是眞功夫。（二）原來宇宙人生的眞相是「四聖諦」；宇宙人生的眞理是「緣起法」。須知業由惑起，欲爲苦本，因此要看透世間無常的眞相，明白萬法緣起的眞理。一切都會變化的，一切都會過去的，一切都會消失的，一切終歸於寂滅。在生活的智慧方面：（一）原來生活是造業的舞台。如果我們不懂得善護心念、守護六根、持戒清淨，就會頻頻造業。因此必須堅守人生的「三道防線」，做到諸惡莫做，眾善奉行。（二）原來佛陀教導我們要正命存命，行「中道生活」。把父母孝養好，把家庭照顧好。並且供養三寶，勤耕福田，布施貧病，行善積德。

在解脫的智慧方面：（一）原來「無常」是中性的。好的會過去，不好的也會過去。無常不離因緣，是自然的法則。因此要正觀無常。（二）原來「苦」的功德始於「出離心」，但終於「菩提心」。因爲知苦，而生厭離；因爲不忍眾生苦，而發悲願。因此要自度度人。（三）原來一切煩惱皆因「有我」而起，一切煩惱也將因「無我」而滅。修證無我，就很自在。（四）原來「無我」的深義是緣起。以「厭離」爲智慧，知味、知患、知離；以「慈悲」爲方便，懂得爲他人著想。（五）原來眞正的慈悲是救人慧命，出離苦海。（六）原來緣起法、三法印、四聖諦是相通的。緣起故無常，無常故苦，苦故無我，無我故空，寂靜涅槃。（七）原來「空」可以當形容詞：緣起性空；也可以當動詞：放空身心；也可以當名詞：涅槃空境。其實「空」就是法界本體，是眞實的存在。因此要親證空慧，悟平等心，回歸法界。（八）原來任何起心動念、身行口說所引發的「業行」都會被傳送到法界本體，接受緣起法的監控，形成業因業緣。在因緣成熟時，招感應得的果報。（九）原來「心」是用，眞妄不二。「妄心」是指遇境生心，妄心妄爲；「眞心」是指眞如本性，隨緣妙用。該怎麼做？妄心若起，知而勿隨；妄心若息，眞心空寂。（十）原來「性」是體，不垢不淨。「習性」遇緣薰陶，雜染有爲；「本性」空寂無生，清淨無爲。回歸本性就可以顯露眞心，眞我出現，覺而不迷，正而不邪，淨而不染。（十一）看破了，一切都無所求；放下了，一切都無所謂。明心了，一切都無所住；見性了，一切都無所得。（十二）以淨土的心，做紅塵的事。「因地」努力過了，「果地」就無所謂。無爲而爲是眞爲，無得而得是眞得。

在當下管理方面：（一）原來累世的「業緣」會牽動我們的「命運」去遭遇不同的「塵境」，接觸種種的「人事時地物」。當下的那一顆「心」會受到累世無明「習性」的影響，造作雜染「業行」。所以一方面我們要離相滅境：外離一切相，滅所緣之境；做到「無事」，實證「如如不動」。另一方面要離念滅心：內離一切念，滅能緣之心；做到「無心」，實證「一心不亂」。（二）原來修行就是在學轉念。遇到惡緣逆境，轉個念，就沒事了。（三）原來因果是分分秒秒都在發生的。想要別人對你好，那麼你就要先對別人好。（四）原來人世間的一切都是緣份。緣來了，好好珍惜；緣盡了，留在回憶。隨順自然，隨緣自在。（五）原來只要能夠正常地吃飯，安心地睡覺，有一份正當的收入，能夠修行，就是人生最大的幸福，應該感到知足了。

最後，再一次誠摯地向各位讀者大眾鄭重地推薦這一本好書。這本書從認識生命，體會人生，談四聖諦，論緣起法，中道生活，厭離出世，慈悲入世，無我第一，離欲導向，說三法印，證悟空慧，到漏盡解脫，都做了詳細的說明與討論。內容實在是太豐富、太精彩了，等待各位讀者去發掘、去品嚐。祝各位修行有成，煩惱解脫，法喜充滿。

國立台北科技大學副校長

林啟瑞

二〇一五年春

自序

有情生命來到世間，就要面對現實的生活，接受無常的洗禮，歷經生老病死的人生。說實在，人生是苦。身也苦，心也苦；得也苦，失也苦；有也苦，沒有也苦；愛也苦，恨也苦；不但自己苦，也看到眾生苦。試問世人誰沒有煩惱？誰沒有痛苦？其實，愚癡凡夫的煩惱與痛苦歸納起來不外乎來自於「我要」與「我怕」兩種心理。只要有「我要」就會有煩惱；只要有「我怕」就會有擔憂。內心有煩惱、有擔憂，就會感到痛苦。爲了滿足「我要」，排除「我怕」，人性的醜陋與弱點就會顯露出來，進而引發「貪、瞋、癡」煩惱，造作「身、口、意」業行，流轉「三界、五趣、六道」；其根本原因就是「無明」與「愛染」。所以，佛陀認爲：我們被「愛染繩」綁在「無明柱」上，因而在「五趣」中生死團團轉。如何讓「無明」變「明」，化「愛染」爲「清淨」，永斷生死，解脫自在？須知解脫的關鍵在「覺悟」，覺悟的關鍵在「智慧」。有了智慧就可以現世得解脫，當下得清淨。

解脫煩惱的智慧乃根基於「八正道」之上。「八正道」是一切佛法的基礎，教你在學會如何做佛之前，先學會如何做人；學會如何做人之後，繼續教你如何邁向解脫之道。本書延續前一本書《解脫煩惱的方法：八正道》的寫作風格，以原始佛教「四阿含經」爲依據，並附有原文經典或出處，可供驗證。「四阿含經」是世界公認最原始的佛教聖典，且有南傳的「巴利藏五部」與之印證。是佛陀涅槃後，由佛陀的聲聞弟子結集出來的經典。此外，本書也參照《金剛經》與《六祖壇經》等大乘經典，以及尊貴的蓮生聖尊的豐富著作和法語開示，進行論述。可以說是「世尊祖師同此心，古佛今佛相輝映」。並發揮個人在「方法論」方面的專長，將解脫煩惱的智慧做了一個系統性的歸納與闡述。

本書的精彩內容包括：（一）生命的智慧：四生、五類、四大、五蘊、六根、六塵、六識、四食。（二）世間的人生智慧：命運觀、善惡觀、因果觀、輪迴觀、聖者觀。（三）出世間的人生智慧：「四聖諦」——苦集滅道，苦諦當知、集諦當斷、滅諦當證、道諦當修。（四）緣起的智慧：緣起中道、緣起十二支、緣起流轉、緣起還滅。（五）生活的智慧：人生的三道防線，善護心念、守護六根、持戒清淨，中道生活。（六）厭離的智慧：「味、患、離」、正觀四食、正觀五欲、正觀五蘊。（七）慈心解脫的智慧：慈悲喜捨、依慈心修十善業、漂亮的心、四攝法。（八）三法印的智慧：諸行無常、諸受是苦、諸法無我、寂靜涅槃。（九）空的智慧：內空、外空、內外空、不移動；三解脫門、眞空化無、涅槃空境。（十）漏盡解脫的智慧：依遠離、依無欲、依滅、向於捨；看破紅塵，無所求；放下得失，無所謂；顯露眞心，無所住；回歸本性，無所得。

解脫煩惱的智慧以「八正道」爲基礎，以「緣起法」爲核心，以「四聖諦」爲總綱。想要解脫自在，就要證悟涅槃；想要證悟涅槃，就要滅盡煩惱。想要滅盡煩惱，就要離欲清淨；想要離欲清淨，就要修證無我。想要修證無我，就要生起「厭離心」與「慈悲心」。想要生起「厭離心」，就要知苦而離苦，以智慧處事；想要生起「慈悲心」，就要悲憫眾生的苦，以慈悲待人。由「無我」而「無我所」；「無我」、「無我所」就是「空」。然後內而「無我」，證「內空」；外而「無相」，證「外空」；內外「無住」，證「內外空」；念本無念，性本空寂；最後「眞空化無」，證入「無生」，如如不動。同時恪守人生的「三道防線」；在「四念處」的基礎之上，依遠離：做好「身行管理」，遠離諸惡不善法；依無欲：做好「情緒管理」，離欲清淨；依滅：做好「心靈管理」，永斷喜貪，心解脫；向於捨：做好「價值觀管理」，永斷無明，慧解脫。心慧解脫，就可以成爲解脫的聖者。

看破紅塵，放下得失；眞心作主，回歸本性。一切都無所求，就不會貪；一切都無所謂，就不會瞋；一切都無所住，就不會癡；一切都無所得，就不會妄想、分別、執著。體悟「現象面」：緣起幻生，雜染有爲。證悟「本體面」：空寂無生，清淨無爲。契入「中道」：好也等於不好，不好也等於好；一切都是很好，其實無所謂好不好。尊貴的蓮生聖尊說：「隨緣自然就是好。」從此煩惱熄滅，漏盡解脫，寂靜涅槃，常樂我淨，任運自在。

最後，感謝賢內助燕飛在寫作期間的支持和照顧，讓本書得以順利出版。並且在完稿後，逐字逐句爲本書校稿，使本書的可讀性大大地提高。同時感謝我的一對雙胞胎兒女對他老爸在寫作上的鼓勵。更要感謝身爲台北科技大學副校長的大哥啓瑞在百忙中爲本書寫序。也要感謝侄兒育賢與同事黃文忠陪我上山下海拍攝精彩的燈塔照片，讓本書增色不少。並感謝尊貴的蓮生聖尊賜給弟子無比的信心和力量，使本書得以順利完成。雖然個人非常渺小，但是六祖惠能說：「下下人有上上智。」但願這本書的出版能夠對苦難的有緣眾生，在解脫人生煩惱與痛苦的修行路上有所助益。

真蓮行者

二〇一五年春

燈塔

蘇格蘭民歌
黃桂雲編譯

在那幽靜的夜晚裡，

浪花輕拍岸邊。

小小船兒迷失了方向，

漂泊在海面上。

是誰佇立孤寂海邊，

放出柔和的光芒。

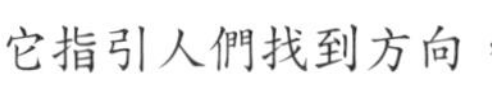

它指引人們找到方向，

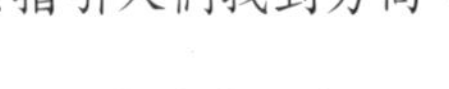

不再漂泊流浪。

目錄 contents

第十二章 結語 369

六祖《壇經》無相頌 393

高王觀世音真經 394

第一章 簡介

想開了，就沒事；
看懂了，就明白；
發生了，就面對；
過去了，就放下。

第一節 What is a life?

有一年參加台灣雷藏寺護摩火供法會，結束後從南投草屯搭客運巴士返回台中的路上，車上播放著一部日本電影。本來漫不經心地看著，直到影片中出現了一首歌「What is a life?」極大地吸引了我的目光。這不就是自己一直在探究的人生課題嗎？歌曲裡面提到：有人爲了家庭而活！有人爲了自尊而活！有人爲了名譽而活！松子則是爲了愛而活！那我們是爲何而活呢？因此引起了我對該部電影的高度興趣。經過了解，才知道該部電影叫做「令人討厭的松子的一生」，由中島哲也編劇、導演，中谷美紀主演，還得過日本電影金像獎最佳女主角。主要是根據日本作家山田宗樹「令人討厭的松子的一生」暢銷原著小說改編。後來也拍成連續劇，並出版漫畫書。

松子的全名是川尻松子，日本福岡縣大川市大野島人，生於一九四七年。小時候的松子，生長在一個幸福美滿的家庭，對未來充滿了憧憬與夢想。父親是個公務員，下面還有一個弟弟和妹妹。從小就渴望得到父愛，偏偏父親的心思全都放在體弱多病的妹妹久美身上，因而始終嫉妒著父親對妹妹的關愛。爲了討好父親，松子用功唸書，並放棄自己對理科的夢想，而改讀父親期望的文科。最終畢業於國立大學，並取得教師資格，順利進入當地的中學擔任老師。松子端莊秀麗，面貌姣好，體態迷人，又有氣質，一切都是那麼的美好，只是個性稍嫌天眞、單純、率性。然而，好景不常，就在一次修學旅行，商店發生現金偷竊事件，松子爲了息事寧人，替自己的學生龍洋一頂罪，卻弄假成眞，竟然被之前在勘察修學旅行地點時強暴未遂的校長開除教職，葬送了如花似錦的前途。心慌意亂的松子，不但不敢面對父親，更將怨氣發洩於久病在床的妹妹身上，並憤而離家出走，從此墮入荒唐的人生。

離家之後的松子，先是與一位自認爲是日本文豪「太宰治」轉世的落魄作家同居，兩人雖然相愛，卻經常遭受虐打。害怕寂寞的松子，寧可挨打也不要一個人孤單。同一年，落魄作家自殺身亡，可憐的松子繼而投入落魄作家好友的懷抱，並且成爲別人的第三者，自以爲可以從此過著幸福快樂的日子，甚至夢想取代元配，卻不知道自己只是別人洩欲與贏回面子的工具。在東窗事發之後，再度被拋棄。失去愛的松子，竟然自甘墮落下海當起了土耳其浴女郎，還染上毒品安非他命，雖然賺飽了錢，也養了一個小白臉，並夢想未來能夠開個小餐館過正常人的生活，但萬萬沒有想到辛苦賺來的錢，竟然被小白臉私吞並花在別的女人身上。在忍無可忍之下，拿起菜刀，失手殺人。

殺人之後的松子，開始逃亡，爲了自殺來到東京三鷹玉川上水，想要追隨落魄的作家而去，卻意外地認識了一位純樸的理髮師並與之同居。就在理髮師向她求婚共譜未來生活之際，被警方查獲而鋃鐺入獄，判刑八年。歷經漫長而單調的監獄生活與等待，並在監獄裡考取美髮師執照，夢想出獄後能夠跟愛她的理髮師共結連理。影片中「What is a life?」這首歌就是在這個時候出現的。但是沒想到理髮師早已結婚生子，另組家庭。苦苦等待了八年，爲了「愛」勇敢活下來的松子，夢想再度破滅。

出獄之後的松子，來到美容院擔任美髮師，本以爲可以從此過著踏實的生活，沒想到在命運的捉弄安排下，與當年害他被學校革職的偷竊學生龍洋一重逢並同居。總是渴望得到男人的愛的松子，彼此發誓要永遠在一起。長大後的龍洋一此時淪爲黑道，走私毒品安非他命，將松子的人生帶入了險境。獄中好友阿惠苦勸松子離開他，松子卻認爲即使是下地獄也要跟她所愛的人在一起，並認爲這是她的幸福。後來果然出事，被幫派追殺，性命差點不保。最後兩人因非法持有或施打毒品而再次被關入監獄。一年後松子先出獄，然後每天盼望著阿龍出獄的一天，夢想從此永不分離。三年後，就在阿龍出獄的那一天，阿龍自認爲沒有資格也沒能力讓松子幸福，從此離她而去，留下一臉錯愕的松子。

失去龍洋一之後的松子，從此把自己隔離起來，放逐自己，不再相信任何人，也不再愛任何人。離家之後的種種，得不到家人的諒解，父親走了，妹妹也走了，弟弟紀夫希望她不要再回來了。松子有家歸不得，只好找了一個跟家鄉很像的河川旁的公寓住了下來，想家的時候就到河邊公園的長椅上坐著，回憶往事，經常掩面哭泣。從此蓬頭垢面，臃腫癡肥；整天吃飽睡，睡飽吃，睡不著就喝威士忌。房子又髒又臭，垃圾亂丟，牆壁亂畫，半夜亂叫。經常在全黑的房間裡咆哮著：「爲什麼爸媽不愛我？爲什麼校長要非禮我、開除我？爲什麼沒有人保護我？爲什麼要玩弄我？爲什麼要背叛我？爲什麼不等我？爲什麼要離開我？」從此被鄰居稱爲「令人討厭的松子」。最後，在五十三歲那一年，有一天爲了重拾人生的希望，在半夜來到河邊公園找尋獄中好友阿惠給的名片，卻陰錯陽差地遭到一群夜半不歸、貪玩兇狠的大學生重傷害致死，結束了松子坎坷的一生。詳細的情節，讀者若有興趣，可以進一步參考中谷美紀主演的電影，或是原著小說中文譯本，由皇冠出版社出版「令人討厭的松子的一生」王蘊潔翻譯的上集，以及劉珮瑄翻譯的下集。

看完松子血淚斑斑的一生，心中不免感觸良多，而爲她一掬同情之淚。感慨造化眞是捉弄人，竟然這麼多的不幸可以在短期間內集中在一個人身上。特別是松子進入職場擔任教師之後，短短一年之內就發生了許多改變她一生的重大事件。而且一步錯，步步錯，越錯越離譜，越錯越不可收拾。其中，替學生頂罪與離家出走是二個致命的錯誤。前者毀了她的教師生涯，從菁英階層跌入悲慘深淵；後者斷了她回頭重來的退路，從此無家可歸。這也說明了一個人除了具備「慈悲」之外，眞的還需要擁有「智慧」。否則，一旦缺乏生存的智慧，美麗的外表更容易招惹是非。其次，離開家的保護傘之後，一定要學會獨立自主與正確判斷的能力，特別是感情上的獨立。否則社會這個大染缸，竟然可以把一個出身良好的單純女孩子，轉變成爲風塵女郎，甚至吸毒的殺人犯。

當然這跟松子的倔強個性以及從小渴望得到父親的愛卻得不到有很大的關連，覺得自己是一個不值得被愛的人。既然家裡得不到愛，索性離家出走去追求愛。因此，只要有人肯愛她，就義無反顧的全情付出，甚至可以爲愛自己的男人做任何事情，沒有給自己留半點退路，即便是再差勁的男人都可以，實在缺乏理性的判斷。她害怕寂寞，更恐懼孤單，對自己不夠自信，一直想要找個男人當依靠，能夠廝守一生，並且一再地放低標準。松子要的不多，只是不想一個人生活，回家的時候，可以跟家人說：「我回來了（ただいま）！」然後聽到對方回應說：「你回來了（おがえり）！」就心滿意足了，但終其一生卻是孤單寂寞。松子雖然勇敢追求愛，無怨無悔，可惜選擇男人的眼光實在太差，加上老天爺也不站在她這一邊，運氣壞到不行，遇到的男人一個比一個爛。

然而，即使被打受虐，也願意爲愛付出一切，毫無保留，甚至不惜與所愛的人共赴地獄，連死都不怕。即使滿身傷痕，都不能阻止她對愛的渴求。原因就在於她對愛的執著所形成的價值觀：「即使被討厭，也不要一個人寂寞」。只是這樣付出的代價未免也太高了。而且，人生缺乏目標與方向，除了男女之間的情愛之外，難道就沒有別的東西值得追求了嗎？就算得不到別人的愛，難道就不能自己愛自己嗎？就算沒有男人可以依靠，難道就不能獨立開闢自己的幸福嗎？最後，失去愛的松子，同時也失去好好活下去的意義，從此孤立自己，自我感嘆：「生まれて，すみません（生而在世，我很抱歉）！」。到底是那個環節出了問題？渴望被愛，害怕孤單，率眞的個性，成長的經驗，父權的社會，姐妹的競爭，長期的抑鬱，乖舛的命運，遇人的不淑，智慧的欠缺，錯誤的選擇，與衝動的行爲，造就了松子悲慘的一生。

對松子最殘忍的莫過於希望一次次地落空，夢想一次次地破滅，連最後想要重拾人生的希望，東山再起，老天爺都不給她機會。從滿懷希望到全然絕望；夢想成爲人人稱羨的白天鵝，卻變成令人討厭的黑烏鴉；期待成爲白雪公主，卻淪落成爲風塵女郎。然而，勇敢的松子卻總是一次次地跌倒了，再爬起來，跌倒了，再爬起來，永不認輸，永不言悔。失望之後又抱著希望，破滅之後又有新的夢想，一生苦苦地等待，一生苦苦地追尋。只是每次被傷害之後，她總是問著：「爲什麼？爲什麼？爲什麼？」然後說：「我的人生結束了！」可是，不但沒有得到任何答案，而且往後的人生竟然每況愈下。看看松子，想想自己，我們不也一樣經常仰天長嘯，向老天爺抗議：爲什麼會這樣？爲什麼要這樣對我？爲什麼眞心換來的是絕情？爲什麼付出這麼多，回報卻是那麼的少，甚至沒有？爲什麼我這麼努力，卻還是失敗？人生有太多的爲什麼？實在不是那麼容易解釋。其中，不同的個性，不同的態度，不同的命運，不同的遭遇，不同的選擇，就會造就不一樣的人生。就像原著小說裡松子的侄子川尻笙的感觸：「人既然活在世上，就有可能遭遇許多出乎自己意料之外的事吧！」

我們生活的周遭，有太多像松子這樣的人的故事正在上演著，甚至比松子更荒唐的人生大有人在。其實，我們也可以從松子的身上看到部份自己的影子。或者說，其實我們就是松子，松子就是「你」，就是「我」，就是「他」。探討松子的一生，其實就是在探討「你、我、他」的一生。當無情的命運把我們帶到人生的絕境時，難保我們不會做出比松子更差勁的決定，表現出比松子更不理性的行爲，遭遇到比松子更不堪的下場。探討松子的一生，不是要我們去同情、可憐松子，她的行爲絕對不值得仿效。而是藉由松子菩薩一生的苦難示現，進行內在自我的省思，學習懂得珍惜身邊的幸福。學習愛自己、愛別人與被人愛。如果松子的一生可以重來，你有什麼想法？這也是筆者撰寫本書的動機之一，看到可憐的芸芸眾生在苦海裡翻滾，任由業力宰割，活得那麼辛苦與辛酸；雖奮力與命運博鬥，卻總是傷痕累累；加上愚癡無明，根本無力超脫。如此循環反覆，生死相續，輪迴不已，無有了時。因此很想搞懂佛陀解脫煩惱的智慧並與世人分享，看能不能對苦難的眾生每天上演的人生大戲有所幫助。讓生命有價值一點，人生有意義一點，生活有自信一點；可以過上一個單純、平靜、恬淡、幸福的一生。尊貴的蓮生聖尊慈悲開示：「我們人生啊！都要有一個依靠。」一個無依無靠又不知何去何從的人是最可憐的。而佛法就是我們最好的依靠與明燈。如果能夠有幸接觸到佛法正見與智慧，並加以實踐，松子的一生，或者說「你、我、他」的一生，是不是有機會可以改寫呢？

第二節 生命、人生、生活

What is a life？一個人活著到底是為了什麼？松子是為了愛，而你呢？活著的目的不同，選擇也就不同，生命的價值也就不一樣，人生的意義自然也就不同，生活的態度也會跟著不一樣。人的一生就是由「生命」、「人生」與「生活」所構成。英文字都是「life」，但是中文的意思各有不同，分述如下：

一、**生命**：從佛教的觀點來看，生命是無盡的延續，有前世、有今生、有來世。並且以各種不同的生命形態，包括有形的、無形的，在「三界、五趣、六道」中存在著。有受苦無窮的地獄，有饑渴難耐的餓鬼，有弱肉強食的畜生，有苦樂參半的人間，有逞凶鬥狠的阿修羅，有快樂享福的天人，有光明清淨的色界，有空無所有的無色界。不同的生命形態有不同的習性與境界，而且完全由自己的心念所決定。聖嚴法師《心的經典》認為：「生命是眾生維繫身體生存的現象，是眾生在時間過程中繼續存在的事實。」

所謂「生命」就是我們活著的時候所呈現的動態。透過認識生命來認識自我，了解一下我是誰（Who am I?）、我從何處來（Where am I from?）、將歸何處去（Where am I going to?）。

緣起十二支三世因緣是生命輪迴的運作模式，說明生命的輪迴就像一條無始無終的生死鏈，沒有最初的起源，也沒有最後的終點。一切都是按照因緣與業力，不但不能自主，而且不停地流轉著。從過去世到現在世，再從現在世銜接到未來世；以各種不同的生命形態輪迴轉世，循環不已。所以說，生命其實是根據自己往昔所造諸業，招感而來的生命形態，來世間承受應得的果報。由於過去世造了種種的善業及惡業，現在世便受種種的樂報及苦報。佛陀認爲：人的任何一個起心動念、外顯行爲，乃至於所說的任何一句話，只要是有意造業，都將留下影響力。不只影響當下相關的人情事物，甚至還會影響到今生後世的善惡果報。然而，生命是寶貴的，每個人都只有一條生命，而且是獨一無二的生命，只有以人身的生命形態存在，才有修行解脫的機會。若不懂得修行，就會不斷地在生死苦海中翻滾，輪迴不已，不得解脫。因此，能夠擁有人身是各種生命形態當中，最難得的果報，必須要懂得珍惜，體會生命的價值所在。

二、人生：生命一旦來到這個世間，就要面對現實而殘酷的人生，迎接人生的各種挑戰。宏觀來看，從出生到死亡的這段人生旅程，其實只是生命延續過程當中的一個環節而已。聖嚴法師《心的經典》說：「人生是人類在時空中生存的現象，是人類從出生到死亡的全部過程。」此外，有人認爲：人生有如住店，我們都只是人生的匆匆過客，匆匆地來，匆匆地去。有人認爲：人生就像一場戲，演戲的時候要認眞，但不要太當眞。有人認爲：人生就像一場夢，夢裡有血有淚，有哭有笑，醒來才知道人生的一切都是虛幻。有人認爲：人生就像一趟長途旅行，旅途中有鮮花、也有荊棘，有高低、也有起伏，到達終點時，往往才感嘆人生原來是一場空。

人生當中有太多不可預知的變化，由於主觀自我身心狀態的不同，以及客觀時空背景環境的差異，加上累世業緣的牽引，便會有不同的機運與遭遇，再基於個人不同的價值觀所形成的個性，及其展現出來的處世態度，依此所進行的判斷與選擇，因而產生不同的因緣與結果，造就了每個人獨特而不一樣的人生。西方聖哲蘇格拉底說：「人生就是一次次無法重覆的選擇。」是的，人生其實是一條有無限多岔路的長路，逼得我們必須不停地做選擇。每一個選擇都影響深遠，而不同的選擇也必定造就完全不一樣的人生。選擇對了，趨吉避凶；選擇錯了，墮落沉淪。而且一旦選擇了，就很難再回頭，端看你要的是什麼（What do you want?）。有人說：我要的不多，可是老天爺爲什麼連這一點都不肯給我？爲什麼？到底是爲什麼？耳邊不禁傳來老牌台語歌手郭金發演唱的一首台語老歌：「爲什麼」，感嘆人生的幾許無奈！

然而，千萬不要以爲自己可以選擇就以爲擁有人生百分百的主控權。冥冥之中，命運是按照自己既定的軌跡不停地往前走，從出生、成長到死亡。有人聽從命運的安排，隨波逐流，卻每況愈下；有人勇於挑戰命運，敢於突破，卻一樣遍體鱗傷。到底該怎麼做才對？關鍵在於因果！懂得「因果」的人就掌握了改變命運的方法；懂得「緣起」的人就比較能夠看淡世間的一切。當我們體會到今生的果報是來自於許多前世業緣的累積，便能解釋爲什麼在短短的一生當中，我們付出的心血往往並不完全等於所獲得的回報。拉大眼光，從歲月的長流來看，人生其實是來受報還債、報恩還願與學習解脫的。「受報」是爲了克盡責任，「還願」是爲了實踐承諾，「學習」是爲了看破放下。人生不見得要活得完美，但要活的自在，活的幸福，活出一個有意義的人生。

三、生活：生命來到這個世間，馬上就要面臨一個現實的問題，那就是如何面對每天的生活？簡而言之，就是如何活下去？這是生命的基本本能，包括求生的本能以及傳宗接代的本能。前者指如何讓生命能夠維持下去？後者指如何讓生命能夠繁衍下去？「生活」背後的涵意，其實隱藏著殘酷而激烈的生存競爭，因爲資源是有限的，機會是偶然的，利益是衝突的；大家都想要，我有你就沒有，糾紛在所難免。聖嚴法師《心的經典》認爲：「生活是眾生以活動來維持生命的現象；是生命在空間的環境中，求生存的活動方式。」所以說，生活就是在說明如何求生存（How to survive?）。爲了求生存，生命自己會找出路；爲了找出路，什麼好事壞事都幹得出來！並透過「身、口、意」等各種行爲表現與活動，來爲自己或自己的族群爭取最有利的條件。特別是「人」的欲望標準會不斷地提高，喜歡貪五欲、圖享受、比高低、爭長短，滿足個人的虛榮心，造成永無止盡的追求。明代文化巨匠朱載堉有一首散曲《山坡羊．十不足》頗能刻劃人心之不足，摘錄如下：

終日奔忙只為飢，才得有食又思衣。置下綾羅身上穿，抬頭又嫌房屋低。
蓋下高樓並大廈，床前缺少美貌妻。嬌妻美妾都娶下，又慮門前無馬騎。
將錢買下高頭馬，馬前馬後少跟隨。家人招下數十個，有錢沒勢被人欺。
一銓銓到知縣位，又說官小勢位卑。一攀攀到閣老位，每日思量要登基。
一日南面坐天下，又想神仙來下棋。洞賓與他把棋下，又問哪是上天梯。
上天梯子未做下，閻王發牌鬼來催。若非此人大限到，上到天梯還嫌低！

試著想想看，若眞要滿足這些欲望，得要費盡多少心機，花盡多少力氣，說盡多少話語，做盡多少事情。甚至還會傷害不少無辜，造作不少罪業。所以聖嚴法師《心的經典》說：「生活本身即是造業，所造有善業、有惡業。」由此可知，若沒有正確的生活態度，「生活」無形中竟然變成了我們「身、口、意」造業的平台。我們會在生活裡，身處不同的環境，接觸不同的人，處理不同的事情，顯現不同的行爲，產生不同的感受，蘊釀不同的情緒，生起不同的欲望，提出不同的想法，做出不同的決定。重點就在於面對生活的態度，因爲生活的態度會決定你將如何反應（How do you react?）。愚癡無聞的凡夫念念爲自己，爲了維護自我，就會頻造惡業；修行學佛的菩薩念念爲眾生，爲了利益他人，就會造無漏善業。人生就是由每天的生活所串連起來的歷史軌跡。想要有圓滿的人生，清淨的生活，就應該從改善生活的態度着手，並依照佛陀教誡「八正道」去生活。

綜合而言，生命是寶貴的，人生是短暫的，生活是競爭的。偏偏愚癡無聞的凡夫不能體認生命的價值在於學習修行解脫，不但不懂得珍惜寶貴的生命，甚至浪費生命、糟蹋生命。不但白白走了這一遭，還造了許多業，欠了許多債，與眾生結惡緣。經過一世又一世，不斷地重演你還我的債，我報你的仇，恩怨情仇，糾纏不清，無有了期。甚至墮落沉淪，在三惡道受苦，求出無期，更遑論解脫了。並且對宇宙人生的眞相沒有正確的認識，缺乏佛法正見，人生不知所爲何來？或是缺乏正確的生活態度，生活即刻變成造業的舞台，或造身業，或造口業，或造意業。造了這些業，身心焉能清淨？自然而然就會煩腦叢生，痛苦環繞，形成一個煩惱雜染的人生。

第三節　煩惱雜染的人生

煩惱是什麼？「煩惱」指的是我們內心的雜染與不清淨；痛苦是什麼？「痛苦」指的是我們生理上與心理上種種不舒服的感受。煩惱沒有解脫以前，痛苦就不會停止。試問世上誰沒有煩惱？誰沒有痛苦？尊貴的蓮生聖尊《靜聽心中的絮語》提到：「世人都有恐懼，世人都有愛欲，世人都有煩惱，世人都在尋找平靜和歡樂。」所以說，愚癡無聞凡夫的煩惱與痛苦歸納起來不外乎來自於和「愛欲」有關的「我要」，以及和「恐懼」有關的「我怕」兩種心理。不過，「我怕」的背後其實也是「我要」。只要有「我要」就會有煩惱；只要有「我怕」就會有擔憂。首先，「我要」是指：要活下去，要吃得飽，要穿得暖，要住得好，要有人疼，要有人愛，要賺很多錢，要養兒育女，要買房買車，要健康長壽，要出人頭地，要功成名就，要名聞利養，要位高權重，要妻財子祿，要五子登科，要享受，要舒服，要快樂等。什麼都想要，要不完的，卻不一定樣樣都要的到。要到就會想要更多，進而貪心不足；要不到就會忿恨難平，甚至心生歹念。爲了滿足「我要」，人性的醜陋往往就會顯露出來。

其次，「我怕」是指：怕生病，怕衰老，怕死亡，怕意外，怕吃虧，怕輸，怕丟臉，怕孤獨，怕寂寞，怕失去，怕學不會，怕做不好，怕出狀況，怕得罪人，怕得不到，怕一無所有，怕惹禍上身，怕讓人失望，怕被人不合理對待等。什麼都怕，沒有不怕的，怕東怕西，患得患失，憂心恐懼。問題就出在越怕就越容易碰上，像詛咒一般。爲了排除「我怕」，人性的弱點往往也會顯露出來。

松子在「我要」上：渴望得到愛；在「我怕」上：害怕孤單寂寞。光是這兩項沒有處理好就衍生出許多問題。若再加上先天上的不平等，身體上的不適，情感上的糾纏，工作上的競爭，人我間的是非，財富上的企求，名利上的追逐，社會上的亂象，對未來充滿不確定感、不安全感而擔心害怕。在面臨這些情況的時候，能不氣憤、擔憂、煩心、痛苦者幾人？內心有欲望、有擔憂，就會感到煩惱與痛苦，若再加上不善於調適自己的內心，很可能還會因一時之衝動而促使自己犯下惡業而苦上加苦。

除此之外，在人生的漫長旅途上，難免會碰到一些莫可奈何的事情，諸如生離死別，意外災難，病魔纏身，孤苦無依。相愛的偏不能長相聚首，討厭的卻要同住一屋簷，想要的要不到，擁有的卻會失去。或者遭遇到一些不合理的對待。例如，被人冤枉、被人陷害、被人毀謗、被人輕視、被人欺負、被人出賣、被人責罵、被人諷刺、被人欺騙、被人懷疑、被人排斥、被人冷落、被人拒絕、被人威脅、被人破壞、被人侮辱、被人傷害、被人離間、被人批評、被人利用。或是不被尊重，不被珍惜，不被關懷，不被肯定。甚至真心對待卻換來絕情，寄予厚望卻全部絕望，熱誠付出卻毫無回報。而這些惡意做出對不起我們的人，有些是明顯的壞人，有些則很可能是我們熟識的親人、朋友、同事、鄰居，乃至於自己的至親、好友、兒女。試問自己，在遭遇到這些情況的時候，是不是覺得煩惱與痛苦呢？試著看看傷害松子的人，不都是她的同事、至親、最愛嗎？

不過，試著再反省一下，這些煩惱與痛苦難道都是別人所引起的嗎？證嚴法師《靜思語》說：「看別人不順眼，是自己修養不夠。」看看自己的脾氣，想想自己的個性，檢討自己的習慣，其實有很多煩惱與痛苦是自己造成的。像貪心、欺心、殺心、盜心、淫心、害心、粗心、瞋恨心、嫉妒心、吝嗇心、得失心、報復心、自卑心、傲慢心、疑心病等。這種種的特質，都會造成我們在日常生活當中與他人相處的時候產生一些不必要的磨擦與衝突。而這些特質，歸納起來不外乎就是貪欲、瞋恚與愚癡三大煩惱，簡稱「貪、瞋、癡」三毒。有情眾生在這「貪、瞋、癡」三毒還沒有淨化以前，不管是靜慮獨處或是與人相處，往往就會產生一些煩惱與痛苦。當我們累世所形成的「習性」，以及「業緣」的牽引，在「命運」的捉弄下，碰到一些不順心、不如意的境遇或打擊時，再加上我們這一顆凡夫的「內心」尚未淨化，難免就會覺得挫折、氣餒、悲傷、憤怒，形成一個煩惱雜染的人生。

回過頭來檢視一下松子悲慘的一生，不就是受這三大關鍵因素所影響：一是從小養成的個性，或者說是累世形成的「習性」，以及習性背後的潛意識與價值觀，主導著每個人待人處世的態度。二是累世業緣所形成的「命運」，主導著每個人的人生走向與所處的環境，牽引著我們去接觸不同的人情事物，上演人生悲喜劇。三是在日常生活當中，面對各種生活上的挑戰，以及與他人的互動，所進行的判斷與選擇，形成當下的「起心動念」與「行為舉止」。面對無明習性，我們要聽聞佛法，培養正見與智慧，建立正確的人生觀與價值觀，修正習性，回歸本性。面對乖舛命運，我們要誠心懺悔，改過向善，消除業障，慈悲濟世，行善積德，精進修行，改變命運，學會管理自己的人生。面對雜染生活，我們要守護六根，善護心念，善護身行，清淨「身、口、意」，建立正確的生活態度，止息妄心，顯露眞心。如何修正習性？改變命運？止息妄心？正是本書所要深入探討的課題。

第四節　解脫煩惱的方法

從佛教的觀點來看，煩惱不休，痛苦不止之前，有情眾生就會在生死苦海中浮沉，在六道輪迴裡翻滾。只有止息一切煩惱，滅除各種痛苦，才能終結生死的輪轉，到達寂靜涅槃的彼岸，從此心無罣礙，解脫自在，生死自主，進而自度度人，這才是解脫的眞諦。然而，到底該怎麼做才能夠徹底解脫人生的煩惱與痛苦呢？佛陀教誡我們要確確實實依照「八正道」來修行，才有通向解脫自在，寂靜涅槃的可能。「八正道」可以幫助我們熄滅一切煩惱，止息一切痛苦，遠離十惡業，永盡「貪、瞋、癡」；令我們增長善法，漏盡解脫，寂靜涅槃。惟有內心清淨無染，開顯無漏智慧，不再有得失心，不再有瞋恨心，也不再有愚癡心，方能證入寂靜涅槃。從此不受生死的束縛，不再沉淪生死苦海，再也沒有任何的煩惱與痛苦。

「八正道」是一切佛法的基礎。教你在學會如何做佛之前，先學會如何做人；學會如何做人之後，繼續教你如何邁向解脫之道。八正道包括正見、正志、正語、正業、正命、正方便、正念與正定。就是要有正確的見解，正確的思惟，正確的說話方式，正確的行為模式，正確的生活態度，正確的精進方法，正確的念頭，以及正確的禪定。先以「正見」為前導，引導我們認識宇宙人生的眞相，建立正確的人生觀。然後，以「正志」、「正語」、「正業」來規範我們的「身、口、意」，再以「正命」來規範我們的謀生方式與生活態度。只要確實做到以上幾點，至少可以令我們止惡行善，修得人天福報。其次，再本著「正方便」的精神，精勤不放逸，恆行不退轉，依「四正斷」，遮斷惡法，長養善法，以善治惡，趨向解脫。接著以「正念」為方法，依「四念處」，修「七覺支」，念念轉趨涅槃。然後在「正定」四禪之中，止觀雙運，定慧等持，引發無漏智慧，證果成聖，解脫自在。

所以說，解脫煩惱的方法就是「八正道」。佛陀證道之後初轉法輪時，向五比丘宣說的佛法是八正道；佛陀涅槃前最後度化的弟子，對須跋陀羅宣說的佛法也是八正道。八正道幾乎可以說是佛陀一生弘法的重點，也是佛陀一再提醒弟子的諄諄告誡。八正道可以幫助我們熄滅煩惱，永斷喜貪，達成心解脫；培養正見智慧，永斷無明，達成慧解脫。心慧解脫就可以成為解脫的聖者。只要依循八正道來修行，就可以確保走在佛陀的正法上。八正道是日常生活的準則，教導我們善護心念，守護六根，持戒清淨；淨化心靈，增長智慧，邁向解脫。只要在日常生活中徹底實踐八正道，就可以學會自己照顧自己，學會自己管理自己的人生，並徹悟解脫煩惱的智慧，漏盡解脫。佛陀是這樣解脫的，諸佛世尊也是這樣解脫的，有志修行學佛求得解脫的你我，也將因爲走在「八正道」上而漏盡解脫。讀者若想進一步了解「八正道」的內容，可以參考拙作《解脫煩惱的方法：八正道》一書，裡面有精彩詳細的解說。

第五節　解脫煩惱的智慧

修習八正道就是爲了修習正定，修習正定則是爲了引發無漏智慧，引發無漏智慧則自知、自覺、自證，成爲解脫的聖者。然而，什麼是無漏智慧呢？「起煩惱」而輪迴生死，謂之有漏；「斷煩惱」而出離生死，謂之無漏。無漏智慧就是可以令我們煩惱熄滅，漏盡解脫的智慧。清淨無染，心地光明，無私無我，慈悲平等，無所分別。雖寂然無念，卻了了常知。是在成就正定的過程當中引發出來，而令我們開悟證果的。這種智慧惟有親證才能夠充分領悟，也才是眞智慧，非語言文字所能表達。幸好佛陀慈悲，爲了拯救苦難的眾生，仍然苦口婆心地教導我們，好讓我們能夠在解脫的智慧上，有所增長。

這些智慧基本上以「八正道」中的「善趣正見」與「無漏正見」爲基礎。「善趣正見」主要是教導我們正信佛法、命由己造的智慧。建立是非善惡的標準，認識因果業報的法則。有情眾生在修證解脫成爲聖人之前，會在六道中輪迴，在五趣中流轉。因此，要相信有佛存在，有聖人存在，凡夫只要斷除欲愛與無明，一樣可以證果成聖。「無漏正見」主要是以「四聖諦」——苦集滅道的思想爲核心，並由此演繹展開出許多無漏智慧：包括緣起、無常、苦、無我、空等正觀智慧。並用來觀察自身周遭的一切，包括四大、五蘊、六根、四食、五欲、六塵等。

所以，最重要的就是無漏智慧的培養與開顯。只要無漏智慧開顯出來，體認宇宙人生的眞相與道理，所有的欲貪心、愛染心、得失心、邪淫心、瞋恚心、嫉妒心、忿怒心、仇恨心、惡毒心、傷害心、愚癡心等邪念惡念都將淨化消除，煩惱與痛苦自然就不見了。尊貴的蓮生聖尊《眞佛祕中祕》認爲：「佛法的最後目的，無非解脫。但解脫一定要有般若智慧，這智慧從何處來？智慧就從定中來。」「般若」是梵語，義爲自性本具之智慧。就理體而言曰覺性，就作用而言曰正智。想要解脫自在，就要開顯無漏智慧；想要開顯無漏智慧，就要實修禪定寂靜。尊貴的蓮生聖尊《佛王之王》認爲：「禪定是智慧的本體，智慧是禪定的作用。當呈現智慧的時候，一定是禪定的；當眞正禪定時，智慧就會流露。」

何謂智慧？智慧涵蓋洞察與觀照。陳義孝《佛學常見辭彙》提到：「明白一切事相爲智，了解一切事理爲慧。」也就是說，既要洞察現象面的表相，也要觀照本體面的機理；才不會被表相所迷惑，才能看透核心的關鍵。對世間的一切現象與背後的原理，都要清楚明白。從字的拆解來看，「智」字之下有個日，有如在太陽照耀之下，一切都無所遁形；「慧」字之下有個心，就是要用心去思考、體會及領悟。所以說，「智」能知俗諦，通達世俗有：萬法緣起；「慧」能照眞諦，了解本體空：性本空寂。

此外，人生若是由一連串的選擇所組成，那麼智慧就是幫助我們做正確的判斷與選擇。根據尊貴的蓮生聖尊《佛王之王》的看法：智慧是破愚癡之闇者，唯有智慧才能決斷事理。其中，智是「照見」，慧是「解了」，也就是照徹如來清淨的眞如，明白一切因緣所生之法。不過，想要徹見「本體面」的眞如本性，體悟「現象面」的萬法緣起，不能只靠文字語言的說明與理解，還需要自己親身的實踐與體驗。也就是「觀照」的功夫，亦即針對一切有形的物質與無形的精神加以細密的觀察，隨時隨地精思入微，明白一切諸法全屬「因緣所生」、「當體即空」的道理。然而，到底要觀照什麼呢？觀照緣起眞理，觀照清淨智慧。一旦智慧照了諸法皆空，即可得內心之寂靜。然後，透過寂靜的觀照，行者得以「離、除、得、修」。「離」是離苦，「除」是除集，「得」是得滅，「修」是修道，歸納起來其實就是觀照「四聖諦」——苦集滅道的眞理。佛陀要我們以「苦集滅道」的思惟方式，觀察覺知世間的一切。須知「四聖諦」是一切佛法正見、無漏智慧的基礎。

「四聖諦」包括苦聖諦、苦集聖諦、苦滅聖諦、苦滅道跡聖諦。「苦聖諦」闡述宇宙人生的眞相：人生無常，世間苦迫，三界無安，五趣流轉，六道輪迴。「苦集聖諦」闡述苦的原因。客觀上無常與苦迫所逼，主觀上無明與愛染所繫。「苦滅聖諦」是指滅除了痛苦，熄滅了「貪、瞋、癡」，使煩惱與痛苦永不復生，進入「寂靜涅槃」的境界。「苦滅道跡聖諦」是指如何把苦滅盡無餘的方法，亦即「八正道」。「苦諦」談生死，是集的結果；「集諦」談惑業，是苦的原因，要「知苦斷集」。「滅諦」談涅槃，是修行的目標；「道諦」談方法，是修證的工具，要「證滅修道」。簡而言之，「苦諦」告訴我們：一切都是苦的；「集諦」告訴我們：一切都是有原因的；「滅諦」告訴我們：一切終歸寂滅，寂滅最樂；「道諦」告訴我們：一切苦都有消滅的方法，謂八正道。

總而言之，這些寶貴的佛法正見與無漏智慧，歸納起來包括：（一）生命的智慧：四生、五類、四大、五蘊、六根、六塵、六識、四食；（二）人生的智慧：命由己造、是非善惡、因果業報、五趣流轉、凡聖差別；（三）生活的智慧：善護心念、守護六根、持戒清淨、中道生活；以及（四）解脫的智慧：三法印、四聖諦、緣起法、八正道、厭離、慈心、無常、苦、無我、空、無相、無住、無念、無生等。本書即是針對這些寶貴的佛法正見與無漏智慧，在「八正道」的基礎之上，進行詳細地闡述與說明。本書延續前一本書《解脫煩惱的方法：八正道》的寫作風格，主要是以原始佛教「四阿含經」爲根據，並附有原文經典或出處，可供驗證。「四阿含經」是目前世界上公認最原始的佛教聖典，且有南傳的「巴利藏五部」與之印證。是佛陀涅槃後，由佛陀親自教誨的弟子最先結集出來的經典，讀阿含經猶如親沐佛陀訓勉。此外，本書也參照《金剛經》與《六祖壇經》等大乘經典，以及尊貴的蓮生聖尊的豐富著作和法語開示，進行論述。處處引經據典，句句用心刻劃。有幸讀過此書，必將豁然開朗。

第六節 結語

解脫煩惱的智慧以「八正道」爲基礎，以「緣起法」爲核心，以「四聖諦」爲總綱。不但告訴我們宇宙人生的眞相，萬法緣起的眞理，也培養我們正確的人生觀與價值觀，教導我們學會如何做出正確的判斷與選擇，更幫助我們如何正確生活，對治煩惱，離欲清淨，照破無明，出離生死，解脫自在。有了這些智慧，雖然累世業緣所形成的命運，會牽引著我們在不同的人生階段去接觸各式各樣的人情事物，或善緣、或惡緣，或親緣、或孽緣，或順境、或逆境，或高峰、或谷底。但是，只要我們具足佛法正見，依照佛陀的教誡，勤修「戒、定、慧」，清淨「身、口、意」；學會看破的智慧，實修放下的功夫；止息我們的妄心，顯露我們的眞心；修正雜染習性，回歸眞如本性；並且在日常生活當中應用，在當下的起心動念應用，你會發現煩惱眞的變少了，命運也會開始扭轉，人生漸漸地踏實順利多了。

其實，轉個念，就沒事了。「轉念」就是重新塑造自我價值觀的一個過程，試著用不同的角度來看待事情。須知苦難是上天的祝福，困境是人生的考驗，所謂「不經一番寒澈骨，焉得梅花撲鼻香？」一代高僧廣欽老和尚說：「這些逆因緣，會啓發出我們的智慧與知識，成就我們的忍辱行，讓我們處處無罣礙。」所以說，修行學佛就是在學習去得失、改脾氣、積福德、長智慧。只要開顯智慧，學會轉念，就可以扭轉逆境，改變命運，創造人生，甚至解脫生死。雖然未來的命運不可預知，但是不管碰到任何情境，都要學會用「平常心」來對待，才能夠自然任運。「平常心」就是平等看待一切，常保心情平靜。沒有造作，無有得失，自然揮灑，心平行直。想開了，就沒事；看懂了，就明白；發生了，就面對；過去了，就放下。待人要慈悲，處事要智慧；行事要低調，身段要柔軟。業障要懺悔，積德要行善；時時要感恩，處處要知足。做事要認眞，得失要放下；因地要努力，果地要隨緣。功成要不居，寵辱要不驚；勤修八正道，精進斷煩惱。身行要戒，心行要定，智慧要開。厭離爲上，慈悲最勝，無我第一，離欲導向。以戒修定，以定修慧，以慧生明，明則厭，厭則離欲，離欲則滅盡，滅盡則解脫。須知「人身難得今已得，佛法難聞今已聞」。想不想提昇生命？圓滿人生？清淨生活？想不想解脫煩惱？止息痛苦？出離三界？達到涅槃的彼岸？接下來，就讓我們開始一起向佛陀學習「解脫煩惱的智慧」吧！

第二章 生命的智慧

五蘊和合，
三世輪迴，
生命無常，
人身難得。

第一節　前言

什麼是有情生命？所謂「有情」即是指具有情感、意志能力的生命個體；或者說是具有「意識」的生命個體。有情生命統合物質與精神，身心相依而存在。因此，有情生命具有生理活動與心理活動。從生物科學的觀點來看，生命屬於透過物質的呈現，進行能量轉換的一連串化學反應。從佛教的觀點來看，生命是無盡的延續，因「業感緣起」而形成。有前世、有今生、有來世，在「三界、五趣、六道」中生生世世輪迴不已。我們人類本身就是有情生命的一種。佛法基本上是以有情生命為本而立論的，闡述有情生命生死流轉、生滅相續的眞相，以及終止流轉、解脫生死的方法。想要解開生死流轉之謎，解脫人生的煩惱與痛苦，就要從認識有情生命著手，包括有情生命的種類，有情生命的誕生與結束，有情生命的組成，以及有情生命生存與延續的動力。

有情生命的種類

首先說明有情生命的種類：依照雜阿含經（卷三十四　九四七經／九五五經）的說法，有情眾生約可分為五類，謂之「五趣」，即天人、人、餓鬼、畜生及地獄。天人、人稱為「善趣」；餓鬼、畜生及地獄稱為「惡趣」。天人之中若再區分出有福無德、瞋心甚重的阿修羅，則為「六道」。在「人間」有人：苦樂參半；有餓鬼：饑渴難耐；有畜生：愚癡無知；「人間」之上有諸天：快樂享福，包括欲界天、色界天及無色界天；「人間」以下則為地獄：受苦無窮。人、餓鬼、畜生、地獄都居住在地居天，與欲界天同屬「欲界」。欲界眾生有欲貪、情愛，飲食、睡眠等欲望，像「人間」一樣。欲界天以外諸天則屬色界天或無色界天。欲界天仍有國家，君臣的型態，而且有男歡女愛，男娶女嫁，淫欲未斷。色界天已無男女之別，而且沒有情欲，也無飲食之需要，但仍執著色身形體。無色界天已超越物質世界，除了沒有男女情欲之外，亦無感官之欲，甚至連物質之欲或色身也沒有，但是仍執著精神意識。

在五趣中，由於人身造作善惡業，決定未來死後，依業力而受各趣的果報。可見得「人身」最具關鍵地位，可以決定升天享福或是墮落受苦，也可以決定究竟解脫或是流轉生死。更可貴的是諸佛世尊，皆出人間，佛由人成（增壹阿含經　卷二十六　等見品　三〇〇），所以說，人身難得。天人享樂無窮，耽於五欲，忘卻修行，福報享盡依然要下墮。畜生與餓鬼雖在人間，卻必須忍受長期饑渴或弱肉強食之苦，加上愚癡沒有智慧，無緣修行。地獄則唯有苦，受苦無暇，遑論修行。做人是半苦半樂，甚至是苦多於樂。由於苦但又不至於像地獄般的痛苦，因爲太痛苦而無法修行，故可成爲親近佛法、修行證道的助緣；由於樂又不像天人般的快樂，因爲太快樂而不知道要修行。唯有人身才有修行解脫的機會，能不珍惜嗎？因此應當依此人身，養此慧命，精進修行，增長智慧，證悟解脫。

有情生命的誕生與結束

其次，我們談到有情生命的誕生與結束：根據增壹阿含經（卷十七）四諦品（二一九）的說法：有情生命誕生的方式共有四種：所謂「卵生」、「胎生」、「濕生」、「化生」。「卵生」是從卵殼而出生者，例如雞、雀、烏、鵲、孔雀、蛇、魚、蟻子之屬。「胎生」是從母胎而出生者，又叫「腹生」，例如人及畜生。「濕生」是從糞穢、腐肉、叢草等陰濕之地，藉著濕穢暖氣而出生者，例如蚊蚋之屬。「化生」是依靠業力，無而忽有，依其處而頓生者，例如諸天、地獄、餓鬼、若人、若畜生。這四種有情生命誕生的方式稱之爲「四生」。然而，不管是那一種誕生方式，只要一出生，就會以五趣眾生中的某一種生命形態存在著，形成一個有情生命個體。

有情生命在被誕生出來之後，就會展開這一期生命的各種活動，並構成所謂的「生活」，直到這一期的生命結束。從出生到結束這一段期間，稱爲該有情生命的一生。依據中阿含經（卷五十八）晡多利品 大拘絺羅經（二一一）的說法，判斷有情生命結束死亡與否，可以從三方面來觀察。一者「壽」，二者「煖」，三者「識」。「壽」指壽命、年歲方面：每一種有情生命的壽命長短各有不同。當壽命到達了終點，生命就會結束。「煖」指身體、生理方面：活著的時候會呼吸，有熱氣，身體溫熱。當呼吸停止，身體變冷變硬，生命就會結束。「識」指精神、心理方面：活著的時候，有意識，會感受，能想像，有意志。當失去意識，或者說意識離開了身體，生命就算結束。有情生命若不能持續其「壽、煖、識」便是死亡，或曰壽終，亦即壽命終了、生命結束。有情生命一期生命結束的時候，身體會變得冰冷僵硬，諸根敗壞，沒有意識，如木無情。所以，佛陀認爲：生命就在呼吸之間。只要一口氣不來，生命就結束了。

從佛教的觀點來看，「生」代表這一期生命的開始，前一期生命的結束；「死」代表這一期生命的結束，卻是下一期生命的開始。生生死死，死死生生，有情生命就這樣不斷地在生死苦海中浮浮沉沉。一會兒在人天善趣，一會兒又墮入三惡趣，輾轉輪迴，相續不已。若缺乏生命的智慧，就會感到生命的百般無奈。赤條條地來，亦將赤條條地去。縱使吵了一輩子，爭了大半生，最終還不是一樣兩手空空地離去，又何苦白白走這一遭呢？

開發生命的智慧

有生必有死，這是生命的自然現象。然而，面對生命的脆弱與無常，以及生命中的種種挑戰甚至死亡，又有多少人能夠看破，瀟灑自如？又有多少人能夠放下，逍遙自在？就像台語歌手詹雅雯演唱的一首歌曲「漂浪的海沙」裡面所陳述的：

一粒海沙，跟著海水滾絞；有時海底，有時靠岸。
世事無常，苦海波浪層層疊疊，浮浮沉沉起落無定。
啊，人生！奔波走撞的命；越頭過去，風吹無影。
啊，世間！不過短短一趟；越頭看，親像飄浪的海沙。

是的，生命就像海沙一般；在苦海中，隨波浮沉，漂浪無定。因此，如何在巔簸的人生道路上，學會面對生命中的挫折與橫逆，除了體認每個人都是獨一無二的生命個體，必須加以尊重之外，更重要的是要珍惜生命，把握生爲人身的寶貴機會，開發生命的智慧，發揮生命的意義，提昇生命的價值。生命的智慧不在於生存繁衍，而在於如何提昇心靈的層次，解脫煩惱。生命的意義不在於榮華富貴，而在於如何過有意義的生活，自度度人。生命的價值不在於福祿長壽，而在於如何善用有限的生命，利益眾生。只要活出智慧，活出意義，活出價值，從生到死，苦也自在，樂也自在，得也自在，失也自在，老也自在，病也自在，死也自在，無不自在。

開發生命的智慧要從認識「自我」開始，找回眞實的自己，活出自我，活出自在。然而，什麼是自我呢？「自我」包括外在的自我與內在的自我。「外在」的自我是指顯而易見的外在特徵：包括姓名、年齡、性別、身材、相貌、學歷、職業等。「內在」的自我是指隱約透露的內在特質：包括個性、興趣、需求、價値觀、能力等。綜合起來看就是：我是、我有、我能、我要、我想、我見、我愛、我慢、我癡等，用來表達自我存在的內涵。聖嚴法師《找回自己》認爲：「眞正的自我，應該是能夠主宰自己，能夠差遣、調配、控制自己的身心活動，自己能夠做得了主，這個才是自我。」由此可知，這個「自我」有靈性、有感情、會思考、會說話、會哭、會笑、會有喜怒哀樂、會做決定、會採取行動，是一個身心的綜合體。從佛教的觀點來看，其實就是由「五蘊」——色、受、想、行、識所組成的生命個體。因此，接下來我們就針對有情生命的組成——五蘊說明如下：

第二節　五蘊的智慧

什麼是有情生命的組成？基本上，包含精神與肉體，佛經上稱之爲「名色」（中阿含經　卷七　舍梨子相應品　大拘絺羅經　二九）。「名」指精神面：包括五蘊中的四個「非色陰」——受、想、行、識。「色」指物質面：即地、水、火、風等「四大」所組成的色身。所以說，「名色」就是指「五蘊」——色、受、想、行、識。「蘊」爲積集、聚合、類別之義，指各種要素的積聚。「五蘊」是組成一切有情生命的基本要素。「色蘊」指物質性積聚的組合；「受蘊」指感受作用；「想蘊」指想像作用；「行蘊」指意志作用；「識蘊」指了別作用。以下我們針對「五蘊」分別加以敘述說明：

色蘊：物質世界

色有「質礙」之意，是指實體的物質，有形狀體積可以顯現，並占有空間；在互相碰觸時會受到障礙；而且物質有「生、住、異、滅」，終歸變壞。所以說，「色蘊」泛指一切物質及物質的特性，包括「四大種」與「四大所造色」。「四大種」就是指地界、水界、火界與風界，一般稱爲「四大」，是一切色法的能造之因。稱之爲「界」是因爲能保持自身的性質，以及保持所造色法的相續不壞。「四大所造色」即是由「四大種」所造成的一切物質，故說「物質是所造」。能造與所造，皆屬於色蘊。

一般色蘊原本是指我們的色身，亦即我們的肉體。增壹阿含經（卷二十八）聽法品（三三二）云：所謂此四大，身是四大所造，色是謂名，爲色陰。也就是說，色陰是指地、水、火、風四大所組成的色身。「地大」其性堅硬，有保持作用，如骨頭、牙齒等；「水大」其性濕潤，有凝集作用，如血液、體液等；「火大」其性溫暖，有使成熟作用，如體溫、溫熱等；「風大」其性爲動，有使生長作用，如呼吸、代謝等。色身也包括自我個體的高矮胖瘦、五官長相、身體手足以及體內各種器官等。

此外，「四大」這四種重要的元素，也是普遍構成一切物質的基本元素，類似現代科學上固體、液體、溫度與氣體的性質。所以四大是泛指「堅、濕、暖、動」四種性質，並非單指「地、水、火、風」四種特定的實物而已。所以說，由四大所組成的物質，可以有內外之分：內色是指我們的色身，外色是指器世間，即物質世界。因此，廣義的「色」包括顯色、形色與表色。「顯色」是指顏色的差別，如青、黃、赤、白等；「形色」是指物體形狀的差別，如長、短、方、圓、粗、細、高、下等；「表色」是指有情生命姿態上所表現出來的差別，如取、捨、屈、伸、行、住、坐、臥等。另外，還有一種叫做「無表色」，是指無法表現在外面的行爲，卻被認爲是物質性的存在，屬於意的造作之相，具有一股看不見的力量，例如受戒者所得無表色的戒體。這就是「色蘊」。

受蘊：感受作用

受有「領納」之意，是指當我們色身的六根接觸到外界的六塵，所起的一種感受，屬於精神活動方面，代表一種感覺上或情緒上的作用，能引起貪愛或瞋恨。增壹阿含經（卷二十八）聽法品（三二二）云：所謂受者，受者名覺，爲覺何物？覺苦、覺樂、覺不苦不樂，故名爲覺也。意思是說，因爲身體或心理受到外在環境的影響或刺激，所引起的感覺或生起的情緒。這種感覺或情緒有的令人感到痛苦，有的令人感到快樂，有的則覺得無所謂。緣取合意的境界時，稱之爲「順境」。緣取不合意的境界時，稱之爲「逆境」。緣取無所謂的境界時，稱之爲「非順非逆境」。領納順境，消失時會戀戀不捨；但爲了獲得更多快樂，則會生起貪愛的欲望。領納逆境，生起時會心存排斥；但爲了逃避，也會生起遠離的欲望。領納非順非逆境，生起消失都無所謂，不留戀也不排斥。至於合意或不合意，則受個人本能的反應、過往的經驗與成長的歷程所形成的主觀偏好或價值觀所影響。

雜阿含經（卷十七　四八四經／四八五經）云：云何說二受？說身受、心受，是名二受。意思是說，「受」可以分爲身受與心受。首先，「身受」即是六根的前五根接觸塵境所產生的感受，包括苦受、樂受及不苦不樂受三種。感覺到順境而生起的感受稱爲「樂受」；感覺到逆境而生起的感受稱爲「苦受」；感覺到非順非逆境而生起的感受稱爲「不苦不樂受」。其次，「心受」即是我們的意根接觸法塵所產生的情緒反應。當我們的心領納到順境而生起歡喜的感受稱爲「喜受」；當我們的心領納到逆境而生起愁憂的感受稱爲「憂受」。一切諸欲，都是以「受」爲基本因的。在感受的境界上，生起貪染心，希望佔爲己有，進而發起「愛諍」的根本；因爲「我愛」而起糾紛，形成煩惱。

整合「身受」與「心受」則爲五受。雜阿含經（卷十七 四八四經／四八五經）云：云何說五受？謂樂根、喜根、苦根、憂根、捨根，是名說五受。其中的樂根、喜根、苦根、憂根就是對應到樂受、喜受、苦受、憂受；捨根就是指不苦不樂受。身心二受會互相影響，因苦受而感到心煩，因樂受而感到欣喜。所以說，身心的一切感受都可以稱爲受蘊。其中，「感覺」形成苦樂的主觀感受，而「情緒」則是對苦樂生起「貪、瞋、癡」的反應。長久下來，逐漸形成個人的感性作用。這就是「受蘊」。

想蘊：想像作用

想有「取像」、「想像」之意，是指當我們色身的六根與外境六塵接觸之後，所生起的一種認知與想像的作用；進而安立種種語言、文字或名稱。簡單地講，把外境的「相」放在我們的心中，就是「想蘊」。例如眼睛看到一朵花，再用鼻子聞一聞，或用手摸一摸，綜合各種感覺之後，就會形成一朵花的概念或印象，包括花的大小、形狀、顏色、香味、軟硬等等。並且，這些認知、概念或印象可以儲存在我們的記憶之中，並且給花安立一個名相，以後再看到類似花的東西，就知道這是花了。增壹阿含經（卷二十八）聽法品（三二二）云：所謂想者，想亦是知。因此，可以就現有的情況，包括有形的、無形的，也可以就過去的回憶，或未來的憧憬，做爲想像的對象。

更進一步說，「想」也有思考、聯想、思想的意思。當我們接觸外境時，在完成認知之後，會進行思考，包括分析、推理、歸納等種種的理性作用。其次，在思考的過程當中，也會從過去的經驗與記憶中產生聯想。在學習了許多知識之後，經過一連串的分析、推理與歸納，也會慢慢地形成自己的一套見解、準則或思想。所以說，想蘊是累積多次的經驗而形成的。其實，只要心中有任何語言的活動，就是想蘊在作用。基本上，想蘊包括了知性的認知作用，主觀的想像作用，與理性的邏輯推理作用。一切諸見，都是以「想」爲基本因的。在想像的境界上，生起我見，引起見解上的爭執，或思想上的鬥爭，進而成爲「見諍」的根本；因爲「我見」而起糾紛，形成煩惱。這就是「想蘊」。

行蘊：意志作用

行有「造作」之意，是指我們的內心所造作出來的行爲，有動機的傾向，有意志的作用，與決策過程有關。參考毛治國博士《決策》方面的研究，與行蘊有關的決策，是當我們的身心與外境互動之後，經過客觀的知覺與主觀的想像，在完成「知性」上、事實面的認知之後，透過「理性」上因果關係的思考，包括分析、推理與歸納，再參考個人的價值觀與偏好特性，最後在「感性」作用的基礎上，所起的一種意志上的判斷、抉擇與決定，而引發出來的行爲。增壹阿含經（卷二十八）聽法品（三三二）云：所謂行者，能有所成，故名爲行。爲成何等？或成惡行，或成善行，故名爲行。意思是說，所謂「行」就是意志上已經做了決定，背後存在一個動機，想要去成就某一件事情，所以稱之爲「行」。由於動機的不同，可能是善行，也可能是惡行。

所謂「行名造作，造作名業。」「行」就是造作，造作就會有業。因此，「行」是業的造作者，有行就會有業。「業」包括身業、口業、意業。此處的「行」則專指意業，而且是正在造作之中。若造作完了，則屬於「業」的範圍。也就是說，行蘊不僅只是客觀的知覺或是主觀的想像；也不僅只是感覺上或情緒上的感受，更不僅只是知性上的認知或理性上的分析而已，而是經過心思的綜合考慮，化爲意志的決定，並且有動機傾向。因爲心動，所以行動；既化爲行動，就有造業的能力；或造善業，或造惡業。所以說，只要內心有所造作，形成動機，就是行蘊。被人批評，生起瞋心，是行；被人冤枉，生起恨心，是行；其他如貪、嫉、忿、惱、害等也是行；甚至生起善念，也是行。行蘊所生起的心念是造業的主要力量。因爲這些心念會形成一種意志作用，驅使我們的「身、口、意」去造業。這就是「行蘊」。

識蘊：了別作用

識有「了別」之意，亦即「了解」、「識別」、「分別」的意思。其實就是指我們的「六識」：包括眼識、耳識、鼻識、舌識、身識及意識。這六識各有其不同的功能，因六根緣六塵而生起六識，透過了解、識別、分別外境而有「受、想、思」。眼識是當眼根接觸到色塵時，同步產生眼識與意識以便了解、識別、分別色塵。耳、鼻、舌、身、意亦復如是。六根接觸六塵所產生的六識，稱爲「了別境識」；依根緣境，生起了別外境的作用。增壹阿含經（卷二十八）聽法品（三二二）云：所謂識者，識別是非，亦識別諸味，此名爲識。意思是說，所謂「識」就是識別諸境之意。不管是可見的、還是不可見的；不管是有形的、還是無形的；不管是具體的、還是抽象的，都可以透過我們的意識加以了解、識別與分別。

也就是說，有情生命一切身心的活動，都是以「識」爲基礎，包括色身上的「知覺作用」，感性上的「情緒作用」，理性上的「想像作用」，以及行動上的「意志作用」，這幾種作用都是由「識」所支配。因爲「識」而有所了解、識別與分別，進而產生各種感受、想像與決定。由此可知，識蘊是色身與外境接觸所生的「受、想、行」三蘊的基礎，支配並統合各蘊，進而形成有情生命個體的行爲。六識當中的前五識是依前五根而生起之識；第六識是依意根生起之識，因此也稱爲「意識」。在六識當中又以「第六識」爲主。第六識是分別識，前五識本身沒有分別作用，只是單純面對外境，收集資訊，必須依於第六識才能發揮作用。諸識生起時，必有境界被識所緣。識是「能識」，境是「所識」。前五識對外而言是依於五根，對內而言則是依於第六識。廣義的意識，其實涵蓋「心、意、識」三者的概念（雜阿含經 卷二 八一經／三五經；雜阿含經 卷十二 三二八經／二九〇經；中阿含經 卷三 業相應品 伽彌尼經 十七）。後世學者將「心、意、識」三者的功能區分如下：「心」能集起各種精神作用，故稱爲「心」；「意」能思惟度量，故稱爲「意」；「識」能了解識別，故稱爲「識」。分述如下：

一、「識」：識的功用主要是負責了解、識別與分別外境。這裡的「識」是指第六識，是心理活動的識別中心，不過必須等待與法塵接觸時才會產生。雖有間斷，但可以伺機生起。所以說，第六識是「審而非恆」，並非恆有，必須依境而起。參考聖嚴法師《探索識界》以及于凌波居士《八識規矩頌講記》：第六識是依意根而起，能緣一切法，作用很廣，可以與前五識同時產生，協助前五識認知、了解、識別與分別塵境。也可與前五識中的某一個識一併生起，或者不需前五識而單獨生起。第六識普遍存在於「三界、五趣、六道」的有情生命之中。下至地獄，上至無色界天的有情生命都有第六識。不像前五識，到了初禪天時只剩下眼、耳、身的三個識；到了三禪天以上，前五識都消失了。

在感受方面，前五識只有苦、樂、不苦不樂三種受，屬於「根身受」；第六識則有苦、樂、不苦不樂、憂、喜等五種受，屬於「心意受」。因為苦受之後會產生擔憂，樂受之後會產生喜悅，是一種思慮功能，屬於第六識的作用。在造業方面，「外顯行為」為身業和口業，「內顯行為」則為意業。所謂「意業」便是第六識的功能。由於意業是身、語二業的根本，一念善則起善行，一念惡則起惡行。所以一切諸業，無一不是依此第六識為根本，造業亦必依第六識。所以說，有情生命的所有行為，包括從了解認知外境輸入進來的資訊，加上過去的經驗與記憶，產生是非的分辨，美醜的觀感，自他的爭執，善惡的造作等輸出的行為，都是由第六識而來。然而，第六識雖然能夠了解認知一切，也具有造業的能力；但是從了解、認知到行動造業之間，要如何反應，則是「意」的層次了。

二、「意」：意的功用便是思量。首先是「注意」。可能是因為內心有欲望，或是透過聯想，或是透過回憶，或是因為習慣，或是被注意的對象本身非常特殊，都會引起我們的「注意」。注意之後就會因為個人偏好的不同、累世習性的差異、或是價值觀的不同而引發「合意」或「不合意」的感受。然而，不管「合意」或「不合意」，我們的內心都有可能心動而引發「在意」或「不在意」的念頭。若是在意，則我們的內心可能就會產生「起意」或「不起意」的想法。若是起意，則我們的內心可能就會「決意」，進而造作行為來維護自我。

也就是說，針對第六識所了別的諸法進行思惟考量，或善或惡，或好或壞，或優或劣，或有利於我，或有害於我，從而生出自己的見解，提出自己的主張，然後透過第六識促使本身造作善惡的行為，並因此使自己感到快樂或痛苦，歡喜或憂愁。所以說，「意」具有注意、思考、分析、判斷、指揮等作用，就像一個指揮官一樣，主導我們身心的活動。在思量的過程當中，扮演判斷的關鍵角色。由於執著「五蘊身心」爲我、或我所有，與「我愛、我見、我慢、我癡」相應，所以成爲不清淨的染污「意」，後代唯識學者稱之爲第七識「末那識」。參考聖嚴法師《探索識界》以及于凌波居士《八識規矩頌講記》：第七識執著自我不放，不斷地從自我出發，是個自私自利的中心。有情生命由於此識，自無始以來無法轉迷爲悟，流轉生死苦海，無法脫離三界。此識「恆審思量」的作用最強，不斷地審慮，不斷地思惟；不像第六識是依境而起，審而不恆，有所間斷。

三、「心」：心的功用便是集起。集合種種諸法，生起種種諸法之意。「受、想、行、識」雖然是四，但歸納起來其實是一，就叫做「心」，或稱爲「心識」。此「心識」能聚集一切法，把聽到的聲音、說出來的話儲存起來；把造作善的行爲、惡的行爲儲存起來；把人生的記憶、經驗以及產生的「業」都儲存起來。不因時間的流失而消滅，等待因緣成熟的時候，招感應得的果報。後世唯識學者稱之爲第八識「阿賴耶識」，或稱爲「藏識」、「種子識」。

參考聖嚴法師《探索識界》以及于凌波居士《八識規矩頌講記》：「阿賴耶識」即含藏一切善惡、染淨種子之意，好像倉庫能儲藏貨物一般。從「唯識學」的角度來看，「識」其實是一種功能。當功能未起現行時，不稱爲「識」而稱爲「種子」；當「種子」遇緣而生起現行時，不稱爲「種子」而稱爲「識」。「阿賴耶識」中的種子具有「互相薰習、自類相續」的能力。所謂「薰習」就是以境薰心，形成一種習氣，是造業的動力。因此，在生死流轉之中，潛藏在「阿賴耶識」的種子習氣在因緣成熟時可以化現成當下的行爲，謂之「種子生現行」。當下的行爲也會薰習種子識中的種子而變成新種子，並累積儲存在「阿賴耶識」之中，謂之「現行薰種子」。也就是說，種子表現出來的「身、口、意」行爲就是現行；將經驗或印象存留下來成爲一種潛在的功能就是薰習。

如此互相影響，累世的習氣，個人的價值觀因而形成。此外，根據後世唯識學者的說法，第八識恆被第七識妄執爲我，執持不放。自己雖不造業，但隨業遇緣而生。也由於第八識「恆而不審」，可以受薰，才能不斷地「現行薰種子，種子生現行」。而且薰善則善，薰惡則惡。亦即若薰習善法，則增長善種子；若薰習惡法，則增長惡種子。在因緣成熟時，現起善惡行。所以說，阿賴耶識是情欲的土壤，惑業的根本，生死輪迴的主因，生命延續的主體。只要一念妄動，就會隨之流轉，進而生出第七識「末那識」，在「我愛、我見、我慢、我癡」的作用下，妄執第八識「阿賴耶識」爲我，起分別心，然後透過第六識「意識」，循著六根向外攀緣，貪著六塵，進而生起一切欲望，起惑造業，因業受報。

這種觀念類似現代心理學家經常提到的「潛意識」。「潛意識」有如記憶的倉庫，如實記錄著我們所有的經驗與感受。同時也潛藏著人類的原始本能、先天遺傳的特質、生活成長的歷程，甚至累世的記憶與習性，有別於一般直接從意識想到的東西。我們從嬰兒時期開始，爲了滿足生存的基本需求，會透過與環境之間的互動與經驗，慢慢勾勒出自我的輪廓，並確認自我的存在。特別是與生存競爭息息相關的經歷，或是情感上的遭遇，或是知覺上的刺激，經由反覆的生活體驗而形成深刻的印象。或是透過想像、模仿、學習與教育等，逐漸將這些體驗深植在我們的心中，慢慢地形成個人的「主觀偏好」與「價值觀」，從此主導一個人的情緒、感受、喜好、判斷與決定，對人的一生有著關鍵性的影響。

其中，「價值觀」是指個人對於外在客觀事物的評價與看法，用於區別好壞，分辨是非以及排列重要性的心理傾向，內心存在著主次優劣之分。「價值觀」是一個人的動機與行爲模式的指揮者，攸關一個人採取決定和行動的原則、標準或信念。一個人的「價值觀」是從出生開始，透過個人的人生體驗、學習與薰陶，並且在家庭、社會與文化的影響下，慢慢潛移默化，逐漸形成的。不同「價值觀」的人，會有不同的行爲、態度、與信念。有人宅心仁厚，有人刻薄寡恩；有人行善助人，有人見利忘義；有人感恩圖報，有人過河拆橋。俗話說：「一樣米飼百樣人」。這些人性上的種種差別，大部份都跟個人的「價值觀」有關。所以說，「價值觀」是屬於個人自我的一種信念，一種評價，一種選擇，一種判斷。對於自己要什麼？什麼是對的？什麼是好的？什麼是美的？什麼是合意的？每個人的心中都有屬於自己的一把尺。當有衝突產生的時候，最終影響我們決策的，就是存在於我們心中的「價值觀」。

從這裡我們不難了解，原來我們的行爲就是由我們的這一顆「心」所主導。這一顆心在意識的基礎之上，涵蓋感受、想像與決定。廣義的意識包括：（一）負責集起的「心」：儲存累世記憶與習性的倉庫，形成我們的「潛意識」；（二）負責思量的「意」：執著自我，與「我愛、我見、我慢、我癡」相應而形成的「價值觀」；以及（三）負責識別的「識」：了解認知輸入的資訊，並且輸出造業的行爲。這一顆「心」有意識、有記憶、有個性、有感情、能認知、能學習、能感受、能想像、會分析、會思考、會判斷、會決定，而且經常是從「自我」出發來考慮的。同時，心裡面在想什麼，就會從我們的外顯行爲表現出來，包括說話的語氣、身體的動作等，甚至包括我們的外表氣質。佛陀說：畜生有種種心，就會有種種色，像斑色鳥一樣，具有五彩繽紛的羽毛；也像善於彩繪的畫師一樣，能夠畫出各種多彩多姿的圖畫。佛陀又說：會讓我們覺得煩惱的是這一顆心，會讓我們覺得清淨的也是這一顆心。「心」可以讓我們痛苦，也可以讓我們快樂；「心」可以讓我上天堂，也可以讓我們下地獄（雜阿含經 卷二 四四經／二六七經）。尊貴的蓮生聖尊《佛王之王》提到：「一切善惡，皆出自心，自心修善，令身安樂；自心造惡，令身受苦。心能做天堂，心能作地獄；心正成佛，心邪成魔；心慈是天人心，心惡是羅刹。」可見得我們這一顆「心」的重要性。這就是「識蘊」。

第三節 六根、六塵、六識的智慧

從佛教的觀點來看，有情生命是透過「六內入處」與「六外入處」進行溝通接觸。「入處」有兩種意思：一爲煩惱由此而生；一爲煩惱由此而入。雜阿含經（卷十二 二八二經／三〇四經）云：何等爲六內入處？謂眼入處、耳入處、鼻入處、舌入處、身入處、意入處。其實就是指我們色身的「六根」——眼、耳、鼻、舌、身、意。「根」是能力的意思，是有情生命與外界接觸的六種管道。雜阿含經（卷十二二八二經／三〇四經）云：何等爲六外入處？謂色入處、聲入處、香入處、味入處、觸入處、法入處。或稱爲「六塵」，其實就是指我們的六根所對應的六種外境——色、聲、香、味、觸、法，是有情生命所能經驗的六種外在塵境的範圍。參考釋從信法師《阿含經的疑難》對六內入處與六外入處的獨到見解，以及個人的研究心得，說明如下：

六根的智慧

「六根」是有情生命知見身外世間的六種感官功能。其中，前五根——眼、耳、鼻、舌、身分別相當於人體的視覺器官、聽覺器官、嗅覺器官、味覺器官與觸覺器官。中阿含經（卷五十八）晡利多品 大拘絺羅經（二一一）云：五根異行、異境界，各各自受境界，眼根，耳、鼻、舌、身根，此五根異行、異境界，各各受自境界。意爲彼盡受境界，意爲彼依。意思是說，「眼、耳、鼻、舌、身」等五根，各有各的功能，各自負責屬於自己的塵境，彼此不能互相替代。眼睛負責見美色，耳朵負責聽聲音，鼻子負責聞氣味，舌頭負責嚐味道，身體負責感覺體觸。而且，五根的功能若要發揮作用，都必須依於意根，故說「意根是五根之所依」。前五根都是意根的一部份，五根並用是意根之用，所以說，意爲彼依。

雜阿含經（卷十二 三〇〇經／三二二經）云：眼是內入處，四大所造淨色，不可見，有對。耳、鼻、舌、身內入處，亦如是說。意內入處者，若心、意、識非色，不可見，無對，是名意內入處。意思是說，前五根皆是四大所造「淨色」。例如眼根是由視覺器官所組成，包括眼球，視神經等。當視覺器官的機能發生作用時，方能發揮收集各種物體的色彩與形狀並輸入資訊的功能，是謂「淨色」，屬「不可見」。「淨色」是指看不見的「功能」而言，但卻是具體的物理、生物、化學作用，是物質世界的範圍，故屬「有對」。其他耳、鼻、舌、身內入處亦如是說。意內入處則類似「心、意、識」，是認識作用的根源，能遍緣一切諸法，不像其他五根只能緣特定對象。意內入處不屬於色法，故屬「不可見」；屬於思想抽象的作用，是精神世界的範圍，故屬「無對」。

六塵的智慧

「六塵」是有情生命所處的身外世界，包括眼見色、耳聞聲、鼻嗅香、舌嚐味、身觸細滑、意知法。亦即透過視覺器官「眼睛」與外在的「色塵」接觸，產生了藉由眼睛所引發的各種認知。耳、鼻、舌、身、意亦復如是。因此，六塵又可區分爲有形或無形的、實體或抽象的外境。包括（一）「實體且有形」的外境：如色塵。「色塵」就是指眼睛透過可見光的反射所能看見的一切實體的物質。（二）「實體但無形」的外境：如聲塵、香塵、味塵、觸塵。「聲塵」就是指耳朵透過聲波所能聽見的一切聲響。「香塵」

就是指鼻子透過氣味微塵所能聞到的一切氣味。「味塵」就是指舌頭透過五味顆粒所能嚐到的一切味道。「觸塵」就是指色身透過根、塵相觸所能感受到的一切體觸。（三）「抽象且無形」的外境：如法塵。「法塵」就是指意根透過想像所能想到的一切想法。

雜阿含經（卷十二 三〇〇經／三二二經）云：色外入處，若色四大造，可見、有對，是名色是外入處。若聲四大造，不可見、有對，如聲、香、味亦如是。觸外入處者，謂四大及四大造色，不可見、有對，是名觸外入處。法外入處者，十一入所不攝，不可見、無對，是名法外入處。意思是說，「色、聲、香、味、觸」等外入處皆是四大所造，但非淨色。其中，色外入處屬「可見」；「聲、香、味、觸」等外入處屬「不可見」。前五個外入處皆屬「有對」，是具體的物質世界。最後一個法外入處則屬「不可見」，且屬「無對」，是抽象的精神世界。宇宙萬法無一不是法外入處。

由此可知，所謂「色、淨色、可見、不可見、有對」皆是四大所造。不管是六內入處或是六外入處，只要是「有對」的，都屬於「四大」所造。包括可見的色，不可見的淨色，以及不可見的「聲、香、味、觸」。「可見」的色就是指「色外入處」，如山河大地，是有對的。「不可見」的淨色就是指六內入處的前五根——眼、耳、鼻、舌、身的「無形功能」；強調其個別發揮的物理、生物、化學作用，也是「有對」的。「不可見」的「聲、香、味、觸」則是指純屬對應「耳、鼻、舌、身」等看不見的外境客塵，如音樂、聲響、氣味、美味、體觸等，也是「有對」的。只要是「有對」的，皆同屬具體的物質世界。最後，只剩下非「四大」所造的意根與法塵，同屬「不可見」、「無對」。專指「意根」，為前五根所依，能遍緣一切諸法。意根可配合前五根同步生起，亦可單獨生起。且在空間上無前後、左右、遠近的障礙，在時間上無過去、現在、未來的限制。意根與法塵同屬抽象的精神世界。

六識的智慧

有情生命的組成是「五蘊」；五蘊則是靠六內入處來接觸外六入處。「六內入處」及「六外入處」合稱「十二處」，而「十二處」就是涵蓋世間的「一切」。雜阿含經（卷十二 二九七經／三一九經）云：一切者，謂十二入處。眼色、耳聲、鼻香、舌味、身觸、意法，是名一切。雖說「十二處」是名一切，但是六根本身不能攀緣六塵，除非有「心識」的作用，亦即眼識、耳識乃至於意識等六識。何因何緣六識生？雜阿含經（卷九 二四〇經／二三八經）云：眼因緣色眼識生，所以者何？若眼識生，一切眼色因緣故。耳聲因緣、鼻香因緣、舌味因緣、身觸因緣、意法因緣意識生。所以者何？諸所有意識，彼一切皆意法因緣生故。意思是說，為什麼會有眼識產生呢？這是由於眼睛接觸色塵的因緣，因而產生眼識。其餘如耳聲、鼻香、舌味、身觸、意法，也是由於接觸客塵的因緣，因而產生相對應的「識」。

由此可知，六識的生起要有六根為因，六塵為緣；根為主體，塵為客體；根、塵相觸而生識。雜阿含經（卷十一 二七二經／二七三經）云：譬如兩手和合，相對作聲。如是緣眼色生眼識，三事和合觸，觸俱生受、想、思。也就是說，就好像兩手拍掌作聲一樣，「根、塵」相觸因而生出「識」來。或者說「根、塵」相觸因為「識」的了別作用，而產生了「受、想、思」。其中，「六根」、「六塵」加上「六識」，合稱為「十八界」，充分反映出一個人完整的生活體驗。

若再進一步說明，有關「五蘊」——色、受、想、行、識發生的先後順序，以及其前後承接的關係。參考胡君梅《漢譯雜阿含經緣起說之研究》，我們可以發現：有情生命因為色身的六根與六塵接觸，可以單獨引發個別的感受作用、想像作用、意志作用或意識作用。例如佛陀說：眼觸生受，耳、鼻、舌、身、意觸生受；眼觸生想，耳、鼻、舌、身、意觸生想；眼觸生思，耳、鼻、舌、身、意觸生思；眼識，耳、鼻、舌、身、意識身，是名爲識（雜阿含經　卷四　八八經／四二經）。另外，有情生命因爲色身的六根與六塵接觸，也可以先有感受，生起情緒上的變化，然後引發我們的想像或聯想。例如佛陀說：觀於樂受而作苦想，觀於苦受作劍刺想，觀不苦不樂受作無常想（雜阿含經　卷十七　四六六經／四六七經）。就是先有感受，再起觀想。

另外，也可以先有感受的生起，次有想法的產生，再有行爲的決定。例如佛陀說：觸因、觸緣，生受、想、行（雜阿含經　卷四　一〇四經／五八經）。並且，有時候色身的六根與六塵接觸，在認識境界之後，也可以同時一併生起感受、想法和意向。例如佛陀說：觸俱生受、想、思（雜阿含經　卷十一　二七二經／二七三經）。最後，還有一種可能性，那就是先有「色、受、想、行、識」的完整歷程，才有這一次觀念意識的衍生。例如佛陀說：若所有受、想、行，彼一切觸緣故，名色因、名色緣，是故名爲識陰。所以者何？若所有識，彼一切名色緣故（雜阿含經　卷四　一〇四經／五八經）。也就是說，透過如是因、如是緣的作用，當我們色身的六根與外境的六塵接觸之後，所產生的各種感受、想法與行爲，就會形成這一次的觀念、記憶或經驗，然後潛藏在我們的內心或潛意識之中。

綜合來說，有情生命的組成是「五蘊」。色身有六種接收外界信息的管道「六根」，與外界的環境「六塵」進行接觸，透過「識」（意識）的了別與認知，基於「心」（潛意識）的記憶儲存庫，包括今生的人生體驗以及潛藏的累世記憶庫，加上「意」（價值觀）的累世習性，在「我愛、我見、我慢、我癡」的影響下，進而產生了各種感受，或樂受、或苦受、或不苦不樂受，生起「我愛」，引發「愛諍」。或是產生了各種概念上的想像、觀念上的聯想以及妄念上的妄想，生起「我見」，引發「見諍」。接著，在

「知性」上，完成事實方面——客觀資訊的收集與認知；「理性」上，完成邏輯方面——因果關係的分析、推演與歸納；加上「感性」上，完成價值方面——個人主觀的偏好與取捨；最終在「意志」上，決策方面——綜合主觀與客觀，知性的認知、理性的分析與感性的偏好，做出判斷，並形成一種動機，而造作行爲，或意行、或口行、或身行。這就是有情生命的行爲模式。另外，爲了維持有情生命的生存與延續，根據佛陀的說法，必須仰賴「四食」的攝取，以下我們就針對「四食」加以說明：

第四節 四食的智慧

有情生命在誕生之後，即開啓了這一期的生命歷程。爲了維持這一期的生命，必須仰賴「食物」來維持。如果沒有「食物」，有情生命就會餓死，遑論修行。然而，是不是有「食物」可以吃就足夠了呢？要不然，爲什麼有些人雖然過著富麗堂皇、錦衣玉食般的生活，卻還是覺得人生無趣而自殺呢？根據近代心理學家馬斯洛的「需求層級理論」：人類的需求基本上可分爲五個層次，依序爲「生理需求」、「安全需求」、「歸屬（社會）需求」、「尊重（自尊）需求」以及「自我實現需求」，有如金字塔般由下往上依次滿足。所謂「生理需求」即是人類與生俱來的基本需求，包括對食物的追求。所謂「安全需求」即是在生理需求得到滿足之後，渴望得到人身的安全需求。所謂「歸屬（社會）需求」即是追求被他人關愛和尋找歸屬感的需求。所謂「尊重（自尊）需求」即是追求權位以及受到他人肯定、尊重的需求。所謂「自我實現需求」即是當其他層次的需求都得到滿足之後，就會追求自我成就，針對自己認定之理想或目標來實現自我的需求。

然而，早在兩千五百多年前，佛陀就已經提出類似的說法——「四食」。雜阿含經（卷十五 三七四經／三七五經）云：有四食資益眾生，令得住世，攝受長養，何等為四？一者摶食，二者觸食，三者意思食，四者識食。意思是說，有四種食物可以資益有情眾生，令眾生得以生存與延續，攝取領受「四食」以增長滋養有情生命。包括「摶食」、「觸食」、「意思食」與「識食」。摶食屬於「物質食糧」，滋養有情生命的色身；其他三食則屬於「精神食糧」，安撫有情生命的心靈。另外，在增壹阿含經（卷二十一）苦樂品（二五二）中也有提到：摶食、更樂食、念食、識食，是謂四食。其中，「摶食」與三餐飲食、色身溫飽有關；「更樂食」等同於觸食，與六根攀緣合意的六塵，滿足欲望，追求快樂有關；「念食」等同於意思食，與懷抱希望、完成心願有關；「識食」與實現自我、成就自我有關。以下我們參考釋德勇《初期佛教四食之探究》，以及個人的研究心得，針對「四食」分別說明如下：

摶食的智慧

所謂「摶食」或曰「段食」，就是指我們日常生活當中的三餐飲食或分段飲食。因為佛陀是印度人，印度人吃飯的習慣基本上是用手指抓取食物送入口中，強調親自用手指碰觸並感受食物，所以稱之為「摶食」。增壹阿含經（卷二十一）苦樂品（二五二）云：彼摶食者，如今人中所食，諸入口之物可食噉者，是謂名為摶食。意思是說，摶食是指物質性的食物，凡是可以用來解除身體饑渴的食物皆屬之。其功用不但可以滋養、維持身體的運作，而且藉由溫飽的身體來促進愉悅的精神。摶食為滋養色身的重要因素，缺乏摶食，生命將難以延續。

增壹阿含經（卷二十三）增上品（二七一）云：不可以此羸劣之體，求於上尊之道，多少食精微之氣，長育身體，氣力熾盛，然後得修行道。意思是說，佛陀在苦行六年之後，終於體認到日食一麻一麥的苦行，折磨自己，無益解脫。因為我們的身體不可以過於羸弱，否則根本就沒辦法、也沒力氣追求解脫之道。因此，多少要吃點東西，保持基本的體能，增長保育我們的身體。有充沛的力氣之後，才得以安穩地走在修行的道路上。所以說，為了長養慧命，滋養色身，必須要有基本的飲食，以維持身體的運作。但必須如法求，不可妄求，更不可貪求。雜阿含經（卷十八　四九九經／五〇〇經）云：但以法求食而自活也。就是要我們依照佛陀的教誡正命生活，如法求取生活所需，不可過份耽膩在口腹之欲。

觸食的智慧

所謂「觸食」或曰「更樂食」，就是指我們的色身六根接觸到六塵外境，因為如我意或合我意而感到快樂，使身心得到愉悅，精神為之一振。亦即所謂的「六根食」，六根各有其所需的食物來維持其存在與功能。運用過度，容易損耗敗壞；荒廢不用，容易退化萎縮。增壹阿含經（卷三十一）力品（三三七）云：眼者以眠為食，耳者以聲為食，鼻者以香為食，舌者以味為食，身者以細滑為食，意者以法為食。意思是說，觸食可分為屬於前五根物質性的觸食，以及屬於意根精神性的觸食。例如眼睛以睡眠為食，令眼根得以休息，不令毀壞。或是眼觀美色，欣賞美麗的風景或人物，滿足「視覺」上的享受。耳朵以美妙的聲音為食，例如聽美聲、音樂、天籟，滿足「聽覺」上的享受。鼻子以妙香為食，例如花香、薰香、塗香等，滿足嗅覺上的享受。舌頭以美味為食，嚐盡各種美味，例如酸甜苦辣、鹹淡甘澀、冰涼溫熱，滿足

「味覺」上的享受。身體以細滑的體觸為食，例如貼身的衣服、鬆軟的坐具臥床、舒適的環境、清涼的天氣、清潔的沐浴，甚至男女之間的體觸或性愛的接觸等皆是，滿足「觸覺」上的享受。意根以妙法為食，例如閱讀書報、學習新知、研究學問、聽聞佛法，滿足「知覺」上的享受。為了追求快樂，這些六根的觸食會隨著時間的消逝而一再地需索無度。有些是生理上的需求，有些則是心理上的需求。每一種觸食「吃」完了，過了一段時間之後，就還會想要再「吃」。而且還會想要「吃」的更多、更好、更講究，胃口也會越來越大。包括睡眠、休息、賞美色、聽音樂、聞香味、吃美食、穿新衣、住華屋、吹冷氣、看電影、讀新書、學新知、看展覽，以及運動、休閒、娛樂、旅遊等，甚至夫妻、男女間的擁抱、撫摸、親吻與性愛等，都具有觸食的特性。

為什麼觸食也叫更樂食呢？增壹阿含經（卷二十一）苦樂品（二五二）云：所謂更樂食者，衣裳、繖蓋、雜香花、薰火及香油，與婦人集聚，諸餘身體所更樂者，是謂名為更樂之食。意思是說，透過身體接觸衣服、繖蓋、以及各種的香花、薰香或香水，加上與異性相處聚集，而令我們的身體的體觸更加快樂，因此稱為「更樂食」。也就是說，觸食可以令我們五蘊中的受蘊感到歡喜快樂，這種快樂是經由六根與六塵接觸，令我們的身心得到撫慰，得到關愛，得到滿足。就像嬰兒一樣，渴望得到母親的愛撫，而獲得安全感。缺乏觸食會令人活在痛苦之中，沒有快樂，甚至難以繼續存活下去。簡而言之，即是透過各種感覺器官的渴求，攝取觸食來取悅有情生命。

不過要注意的是，觸食雖然可以為我們帶來一時的快樂，但是過度追求的結果，反而變成為我們煩惱的根源。雜阿含經（卷八　一九六經／一九四經）云：若於眼生喜者，則於苦生喜。若於苦生喜者，我說彼不解脫於苦。於耳、鼻、舌、身、意生喜者，則於苦生喜。於苦生喜者，我說彼不解脫於苦。意思是說，若於六根接觸六塵的時候有喜有貪，背後潛藏的就是痛苦，無法解脫。因為我們的六根經常會追求可愛、如意之觸；遇到不可愛、不如意之觸，就會生出厭煩之心，而感到痛苦（雜阿含經　卷十　二六五經／一一七一經）。所以說，我們要善加守護我們的六根，不令過度攀緣外境。適當、適量而且有益的觸食，可以令我們的身心感到快樂即可，切不可讓觸食的追求變成罪惡的淵藪。

意思食的智慧

所謂「意思食」或曰「思食」、「念食」，就是指我們的想法、念頭或希望能夠得到實現或滿足，包括名利、財物、情愛、地位等等的追求；使我們的身心得到激勵，滿足自我的欲望。增壹阿含經（卷二十一）苦樂品（二五二）云：諸意中所念想，所思惟者，或以口說，或以體觸，及諸所持之法，是謂名為念食。意思是說，一個人活在世上，對未來充滿期盼，心中會有各種想法與念頭；為了滿足自我，與「我愛、我見、我慢、我癡」相應。心裡想到什麼，嘴吧就會說什麼，或者身體就會跟著有所行動。因為心裡在想，才會去爭取，才會去追求，生活才會有動力，以便能夠達成願望。一個人若覺得活著沒有希望，甚至絕望，面對絕望的人生，那裡還會有活下去的勇氣！

所以說，「意思食」就是有情生命在繼「摶食」滋養色身，「觸食」追逐快樂之後，對於如何滿足自我的願望，而形成一種具有意志上的想法與念頭；有行動力，有意志力在裡面。由於有情生命心中有個「我」，為了滿足自我，形成了「我要」的渴望，並且透過「身、口、意」的行為表現出來。物質上的「我要」：例如五子登科，包括房子、妻子、孩子、車子、金子等；精神上的「我要」：例如欲望的滿足

（我愛）、意見的表達（我見）、名位的提昇（我慢）、願望的成就（我癡）。並依此意志，讓我們對未來充滿了希望與憧憬，藉以保持我們身體的活力，使有情生命得以振作，延續我們的生命。就像有些命運非常苦的人，生活條件非常差，甚至孤苦貧病，但是將希望寄託在小孩身上，再苦也要咬牙硬撐，希望將來有一天，小孩能夠出人頭地，而勇敢堅強地活著。另外，有些人雖然身染重病，但只要還有一線希望，或是爲了完成某一個心願，求生意志非常強烈，因而倖存。有些人則具有不服輸的精神，不輕易向命運低頭，靠著堅強的意志力與命運博鬥。

長阿含經（卷二十）世紀經 忉利天品云：有眾生因念食得存，諸根增長，壽命不絕，是爲念食。意思是說，「念食」的功用能夠讓有情生命的諸根增長廣大，且延長其壽命。對有情生命而言，這是一股重要的支持力量；也因爲這一股重要的支持力量，生命得以一再延續。所謂「人窮志不窮」，爲了一個希望，就會排除萬難，力爭上游，貫徹意志。就算生存條件極差，仍然可以活得很有意義，很有活力。不像有些富貴人家，豐衣足食，生活不虞匱乏，有時反而欠缺奮鬥的目標，整天醉生夢死，甚至提早結束生命。所以說，只要對未來懷抱著一線希望，就會鼓起勇氣活下去；一旦希望破滅，支持生命延續下去的力量也將隨之消失而死亡。

因此，意思食也稱爲「思食」，具有意志作用，對有情生命的延續，起到一個重要的作用。印順導師《佛法概論》認爲：「意思食不僅是有情生命的生存欲，也與種族生存的延續，以及後代子孫的繁衍有關。」也就是說，意思食所形成的希望與意志，是有情生命得以延續下去的動力來源，攸關有情生命個體與種族的生存與繁衍。不過，過度膨脹自我，任由意思食的泛濫，也會帶來人與人之間的無謂糾紛。例如過度強調「我愛」的佔有、過度堅持「我見」的伸張、過度放任「我慢」的態度、過度流露「我癡」的無知，反而會帶來無窮無盡的煩惱與痛苦，不可不慎。有希望，有盼望固然是好，但過度的執著或貪染，反而會變成一種負擔，甚至牽連三世，流轉生死。

因此，我們應該將意思食導向「善良」的意思食。藉由「善良」的意思食來啓發與增長人們的思想，讓生命的內涵逐漸豐富，讓生命存在的價値得到重新認識。例如，有些人對於生命失去信心時，可以藉由宗教的信仰，重拾生存下去的力量。有些人甚至將希望寄託於來世，希望來世可以投生到善趣享受福報；或是爲了命終之後可以上天堂或者往生淨土；或是爲了改變今生的命運，因而積極行善，精進修行，對未來充滿期待；並重新培養正面的價値觀，不斷累積「善良」的意思食，來提昇生命的品質。所謂「存善念、發善願、行善行、得善果。」甚至還可以進一步提昇意思食的心靈層次，淨化我們的內心，朝向「寂靜涅槃」的目標前進。

識食的智慧

所謂「識食」就是指以「識」爲食。屬於內心深層次的自我執持，特別是經由「化生」的有情生命，包括色界天、無色界天，或是地獄的眾生，都是以「識」爲食。增壹阿含經（卷二十一）苦樂品（二五二）云：所念識者，意之所知，梵天爲首，乃至有想、無想天，以識爲食，是謂名爲識食。這個「識」令有情生命執取五蘊身心爲我，成爲身心發展，生命延續的力量，故名爲識食。特別是從初禪的梵天，一直到有想天、無想天的有情眾生，都是純粹以「識」爲食。另外，根據長阿含經（卷二十）世紀經忉利天品，包括地獄與無色天的眾生，也都是純粹以「識」爲食。

這樣講還是很抽象，「以識爲食」到底是什麼意思呢？前述的「意思食」主要是有情生命爲了滿足自我的願望而表現於外在的「生存欲」。而「識食」則是有情生命爲了證明自我的存在而潛藏於有情生命心中深層的「求生欲」。兩者同樣都是希望生命能夠延續下去，只是有內外深淺的差別而已。所以說，四食當中以「識食」最爲微細，具有對於生命的執持作用，希望生命能夠不斷存在的一種深層欲望。爲的是追求「自我存在」的價值，以及實現「自我成就」。若非深刻觀察，實在很難發現。

有情生命會執取五蘊身心爲我，進而滋生貪愛。在還沒有斷除貪愛之前，仍然會不斷地與「執取」相應，生死因而不斷。「識」是生命存在的核心，和「名色」彼此相互依存。一旦「識」找到一個「根身」依靠，「名色」即得以增長，有情生命就能夠延續存在。由此可知，「識」有維持生命延續，幫助身心發展的力量，故稱之爲「識食」。雜阿含經（卷十五 三七三經／三七四經）云：若比丘於此四食有喜有貪，則識住增長。識住增長故，入於名色，入名色故，諸行增長，行增長故，當來有增長，當來有增長故，生、老、病、死、憂、悲、惱、苦集，如是純大苦聚集。意思是說，有情生命對四食若是有所喜愛、貪愛或渴愛，「識」就會住立而增長，就好像種子落在土壤一樣，開始生根發芽。接著名色就會產生，一旦入於名色，就會增長各種業行，進而引發一連串的生老病死，憂悲惱苦。

因此，「識」具有核心的地位，支持有情生命的存在。在一期生命當中，需要不斷地攝取識食，方能令有情生命住世、再生。「識」一旦離開根身，生命也將隨之消逝，須臾不暫停，是有情生命所有精神活動的總稱。此外，「識」依「色、受、想、行」而住。包括：「識緣色住」，用「摶食」長養色身的生理需求，追求溫飽；「識緣受住」，用「觸食」長養諸受，追求快樂；「識緣想住，識緣行住」，以「意思食」長養貪愛，追求自我的欲望；「識緣名色住」，以「識食」長養我癡我迷，追求自我的存在與成就。

不過，若是過份追求四食，很容易迷失於四食的叢林之中，反而成爲流轉生死的主因，從此世到後世（增壹阿含經　卷二十一　苦樂品　二五五）。因此，從三世生死相續的觀點來看，「識食」是有情生命未來再有、再生的因緣。生命的存在有賴於四食與諸根的支持，在未終止生死流轉之前，當以「清淨識」做爲我們修行的目標。唯有斷除對「識」的執取，放下對「我」的愛戀，生死的流轉才得以終止。爲了提昇我們的「生命品質」與「心靈素質」，有情生命當從「清淨」的識食出發，不再執取；引導「善良」的意思食，不再貪染；讓觸食更加「有益身心」，不再攀緣；讓摶食更加「均衡」，不求肥美。最重要的是要能夠依此慧命持續走在佛陀的正法上。

總而言之，「四食」對於有情生命的生存與延續，以及未來生命的開展，有著決定性的影響。雜阿含經（卷十七　四八六經／四八七經）云：謂一切眾生由食而存。意思是說，一切有情生命皆須仰賴「食」而得以存在並延續。增壹阿含經（卷三十一）力品（三三七）云：一切諸法由食而存，非食不存。意思也是在說，世間的一切都需要依靠「食」才得以存續；否則，就無法存續。「食」具有資益、增長、滋養、飲食之意，是生存力量的來源。包括「物質食糧」的摶食，以及「精神食糧」的觸食、意思食與識食。「摶食」滋養色身，使溫飽；「觸食」撫慰身心，使快樂；「意思食」實現希望，使激勵；「識食」成就自我，使發展。前二食：「摶食」與「觸食」著重在現世有情生命的存在與延續，屬於較低層次的需求，比較接近動物的求生本能。後二食：「意思食」與「識食」則影響有情生命的未來、後世、甚至生生世世的存在與延續，屬於較高層次的需求，比較傾向於自我的滿足與心靈的提昇。所以說，正確的「四食」應該是：均衡的摶食，保有健康的身體；適當而有益的觸食，保持愉快的身心；善良的意思食，注入希望的生命；清淨的識食，指導正確的人生。

第五節　結語

綜上所述，生命其實是一個持續、累積的過程。從佛教的觀點來看，有情生命並非無原無故自然的發生，而是基於一定的因緣條件而生。生命無常而短暫，有生必有死。佛陀認爲有情生命今生的生命，一旦由前世延續而來的「識」離開色身之後，這一期的生命就算結束了。然而，有情生命死後，並非斷滅歸於無，反而是另一期生命的開始，謂之「緣起」的生命觀。此外，有情生命既包含物質面的生理，也包含精神面的心理，是個結合精神與物質，包括五蘊的身心綜合體，謂之「五蘊和合」的生命觀。一切有情生命均有趨樂避苦的特性，既追求物質上的滿足，也追求精神上的撫慰；希望健康平安，期盼安逸享樂。因此，生前擺脫不了欲望的枷索，煩惱的束縛；死後還要背負著業力，輾轉輪迴，沉淪業海。若是缺乏生命的智慧，就會憂悲惱苦。

我們透過「四生、五趣、六道」了解有情生命誕生的形態與有情生命的種類；透過「五蘊」了解有情生命的組成元素；透過「六根、六塵、六識」了解有情生命與外界環境互動的行爲模式；透過「四食」了解有情生命維持與延續生命的方式。進而對有情生命的整體概念有一個基本的了解。有情生命執取五蘊身心爲我，進而貪求四食，並透過六根攀緣六塵而產生各種認知、感受、情緒、想像、聯想、思考與決定。在「心」的記憶儲存庫的集起作用之下，經由「識」的客觀了別作用，加上「意」的主觀思量作用，思量來自外境諸法以及從潛藏的心中浮現出來的各種念頭。由「思量」起行，生起「意志」作用，最後透過「意識」進而造作，形成業力與因緣，再推動我們的五蘊發起各種身心的活動。爲了延續生命，維護自我，進而形成一個雜染的人生。

了解有情生命的種類與生死，幫助我們建立「三世輪迴」的生命觀。體悟生命非常、非斷。有情生命會因爲業力的牽引，在生死苦海中沉淪不已。唯有煩腦解脫的聖者，才能出離輪迴，達到不生、不滅的境界。認識生命無常，人身難得，提醒我們不應該懈怠懶散，應該好好珍惜生命，把握當下，精進修行。不應該向命運低頭，任由業力宰割，虛度一生；也不應該只是即時行樂，醉生夢死，浪費生命。

認識有情生命的組成——五蘊，幫助我們建立「五蘊和合」的生命觀，更加了解自我。「色蘊」告訴我們：色身屬於物質的部份，由四大所成。「受蘊」告訴我們：有情生命有感性的一面，是對於外界的一切刺激的情緒反應。「想蘊」告訴我們：有情生命有理性的一面，是對於外界的一切人情事物的思考推理。「行蘊」告訴我們：有情生命的行爲是綜合感性與理性的考量，所作出的一種判斷與決定，表現於外的一種意志作用。「識蘊」告訴我們：意識主管了解與識別一切的作用，不管是感性、理性或意志的作用，都是因爲有「識」的了解、識別作用而有意義。透過「五蘊」的智慧，我們更能夠體會我們的起心動念與行爲舉止的處理模式，以便於管理我們的內心與行爲。

了解「六根、六塵、六識」的智慧，幫助我們認識有情生命的五蘊身心如何與外界互動接觸，建立我們所認知的世間觀。主要是透過「六根」去探索我們所處的環境——「六塵」，而且是以「一對一」的方式相互對應。眼根對應色塵，耳根對應聲塵，鼻根對應香塵，舌根對應味塵，身根對應觸塵，意根對應法塵。「根、塵」相觸所接收進來的訊息，透過「六識」的了別，而有所認知。其中，「根、塵、識」也是「一對一」的相互對應，但以意識爲核心。進而產生「受、想、思」，並形成一次的生活經驗或教訓，儲存在我們的潛意識當中。透過「六根、六塵、六識」的智慧，更能夠體會我們對外界的刺激與作出反應的互動過程，以便於守護我們的六根，善護我們的心念，防護我們的身行。

了解「四食」的智慧，幫助我們從日常生活來觀察欲望的產生。一般人都會先求得生活上的溫飽。一旦獲得溫飽之後，淫念、享樂的念頭就會繼之而起。等到基本生理需求與感官需求滿足了，又會開始追求精神上的需求，包括情愛、名利、地位、尊嚴、榮譽與成就等。所以說，有情生命為了自我的生存與個人的滿足，會不斷地興起追求「四食」的欲望，包括物質面與精神面。在追求四食的過程當中，有不合意或阻礙我們追求的，就會生起瞋恨心；有了瞋恨心就會生起害心，有了害心就有可能造下惡業；或打、或殺、或罵、或欺、或勾心鬥角、或結黨營私、或令欲心奔放、或被瞋心奴役、或受害心蹂躪，甚至失控而犯下罪業。增壹阿含經（卷二十一）苦樂品（二五五）云：眾生之類，以此四食流轉生死，從今世到後世。原來有情生命為了延續「五蘊」身心，追求「四食」的欲望，竟成了生死流轉的主因之一。透過「四食」的智慧，更能夠體會我們內心產生欲望的緣由，其實都是因為「不知足」。

愚癡無聞凡夫不知不見生命的智慧，為了生活，為了三餐，為了養兒育女，為了升官發財，為了實現自我，終日忙忙碌碌，勞心勞力。甚至捲入慘烈的生存鬥爭，搞到遍體鱗傷，體無完膚，心力交悴，到頭來還不是一樣兩手空空，什麼也沒得到，然後再來喟嘆人生到底所為何來？生命的意義到底是什麼？尊貴的蓮生聖尊《一日一小語》提到：「生命的意義在於展開智慧的修行，認清生死的眞相。」因此，我們要透過修行學佛，成為智勇雙全的「生命戰士」，迎接各種生命的挑戰。而且，學會之後，不要忘記幫助其他人也能夠成為勇敢堅強的「生命戰士」。所以說，生命的意義在於自助助人，自度度人。不僅使自己解脫人生的煩惱與痛苦，也要幫助苦難的眾生解脫人生的煩惱與痛苦。不僅幫助苦難的眾生能夠活下去：拯救性命；更重要的是幫助苦難的眾生學會控制、淨化自己的內心，尋求解脫之道：拯救慧命。物質上的救濟，遠不如心靈上的救贖。給他魚吃，不如教他如何釣魚；保護他，不如教他如何保護自己。更要積極地幫助苦難的眾生，從生命中的「弱者」，蛻變成爲生命中的「強者」。在這個世界上，每一個人在某一方面都有可能是生命中的「弱者」，例如生理上、心理上、錢財上、或生活上；但是沒有人會是永遠的弱者。弱者只是一時的暫態，除了自立自強、刻苦學習、力爭上游之外，也需要你我的扶持，讓生命中的「弱者」有機會成長茁壯，然後轉換昇華成爲生命中的「強者」。成爲「強者」後，不要忘記再去幫助那些仍然需要幫助的「弱者」。如此秉持至善之心，循環互助，相信人間有情，世間有愛，娑婆即爲淨土，淨土即在娑婆，創造一個你我共同生活的美麗世間，溫馨社會，人間淨土。

第三章

世間的人生智慧

命由己造，
相由心生，
禍福無門，
惟人自召。

第一節 前言

修行首重正確的見解。有正確的見解，才能無礙地走在佛陀的解脫正道上。這正確的見解就是正確看待人生的態度，也就是要建立佛法正見。佛法正見有兩種：一種是世間的、有漏的、有取的，轉向善趣；另一種是出世間的，無漏的，無取的，轉向苦邊（雜阿含經 卷二十八 七九七經／七八五經）。意思是說，「世間正見」可協助人向上提昇，淨化心靈，減少惡緣惡業，往善的方向前進；可惜仍會有所執取，貪戀世俗，未能斷盡煩惱，出離三界，但可教導我們正確的人生觀。「出世間正見」可以使人正確地出離世間，熄滅煩惱，不再執取貪染，滅盡痛苦，解脫自在，可教導我們出離生死的智慧。前者謂之「世間」的人生智慧，重在人天福報，趨善避惡。後者謂之「出世間」的人生智慧，重在出離生死，漏盡解脫。我們先就「世間」的人生智慧加以說明，「出世間」的人生智慧則留待下一章再作討論。

「世間」包括有情世間與器世間。「有情世間」即是有情眾生「由惑造業、由業感苦」所招感生死相續的生命個體。「器世間」即是生命個體所居住的物質環境或生活環境；其實就是指世俗的一切。從宇宙宏觀的角度來看，「世間」等同於「三界火宅」，有情生命輪迴其中，沉淪生死的苦海。從個人微觀的角度來看，「世間」等同於「滾滾紅塵」，有情生命身處其中，經歷現實的人生。不管是面對無盡的輪迴、還是短暫的人生，都必須建立正確的人生觀，培養人生的智慧，才能幫助我們趨善避惡，不再墮落沉淪；協助我們安身立命，不再茫然無措。然而，什麼是正確的人生觀或人生的智慧呢？其實就是面對人生應有的正確態度，是價值判斷的依據，也是言行舉止的準繩。體悟是非善惡，抉擇何者當爲，何者不當爲？讓我們能夠瀟灑走一回，自在過一生。

想要了解宇宙人生的眞相，過一個有目標又有意義的人生，當務之急，就是依照佛陀的訓誨，建立佛法正見與人生的智慧，包括：（一）命運的智慧：佛法之前，人人平等；（二）善惡的智慧：有善惡行，有善惡業；（三）因果業報的智慧：業力法則與萬有因果律；（四）五趣流轉的智慧：沉淪苦海無邊的生死輪迴；（五）凡聖差別的智慧：愚癡無聞的凡夫與解脫自在的聖人（雜阿含經 卷二十八 七九六經／七八四經）。正確地認識「命運」，才能夠活出一個積極又豁達的人生。正確地認識「是非善惡」，才能夠引導我們正確的行為模式，如何思惟，如何說話，如何與人相處，以及如何生活等。正確地認識「因果業報」，才能夠眞正地爲自己的行爲負責。正確地認識「五趣流轉」，才能夠宏觀地審視生命的昇華與墮落。正確地認識「凡聖的差別」，才能夠確立人生的目標，欣羡解脫聖者涅槃的境界。然後進一步修心養性，依照佛陀的教誡持續走在追求解脫的正法上。以下分別加以闡述說明：

第二節 命運的智慧

何謂命運？

在這個世間，每個人都有屬於自己的命運。然而，同樣是人，爲什麼命運會差那麼多？有人一生坎坷，處處荊棘；有人平步青雲，一帆風順。有人富可敵國，不愁吃穿；有人孤苦貧困，三餐不繼。有人儀表端莊，美麗可愛；有人容貌醜陋，五官殘缺。有人健康長壽，百病不侵；有人惡疾纏身，英年早逝。有人聰明伶俐，才智驚人；有人愚蠢無知，笨拙可憐。有人出身良好，享受榮華富貴；有人自出娘胎，飽受飢寒折磨。面對命運無情的捉弄，不禁令人感到萬般無奈。唉！就像台語歌手蔡秋鳳演唱的一首歌曲「金包銀」裡面所陳述的：

別人的生命是鍍金又包銀；
阮的生命不值錢。
別人若開口，是金言玉語；
阮若是多講話，馬上就出代誌。

若再進一步深入觀察人生，就會發現：世間怎麼這麼不公平？有人在公司裡埋頭苦幹，卻得不到重用，鬱鬱寡歡。有人爭功諉過，過河拆橋，卻昇官發財。有人英俊挺拔，卻娶一個相貌平平，脾氣又暴燥的妻子。有人外貌粗鄙，老婆卻細緻秀麗，溫柔婉約。有人喝酒應酬，日夜顛倒，身體未聞有恙。有人循規蹈矩，菸酒不沾，卻年紀輕輕就患了癌症去世。有人口齒笨拙，卻創立自己的公司，事業輝煌。有人勤奮向上，挑戰命運，卻依然一無所有。唉！怎麼會這樣呢？就像台語歌手阿吉仔演唱的一首歌曲「命運的吉他」裡面所陳述的：

我比別人卡認真，我比別人卡打拼；
為什麼？為什麼？我比別人卡歹命！

來到這個世間，面對各種人生的磨難，已經過得很辛苦了；若是經過大半輩子的努力與奮鬥，最終還是敗下陣來，有時連身體的健康都失去了，甚至最後一無所有，眞叫人情何以堪！不是我不努力，也不是我能力差，可是爲什麼輸的總是我！若缺乏正確的人生智慧，就會覺得命運爲什麼要這麼折磨人？人生爲什麼這般無奈？人生當中有很多不合理的遭遇，實在是很難解釋。難怪第一章提到的「松子」在遇到人生的困境時，不斷地問「爲什麼」？有什麼方法可以讓人生活得快樂自在一點？誰都希望自己或自己關心的人的命運可以順利一點，不要有那麼多的不幸與挫折。面對極度不確定的未來，到底是要順從命運的安排，向命運低頭？還是不要輕易認命，勇於向命運挑戰？這牽涉到命運可不可以改變的問題？

有人相信「宿命論」，認爲命運是上天早就安排好的，所謂「萬般皆是命，半點不由人。」有人相信「立命論」，認爲命運是自己創造出來的，所謂「造命者天，立命者我。」到底是宿命論對，還是立命論對呢？其實，人一出生，天定命運，是謂先天命運。「先天命運」早已註定此人一生的榮枯，甚至壽命、財運、子祿全有個定數。大部份的凡夫，走的命運幾乎全是天定的，很少有改變。所以厲害的算命先生，若算先天命運，很少有不準的。「後天命運」則受後天的姓名、習慣、行爲、善惡影響。我們若願意從心做起，修正態度，端正行爲，努力精進，行善積德，事實上是有機會改變命運的。

因此，命運其實包括兩方面的含義：一是命；二是運。「命」是與生俱來的，是指一個人先天上千差萬別的相貌、性格、聰明、才智、出身等。「運」是後天發展的，是指每個人都有自己的生命軌迹，有時平坦，有時崎嶇，有時上坡，有時下坡。「命」是由上天主宰，人的生老病死、貧富貴賤都是一出生就事先安排好的。「運」則可以由個人創造，指一個人的一生當中，在先天的基礎上，各個階段的吉凶禍福，會隨著個人「身、口、意」行爲的改變而產生變化。

歷史上「改變命運」最著名的代表作就是《了凡四訓》。明代袁了凡在考科舉之前遇到了一位道士孔先生；孔先生以「皇極演術」推測其未來功名，並預言他將於五十三歲壽終，且無子嗣。袁先生初期的命運如同被上天擺佈一般，一一應驗。然而，於三十六歲那年，遇見了雲谷禪師，傳授「立命之學」，了解命運不但可以改變，而且是由自己決定。從此積極行善助人，不僅未於五十三歲壽終，還生下了一個兒子。《了凡四訓》的內容詳細說明了「立命之學」、「改過之法」、「積善之方」與「謙德之效」。在在證明命運是掌握在自己手裡。因為我們的命運是由自己的行為，透過自由的意志展現出來，形成的「業力」所決定的。接下來，我們從「原始佛教」的觀點來看「命運」這件事。

佛法之前，人人平等

在佛陀當時的印度社會有所謂的「種姓階級制度」，共分為四種階級：一為婆羅門種，屬於四種姓中最高的僧侶階級。一為刹利種，又作刹帝利，屬於四種姓中的貴族、武士階級。一為居士種，屬於四種姓中的農工商階級。一為首陀羅種，屬於四種姓中最低的奴隸階級。當時的觀念是婆羅門種最為第一，社會地位最為崇高，而且認為現在世清淨無穢，其餘則卑賤惡劣，污穢黑暗。顯示出當時印度社會階級制度的不平等。然而，佛陀卻不這麼認為。佛陀主張四種姓在佛法之前並無差別，提倡平等主義，尊重個人主體性的實踐。

佛陀認為：四種姓中，只要「身、口、意」等行為合乎善行（清白行），身壞命終，必受樂報（清白報）。若「身、口、意」等行為不合乎善行（黑冥行），身壞命終，必受苦報（黑冥報）。並不會因為出身不同，結果就不同（長阿含經　卷六　小緣經）。因此，佛陀慈悲地告訴眾生，今天諸位追求無上眞實的佛法，並不會受到種姓制度的限制。在佛陀的弟子之中，雖出身不同的種姓，只要一心向佛，出家修道者皆一律稱爲沙門「釋種子」，無有差別（增壹阿含經　卷二十一　苦樂品　二六一）。而且，只要篤信「佛、法、僧、戒」，修無上梵行，不論什麼種姓，什麼出身，不論貴賤，不管貧富，皆可於現法中自身做證，證果成聖。可見得在佛法之前，人人平等，非階級制度所能操縱。

因此，「命運」的智慧告訴我們：命由己造，相由心生，禍福無門，惟人自召。一切操之在我，好壞自己決定，非社會階級制度所決定，也非完全由上天註定。須知佛陀教誨我們：「有施、有說、有齋」，就是要我們相信有布施、齋戒的功德，相信有佛的言說（雜阿含經　卷二十八　七九六經／七八四經）。也就是說，今日的福報、善報是來自昔日布施、齋戒的功德，是自己過去世曾經種善根、存善念、發善願、行善事、結善緣，而於今生今世，現時現地，福田耕耘有成，才能夠所求如願，衣食無缺，平安順利，甚至心想事成。但也切忌得意忘形，仍要心存感激，知福惜福，才不至於放蕩形骸，造惡犯罪。一旦福報享盡，惡運就會來臨。

同理，當人生中遇到種種的不順利、病痛、横禍、災變、苦難、挫折、失敗、恐懼，而有種種煩惱時，首先要勇敢地面對現實，並且坦然地接受它。不怨天，不尤人；冷靜思考，沉著應付。一思防止問題惡化，二思解決問題之道，三思預防再發之策。須知個人種種的不幸遭遇，都是自己過去世所造下的惡因，而於今世遭受這樣的果報。結果雖然殘酷，卻也莫可奈何，只有勇敢地加以面對並接受，再思良策加以解決。若能夠用「三世因果」思惟現世人生的一切，面對逆境，心中會比較容易釋懷與坦然，不至於怨天尤人；面對順境，心中則會比較容易惜福與泰然，不至於得意忘形。

換句話說，佛法之前，眾生一律平等。不會因爲出身不同而有所差別，更不能全部歸咎於命運所主宰。須知天下沒有白吃的午餐，也沒有不勞而獲，更沒有白流的血汗。一分耕耘，一分收穫；一分收穫必來自於一分耕耘。凡事要靠自己腳踏實地，辛勤耕種，才能有豐富的收成。就像台語歌手葉啓田演唱的一首歌曲「愛拼才會贏」裡面所陳述的：

三分天註定，
七分靠打拼，
愛拼才會贏！

也就是說，先天的「命」雖然已經決定了先天上的條件，無形中操縱著一個人的一生際遇；但是後天的「運」則受後天的習慣、行爲、善惡所影響，原則上可以經由個人的創造加以發展。因此，一個人若願意誠心懺悔業障，改過遷善；努力精進修行，改變行爲；慈悲濟世利他，勤耕福田；在「誠、善、信」的基礎之上，皈依三寶，恭敬供養，禮拜祈求佛、菩薩的庇佑；加上念佛、持咒、誦經的不可思議功德，並修法超度迴向給有緣的護法鬼神眾，就有機會改變命運。在這個世界上，每個人都有自己事先編好的人生劇本，每個人都有屬於自己的一條人生曲線，但是每個人的命運卻又像是一個不可預知的隨機過程。「命運」雖是上天替我們安排好的劇本，但上場演出時，個人才是眞正的主角，一切操之在我。所以說，主宰命運的不是別人，而是自己。命運其實是掌握在自己的手裡。尊貴的蓮生聖尊《命運的驚奇》說：「命運是可以改變的，先天命運的控制力固然大，但，後天可以自己創造。」

因此，「命運」的智慧就是要建立「命由己造，相由心生；佛法之前，人人平等」的觀念。不管是福是禍，其實都是自己的自由意志所展現的行爲，因而形成的業力所招感，非社會階級制度所決定，也非完全由上天所註定。須知福報雖樂，卻容易使人耽於逸樂，而忘卻修行，甚至失了戒心而造業。苦報雖苦，卻是解脫人生修行學佛的助緣，激發生命的潛能，努力掙脫煩惱的束縛。所以我們要正信佛法，充分了解「自受」乃是因爲「自作」，「自作」就會因而「自受」。面對命運的種種磨難，我們要勇敢接受挑戰；凡事盡力就好，問心無愧即可，結果坦然接受。

第三節　善惡的智慧

由於我們的行爲是由我們自己的自由意志所展現出來的，那麼是不是說我們的行爲就可以爲所欲爲呢？當然不是！因爲行爲的好壞會形成無形的業力，當因緣成熟的時候，果報就會現前。因此，我們必須對自己的行爲負責。然而，與其承擔行爲的後果與責任，不如往前追問，這個無時無刻不在監控我們行爲的善惡系統，到底標準何在？「善惡」的智慧就是要我們認識善惡的標準，明辨世間的是非，建立善有善報，惡有惡報的業報觀念。中阿含經（卷三）業相應品　鹽喻經（一一）云：隨人所作業，則受其報。意思是說，隨著每個人的所作所爲，因而造下的善業或惡業，會在未來受到業力的牽引，招感應得的果報。爲善則可以享受人天善趣的福報樂果；爲惡則將會沉淪惡趣，遭受惡報苦果。因此，我們要建立是非善惡的標準，並進而了解因果業報的法則。以便使我們的行爲有所依循。然而，是非善惡的標準何在呢？以下我們便就善惡的觀念加以說明：

心淨是善，心不淨是惡

何謂善？何謂惡？印順導師《成佛之道》說：「心淨是善的，如或不淨，那就是不善的。」也就是說，從一個人的內心意念來看：「心淨是善，心不淨是惡」。雜阿含經（卷二一 四四經／二六七經）云：心惱故眾生惱，心淨故眾生淨。意思是說，有情眾生會感到惱怒或清淨，全由我們那一顆「心」決定。何謂心淨？簡言之，即內心清淨，不起任何雜染煩惱。何謂雜染煩惱？即令人感到雜亂染污，憂悲惱苦的惡念。引起內心的不安定，不和諧與不自在，甚至由此煩惱而造種種業，受種種苦。「煩惱」是非常複雜的，但基本上可以區分爲所謂的「三毒」——貪、瞋、癡；或是所謂的「五毒」——貪、瞋、癡、慢、疑；或是所謂的「六大根本煩惱」——貪、瞋、癡、慢、疑與惡見。其中「惡見」又包括身見、邊見、邪見、見取見與戒禁取見。「五毒」——貪、瞋、癡、慢、疑是「思想」上的迷惑，由於內心有所雜染執著，不肯捨離，謂之「思惑」；其性遲鈍，難以制服，故稱爲「五鈍使」。惡見是「知見」上的迷惑，因邪師、邪見、邪思惟而起，謂之「見惑」；如聞正法，即可斷除惡見，故稱爲「五利使」。

首先，我們來看思惑：（一）貪就是欲貪、欲愛、貪愛；包括對「五欲」——色、聲、香、味、觸的貪愛，或是對財、色、名、食、睡的貪愛；遇到喜歡、快樂、舒服的對象或境界，會想要去追求與貪戀，因而生起貪心。（二）瞋就是瞋恚嫉恨，起瞋恨心，生嫉妒心，發脾氣；遇到不如意、不順心、不快樂、不舒服的境界，想丟丟不掉，想避避不了，不能忍辱，因而起瞋心。（三）癡就是愚癡無知，無慧無明，不明事理，不明是非，不明善惡，不明因果，缺乏佛法正見；甚至執著自我也是一種癡。（四）慢就是我慢，傲慢，憍慢；自以爲了不起，目中無人，瞧不起別人；或是喜歡招搖炫耀，愛慕虛榮，自我膨脹。

（五）疑就是懷疑，沒有信心，甚至否定一切；對於「佛、法、僧、戒」不肯信受，有所懷疑，不信因果，因而無緣建立正見。其次，我們來看見惑：（一）身見是指執著五蘊身心是我、我所有，亦稱我見。（二）邊見是指執著於斷、常二見。認爲我是永恆的，就是執著「常」；認爲死後一了百了，什麼都沒有了，就是執著「斷」。（三）邪見是指邪惡的思想與見解，令自己或他人受苦受害，不但於解脫無益，甚至造下惡業。（四）見取見是指執著只有自己的見解才是對的，固執己見。（五）戒禁取見是指執著不正確的戒律，或不正確的看待戒律，甚至迷信外道邪戒。

不管思惑或見惑，都會促使我們的內心生起雜染的煩惱。內心若能夠不起這些雜染煩惱，即名爲「善」。若能夠進一步令一切煩惱永盡，是名「涅槃」（雜阿含經 卷十八 四八九經／四九〇經）。反之，若一個人的內心不清淨，生起種種的雜染煩惱，起心動念不離「貪、瞋、癡、慢、疑、惡見」，其內心豈能安定平靜，必然浮燥不安，蠢蠢欲動，進而造下惡業，因此名爲「惡」。

增壹阿含經（卷十三）地主品（二〇二）云：有此三不善根，云何爲三？貪不善根、恚不善根、癡不善根。若有此三不善根者，墮三惡趣。云何爲三？所謂地獄、餓鬼、畜生。若有此三善根，云何爲三？不貪善根、不恚善根、不癡善根。若有此三善根，則生二善趣。云何爲二？所謂人、天是也。諸比丘，當離三不善根，修三善根。意思是說，若我們的內心不清淨，有「貪、瞋、癡」三不善根，就會促使我們的「身、口、意」去造作惡業；惡業既造，就可能促使我們墮落至三惡趣，即地獄、餓鬼、畜生，而受苦無窮。反之，若我們的內心清淨無染，有「不貪、不瞋、不癡」三善根，就會令我們行身妙行、口妙行、意妙行。行三妙行則可以令我們生人天二善趣，福報享用不盡。因此，佛陀教誡我們要遠離三不善根，培養三善根。若不知遠離三不善根，亦不知培養三善根，因此而心生雜染謂之「惡」；若遠離三不善根，且積極培養三善根，因此而內心清淨謂之「善」。佛陀教誡我們應當趨善避惡，心存善念，行三妙行，不可以有惡念頭，否則惡行隨伺在後，苦報難逃。

利他是善，損人是惡

印順導師《成佛之道》說：「有利於他的，是善；如或有損於他的，是不善。」也就是說，從一個人的行爲來看，「利他是善，損人是惡」。何謂利他？簡言之，即因爲個人的行爲，而使他人間接或直接受益。受益包括無形和有形兩方面。「無形」的受益：包括精神的支持和鼓勵，心靈的安撫和慰藉，甚至是正知正見的建立和引導。使恐懼者得到平安，孤獨者得到安慰，弱者得到扶持，愚癡者得到智慧等。「有形」的受益：包括金錢的布施，物質的接濟，醫藥的救助。使貧窮者得以過活，匱乏者得以救急，廢疾無助者得以存命等。

但要注意，「利他」的行爲，必須發自內心的至誠，而且動機單純，不要有故意造作的心念。甚至布施不求功德，行善不欲人知，付出不求回報。做到所謂的「三輪體空」，亦即無施者，無受者，亦無所施之物，並且對這三件事都不可以著相。若是著相，念念不忘，只能算是福德，而不是功德。金剛經（第四品）妙行無住分云：應無所住，行於布施。也是在提醒我們，在幫助別人進行布施的時候，不可以執著外相，希冀回報；而要不住於相，內心清淨，一塵不染。但捨念不捨事，事情照做，內心卻沒有絲毫牽掛。眞正做到心懷慈悲，滿心歡喜，面帶笑容，言語柔軟，眞誠關懷，毫不勉強。因爲關懷不能變成別人的壓力，熱心不能成爲干涉的藉口。所以，若人能行一事而利他，即名爲「善」。

何謂損人？很明顯地，即是因爲個人的行爲，而使他人間接或直接受害。受害同樣也是包括無形和有形兩方面。無形的傷害：包括精神的折磨和迫害，心靈的創傷和污辱，甚至是邪知、邪見的宣說和誤導。使人因受恐嚇威脅而畏懼，受兩舌離間而分離，受辱罵委曲而愁憂，受邪見誤導而邪行等。有形的傷害：包括使人身體受到傷害，生命、財產、安全受到迫害，例如殺生取人性命或動手傷害他人；或偷盜搶奪他人錢財，或破壞他人美滿家庭，或妨礙他人正當營生收入，或甚至影響整個社會乃至於國家的安寧等。然而，這些損人的行爲不管是有心或無心，實質上都已經造成傷害，甚至造成不可彌補的遺憾。因此，我們要非常小心，要謹言愼行，以免造成不幸。所以，若人因行一事而損人，即名爲「惡」。

十善業是善，十惡業是惡

根據雜阿含經（卷二十　五四七經／五四八經）與中阿含經（卷三）業相應品　思經（一五）可以了解到：作十不善業跡，當墮惡趣。十不善業包括：殺生、偷盜、邪淫、妄言、惡口、兩舌、綺語、貪、恚、邪見。而且，多行十不善業就會墮入惡趣，受無量苦。行十善業跡者，當生善趣。十善業包括離殺生、離偷盜、離邪淫、乃至離邪見。而且，多行十善業就可以生在善趣，享無量福。以上就是所謂的「十善業」與「十惡業」。這十種善業與惡業都是由我們的「身、口、意」三行所造作。其中身體的行爲有三種：若是殺生取命，盜人財物，淫人妻女，謂之「身惡行」。言語的行爲有四種：若是妄語欺人，兩舌離間，粗言惡語，綺語不實，謂之「口惡行」。意念的行爲有三種：若是貪伺多求，意懷憎嫉，邪見顚倒，謂之「意惡行」。若有人行此十惡業，入惡趣中（增壹阿含經　卷四十三　善惡品　四一九）。

因此，我們應當捨身不善業，修身善業：不殺、不盜、不邪淫。捨口不善業，修口善業：不妄語、不兩舌、不惡口、不綺語。捨意不善業，修意善業：不貪伺、不恚害、不興邪見。若有人行此十善業，便生天上（增壹阿含經 卷四十三 善惡品 四一九）。由此可知，我們的行爲包括「身、口、意」三行，親近十善業、利他的行爲即名爲「善」；造作十惡業、損人的行爲即名爲「惡」。當捨十惡業，親近十善業，成就「身、口、意」淨業。

既知損人爲惡，則損人之行爲即不可爲也。故知「損人不利己」的行爲絕不可做。而「損人利己」的行爲同樣不足取。試想將自己的快樂，建築在別人的痛苦之上，這樣的日子會過得心安嗎？從佛法的觀點來看，這眞的是利己嗎？其次，既知利他爲善，則利他的行爲即值得鼓勵。故知「利己又利人」的事，絕對值得大家優先考慮。當然在行善利他的同時，也有可能使自己蒙受損失，這就是所謂的「損己利人」。這種精神至爲偉大，難捨能捨。甚至犧牲自己，照亮別人，犧牲小我，成全大我，發揮所謂的「菩薩精神」。人爲先，我爲後，念念爲眾生，處處爲他人，值得世人敬仰。尊貴的蓮生聖尊《甘露法味》提到：「自他二利正應作，利他害己亦應作，自他兩害不應作，利己害他不應作。」

總而言之，一個正確的人生觀，實在仰賴於對「是非善惡」標準有正確的認識。從以上的說明可以了解到，何者爲善？何者爲惡？心淨謂之善，心不淨謂之惡；利他謂之善，損人謂之惡；行十善業謂之善，行十惡業謂之惡。故心淨利他謂之至善；心不淨損人謂之至惡；這就是所謂「善惡」的智慧。尊貴的蓮生聖尊《粒粒珍珠》認爲：「身、口、意清淨了就是善。」另外，《甘露法味》也提到：「心安能止就是善；你違背你的心，心裡不安寧就是惡。」我們要以至善之心處世，心懷慈悲，面帶笑容，言語柔軟，舉止從容。並協助別人建立正確的見解，然後依照佛陀的教誨待人處世，進而趨入解脫道。

第四節 因果業報的智慧

業力法則

認識善惡的智慧、了解善惡的標準之後，接著我們要探究這個善惡系統背後運行的法則。俗話說：「善有善報，惡有惡報，不是不報，時候未到」。也有人說：「冤有頭，債有主，善惡到頭終有報」。中阿含經（卷三）業相應品 鹽喻經（一一）云：隨人所作業，則受其報。意思是說，每個人會隨著他所造作的善惡業，招感一切的果報。中阿含經（卷二十七）林品 達梵行經（一一一）云：或有業黑有黑報，或有業白有白報，或有業黑白黑白報，或有業不黑不白無報。業業盡，是謂知業有報。由此可知，一個人的行爲造作，包括惡業（黑業）或善業（白業），會引發看不見也摸不著卻實際存在的「業力」。然後，在因緣具足的時候，招感其應得的苦報（黑報）、或樂報（白報），這就是「因果業報」的智慧。

中阿含經（卷二十七）林品 達梵行經（一一一）云：或有業生地獄中，或有業生畜生中，或有業生餓鬼中，或有業生天上，或有業生人間。也就是說，一切果報必然是由於業力所招感。不同的業，會引發不同的果報；不同的果報，必來自不同的業力所牽引。依個人所造業力，或生地獄，或生畜生，或生餓鬼，或生人間，或生天上。生死輪迴源於業力，成佛入聖也離不開業力。平安、順利又快樂是因爲業力，病痛、坎坷又煩惱也是因爲業力。含笑往生是因爲業力，橫死命終也是因爲業力，這就是所謂的「業力法則」。因爲業力法則，才使得善惡的標準有存在的價值。所謂「即使千百劫，所作業不亡，因緣會遇時，果報還自受。」業力的力量，如此深遠，能不謹愼乎？

萬有因果律

科學昌明的今天，在物質界有一個很重要的物理定律，那就是所謂的「萬有引力」，亦即萬物兩兩之間存在引力互相吸引。該引力的大小與它們的質量乘積成正比，與它們之間的距離平方成反比。在精神界則有所謂的「萬有因果律」，亦即所謂「種如是因，得如是果；欲得如是果，必種如是因。」「種瓜得瓜，種豆得豆。」「種善因，得善果；種惡因，得惡果。」一旦因緣具足，則果報現前。

若從「三世因果」來看：欲知前世因，今生受者是，欲知來世果，今生做者是。也就是說，要相信有三世存在，相信有三世的相續關係，相信有前世、有今生、有來世。而且要用多世的思惟方式來面對人生。想要知道過去世造了那些因，且看今世現時的遭遇。是出生富貴人家，還是貧窮人家；是快樂享福，還是痛苦度日。同樣地，下半生或來生想要過得好一點，想要獲得健康、平安、順利、幸福、快樂，甚至能在修行上有所成就，全看你現在或這一世的所做所爲是否合乎善行？是否走在正道上？尊貴的蓮生聖尊《玻璃缸裏的金魚》提到：「凡事都不是巧合，凡事全在因緣果報之中。」

中阿含經（卷四十四）根本分別品　鸚鵡經（一七〇）云：眾生因自行業，因業得報。緣業，依業、業處，眾生隨其高下，處妙不妙。意思是說，眾生因爲自己的行爲所造作的業力，招感應得的果報。依據業力法則，有情眾生隨業、依業受報，因而決定其所在的處境：妙或不妙，好或不好。根據佛陀的說法：短壽是因爲心腸狠毒，殺生取命，毫無慈悲之心，連昆蟲也不放過；多病是因爲動不動就拳打腳踢，觸怒、擾亂眾生；醜陋是因爲沒耐性，壞脾氣，到處與人結怨；沒有威德是因爲喜計較，愛嫉妒，見不得別人好；卑賤是因爲內心傲慢，沒有禮貌，不懂得尊重別人；貧窮是因爲吝嗇小氣，不肯布施，不懂得供養三寶；愚笨是因爲不懂得虛心學習，自以爲什麼都會，不懂得向善知識請教是非善惡、因果業報的道理。反之亦同。因此，消極上要止惡防非，諸惡莫作；積極上則要行善積德，眾善奉行。而且除了斷惡修善之外，還要懂得自淨其意。所以說，因果報應，屢試不爽，自作自受，貫穿三世。

業力特性

三世因果其實俱由「業力法則」而來，五趣流轉也是由「業力法則」而來，貧富貴賤也是由「業力法則」而來，賢愚美醜更是由「業力法則」而來。業力除了善惡有報，自作自受，歷久不衰之外，尚有以下幾點特性：（一）勿以惡小而爲之：星星之火，可以燎原，水滴雖微，漸盈大器。顧名思義，微小的業力，可以經由累積的效果，而逐漸轉換成巨大的業力。（二）有故作業，必受其報：佛陀說：若造作的行爲是有意的，是故意的，則未來必將承受其所對應的業報。（三）引業或滿業：「引業」是指能夠引發我們感報六道輪迴中的任一報體，或天上，或人間，或阿修羅，或餓鬼，或畜生，或地獄（中阿含經 卷二十七 林品 達梵行經 一一一）。「滿業」則是指經由引業感報爲某一道的眾生，能決定該報身是否圓滿的業力。例如報身爲人時，六根是否具足，容貌是否端正等種種差別即是由滿業所影響。（四）罪業可懺悔：增壹阿含經（卷五十一）大愛道般涅槃分品（四七一）云：雖爲極惡原，悔過漸復薄，是時於世間，根本皆消滅。意思是說，即使犯下滔天大罪，若能夠發自內心的懺悔，痛下決心改正，加上持續不斷行善，進而修行，則造作惡業的種子，自然會逐漸萎縮凋零，而無緣發作。積極面則更應該修身、修戒、修心、修慧，時日一久，惡行罪業就會逐漸轉薄，甚至於完全消滅，綜合以上論述可知，不管是「業力法則」，或是「萬有因果律」，在在證明一件事，即命由己造，相由心生，禍福無門，惟人自召；佛法之前，人人平等。因爲「業力法則」的無所不在，因爲「因果報應」的履試不爽，任何人不論貧富貴賤，男女老幼，賢愚美醜，皆不能例外，所謂「個人造業個人擔」。「業力」是招感一切痛苦、快樂的原因。有情眾生以「煩惱」爲因，以「業力」爲緣，進而招感痛苦輪迴的果報，這就是所謂「因果業報」的智慧。

第五節　五趣流轉的智慧

由於「業力法則」的普遍存在性，而有「三世因果」的業報現象。各人會因爲自己的行爲造作，而招感各種的業報，並且貫穿三世。造作「善業」，在身壞命終的時候，就報生在善趣：包括人間、天上，承受樂報。造作「惡業」，在身壞命終的時候，就報生在惡趣：包括地獄、畜生、餓鬼，承受苦報。因此，我們要建立「五趣流轉」的智慧：相信有各種不同眾生的差別，相信有地獄、畜生、餓鬼、人間、天界等五趣的存在，從極其痛苦、極其享樂、到極其清淨的世界都有。雜阿含經（卷十七　四六〇經／四六一經）云：輪迴五趣，而速旋轉。或墮地獄，或墮畜生，或墮餓鬼，或人，或天，還墮惡道，長夜輪轉。意思是說，所謂「五趣」即是指前述的地獄、畜生、餓鬼、人、天各趣，若再加上天人中有福無德、瞋心特別重的「阿修羅」，則合稱爲「六道」。有情眾生在修證解脫之前，會在五趣中流轉，在六道裡輪迴，而且會不斷地快速旋轉；一會兒沉淪地獄、畜生、餓鬼三惡趣；一會兒上昇人、天二善趣，最終又免不了墮入惡趣。長世累劫以來，生死相續，輪轉不已，難以出離。

所以說，有情眾生從無始久遠以來，即因為業力的牽引，而不斷地在生死苦海中，沉浮翻滾，流轉不已。行十不善業就墮入地獄、畜生、餓鬼三惡趣；行十善業則生在人間或天上。生死輪迴，貫穿三世，無有盡期。讀者若想進一步了解「五趣流轉」的內容，可以參考拙作《解脫煩惱的方法：八正道》一書，裡面有詳細的解說。以下我們僅就「五趣」的重點說明如下：

地獄：受苦無窮

地獄是五趣眾生當中最為痛苦的一趣。根據長阿含經（卷十九）世紀經 地獄品：有所謂「八大地獄」，包括想地獄、黑繩地獄、堆壓地獄、叫喚地獄、大叫喚地獄、燒炙地獄、大燒炙地獄及無間地獄。每一個大地獄尚有「十六個小地獄」，周匝圍遶。當罪人因為業力的牽引，一旦墮入地獄惡趣，就要經歷至少一個大地獄、十六個小地獄等種種地獄的刑罰與折磨，煎煮燒烤，鉤刺砍釘，壓踏磨擣，繩鋸剝皮，撲熱鐵，吞鐵丸，灌洋銅，山壓河淹，狼食鳥啄。而且，呼天天不應，叫地地不靈，生不如死，卻又求死不能。徬徨無助，驚駭恐懼，悲嗆哭號，哀聲慘叫。而且要等到所有罪業都受盡之後，方得以出離。受苦之慘烈與受苦時間之長，令人難以想像。地獄的眾生，受苦無量，無有間斷；所以說，地獄唯有苦。地獄的刑罰實在是太恐怖，太慘不忍睹了。有情眾生的惡行有多麼不可思議，地獄的刑罰就有多麼不可思議。尊貴的蓮生聖尊《地獄變現記》認為：「地獄實有。地獄是隨心示現的，一切的地獄情景，油鍋、刀山、鬼卒，全是自心的變化。」我們修行學佛的人在建立佛法正見的時候，其中之一就是要相信有地獄存在，來警惕自己的行為，切莫造作地獄的惡因。

畜生：愚癡無知

所謂「畜生」泛指除了人類以外的動物，包括飛禽、走獸、游魚、昆蟲、微生物等（中阿含經　卷五十三　後大品　癡慧地經　一九九）。這些動物的本能所追求的就是覓食、生存與繁殖。根本無暇修行，亦無有智慧修行，因爲愚癡無知。畜生又名傍生，以其身多橫住，行多傍行，不像人身之直立中行。生於畜生之中，最悲哀痛苦的莫如愚癡無知，不行仁義，不行禮法，不行妙善，互相攻擊，強者食弱，大者食小，朝不保夕，心懷恐懼，弱肉強食，生呑活剝，血流成河，殘暴不仁。有受「苦役」之苦者，如牛、馬、驢；有受「充食」之苦者，如雞、鴨、豬；有受「互噉」之苦者，如螳螂捕蟬，餓虎撲羊，是謂「畜生之苦」。而且畜生之死，很少是善終的，經常是流血而死，故稱之爲「血途」。

餓鬼：饑渴難耐

餓鬼道的眾生有別於在地獄中受苦的鬼必須在獄中服刑，受諸苦痛。餓鬼道的餓鬼，顧名思義即常患饑餓痛苦的鬼道眾生。也就是說，這類鬼道眾生身患饑渴，終日尋求飲食，卻不可得。長時間遭受饑餓、口渴的痛苦，求生不能，求死不得；或是入口時，食物化成火燄；或是喉細如針，根本無法呑嚥，因而常患饑渴。有些罪業深重的餓鬼，甚至長劫以來不聞漿水之名，何況飲食。罪業次重者，則在人間尋覓不淨之食，例如膿血、糞穢之物。有些餓鬼住在餓鬼世界，處於地下黑暗之處，受苦無量。有些餓鬼則住在人間，所謂「入處餓鬼」，與人類雜處，樂少苦多（雜阿含經　卷三十七　一〇二九經／一〇四一經）。

人間：苦樂參半

五趣流轉，其實是以「人趣」為上昇或下沉的樞紐。能保有人身或升天享福，是由於過去世得人身時造諸善業，所感得的人天善報。墮落惡趣，也是由於過去世得人身時造諸惡業，所感得的惡趣果報。由此可知，升沉流轉的關鍵，在於人身；享福受苦的鎖鑰，也在於人身。由於人身的造作善惡業，決定未來死後，依業力而受各趣的果報，可見得生而為人，保有人身的關鍵性。此外，生為人身不像三惡趣般苦痛逼迫，無暇修行，也不像天上的天人享樂不盡，忘卻修行。人身恰好是苦樂參半，甚至是苦多於樂。由於苦但又不至於像地獄般的苦，故可成為親近佛法修行證道的助緣。由於樂又不像天人般的福報享受，因此可依此人身，養此慧命，精進修行。

所謂「人身難得今已得，佛法難聞今已聞。」我們還不好好珍惜這千載難逢的機會，建立正見，依照如來正法，依次修行？雜阿含經（卷四十二 一一三〇經／一一四七經）云：人身難得，唯當行法、行義、行福，於佛法教，專精方便。意思是說，人身是非常難得的，應當好好地依照佛陀的教導，修行正法、義理與福報，專一精進，趨向解脫。而且，更難能可貴的是佛由人成。增壹阿含經（卷二十八）聽法品（三二二）云：我身生於人間，長於人間，於人間成佛。意思是說，佛陀降生於人間，成長於人間，並且在人間成佛。增壹阿含經（卷二十六）等見品（三〇〇）云：諸佛世尊，皆出人間，非由天而得也。也就是說，三世一切諸佛，無論是釋迦牟尼佛，或是其他佛，當要成佛的時候，一定是在人間成佛，並非在天上成佛。可見得生為人身的可貴，不僅可以決定有情眾生上昇善趣享福或墮落惡趣受苦，也可以決定解脫自在或輪迴旋轉，是生命向上提昇或向下沉淪的樞紐，所以說人身難得。

天人：快樂享福

天人是善趣中的善趣，報生在天上的眾生，不僅容貌端正，壽命極長，而且享福享樂，無有痛苦。天界的天人也有層次上的分別，包括欲界天、色界天與無色界天。首先是欲界六天，行十善，可生欲界天享福。然而，天福有盡，不可久居，但須恭敬諸天。欲界天以上爲色界天，共分爲四禪天：（一）初禪天，有勝樂妙喜。（二）二禪天，以「光明」爲特徵，有歡喜淨光。（三）三禪天，以「清淨」爲特徵，有永恆極淨光。（四）四禪天：以「無」爲特徵，有平等性的無量淨光。離欲清淨，成就四禪可生四禪天。二禪之上諸天，多爲證果之聖人，具有深沉的禪定，逐漸遠離煩惱，且多以獨居的方式存在。色界天之上爲無色界天。此天的眾生已無形色之束縛，僅有精神意識存在。共包含四重天：（一）空無邊處天，此天的聖者，厭有色身，思無邊空，可以想像成空間的四維八方，無限寬廣，無有邊際。（二）識無邊處天，此天的聖者，厭外空，思內識，思無邊識，可以想像成時間橫跨過去、現在、未來，無始無終。（三）無所有處天，此天的聖者，厭無邊識，思無所有，可以想像成既沒有空間（有想），也沒有時間的存在（無想），一切化爲無。（四）非想非非想處天，此天的聖者，捨前之有想，故名「非想」；捨前之無想，故名「非非想」。或者說，無粗想故曰「非想」，但並非無細想，故曰「非非想」；合起來就是「非想非非想」。三界諸天合計起來共有二十八天（長阿含經 卷二十 世記經 忉利天品）。

由此可知，眾生在無始久遠以來，即因業力的牽引，不斷地在五趣中流轉，在六道中輪迴。時而爲善則升，時而爲惡則沉；升沉不定，流轉未已。就這樣，眾生造業，隨業感報，生生死死，死死生生，生死輪迴，苦海浮沉；甚至前業未清，後業又造，業上加業，苦上加苦，不得自在，永無了時，這就是所謂

「五趣流轉」的智慧。尊貴的蓮生聖尊《輪迴的秘密》提到：我確信有「六道輪迴」，也確信有「地獄道」。六道輪迴就是「因果律」的演變，就是邏輯理論；有了六道輪迴，這宇宙才是合情、合理而公平的。人的行善行惡，象徵自己上昇天道和下墮地獄的「因果律」，這是不由任何佛神的審判，也非上帝的審判，而是尊重各人的心願，隨心示現。所以說，我們要相信因果業報，五趣流轉，才能心生警惕。

第六節　凡聖差別的智慧

最後我們要建立凡聖差別的智慧，也就是相信有凡夫、聖人的差別：相信有聖人存在，有阿羅漢存在，有佛存在。相信有三世之覺者：過去曾經有佛出世，現在已經有佛出世，未來也將還會有佛出世。相信只要依教奉行，凡夫也可以經由修證而轉變為聖人，而且是自知、自覺、自證，從此不再受生輪迴。然而，什麼是凡夫？什麼是聖人呢？根據中阿含經（卷五十三）後大品　癡慧地經（一九九）：凡夫愚癡無聞，為無明所蒙蔽，為欲愛所繫著，攀緣外境，貪圖五欲，煩惱雜亂，憂悲惱苦。不知不解世間眞理，不聞不問人生眞諦。造意惡行，造口惡行，造身惡行，「貪、瞋、癡」不斷，「殺、盜、淫」不停。身不清淨，口不清淨，意不清淨。恩怨情仇，愛恨交織，紛紛擾擾，糾結纏繞，不得解脫，不得自在，流轉五趣，苦海浮沉。試看多少眾生為了追逐名利權位，財富美妾，而沉迷於欲海之中，永無厭足之日。凡夫愚癡，不在於聰明或愚笨，也不在於學問之多寡，更不在於貧富貴賤，而在於缺乏正見，不知不見，甚至於邪知邪見。因為邪見就會導致邪志，邪語，邪業，邪命，邪方便，邪念乃至於邪定。不要說出離苦邊，了生脫死，可能還會因此造業而墮落，受苦無窮。

聖人則不然，聖人正見宇宙的眞理，正見人生的眞相，正見善惡的價值，正見因果業報，正見三世相續，正見五趣流轉，行三妙行，修八正道，於「佛、法、僧、戒」深信不疑。而且，斷諸愛欲，離欲清淨，永斷煩惱，自在無礙，究竟苦邊。永斷喜貪，得心解脫；永斷無明，得慧解脫，心慧解脫就是解脫的聖者（雜阿含經　卷二十六　七二二經／七一○經）。斷除根本煩惱，渡過生死苦海，到達涅槃彼岸，得寂滅樂，得涅槃樂，證果成聖。所謂「四果聖人」包括須陀洹果、斯陀含果、阿那含果、阿羅漢果（雜阿含經　卷二十九　八一一經／七九九經），分述如下：

一、**初果須陀洹**：只要斷了「三結」，就可以成爲初果聖者須陀洹（雜阿含經　卷二十九　八○九經／七九七經）。何謂三結？即身見結、戒禁取結及疑結。初果須陀洹斷除此三結，包括斷除對自我身心的妄執，斷除對無益解脫的外道邪戒，也斷除了對「佛、法、僧、戒」的所有疑慮，生大信心，起勇猛心。從此斷除繫縛生死的三結，生死就此解脫，無量生死都即將終止。頂多再七次往返人間、天上，就可以永遠出離生死，進入涅槃（中阿含經　卷二　七法品　漏盡經　一○）。

二、**二果斯陀含**：只要斷了三結，加上「貪、瞋、癡」轉薄，就可以成爲二果聖者斯陀含（雜阿含經　卷二十九　八○九經／七九七經）。雜阿含經（卷三　六八經／七七經）云：如截多羅樹頭，未來不復更生。意思是說，就好像一棵大樹已被連根拔起或斬斷無餘，雖未立刻枯黃死去，但可以確信的是根本已被截斷，無法再吸收水分及養分。樹枝綠葉終將枯黃凋謝，有如「貪、瞋、癡」逐漸轉薄；大樹終將死去，有如生死流轉即將終止，只剩下一次天上，一次人間的生死。

三、**三果阿那含**：只要斷了「五下分結」——身見結、戒禁取結、疑結、欲貪及瞋恚，就可以成爲三果聖者阿那含（雜阿含經　卷二十九　八○九經／七九七經）。此處所斷的欲貪是指欲界的欲貪，亦即證了三果阿那含的聖者，從此內心不起瞋恚，對五欲不再染著，男女間的愛欲、淫欲也已經徹底斷盡。證阿那含果的聖者死後，離欲界上生色界，或無色界，然後就在那邊入涅槃，不再復還欲界受生（雜阿含經 卷二十九 八三四經／八二二經）。

四、四果阿羅漢：只要斷了「五下分結」——身見結、戒禁取結、疑結、欲界的欲貪及瞋恚，以及「五上分結」——色貪，無色貪，掉舉，慢及無明，「貪、瞋、癡」永盡，一切煩惱永盡，就可以成為四果聖者阿羅漢（雜阿含經卷二十九 八〇九經／七九七經）。阿羅漢果斷盡「五下分結」與「五上分結」，連色界及無色界的貪愛都已經斷盡，內心的掉舉、放逸及擾動都已經止息，細微的我慢也都已經降服。連最根本的煩惱——無明，也為之破除。阿羅漢聖者斷盡一切煩惱，遠離一切痛苦，達到寂靜涅槃的彼岸。從此出離生死，解脫自在。

綜合而言，須陀洹又稱為「預流」，斯陀含又稱為「一來」，阿那含又稱為「不還」，阿羅漢又稱為「無生」。前二種聖者，雖然還會回到欲界受生，但是再也不會墮落三惡道，或退轉為凡夫，肯定會出離生死；阿那含只會再受生於色界或無色界，從此不會退轉至欲界。阿羅漢則已斷除一切惑業，超脫三界，不會再受生輪迴。由此可知，任何人都可以經由修證，由凡夫蛻變成聖人，達到所謂「我生已盡，梵行已立，所作已作，自知不受後有」的境界。「我生已盡」：生死流轉已經到了盡頭，從此不會再去受生受苦，不生也就不滅。「梵行已立」：清淨高尚的行為已經建立，不會再造三惡業，不再生起三毒，不再迷戀「四食、五欲、六塵」，身心清淨。「所作已作」：該做的都已經做了，不會覺得有所缺乏，也不會覺得有所遺憾；對於世間的一切，無所貪染執著。「自知不受後有」：從此以後再也不會受生，再也不會落入六道輪迴，無始長久以來的生死、煩惱、痛苦、沉淪，從此告一段落。這就是聖人解脫的境界。

第七節 結語

綜上所述，人生其實是一個有無限多岔路的未知旅程，面對這些人生的十字路口，我們必須常常做選擇。而且，每一次的選擇都影響深遠，不同的選擇也必定造就完全不一樣的人生。然而，人生看似未知，卻又冥冥之中存在著定數，引領著我們嚐盡人生的酸甜苦辣。試問世人，誰不想過上好日子？誰不想追求幸福？只是追求的過程當中有太多的挑戰、障礙、陷阱、誘惑來考驗我們。常常不能如願，甚至惹來一身腥，最後含怨而終。若缺乏人生的智慧，就會看不透人生的虛幻無常，也放不下人間的得失取捨，更不知道如何做正確的選擇。茫茫然不知所措，不曉得何去何從？就像西洋歌手Diana Ross演唱的一首歌曲「Do you know where you're going to?」裡面所陳述的：

Do you know where you're going to?
Do you like the things that life is showing you?
Where are you going to?
Do you know?

我們不也經常這樣問自己：這一生到底所爲何來？又要往那裡去？我們可曾知道？因此，必須培養正確的人生觀才能夠有正確的價值觀；有了正確的價值觀才能夠做正確的判斷與選擇。學會了正確判斷與選擇的智慧，才可以擁有一個屬於自己的人生。選你所愛，愛你所選，一輩子活得無怨無悔。

了解「命運」的智慧，幫助我們建立命運操之在我的「命運觀」。須知命運好壞的原理全由自己決定，而且人人平等。不因出身、貧富、貴賤而有所不同。從多世思惟當中，重新認識命運的意涵；面對人生的起起落落，能夠有一個比較圓滿的解釋。不好的遭遇就當作是還債或還願，吃虧就是佔便宜，不怨天，不尤人。但是切記莫再造新殃，總有一天會否極泰來。好的運氣要當作是「提款」，懂得知福惜福，卻不可當成來討債，還要積極再造福，要不然「存款」領光就沒了，小心樂極生悲。已經發生的，就勇敢地面對與承擔；還沒發生的，就應該知所防範。相信命運是可以改變的。

了解「善惡」的智慧，幫助我們建立待人處世的「價值觀」，包括自我良知良能的「道德觀」以及人我互動的「倫理觀」。傅佩榮教授《自我的意義》提到：「道德」是個人自我要求的價值；「倫理」則是社會性的價值。道德傾向於主體的自覺；倫理則偏向社會行爲的互相規範。道德存在於個人的行爲；倫理存在於家庭、社會乃至於國家。但不管是道德還是倫理，這些行爲的前提必須都是自由的。也就是透過自己的自由意志所做的選擇，才會有自主性，但也必須爲其後果負責。任何行爲的好壞，若非出於自由意志，就談不上道德問題。在自由意志的基礎之上，我們要很清楚何謂是非善惡？何謂清淨雜染？何謂利他損人？有了這些認知之後，就會慢慢地形成我們價值判斷的基準，我們才能從「知的世界」進入到「行的世界」，實踐道德與倫理的行爲，並爲自己的行爲負責。

了解「因果業報」的智慧，幫助我們建立三世因果的「人生觀」。須知所有的行爲都隱含著「道德」的成份，因爲任何行爲都是以「自由意志」出發。有善的意志，就有善的行爲；有惡的意志，就有惡的行爲。道德實踐的「善惡系統」，其背後的運作原理就是「因果業報」。根據「業力法則」與「萬有因果律」：有因就有果，有業就有報。有情眾生行爲造業即是種前因，只待因緣成熟，業報即會現前，而得後果。這就是所謂的「因果業報」。而其可貴、可敬亦可畏之處，在於受到「善惡系統」的嚴密監控，任何人都逃不過。種善因，得善果，享福報；種惡因，得惡果，受苦報，而且貫穿三世。更積極的意義則是：你希望別人怎麼待你，就看自己如何待人。想要別人關愛你，就要先懂得去關愛別人。你的內在意念與外在行爲如何放射出去，將來就會如何反射回來。而道德實踐的方式不外乎自律與他律。「自律」的精神是由內而發，基於獨立的人格以及理性的表現來自我要求。如何達到自律？基本上需要自覺，有了自覺之後，自然而然就知道該怎麼做。「他律」則是透過外在的要求來約束自己的行爲，諸如社會的風俗習慣、國家的法律乃至於佛陀的戒律。有自覺才有自律，有自律才有自由，有自由才有道德可言。唯有轉成自律，一個人才能成爲眞正獨立自主的人。不過，我們可以透過教育學習、修行學佛，培養自覺的能力，將他律漸漸轉爲自律。不過，不管自律或他律，都必須接受「因果業報」的監控。

了解「五趣流轉」的智慧，幫助我們建立生死流轉的「輪迴觀」。人、天是善趣；地獄、畜生、餓鬼是惡趣。做惡多端、心腸狠毒就會墮入三惡趣受苦；止惡防非、趨善避惡就可以避免墮入三惡趣。守五戒可以得人身，方便修行；行十善可以昇天堂，享受福報。然而，是什麼原因令有情眾生不由自主地在五趣中流轉，輪迴不已，不得出離？是因爲「業」。有情眾生依「業」而有生命，一期的生命或有結束的時候，有情的肉體身軀或有敗壞分散的時候，但是有情眾生的「業」是不會隨著色身的消滅而消失的，甚至成爲牽引眾生死後，投胎轉世的主要力量。有情眾生因不斷造業，才會有不斷的生死。想終止這樣的生死流轉，最基本的要求，就是不要再造業，最起碼不要造惡業。想辦法保有人身，才有修行解脫的機會，須知人身難得啊！雖然有時候會覺得做人好苦，經常會碰到一些找麻煩的人與煩心的事，可是也正因爲如此，才會激發我們想要出離，追求解脫之道。

了解「凡聖差別」的智慧，幫助我們建立解脫自在的「聖者觀」。任何宗教都一樣，佛教也不例外，都有一個完美的解脫境界，佛教稱之爲「涅槃」。達到涅槃的境界，謂之解脫的聖者。人活在世間，不管是內在的心靈，還是外在的行爲，總會覺得自己不夠完美，或者不夠圓滿。經常不能滿足道德良知的規範，或是社會倫理的制約。就算可以滿足，過度強調道德與倫理，反而充斥著虛僞的假相。有時候必須靠著宗教信仰，誠實面對自己，將生命融入，成爲一種堅定的信念。並且相信有解脫的境界與聖者存在，相信愚癡無明的凡夫可以經由修證轉變成爲解脫自在的聖者。一方面靠「自力」，進行內在的淨化；一方面靠「他力」，進行外在的超越。「自力」是自己的功德力，「他力」是諸佛、菩薩的加持力。不管「自力」或「他力」，一切都要自己願意，心誠意正才能夠獲得諸佛、菩薩的垂憐與加護；最後還是要回歸「自力」，才有修證解脫的可能。

總而言之，一切有情眾生被自己所造的「業」繫縛，隨著業力輪轉五趣不已。因爲有情眾生的心念，飄忽不定，時而思善，時而思惡，策動我們的「身、口、意」做出善惡的行爲。這些「身、口、意」的活動不只影響到當下相關的「人情事物」，也將形成習慣與性格，儲藏在自己的潛意識當中，凝聚成一種引發未來生命的力量，甚至還會影響到今後的善惡報應。有情眾生憑藉著業力，依據一定的因果法則，造就有情眾生的命運。由於業力有善有惡，故人的命運有好有壞。不了解命運的由來就會怨天尤人。眞正了解命運的人，就會相信「三世因果」的存在。命運的產生，其實就是「三世因果」的現象。懂得因果，就掌握了改變命運的原理。

所以說，有情眾生在無始久遠以來，即因業力的牽引，而不斷地在五趣中流轉，在三界苦海中沉淪。心腸狠毒的就到地獄去，貪心吝嗇的就做餓鬼去，愚癡無知的就做畜生去，謹守五戒的就保有人身，有福無德、瞋心特重的就當阿修羅去，廣行十善的就昇天當神仙去，離欲清淨的就離開欲界到色界去，慈悲喜捨甚至連色身也捨的或是證入空境的就到無色界去。令人覺得不可思議的是：三界火宅的層次與結構完全和有情眾生的心念與行爲相互對應。而且以人道爲樞紐，時而爲善則升，時而爲惡則沉，升沉不定，流轉未已。有爲惡受苦的「三惡道」，有欲望雜染的「欲界」，有享樂不盡的「天堂」，有光明遍照的「光界」，有離欲清淨的「淨界」，有慈悲喜捨的「捨界」，有證入空境的「空界」。業緣不同，境界各有不同，果報也就不同。眾生造業，隨業感報，生死輪迴，苦海浮沉，不得自在，永無了時。只有修證解脫，證果成聖，才能擺脫這毫無意義的生死輪迴。

因此，我們必須學會用正確的態度來解讀人生。正如美國著名心理學家亞伯拉罕・馬斯洛所言：「態度若改變，習慣就會改變；習慣若改變，性格就會改變；性格若改變，人生就會改變。」想要改變命運，就從培養正確的人生觀與價值觀開始。用正確的態度面對世間的一切，養成良好的習慣，塑造善良的個性。不管是靜慮獨處還是與人互動，都會形成一種良性的正向循環。假以時日，人生就會越來越美好。

然而，光是具備世間的人生智慧還不夠，這樣只能做到趨善避惡，向上提昇而已，不見得能夠出離三界，了生脫死。六祖《壇經》般若品云：正見名出世，邪見名世間。意思是說，要能夠眞正幫助我們出離世間的智慧才可稱之爲正見。要離開世間的執著，離開一切的妄念，遠離顚倒夢想才是正見。依照六祖惠能的標準，只要還是在世間打轉，執迷世間的一切，即便是善的，都是邪見。所以六祖惠能教我們不思善，不思惡，才能夠自在無礙（六祖　壇經　懺悔品）。千萬不可以執著，一切隨順自然。所以，有了世間的人生智慧之後，接下來我們要進一步建立出世間的人生智慧，繼續向解脫生死的目標邁進。

第四章

出世間的人生智慧

苦諦：一切都是苦的；
集諦：一切都是有原因的；
滅諦：一切終歸寂滅；
道諦：一切苦都有消滅的方法。

第一節　前言

「出世間」的人生智慧教導我們：要以「四聖諦」——苦集滅道的思惟方式，思惟人我世間的種種，洞察宇宙的眞理，體悟人生的眞相。然而，什麼是「四聖諦」——苦集滅道呢？「四聖諦」是佛陀證道後，最初在鹿野苑爲五比丘所宣說的教義，包括苦聖諦、苦集聖諦、苦滅聖諦、苦滅道跡聖諦；簡稱苦諦、集諦、滅諦與道諦。「苦聖諦」描述苦迫的現象；「苦集聖諦」描述痛苦集起的原因；「苦滅聖諦」描述痛苦熄滅的境界；「苦滅道跡聖諦」描述滅苦的方法。佛陀說：於四聖諦若不知不見，就會長夜驅馳生死，不得休止（雜阿含經　卷十五　四〇二經／四〇三經）。是故對於苦聖諦當知當解，於苦集聖諦當知當斷，於苦滅聖諦當知當證，於苦滅道跡聖諦當知當修（雜阿含經　卷十五　三八一經／三八二經）。若於苦集滅道已解已斷，已證已修，即斷愛欲，離諸煩惱，證阿羅漢，究竟苦邊（雜阿含經　卷十五　三八二經／三八三經；三八三經／三八四經）。甚至佛陀說：若能夠於四聖諦徹底覺悟，名爲如來、應、等正覺，也就是修證成果的意思（雜阿含經　卷十五　四〇一經／四〇二經）。

佛陀證道之後初次說法，稱之爲「三轉四諦十二法輪」。所謂「法輪」即正法之輪，有如傳說中的轉輪聖王在輪寶的引導之下，轉向四天下，各國無不心悅臣服。也就是說，佛陀將祂所親證的佛法、正法，向世界各地弘揚開來，利益眾生，破除外道、異論、邪說，這便是所謂的「轉法輪」。而佛法、正法的內容便是「四聖諦」。三轉法輪包括：（一）初轉法輪：俗稱示轉，說明此是苦，此是集，此是滅，此是道。（二）二轉法輪：俗稱勸轉，說明苦應知，集應斷，滅應證，道應修。（三）三轉法輪：俗稱證轉，說明苦已知，集已斷，滅已證，道已修。

這是佛陀宣說四聖諦的三個層次，從了解這是四聖諦、到應該修行四聖諦、到已經修證四聖諦。只要到了第三層次，就可以證入涅槃。「苦諦與集諦」是世間的因果。「世間」就是時間加空間的生活環境，有生滅、會變易、是無常、有老死。「苦諦」談生死，是集的結果；「集諦」談惑業，是苦的原因。「滅諦與道諦」是出世間的因果。「出世間」就是內心已經離苦得樂，解脫自在。雖然還處在世間，但已不受任何時空環境的變化所動搖、困擾。「滅諦」談涅槃，是修行的目標；「道諦」談方法，是修證的工具。這就是所謂的「三轉四諦十二法輪」（雜阿含經　卷十五　三七八經／三七九經）。

同時，「四聖諦」也是用來醫治有情眾生「生老病死」、「憂悲惱苦」的珍貴藥方。所以說，如來是解脫生死之苦的大醫王。佛陀說：要成爲大醫王的條件有四：一者善知病：即良醫應當遍知種種病症；二者善知病源：即良醫應當洞察此病是因何而起；三者善知病對治：即良醫應當熟悉何種病症該用何種對治的方法；四者善知治病已，當來更不復發：即良醫應當有把握治完病後，根本拔除病因，以後再也不會復發（雜阿含經　卷十五　三八八經／三八九經）。佛陀宣說的四聖諦，剛好就符合這四個條件。是故如來是大醫王，要讓眾生如實知苦、解苦，有如深切了解病症；如實知苦集、斷苦因，有如找出病因根除病因；如實知苦滅、證涅槃，有如大病初癒，輕鬆自在，永不復發；如實知滅苦、修道，有如對症下藥，藥到病除。所以說，「四聖諦」是佛陀教化眾生趨向解脫道，到達涅槃彼岸的宇宙人生的眞理。中阿含經（卷七）舍梨子相應品　象跡喻經（三〇）云：一切法皆四聖諦所攝，來入四聖諦中，謂四聖諦於一切法最爲第一。佛陀說：所有的一切佛法都可以攝含在四聖諦裡面，四聖諦是所有佛法當中最殊勝，也是最重要的佛法。尊貴的蓮生聖尊《清風小語》提到：「四聖諦是眞實不虛的眞理啊！」由此可知四聖諦的重要性。我們分別敘述如下：

第二節　苦聖諦的智慧

苦聖諦或稱苦諦，主要是在闡述宇宙人生的眞相：人生無常，世間苦迫，三界無安，五趣流轉，六道輪迴。中阿含經（卷七）舍梨子相應品　分別聖諦經（三一）云：云何苦聖諦？謂生苦、老苦、病苦、死苦、怨憎會苦、愛別離苦、所求不得苦、略五盛陰苦。增壹阿含經（卷十四）高幢品之一（二〇九）云：彼云何爲苦諦？所謂生苦、老苦、病苦、死苦、憂悲惱苦、愁憂苦痛，不可稱計。怨憎會苦、恩愛別苦、所欲不得，亦復是苦。取要言之，五盛陰苦，是謂苦諦。簡而言之，人生是苦，人生眞實苦，人生眞的是很苦，尊貴的蓮生聖尊《大心印》說：「在這個人間眞的是很辛苦。」有那些苦？有所謂的「人生八苦」：包括生苦、老苦、病苦、死苦、怨憎會苦、愛別離苦、所求不得苦、五盛陰苦。我們根據中阿含經（卷七）舍梨子相應品　分別聖諦經（三一），分述如下：

人生八苦

什麼是生苦？胎兒居住在媽媽的肚子裡，就好像被關在牢獄一般，日夜困厄，不得出離，故有「胎獄」之稱。而且，生產過程本身就非常地痛苦，一次的生育就代表著一次的風險，一次的生死關頭，是謂生苦。什麼是老苦？人老的時候，顏色衰敗，髮白面皺，齒牙動搖，器官老化，力不從心，障礙難行，甚至令人厭煩。若不幸再加上晚景淒涼，病痛纏身，子女不孝，孤苦無依，那就更加淒苦了，而老卻是沒有人可以避免的。什麼是病苦？有生以來，人都免不了生病。光是小小的感冒、風寒就令人吃不消了。若是遇上重大疾病，如癌症，那就更令人難受了。三國時代蜀國大將張飛，什麼都不怕，就怕生病。可知病苦惱人，實在難以言喻。什麼是死苦？人生自古誰無死？或老死、或病死、或橫死。死是多麼地令人感到無奈與壓迫。死亡沒有人可以逃避或替代，一口氣不來就死了，死前的依依不捨，死時的痛苦折磨，死後的茫然不知，死亡的確令人感到恐懼又痛苦。

什麼是怨憎會苦？俗話說：「冤家路窄」。不喜歡的人，討厭的人，偏偏要在一起。工作上要一起共事，生活上要共同生活，天天見面，天天生氣，相看兩相厭，內心糾結，不得自在，因而產生怨憎會苦。什麼是愛別離苦？所謂「月有陰晴圓缺，人有悲歡離合。」喜歡的人，心愛的人，偏偏不能長相聚首，甚至遭逢變故，或生離死別，或分隔兩地，或陰陽兩界，常受思念之苦。什麼是求不得苦？所謂「人生不如意事，十之八九。」想要的要不到，卻偏偏要強求。只要心有所求，就會有罣礙；心裡有罣礙，內心就不得自在。求而不得，生起煩惱，故說「有求皆苦」。什麼是五盛陰苦？各式各樣的苦，都癥結於自我的「五蘊」——色、受、想、行、識。色身會面臨生、老、病、死等「生理」上的痛苦。其餘四蘊則會面臨憂悲惱苦等「心理」上的痛苦。一切身心諸苦，都來自五蘊，故說「五盛陰苦」。

苦的真諦

人生是苦，這些「苦」基本上可分爲兩類：一類是與我們「色身」有關的生、老、病、死等諸苦。這是任何人都不能逃避的，是生命的自然過程。一類是與我們「內心」有關的憂悲惱苦，包括怨憎會苦、愛別離苦、求不得苦等諸苦。這是內心的欲望不能被滿足所產生的反應。前者是客觀的生理遭遇；後者是主觀的心理反應。綜合起來其實就是五蘊所引起的身心諸苦。只要是具有五蘊身心的生命個體，特別是人，爲了維持、延續並滿足五蘊身心的各種需求與欲望，在追求過程中，面對各種的無常變易、挫折橫逆，在還沒有學會如何安頓我們的內心之前，就會產生種種的煩惱與痛苦。因此，痛苦無所不在，人生原來是一大苦聚。所謂「三界無安，猶如火宅。」只要還是一個凡人，就會有痛苦。

閱讀至此，可能有人會覺得佛教對人生的看法怎麼如此悲觀，一切皆苦。既然這麼痛苦，而且五蘊是其癥結，那乾脆早點結束生命，免受人生之苦。若是這樣想，那就大錯特錯了。佛教並非覺得人生悲觀，反而覺得人身難得，人生寶貴。就尋求解脫道而言，是充滿了希望。闡述「苦聖諦」的意義在於揭示人生的眞相。要勇敢的面對它、接受它，不逃避也不排斥，反而化爲一股激勵欣求解脫的力量。生起「厭離心」，厭離世間，出離三界。然後在厭離心的基礎之上，目睹眾生的痛苦，因不捨而生起「大悲心」；爲了解除眾生的痛苦，而生起「菩提心」。這才是佛陀闡述苦聖諦的眞諦所在。所以，了解「苦聖諦」的意義，在於讓眾生認清人生的眞相，洞察人生問題之所在。若能如實知「苦聖諦」，進而尋求滅苦之法，根除苦因，解決長久以來人類所困惑的人生問題，方能達到解脫自在、寂靜涅槃的境界。

第三節　苦集聖諦的智慧

苦集聖諦或稱苦集諦，簡稱集諦，主要是在闡述苦的原因。把造成痛苦的根本原因找出來，然後加以鏟除。從苦聖諦中，我們可以深刻地了解到人生的苦迫性，包括生理與心理的煩惱與痛苦，乃至於沉淪五趣，生死輪迴的無奈。爲什麼會有這些無奈的煩惱與痛苦呢？增壹阿含經（卷十四）高幢品之一（二〇九）云：云何苦集諦？所謂受愛之分，集之不倦，意常貪著，謂之苦集諦。意思是說，痛苦集起的根本原因，在於我們有貪愛染著，因而促使我們的六根不斷地向外攀緣，追求自己認爲可喜可愛的六塵，而且貪得無厭，雜染難捨，不覺倦怠，煩惱與痛苦因而集起，是名爲「集」。

欲為苦本

這個「集」就是「集起」之意。因爲對於「四大、五蘊、六根」有所執取；對於「四食、五欲、六塵」與身外種種的人情事物有所貪染，因而集起種種的煩惱與痛苦。若能清楚地了解到這個現象，即謂之「苦集聖諦」。雜阿含經（卷三十二 九〇五經／九一三經）云：眾生種種苦生，彼一切皆以欲爲本。欲生、欲習、欲起、欲因、欲緣而生眾苦。佛陀更是直接指出：原來造成我們生出種種煩惱與痛苦的根本原因，就是因爲我們有欲望，進而對世間的一切有所染著。這些欲望包括對於「四食」的追求（中阿含經 卷五十四 後大品 嗏帝經 二〇一），「五欲」的沉溺（增壹阿含經 卷十二 三寶品 一八三），以及「五蘊」的貪愛（雜阿含經 卷三 五八經／六七經）。

若對於四食有喜愛，有貪染，跟隨而來的就是憂愁與悲傷。甚至有情眾生生死輪轉，也是因爲喜貪四食而起（雜阿含經 卷十五 三七四經／三七五經）。其次，要警惕五欲如飲鹹水，越喝越渴。甚至，如海吞流，需索無度，如蜜塗刀，嚐之傷舌（增壹阿含經 卷七 火滅品 一二〇）。不管是對於「四食」的追求，還是對於「五欲」的渴望，都是爲了滿足「五蘊」的貪愛而引起。所以經中說眾生會執著貪愛由「地、水、火、風、空、識」所組成的五蘊身心，也會執著貪愛身外一切可喜可愛的人情事物，如妻財子祿。進而貪得無厭，難捨難分，膩愛染著，故名為「集」。有了這些欲望，會有什麼後果呢？長阿含經（卷十）大緣方便經云：因欲有著，因著有嫉，因嫉有守，因守有護，由有護故，有刀杖、諍訟，作無數惡。意思是說，一旦有了欲望，就會有所貪愛染著，執取不放。因為貪愛染著，就會有所嫉罣，起瞋恨心。因為嫉罣，就會有所守護，患得患失。為了守護，就會引起種種的糾紛，口角，爭論乃至於打殺，因而造下種種惡業。因為造業，就會招感各種苦報，或現世報，或後世報，故說「欲為苦本」。

無明與欲愛

然而，既然知道欲望會帶來痛苦，為什麼還會有欲望呢？雜阿含經（卷三　五三經／六二經）云：愚癡無聞凡夫，無慧無明，於五受陰生我見繫著，使心繫著而生貪欲。原來欲望的產生，是因為有情眾生執取五蘊為我，因為執著有個我，就會產生雜染的欲望與貪愛，促使我們的六根追逐六塵，貪圖四食，沉溺五欲，來滿足自我，愉悅自我。卻沒有想到欲望的背後，潛藏著無數的煩惱與痛苦。若再追問有情眾生為什麼會去執著五蘊為我呢？佛陀告訴我們，這是因為有情眾生執迷不悟，愚癡無知，無慧無明，缺乏正知正見，甚至懷抱邪知邪見，因而執著五蘊為我。一旦執著五蘊為我，就會生起我見，一旦生起我見，就會促使我們的內心有所牽繫染著，欲望與貪愛因而產生。雜阿含經（卷一　四四經／二六七經）云：眾生於無始生死，無明所蓋，愛結所繫，長夜輪迴生死，不知苦際。意思是說，有情眾生為什麼會從無始以來，不斷地生死輪迴？這是因為有情眾生被無明所蒙蔽，欲愛所繫縛，因而長期以來有如處在黑夜之中，受生死輪迴之苦，永遠不知道痛苦什麼時候可以停止。由此可知，造成我們沉淪生死苦海，煩惱不盡，痛苦不止的原因就是「無明」與「欲愛」。前者障於智，屬於理智上的無知；後者障於情，屬於情感上的貪愛。無明再加上欲愛，就促使我們不斷造業而長期漂泊在生死輪迴的苦海之中，永難超脫。

客觀的無常，主觀的感受

雜阿含經（卷十七　四七三經／四七四經）云：以一切行無常故，一切行變易法故，說諸所有受悉皆是苦。意思是說，就是因為世間的一切悉皆無常，世間的一切都在變易之中；既然都在無常變易，即不能永恆不變，欲望就無法恆久滿足，故說「諸受是苦」。原來就是因為諸行無常，所以有情眾生的欲望，求其恆久常住而不可得，一切人情事物終就會變遷壞去，不禁令人感慨而覺得痛苦！然而，為什麼諸行無常呢？中阿含經（卷十一）王相應品　頻鞞娑邏王迎佛經（六二）云：法生則生，法滅則滅，皆由因緣合會生苦。若無因緣，諸苦便滅。眾生因緣會相連續則生諸法。意思是說，原來世間的一切都是因緣和合而生，因緣離散而滅，亦即所謂的「緣起法」。緣起法乃是佛陀在菩提樹下，夜睹明星而開悟證得的宇宙人生的眞理（雜阿含經　卷十五　三六八經／三六九經）。因緣存在時，法生則有；因緣消失時，法滅則無，有情眾生都是因為看不透因緣和合所形成的生滅無常而生苦。若能看透因緣所生法，苦就可以消滅。

從客觀的現象來看，由於緣起，所以萬法緣生，萬法緣滅。由於緣生緣滅，所以有生滅；由於有生滅，所以有變易；由於有變易，所以諸行無常。世間的一切，皆是因緣所生法，緣聚則生，緣散則滅。因此，組成世間萬物的「四大」——地大、水大、火大、風大是無常；「五蘊」——色、受、想、行、識是無常；「六根」——眼、耳、鼻、舌、身、意是無常；根、塵相觸所生的識亦是無常。一切無常，世間無常，人生無常。無常故苦，苦者即無我，無我即是空也。我非彼有，彼非我有（增壹阿含經 卷二十七 邪聚品 三一七）。也就是說，因爲萬法緣起，所以諸行無常；因爲諸行無常，所以諸受是苦；因爲諸受是苦，所以諸法無我；因爲諸法無我，所以一切皆空；我非別人所擁有，別人也非我所擁有。

從主觀的感受來說，心靈未淨化，「貪、瞋、癡」未降伏，因爲無明，產生我見，執著五蘊身心爲我，透過六根向外攀緣，根、塵相觸而生諸受。各種感受一旦生起即爲「貪、瞋、癡」所繫縛。於樂受起貪念，於苦受起瞋念，於不苦不樂受起癡念。面對「四食、五欲、六塵」，生起各種欲望與貪愛，而有所染著。或是爲了守護，或是貪得無厭，或是患得患失，或是心生嫉妒；進而引起瞋恨心，你爭我奪，口角糾紛，甚至打殺；造下身惡業、口惡業、意惡業，痛苦煩憂，隨後而至，故說「諸受是苦」。雜阿含經（卷十六 四五三經／四五四經）云：緣種種受生種種想，緣種種想生種種欲，緣種種欲生種種覺，緣種種覺生種種熱，緣種種熱生種種求。可見得，諸受背後隱藏著許多潛在的危險性，原來一切痛苦的根源——「欲望」是來自於「想」，而「想」是來自於「受」；有了「受」就會去「想」，想久了就會變成「欲望」；有了「欲望」就會化爲「行動」的力量，進而熱烈「追求」，熱烈「追求」的背後就是煩惱與痛苦。

從佛教的觀點來看，不管是客觀的條件，還是主觀的反應，一切諸受悉皆是苦。客觀上無常與苦迫所逼，主觀上無明與愛染所繫。在客觀條件無法改變的情況下，我們能做的就是淨化我們的心靈，降伏我們的內心，不再做「貪、瞋、癡」的奴隸，不再受「貪、瞋、癡」所牽引。諸受雖苦，但要如實知見諸受之集起與消滅，於樂不貪染，於苦不傾動。把對於諸受是苦的體認化爲修行學佛的動力，淨化心靈的動機，並成爲去除「貪、瞋、癡」的力量。然後進一步體認萬法緣起、人生無常、欲爲苦本、業報輪迴、五蘊無我的智慧，這才是佛陀開示我們認識「苦集聖諦」的眞諦。

第四節　苦滅聖諦的智慧

苦滅聖諦或稱苦盡諦，簡稱滅諦。主要就是指熄滅了「貪、瞋、癡」，滅除了痛苦，使煩惱與痛苦永不復生，進入所謂「寂靜涅槃」的境界。增壹阿含經（卷十四）高幢品之一（二〇九）云：能使彼愛滅盡無餘，亦不更生，是謂苦盡諦。因爲從集諦可知，由於無明所覆，愛結所繫，才使得眾生長夜流轉生死。若能斷除無明煩惱，離棄貪愛染著，並使之永遠不再生起，便斷除了痛苦的根源，生死的根本，從此不再受生，不再流轉，不再受苦。可以說已經渡過了生死苦海，到達了涅槃彼岸。何謂彼岸？六祖《壇經》般若品云：著境生滅起，如水有波浪，即名爲此岸；離境無生滅，如水常通流，即名爲彼岸。意思是說，此岸與彼岸最大的差別就在於我們那一顆「心」是著境還是離境。「著境」就是染著塵境，「離境」就是遠離塵境。著境就會處處染著，不得清淨，有如水起波浪，生滅起伏。離境就可以不爲外境所動，清淨無染，有如通暢的水流，自在無礙。

何謂涅槃？？雜阿含經（卷十八　四八九經／四九〇經）云：貪欲永盡，瞋恚永盡，愚癡永盡，一切煩惱永盡，是名涅槃。也就是說，一個解脫自在的聖者，他的內心已經永斷喜貪，不再生起任何的欲想貪念；永絕瞋恚，不再生起任何的瞋嫉害念；永斷無明，不再生起任何的迷惑偏見；永滅煩惱，不再生起任何的癡心妄想。雜阿含經（卷二十六　七二二經／七一〇經）云：離貪欲者，心解脫；離無明者，慧解脫。也就是說，從此身心清淨，在情感上，止息「愛諍」，永斷喜貪，得心解脫；在知見上，止息「見諍」，永斷無明，得慧解脫；心慧解脫，痛苦從此消滅。尊貴的蓮生聖尊慈悲開示：「智慧如果無礙，就解脫了。心如果不痛苦，就解脫了。」所以說，只要心慧解脫，就可以解脫自在。

苦滅的境界

何謂苦滅？中阿含經（卷七）舍梨子相應品　分別聖諦經（三一）云：謂眾生實有愛內六處。眼處、耳、鼻、舌、身、意處。彼若解脫。不染不著，斷捨吐盡、無欲、滅、止沒者，是名苦滅。意思是說，就是要斷除對於六根的貪愛，不再執著貪染，身心清淨，解脫自在，不再興起雜染的欲望，痛苦因而得以消滅。多聞聖弟子若能夠如此認知，如此知見，如此明瞭，如此視察，如此覺悟，就是所謂的「苦滅聖諦」。因此，一個解脫自在的聖者，對於內在的自我（四大、五蘊、六根），與外在的一切（四食、五欲、六塵），以及內外相觸所產生的各種「受、想、思」，乃至於人生的一切、世間的種種，都已經能夠看破，不再貪戀，一切都無所求；都已經能夠放下，不再執取，一切都無所謂。斷除一切欲貪，滅除一切煩惱，達到所謂「苦滅」的境界。這種苦滅永不復生的境界，就是「寂滅」的境界。「寂」是寂靜無煩惱；「滅」是熄滅愛染與無明。「愛染」是情感上的染著，「無明」是知見上的無知，形成生命對自體生存、延續的欲求。這些種種的煩惱與痛苦都已經熄滅了，這熄滅的境界就是「涅槃」。

解脫自在

雜阿含經（卷三十四　九五四經／九六二經）云：於一切見、一切受、一切生，一切我、我所見，我慢繫著使，斷滅、寂靜、清涼、眞實，如是等解脫。意思是說，解脫自在的聖者，對於以「自我」爲中心的「我見、我愛、我慢、我癡」等「知見」上與「情緒」上的雜染煩惱，都已經斷除消滅，達到寂靜、清涼、眞實的解脫境界。雜阿含經（卷五 一〇七經／一〇五經）云：諸慢斷故，身壞命終，更不相續。彼斷諸愛欲，永離有結，正意解脫，究竟苦邊。意思是說，當微細的我慢斷除了，身壞命終的時候，就再也不會沉淪生死。因爲解脫的聖者已經斷除了各種欲望與貪愛，永遠脫離煩惱的束縛，從此進入「解脫自在」的境界。所謂「自在」就是在身心清淨的前提之下，能夠自主自己的一切。尊貴的蓮生聖尊說：「一切無礙就是自在，不被繫縛就是自在。」雜阿含經（卷十三 三三一經／二九三經）云：因集故苦集，因滅故苦滅，斷諸逕路，滅於相續，相續滅滅，是名苦邊。彼若滅止，清涼息沒，所謂一切取滅、愛盡、無欲、寂滅、涅槃。意思是說，當我們不再有所執取，不再有所貪愛，不再癡心妄想，就可以滅盡一切煩惱與痛苦，慢慢地趨向涅槃。可見得涅槃就是滅除痛苦，熄滅煩惱，究竟苦邊，而且永不復發，眞正達到所謂「了生脫死，出離三界，終止流轉，跳出輪迴，解脫自在，不生不滅，寂靜妙離，常樂我淨」的境界。這種境界才是我們應該努力的方向，是謂「苦滅聖諦」。

第五節 苦滅道跡聖諦的智慧

苦滅道跡聖諦或稱苦出要諦，簡稱道諦，就是如何把苦滅盡無餘的方法。根據增壹阿含經（卷十五）高幢品之二（二〇九）與中阿含經（卷七）舍梨子相應品 分別聖諦經（三一）：佛陀直接點明，苦滅道跡聖諦就是指「八正道」：正見、正志、正語、正業、正命、正方便、正念、正定。首先要有正確的見解，然後用正確的「身、口、意」來規範一個人的起心動念、言語交談與行爲舉止，加上正確的謀生方式與正確的生活態度，再配合正方便、正念與正定，以符合佛陀的教誡，達到向善，乃至於趨向解脫的境界。八正道是佛陀開示給芸芸眾生解脫人生煩惱與痛苦的珍貴法門，讀者若想進一步了解「八正道」的詳細內容，可以參考拙作《解脫煩惱的方法：八正道》一書，以下我們重點摘要說明之：

根據雜阿含經（卷二十八 七九六經／七八四經）與中阿含經（卷四十九）雙品 聖道經（一八九）：所謂「正見」就是要建立佛法正信，相信命運掌握在自己手裡，明辨是非善惡，深信因果業報。相信有五趣流轉、貫穿三世的事實。相信有凡聖的差別，相信凡夫可以經由修證蛻變成爲聖人，而且是自知、自覺、自證。所謂「正志」就是要我們保持一顆端正的心，不要胡思亂想，不可以有欲貪之心、瞋恚之心、以及害人之心。所謂「正語」就是要我們正確地說話，不要胡言亂語，不可以妄語欺騙他人、兩舌鬥亂彼此、惡口粗暴傷人、以及綺語浮誇不實。所謂「正業」就是要我們的舉止行爲端正，不要胡作非爲，不可以殺生傷害性命、偷盜取人財物、以及邪淫姦人妻女。所謂「正命」就是要以正當的手段或職業來謀生，以維持生計。如法求取各種生活的器具，不多欲。並且要有正確的生活態度，行中道生活。

所謂「正方便」就是要我們依四正斷，遮斷惡法，長養善法，以善治惡，邁向解脫。勤修斷斷，善護心念，善護其身，有惡即斷，屢生屢斷。勤修律儀斷，守護六根，以戒爲師，持戒清淨。勤修隨護斷，安住定相，長養善法，以善治惡，淨化心靈，以心治心。勤修修斷，依四念處，修七覺支，趨向涅槃。所謂「正念」就是要我們依四念處，隨時隨地，專心一意，覺察自己的身體、感受、心念、想法等。如實知一切行止、苦樂感受、起心動念、善法惡法；身身分明、受受分明、心心分明、法法分明，無所間斷。一念具足四念處，念念轉趨涅槃。所謂「正定」就是依四禪趨向涅槃。首先透過覺觀、尋伺把心止息下來，內寂其心，止息欲界的一切雜思妄想。然後專注在某一個「所緣境」上，念念分明，成就初禪。當心安靜下來之後，覺觀止息，放下尋伺，慢慢地就會產生心喜身樂的境界，成就二禪；進而放下喜心，正念正知，無喜生樂，成就三禪；甚至連樂也要放下，苦樂俱捨，清淨無染，成就四禪。然後，在成就正定四禪的過程當中引發無漏智慧，解脫自在。

八正道	
正見	建立正信，命由己造，有善惡業，有因果業報，有五趣流轉，有凡夫有聖人，凡夫可以轉變為聖人。
正志	無貪念，無瞋念，無害念，不要胡思亂想，意業清淨。
正語	不妄語，不兩舌，不惡口，不綺語，不要胡言亂語，口業清淨。
正業	不殺生，不偷盜，不邪淫，不要胡作非為，身業清淨。
正命	要有正當的謀生方式，如法求取生活一切所需；要有正確的生活態度，不慳吝，不浪費，行中道生活。
正方便	依四正斷，包括斷斷、律儀斷、隨護斷、修斷。精勤不放逸，恆行不退轉。遮斷惡法，長養善法，以善治惡，邁向解脫。
正念	依四念處，包括身念處，受念處，心念處，法念處，以一念繫萬念，住四念處，念念轉趨涅槃。
正定	依四禪，包括離生喜樂，定生喜樂，離喜生樂，離苦息樂；依止修定，依定修觀，依觀修慧，依慧生明；明則厭，厭則離欲，離欲則滅盡，滅盡則解脫。

第六節 結語

世間之所以要有醫生，是因爲有病人；人間之所以有佛陀，是因爲有眾生。因爲眾生有苦，所以佛陀才爲眾生開示離苦之道。「四聖諦」就是佛陀爲眾生開示「出世間」的人生智慧。四聖諦的「諦」就是眞實不虛，如來親證的意思。若能見四諦，則能斷生死。一切法皆因四聖諦而有，若無四聖諦則一切法皆不成。佛陀以四聖諦引導眾生脫離苦海。斷「集」則離「苦」，修「道」則證「滅」。因苦相而厭離，知業因而斷集；因涅槃相而欣羨，知樂果而修道。佛家有言：

苦由心生因有身，集苦何苦多勞苦；
滅卻心頭火自涼，道之為道滅集苦。

另外，我們發現，四聖諦存在著「兩重因果」：「苦集」是世間因果；「滅道」是出世間因果。四聖諦也是「生死流轉」與「生死還滅」的指導原則。一切世間生死流轉的因果皆攝于「苦集」二諦之中，要「知苦斷集」；一切出世間出離生死的因果皆攝于「滅道」二諦之中，要「證滅修道」。這是世間與出世間的淨染兩重因果。先說果，後說因；果易見，因難知。先示苦果令其厭，然後斷其因；再示涅槃使其羨，然後修其道。佛法以四聖諦爲總綱，世間的一切遷流不息，無有恆常。在一連串的因果關係中，一件事物的消逝，即構成另一件事物生起的條件，沒有不變的實體，一切都是因果，一切都是緣起。「四聖諦」講的就是染淨因果，教人如何捨染取淨。在因的條件上用功，趨向涅槃的淨果。

一、「苦」是苦難相：世間的一切都是有爲變化的，終歸寂滅。有情衆生不能做主，故苦；有情衆生不能自在，故苦；福報享盡時，痛苦隨後而至，故苦。人生眞實苦，世間眞實苦，無有安樂；若是安樂，何須出離？若是安穩，何求解脫？若不能眞實思惟苦聖諦，深刻洞察世間的痛苦眞相，厭離心無由生起。星雲法師《從四聖諦到四弘願》認爲：「苦包括我與身、我與心、我與人、我與物、我與事、我與社會、我與自然、我與境界等各種關係的不調和。」身心不能自主，卻又不得不感受各種苦楚。不論身心、環境、人情事物，都不是自我所能掌控，故苦。人生什麼最苦？佛陀說：有此身最苦啊！五蘊本身就是一種苦。爲了滿足五蘊身心，促使我們不斷地向外追求。須知有求皆苦，無求爲樂。所求不能滿足，則生貪念；求之不可得，則生瞋念；不知爲何而求，人家求跟著求，則生癡念。不滿足就是苦。

其實，人的一生不斷地在製造問題，問題雖然包羅萬象，但問題的本質就是苦。人生是苦，苦有苦難、苦厄、苦惱、不滿、缺陷、無常、不實之意。我們要正觀、實觀我們的人生是苦。正觀、實觀「人」有生老病死；正觀、實觀「事」有成敗興衰；正觀、實觀「物」有生住異滅；正觀、實觀「世界」有成住壞空；正觀、實觀「諸行」無有恆常；正觀、實觀「諸法」緣起無我。人生瑣事，那件事不令人苦惱？苦是眞苦，是無常變易之苦；樂是假樂，是紅塵世俗之樂。甚至樂是苦因，樂中有苦，樂久生厭，苦樂相依。世俗的快樂總是短暫的，會變化消失的，是無常變易的，非永恆常在的，任誰都無法留住快樂。因爲快樂消失時，痛苦便會生起；快樂是包了糖衣的毒藥。所以說，快樂是虛假的，一切現象是苦的事實。

二、「集」是生起相：集諦是由煩惱的惑，造生死的業，再招致無常的苦。因此生死的根本乃是「惑、業、苦」的循環。惑有思惑、見惑之別，包含「貪、瞋、癡、慢、疑、惡見」等煩惱。因惑而妄動，因妄動而造作，因造作而結業，因結業而受報。過去的舊業加上現在的煩惱，再造新業，於因緣成熟時，引發果報。所以說，痛苦是因爲造業，造業是因爲「貪、瞋、癡」煩惱，「貪、瞋、癡」煩惱是因爲執著五蘊爲我，執著五蘊爲我是因爲無明。也就是說，主觀上因爲無明導致對自己五蘊身心的執著與貪愛，甚至抓住牢牢不放，以及對「四食、五欲、六塵」的苦苦追求，攀緣不捨，在根身、器界接觸時，產生六識之我執，成種種行，造種種業，受種種苦。加上客觀上的一切現象均是無常，不能持續恆久，永遠在變化之中。在變化的過程裡，不斷地有不同的因緣發生，就會產生不同的結果。好的也會變成壞的，壞的也會變成好的，但最終歸於寂滅。內心求其恆常、安穩不可得而引發諸苦。所以說，受苦享樂都有其原因，但多半原因並非只是這一世，而是無量世以來所造的種種業，累積到這一生，得到這樣的果報。了解這個道理之後，遇到如意順境，就不會得意忘形；遇到不如意逆境，也不會失望埋怨，這不就是「解脫」嗎？此外，既然知道客觀的世間是緣起、無常、變易的，是我們所無法掌控的；所以必須就主觀的心靈層面來做修正，也就是淨化我們的內心，這不就是「修行」嗎？

三、「滅」是寂靜相：滅諦就是滅除「惑、業、苦」循環，熄滅「貪、瞋、癡」煩惱，斷除愛染與無明，不再有造作之心，不再有妄動之行，心慧解脫，寂靜涅槃。對於根身的「四大、五蘊、六根」不再執取，對於器界的「四食、五欲、六塵」不再貪染；苦因不生，苦果永盡。世間的一切都是因緣和合，緣生緣滅，沒有永恆，都會變化的。但是由於內心再也沒有執著與貪染，從此寂滅清涼。「寂」爲煩惱不動，「滅」爲煩惱不起。清涼者內心不爲外境所動，不爲苦樂所牽，不爲情感所惑，不爲財物所迷，不爲威勢所嚇。隨著內心淨化的程度，逐步提昇我們的心靈境界。因斷除諸惡而脫離三惡道，遠離諸苦；因持守五戒而得人身，方便修行；因多修善因而昇天享福，享受五欲大樂；因「離欲」而上昇色界，清淨光明；因「慈悲喜捨」而上昇無色界，眞空化無；因「緣起無生」而修證解脫，不生不滅。

體認依緣起的「此、故、彼」而流轉的「生死事相」是無常生滅；體認依緣起的「此、故、彼」而還滅的「涅槃實相」是不生不滅。生起就是有，滅去即是無；有即潛在，生即實現；生了之後歸於有，滅了之後歸於無。世間的一切，最終都是歸於寂滅。只要滅而不起，就是涅槃。不生就不再生起，不再生起也就無所謂滅去。但並非有一個實在的不生不滅的境界可得，而是在生滅法中證悟不生不滅的眞相，證入涅槃無為的空境。雜阿含經（卷十三 三三二經／二九三經）云：有為者若生、若住、若異、若滅；無為者不生、不住、不異、不滅。意思是說，「本無今有」謂之生，「有而相續」謂之住，「變化不居」謂之異，「有而還無」謂之滅。「有為」者是世間的生滅法，有生住異滅；「無為」者是出世間的不壞法，不再有生住異滅。佛陀要我們以無為的心，做有為的事。行事上，主動積極，認眞負責；內心裡，毫無一點得失牽掛。斷無明、離愛欲、去執著、除貪染；身雖行萬行，但內心寂然不動。

四、「道」是出離相：道諦是出世間的因，解脫痛苦的方法，通往涅槃之路，就是指「八正道」。八正道是修行學佛者所應遵守的生活標準，用來淨化有情眾生的身心，邁向解脫之道。如果不修八正道，煩惱永遠在；煩惱在就會持續造業，持續造業就會招感生死不斷的苦果。「八正道」內容非常豐富而實用，教我們在學會如何做佛之前，先學會如何做人；學會如何做人之後，繼續教我們如何邁向解脫之道。「八正道」是不苦不樂的中道行，以正見為前導，統合為「戒、定、慧」。其實就是在告訴我們「諸惡莫做，眾善奉行，自淨其意，是諸佛教」的道理。訓練我們在「六根」接觸「六塵」之處，不起心、不動念、不分別、不執著。須知紅塵是道場，生活是考驗；要歷事練心，要在人情事故裡鍛練。走在離苦的八正道上，不斷地淨化我們的內心，才能有所成就。從生滅相續中領悟「諸行無常」，從無常變易中體認「諸受是苦」，從因緣和合中修持「諸法無我」，從無為空寂中實證「寂靜涅槃」。

總而言之，「出世間」的人生智慧教導我們要以「四聖諦」——苦集滅道的思惟方式，思惟人我世間的種種。「苦諦當知」：人生是苦；身也苦，心也苦；有也苦，沒有也苦；得也苦，失也苦；愛也苦，恨也苦；五盛陰苦，諸受是苦。因爲知「苦」，故生起「出離心」；因爲不忍「眾生苦」，故生起「菩提心」。「集諦當斷」：生死的根本，痛苦的根源是無明所覆，愛結所繫；由惑造業，由業感苦。因爲知「苦因」，故當停止造業，離欲清淨。「滅諦當證」：把苦滅盡無餘，永不復發。熄滅「貪、瞋、癡」，不起一切煩惱。心慧解脫，寂靜涅槃，愛盡無欲，得大自在。因爲知「苦滅」之境界，故當親近佛法，精進修行，每日實修，欣求解脫。「道諦當修」：即所謂的「八正道」。以明爲前導，建立正見，生起正志、正語、正業及正命，得身心清淨。並依正方便爲精進動力，依正念修習禪思，依正定生起無漏智慧，最終漏盡解脫。因爲知「滅苦」之法，故當依佛陀教誡，勤修八正道，精進斷煩惱，趨向涅槃彼岸。

第五章

缘起的智慧

一切都會變化的，
一切都會過去的，
一切都會消失的，
一切終歸於寂滅。

第一節　前言

「緣起法」乃佛陀在菩提樹下思惟宇宙人生的眞相，夜睹明星而開悟證得的眞理，並因此證得無上正等正覺（雜阿含經　卷十五　三六八經／三六九經）。而且，佛陀說：緣起法者非我所作，亦非餘人作，然彼如來出世及未出世，法界常住（雜阿含經　卷十三　三三七經／二九九經）。也就是說，緣起法是宇宙中常存的眞理，不管有佛出世與否，都一直存在著。中阿含經（卷十一）王相應品　頻鞞娑邏王迎佛經（六二）云：法生則生，法滅則滅，皆由因緣合會生苦。若無因緣，諸苦便滅。意思是說，原來世間的一切都是「因緣和合」而生，「因緣離散」而滅。因爲緣起而生滅，因爲生滅而變易，因爲變易而無常，因爲無常而生諸苦。若不是因緣所生，則不會變易無常，自然就不會有苦，這就是所謂的「緣起法」。

空海（惟傳）法師《阿含解脫道次第　解說講稿》認爲：「緣起法是歸納現象界萬事萬物生滅的總原則。現象界的一切，都是有生有滅，剎那生滅變易。」所以說，緣起法可以闡釋世間的一切現象，任何「人情事物」都脫離不了「緣起法」的約束，具有普遍的特性。萬法因緣生，萬法因緣滅；因緣條件的聚與散，決定一切「人情事物」的存在與消失。因爲緣起，所以人有「生老病死」，物有「生住異滅」，世間有「成住壞空」，甚至包括我們的心念與情感也都是時時刻刻在變化的。同時，也說明了凡夫愚癡，流轉五趣，受苦無窮是因爲緣起；聖哲聰慧，解脫自在，寂靜涅槃也是因爲緣起。因爲緣起，所以世間的一切才有改變的可能性：愚癡可以變成聰慧，雜染可以變成清淨；流轉五趣可以變成解脫自在，煩惱痛苦可以變成寂靜涅槃。「緣起法」證明了人世間的無常苦迫性，卻也架起了凡夫與聖人，流轉與還滅，痛苦與涅槃的橋樑。以下我們就來論述賴以解開生死之謎與解脫生死關鍵的「緣起法」。

第二節 緣起中道的智慧

根據雜阿含經（卷十三 三二五經／二八七經）：緣起法的基本精神在於「此、故、彼」的法則。所謂「此有故彼有，此生故彼生；此無故彼無，此滅故彼滅。」意思是說，世間的一切不管是有形或無形，存在是因爲支持存在的因緣「聚合」而存在；消失是因爲支持存在的因緣「離散」而消失。而且，這些時而聚合，時而離散的因緣，彼此之間多所關連，重疊牽扯，紛然互涉，錯綜複雜。「因緣」是指相關的條件而言，「因」是主要條件，「緣」是輔助條件。在歲月長流中，隨著因緣的聚散離合，條件的變換更替，萬事萬物在難以視察，無形細微之中，變遷轉化，無常變易。而這些變化中的因緣條件，卻是如此環環相扣，相互牽連。因爲這樣，所以那樣；因爲那樣，所以這樣。在多重因素的重重影響之下，在某種因緣和合之下，就呈現出某種的狀態。而這樣的狀態，也不能恆久保持不變，而是會隨著其支持的主客觀條件的改變而改變。物質面如此，精神面亦是如此。

雜阿含經（卷二 三九經／二六二經）云：如來離於二邊，說於中道：所謂此有故彼有，此生故彼生，謂緣無明有行，緣行有識，緣識有名色，緣名色有六入處，緣六入處有觸，緣觸有受，緣受有愛，緣愛有取，緣取有有，緣有有生，緣生有老死、憂悲惱苦。所謂此無故彼無，此滅故彼滅，謂無明滅則行滅，行滅則識滅，識滅則名色滅，名色滅則六入處滅，六入處滅則觸滅，觸滅則受滅，受滅則愛滅，愛滅則取滅，取滅則有滅，有滅則生滅，生滅則老死、憂悲惱苦滅。因此，比較正確認識世間的看法，即是要建立「緣起中道」的思想，不會偏執地以爲絕對的「有」，或絕對的「無」。或有或無，決定於因緣條件的成熟與否。而且，隨著因緣的變化，有會變成無，無會變成有。世間的一切，都將由於「因緣」而存在，也將由於「因緣」而消失。凡夫眾生於諸境界心生染著，執有或執無，煩惱與痛苦於焉產生。多聞聖弟子則不然，正見世間緣起，苦生時則生，苦滅時則滅，既不執取，也不染著，心中自有緣起正見，不疑不惑。若能遠離有無兩邊之理，自然不落苦樂兩邊之行，契入中道。

「無常苦迫」是緣起法造就而成的宇宙人生眞相；「寂靜涅槃」也是緣起法開啓給芸芸眾生渡過生死苦海的人生歸宿。因此，佛陀說：「如實正觀世間集者，則不生世間無見；如實正觀世間滅者，則不生世間有見」。就是告訴我們世間的一切都是因緣所生法，非有非無，非常非斷。正觀世間集起，就不會偏執地以爲死後一切斷滅是無。此「無」其實是另一個「有」的開始；只要無明與貪愛還在，就會有無盡的生死輪迴；故不生「無」見，了悟生死流轉，生滅相續。正觀世間還滅，就不會偏執地以爲死後相續不斷是有。此「有」其實是幻有，是不得自在的「有」；只要斷除無明與貪愛，就有還滅可能性；故不生「有」見，體認寂靜涅槃，不生不滅。所以說，「有無常斷」兩邊都不可以執著，應該建立如實正觀世間集起消滅的「緣起中道」智慧。生滅由他，好壞皆緣，不再貪愛，莫要染著，自然不會有苦。

面對宇宙人生的萬事萬物，都應該以「緣起法」來觀察分析。因爲這些因緣發生了，所以才導致那樣的結果；因爲這些因緣消失了，所以那樣的結果也就不存在了。雜阿含經（卷十二　三三一經／二九三經）云：此甚深處，所謂緣起，倍復甚深難見。意思是說，緣起甚深，晦暗難明，因緣之間的關連性，極爲複雜，非你我所能全部主宰與控制，而且隨時在變，須臾不停。所以佛陀說：有因有緣集世間，有因有緣世間集；有因有緣滅世間，有因有緣世間滅（雜阿含經　卷四　九九經／五三經）。也是在說因緣既可以造就世間的「無常苦迫」，也可以造就出離世間的「清淨無染」。想要正確地了解宇宙人生的眞相，以及解脫人生的煩惱與痛苦，達到寂靜涅槃的彼岸，緣起中道智慧的建立、養成與實踐是不可或缺的。

第三節 緣起十二支的智慧

根據雜阿含經（卷十三 三三六經／二九八經）：所謂「緣起十二支」包括無明、行、識、名色、六入處、觸、受、愛、取、有、生、老死等十二支。佛陀從兩個方面來說明「緣起十二支」的道理：一爲「緣起法法說」，一爲「緣起法義說」。關於「緣起法法說」，參考宋澤萊大德《白話緣起法》的整理與研究：有所謂的「五支緣起」、「八支緣起」、「十支緣起」與「十二支緣起」。其中以「五支緣起」與「十二支緣起」最爲普遍。因爲造成有情生命流轉生死的兩大主因即是「無明」與「愛」。而五支緣起：「愛、取、有、生、老死」的源頭就是愛。十二支緣起：「無明、行、識、名色、六入處、觸、受、愛、取、有、生、老死」的源頭就是無明。只要斷除「無明」與「愛」，無窮無盡的生死沉淪就可以終止。印順導師《佛學概論》認爲：從「愛」到「老死」，說明「苦」與「集」的主要意義；從「識」到「受」，說明現實身心的活動過程；「無明」緣「行」，「行」緣「識」，說明生死流轉的根源。其次，關於「緣起法義說」，主要是針對「緣起十二支」各支的意義，進行詳細的解說。分述如下：

一、老死：有情生命生活在世間，感到最無奈的就是「老死」的苦迫，任何人都無法避免。什麼是老？所謂「老」就是指頭禿髮白，皮膚鬆弛，六根成熟，背脊彎曲，垂頭呻吟，喘息困難，拄杖而行，身體粗黑，長老人斑，反應遲鈍，軟弱無力，行動困難，這就叫做「老」。什麼是死？所謂「死」就是指各類眾生之間的沉落與變遷，色身變壞，壽命已盡，體溫變冷，生命消逝，捨去「四大、五蘊、六根」的時刻到了，這就叫做「死」。面對老死，的確令人感到萬般的無奈。什麼榮華富貴、功名利祿、萬貫家財、妻妾兒女，到頭來還不是一場空，什麼也帶不走。千辛萬苦忙碌一生，所爲何來？

若再加上人生旅途上種種的恩怨情仇，生離死別，殘疾病痛，憂悲惱苦，那就更不堪回首了。總歸一句，人生眞實苦！即使過得幸福快樂，最終還是免不了老死。若還沒有修證解脫，仍然要在五趣中流轉。因此不禁令人想要一探究竟，爲什麼會有「老死」呢？「老死」到底因何而起？如何才能避免「老死」呢？佛陀告訴我們：因爲有「生」，所以有「老死」。意思是說，有情生命一旦被生出來，就一定會面臨老死；想要解脫老死的痛苦，就要不生，不生也就不滅了。然而，什麼是「生」呢？

二、生：任何有情生命要存在於世間的先決條件就是要被「生」出來，不管是胎生、卵生、濕生或化生。然而，什麼是生？所謂「生」就是指各類眾生在各自所屬的部類之中誕生，諸蘊顯現，得六入處，一個完整的有情生命個體因而產生。一旦被「生」出來就必須面對生存的種種考驗與諸苦：身也苦、心也苦，五盛陰苦，活著本身就是一種痛苦。最後，還是免不了老死。若是活得有意義，有貢獻，利益眾生，無愧於心，倒也不虛此生，死而無憾。若是活得愚昧無知，毫無貢獻，甚至爲非作歹，惹是生非，作惡多端，禍害人間，那就不僅枉度此生，還業上加業了。

生時固然喜悅，但往後成長的過程當中，在還沒有學會獨立自主、覺悟人生之前，實在有太多的地方令我們不明白。讓殘酷的命運在業力的牽引下，帶領著我們去遍嚐人生的一切酸甜苦辣。面對未來的不確定性，人生的起起伏伏，以及各種逆境的打擊，加上環境的逼迫，人心的雜染，人性的醜陋，慘烈的鬥爭，有時候連活下去的勇氣都沒有。不禁要問：爲什麼要把我生出來？爲什麼會有「生」呢？「生」到底因何而起？如何避免因爲「生」所帶來的痛苦呢？佛陀告訴我們：因爲有「有」，所以有「生」。「有」是指擁有或存在的意思。有情生命一旦有所擁有或存在，就會有「生」。想要解除「生」的困擾，就不要有「有」；不要有「有」，就不會有「生」。然而，什麼是「有」呢？

三、有：所謂「有」又可分為「欲有」、「色有」及「無色有」。有情生命受生的世間不外乎「三界」：包括「欲界」、「色界」及「無色界」。有情生命若是招感到欲界的「有」，未來就有可能受生在「欲界」。若是招感到色界或無色界的「有」，未來就有可能受生在「色界」或「無色界」。欲界的「有」表示有情生命的內心或習性仍然存在或者擁有欲界眾生的習性，如淫欲、瞋怒等。色界的「有」表示有情生命雖然已經離棄欲界的欲望，但色身仍然存在，並擁有色界眾生的習性。其中，色界與欲界最大的差別在於色界眾生已經沒有男女情欲，亦無瞋恚、嫉恨，惟仍執著色身。無色界的「有」表示已經完全去除欲界眾生與色界眾生的習性，不但不再有淫欲、瞋怒，也不再執著有形的色身，但細微的我慢與無明則仍未斷除，並擁有無色界眾生的習性。

只要仍然有這「三有」存在，有情生命就會在未來誕生於「三界」中的某一界，成為某一部類的眾生，進而面對老死的痛苦。想要「不生」，就不要擁有這「三有」。然而，為什麼會有「有」呢？「有」到底因何而起？怎樣才能避免這「三有」呢？佛陀告訴我們：因為有「取」，所以有「有」。「取」是指執取的意思。有情生命因為執著一個「我」，對於自身或身外的一切「人情事物」有所執取，就會感應到這個「有」，導致未來在「三界」裡受生。想要解除「有」的困擾，就不要去執取；不要去執取，就不會有所擁有。然而，什麼是「取」呢？

四、取：所謂「取」又可分為「欲取」、「見取」、「戒取」及「我取」。「欲取」是指對於五欲：包括美色、妙音、芳香、美味及舒適的體觸等感官刺激的執取。「見取」是指執取妄我所產生的各種我見、我所見、斷見、常見、有見或無見等。「戒取」是指執取邪魔外道，對解脫毫無幫助的戒條或苦行。「我取」是指有情生命誤以為有一個恆常自在的實我存在，因而執取五蘊為我。有情生命就是因為執著五蘊爲我，進而產生以自我爲中心的思惟方式與行爲模式。執著自己喜歡的的五欲，執著自己認爲對的偏見，執著自己認爲正確的邪戒。

正因爲有情生命對於五欲、見解及邪戒的執取，形成未來的「三有」，因而不斷地在「三界」裡受生，進而老死。想要不再招感未來的「有」而受生，就是不要去執取。然而，爲什麼會有「取」呢？「取」到底因何而起？怎樣才能不去「取」呢？佛陀告訴我們：因爲有「愛」，所以有「取」。「愛」是指貪愛或欲貪的意思。有情生命因爲貪愛自身及身外的人情事物，才會去執取。若不要去「貪愛」，就不會有所「執取」，自然就不會有「有」，也就不會受生及老死。想要解除「執取」的困擾，就不要去「貪愛」。然而，什麼是「愛」呢？

五、愛：所謂「愛」又可分爲「欲愛」、「色愛」及「無色愛」。就是對於「三界」裡種種的一切，不管是物質上或精神上或情欲上的，有形或無形的，自身或身外的一切，所產生的貪愛。這種貪愛往往都是雜染的。也就是說，「欲愛」就是對於「欲界」的貪愛；「色愛」就是對於「色界」的貪愛；「無色愛」就是對於「無色界」的貪愛。意思是說，有情生命會愛戀自我以及有關自己的一切，不肯捨離放棄。喜歡的就想擁有，擁有了又怕失去。失去了則會產生種種的情緒反應，或瞋、或嫉、或悔、或恨。若得不到，安份的人會適可而止，但也不免惆悵失意；不安份的人，可能就會心生邪念，不由正道，或偷、或搶、或欺、或詐。如此，得也不是，失也不是，徒增困擾而已，是謂「愛染」。

正因爲有情生命愛戀世間的一切，想要佔爲己有，自然而然就會去執取。一旦有所執取，取緣有，有緣生，生緣老死，純大苦的世間因而聚集。想不再執取世間的一切，就不要去愛染。對於自我及身外的一切人情事物，不再有所貪愛染著。然而，爲什麼會有「愛」呢？「愛」到底因何而起？怎樣才能不去「愛染」世間的一切呢？佛陀告訴我們：因爲有「受」，所以有「愛」。「受」是指感受的意思。有情生命活在世間，自然而然會有各種感受產生。因爲有各種感受產生，不管是得意順心的，還是失意不順心的，都會掛在心上，而有所愛染。若沒有任何感受產生，平靜無波，就不會有所愛染。想要解除愛染的困擾，就要避免產生各種感受。然而，什麼是「受」呢？

六、受：所謂「受」又可分爲「樂受」、「苦受」、「不苦不樂受」。「樂受」是指快樂歡喜的感受。通常當我們碰到順心、如意的「人情事物」時，就會產生所謂的「樂受」。「苦受」是指痛苦憂愁的感受。通常當我們碰到不順心、不如意的「人情事物」時，就會產生所謂的「苦受」。「不苦不樂受」是指不痛不癢，毫不在乎的感受。通常碰到事不關己、可有可無的「人情事物」時，就會產生所謂的「不苦不樂受」。這三種感受就代表有情生命在情緒上的各種變化。凡夫眾生通常都會被這三種感受牽著鼻子走，因爲這三種感受會使得我們的內心隨之起伏擾動，而有所愛染。「樂受」令人快樂，自然令人愛戀不已，進而貪求、妄求，是愛染；「苦受」令人痛苦，想去之而後快，若一時無法去除而令內心有所牽掛，也是愛染。所以不管樂受、苦受都會令人的內心有所牽掛不能捨離，即是「愛染」。

有情生命會生起貪愛染著的念頭，是受到各種情緒感受所影響。想要避免貪愛染著，就要控制自己的情緒感受，不要有太多的起伏振盪。然而，爲什麼會有「受」呢？「受」到底因何而起？怎樣才能避免過多的「感受」產生呢？佛陀告訴我們：因爲有「觸」，所以有「受」。「觸」是指接觸的意思。有情生命因爲跟外界的一切人情事物有所接觸，包括有形或無形的，物理或心理的。接觸之後，就會產生樂受、苦受或不苦不樂受。若沒有什麼接觸，情緒感受的變化就會比較少。想要減少感受的產生，就要減少與外界接觸的機會。然而，什麼是「觸」呢？

七、觸：所謂「觸」就是指「六觸身」：包括眼觸身、耳觸身、鼻觸身、舌觸身、身觸身及意觸身。也就是指我們的六根與外界的六塵接觸。「根、塵」相觸如眼見色、耳聞聲、鼻嗅香、舌嚐味、身觸細滑、意思法，就會產生各種感受。這六種接觸涵蓋我們與外界可能的一切接觸，包括「物理」的現象：如色（形像）、聲（聲波）、香（氣體）、味（酸甜苦辣）、觸（冷熱細滑）。「心理」的現象：如法（人情事理），涵蓋「精神」上的思惟、或「心理」上的感覺。

這些接觸都會帶給我們各種不同的情緒感受，或苦、或樂、或不苦不樂。感受一旦產生，就會牽動我們的內心有所愛染。一旦有所愛染，就會去執取。然後取緣有，有緣生，生緣老死，純大苦的世間因而聚集。想要避免產生不必要的情緒感受，就要減少與外界不必要的接觸。然而，爲什麼會有「觸」呢？「觸」到底因何而起？怎樣才能避免不必要的「接觸」呢？佛陀告訴我們：因爲有「六入處」，所以有「觸」。「六入處」是指我們的六根。有情生命就是靠六入處來接收外界的訊息，也就是利用這六入處來與外界接觸。若沒有六入處就無法與外界接觸。或者說若我們能夠控制我們的六根，就可以控制好接觸的對象，進而控制我們的感受。然而，什麼是「六入處」呢？

八、六入處：所謂「六入處」就是指「六內入處」：包括眼入處、耳入處、鼻入處、舌入處、身入處及意入處。「眼入處」負責形象、大小、色澤、明暗、動靜等色塵訊息的擷取。「耳入處」負責各種聲音等聲塵訊息的擷取。「鼻入處」負責氣體香臭等香塵訊息的擷取。「舌入處」負責酸甜苦辣等味塵訊息的擷取。「身入處」負責冷熱細滑等觸塵訊息的擷取。「意入處」負責前五種感覺器官所擷取訊息的處理，以及一些心理或抽象等法塵訊息的處理。外界一切訊息的輸入管道，都是經由這「六入處」進入到有情生命的個體，包括「物理」上有形的色，無形的聲、香、味、觸，以及「心理」上抽象的法。

就是因爲有這「六入處」或「六根」，才會去接收來自外界「六塵」的訊息。當這些訊息經過「根、塵」相觸之後，有情生命就會因而產生各種感受等情緒反應，進而受緣愛、愛緣取、取緣有、有緣生、生緣老死，純大苦的世間因而形成。想要避免因爲接觸外界六塵，進而造成內心的波動，就要善於守護我們的六根，莫讓我們的六根過於攀緣。或者多接觸善良的、有益於解脫的；少接觸邪惡的、無益於解脫的。然而，爲什麼會有「六入處」呢？「六入處」到底因何而起？如何才能避免「六入處」的生成呢？佛陀告訴我們：因爲有「名色」，所以有「六入處」。「名色」是指「五蘊」——色、受、想、行、識的意思。「色」指物質面；「名」指精神面。「名色」組合起來就是有情生命。一旦有了「名色」就會引發生出「六入處」。想要避免生出「六入處」，就要避免產生「名色」。然而，什麼是「名色」呢？

九、名色：所謂「名色」包括「名」與「色」。「名」是指四無色陰，即受陰、想陰、行陰及識陰。「色」是指色陰。合起來看，「名色」就等於「五蘊」。其中，「色蘊」就是指我們的色身，屬於物質的部份。「受蘊」就是指我們的感受，屬於「感性」的一面，是對於外界一切刺激的情緒反應。「想蘊」就是指我們的想像，屬於「理性」的一面，是對於外界一切「人情事物」的思考推理。「行蘊」就是指我們的行爲，綜合感性與理性的考量，所做出的一種判斷與決定，表現於外的一種「意志」作用。「識蘊」就是指我們的意識，主管了解與分別等一切作用。不管是感性、理性或意志的作用，都是因爲有「識」的了別、認知作用而有意義。

「名色」的產生促成一個生命個體的形成，有情生命一旦有了名色，就會連帶產生六入處，然後五蘊就會利用六入處向外攀緣。六入處接觸外境六塵，因爲「識」的了別，就會產生「受、想、思」。然後，受緣愛，愛緣取，取緣有，有緣生，生緣老死，進而形成純大苦聚集的世間。想要避免產生六入處之後所帶來的困擾，就要避免名色的生成。然而，為什麼會有「名色」呢？「名色」到底因何而起？如何才能避免「名色」的生成呢？佛陀告訴我們：因為有「識」，所以有「名色」。「識」是指我們的意識、心識而言。有情生命因為有「識」的存在，就會引發「名色」的生成；若沒有「識」，也就沒有「名色」了。然而，什麼是「識」呢？

十、識：所謂「識」就是指我們的「六識身」：包括眼識身、耳識身、鼻識身、舌識身、身識身及意識身，簡稱「六識」。當我們的六根接觸到六塵時，就會相對地產生眼識、耳識、鼻識、舌識、身識及意識，其作用就是負責了解與分別。當外界的訊息經過六根輸入到有情生命個體時，就是由「六識」來負責處理這些訊息，進而產生各種感受、想像與行動。佛陀比喻「識」就像種子一樣，「色、受、想、行」四蘊就像土地一般。種子一旦落到土地上，接受到水份的滋潤，就會發芽成長，增生擴大。所以說，「識」的功能早就存在於有情生命個體之中，等待根、塵相觸的因緣而產生作用。

有情生命個體就是因為「識」而有「名色」的產生。而且，「識」與「名色」相互依存，「名色」依「識」而生成，「識」依「名色」而有所寄託。一期生命的開始，就是由這個「識」所引發的。所以想要避免「名色」的形成，就要避免「識」的產生；因為「識」一旦產生，就會入於「名色」，一期的生命於焉展開，直至老死。然而，為什麼會有「識」呢？「識」到底因何而起？如何才能避免「識」的產生呢？佛陀告訴我們：因為有「行」，所以有「識」。「行」是業的別名，是指有情生命個體在過去世所造諸業。因為有業的存在，有情生命就會隨著業力的牽引，在因緣成熟的時候得到應得的果報體。所以說，有情生命因為有「業」、「行」的存在，就會有「識」；若沒有「業」、「行」，也就不會有「識」了。然而，什麼是「行」呢？

十一、行：所謂「行」就是指我們的行爲：包括「意行」、「口行」及「身行」。「意行」是指我們內心所想的，打算怎麼做，但尚未付諸行動，只是在心裡盤算著。「口行」是指透過我們的嘴巴，以語言聲音來表達我們內心的意思。「身行」是指透過我們的身體，實際的行動與作爲，來實現個人的意志。意行、口行及身行合稱「三行」。這三種行爲模式合乎善行的稱爲「三妙行」；不合乎善行的稱爲「三惡行」。清淨利他謂之「善」，雜染損人謂之「惡」。而且，善有善報，惡有惡報。所以說，「行」是「業」的別名，行善行就造善業、得善報，行惡行就造惡業、得惡報。佛經上說：「身業」有三，如殺生、偷盜與邪淫；「口業」有四，如妄語、兩舌、惡口與綺語；「意業」有三，如貪伺、嫉恚與邪見。有情生命在過去世的所作所爲，就會形成所謂的「業」。

這些過去的行爲記錄積聚而成的業能，並不會因爲前一期生命的結束而消失；而是會等待因緣成熟時，隨著業力的牽引，招感應得的果報體。亦即有情生命因爲過去的行爲所種下的業因，隨著前一期生命的結束，受到業力的牽引，就會有新一期生命的開始，並依附在所謂的「識」，然後入於「名色」，完成投胎轉世的過程。所以說，因爲有「行」，所以有「識」；因爲有「識」，就會寄託於「名色」，因而受生，直至老死。然而，爲什麼會有「行」呢？「行」到底因何而起？有情生命爲什麼會不斷地有業行呢？如何才能避免「業行」的造作呢？佛陀告訴我們：因爲「無明」，所以有「行」。「無明」就是愚癡沒有智慧，對宇宙人生的眞相沒有正知正見。就是因爲「無明」，有情生命才會不斷地去造作業行，而在生死苦海中沉淪。想要避免造業，終止生死流轉，就要斷除無明。然而，什麼是「無明」呢？

十二、無明：所謂「無明」就是愚癡無知，缺乏正見，沒有智慧。不相信有前世，有今生，有來世，也不知道三世之間的關連性。不知道自我身心的組成，以及六根與六塵之關係。也不知道六根在接觸六塵，經由六識處理之後產生「受、想、思」之關係。不知道自己的行爲會造業，造業之後，會在未來招感果報。不知道世間有佛陀教導大家解脫生死苦海，有佛法可以依循修行，有佛陀弟子、高僧、導師可以請益學習。不知道「四聖諦」——苦集滅道的智慧。不知道人生是苦，苦從何來，苦滅的境界，以及滅苦的方法。不知道因果的關連；不知道什麼是善，什麼是惡；不知道什麼是罪過，什麼不是罪過。不知道學習佛法與不學習佛法有什麼差別。對於什麼是有益於解脫的，什麼是無益於解脫的，什麼叫染污，什麼叫清淨，什麼叫緣起十二支的道理，都一概不知道。而且日常生活當中，自己的六根接觸六塵時，也不知道要時時加以警覺。對於有助於解脫的智慧都不知不見，或者不了解，或者不相信，或者不能持之以恆。當有這種現象時，皆可稱之爲「無明」。由此可知，原來就是因爲「無明」才會令我們的行爲失措，爲惡造業而不自知。惡業既造，苦果難逃，生死沉淪，由此展開。

第四節　緣起流轉的智慧

「緣起流轉」的智慧是在闡述「生死流轉」的過程，告訴我們生死流轉的原理。根據雜阿含經（卷二二三九經／二六二經）：緣起流轉就是所謂的「此有故彼有，此生故彼生。」因爲「無明」，所以有「行」；因爲有「行」，所以有「識」；因爲有「識」，所以有「名色」；因爲有「名色」，所以有「六入處」；因爲有「六入處」，所以有「觸」；因爲有「觸」，所以有「受」；因爲有「受」，所以有「愛」；因爲有「愛」，所以有「取」；因爲有「取」，所以有「有」；因爲有「有」，所以有「生」；因爲有「生」，所以有「老死」憂悲惱苦，純大苦所聚集的世間因而形成。

原來生死的根本即在於「無明」。因為「無明」，所以造業。造作的這些「業行」並不會因為生命的結束而消逝，而是會累積成一股「業能」，在因緣成熟的時候，受到業力的牽引，寄託在「業識」裡面，然後入於「名色」，形成一期生命的開始。有了「識」，有了「名色」，就會想要向外攀緣來滿足自我，因而就會有「六入處」的發展，並透過六入處來接收外界的訊息。有了「六入處」，就會有「觸」。當六根接觸六塵，因為識的了別，而有所感受。合意的就產生「樂受」；不合意的就產生「苦受」；無關緊要的就產生「不苦不樂受」。樂受令人喜愛，苦受令人憎恨，同樣都教人難分難捨，是謂「愛染」。進而貪愛五蘊身心、五欲六塵、妻財子祿。一旦有所貪愛，就會採取行動，「執取」以為己有，滿足個人私欲。執取「四大、五蘊、六根」為我，執取「四食、五欲、六塵」為我所有。因為有所「執取」，就會有所「擁有」，擁有欲界、色界或無色界眾生的習性。只要感染到「三界」中任何一界的「有」或「習性」，就有可能在未來「三界」中的某一界受生。或胎生、或卵生、或濕生、或化生。一旦受生，就要面臨生活上種種的挑戰與苦迫，最後還是免不了老死。這就是「緣起十二支」，說明生死流轉的無奈。

第五節　三世兩重因果的智慧

「緣起十二支」具有「三世兩重因果」的特性。其中，「無明」與「行」代表「過去世」所造的因；「識、名色、六入處、觸」代表「現在世」所受的果；這是「第一重因果」。另外，「愛、取、有」代表「現在世」所造的因；「生」與「老死」代表「未來世」所受的果；這是「第二重因果」。「緣起十二支」說明有情生命生死流轉的過程是貫穿三世的，而且前世之前，還有前世。只要「無明」未斷就有無盡的「業行」，也就有無盡的今生。今生一則承受過去「業行」所造成的果報，一則「愛染」不斷，繼續造下各種「業因」，而招感未來的生死，而且後世之後，還有後世。只要「愛染」未斷，就有無盡的後世。所以，第一重因果的「因」起始點是「無明」，第二重因果的「因」起始點則爲「愛」。

可見得「無明」與「愛」是造成有情生命在生死苦海中流轉的兩大主因。雜阿含經（卷二 四四經／二六七經）云：眾生於無始生死，無明所蓋，愛結所繫，長夜輪迴生死，不知苦際。更證明了「無明」與「愛」是如何牽引著有情生命在生死苦海中流轉。其中，「無明」是障於智，屬於「知見」上的愚癡，稱爲「見惑」；「愛」是障於情，屬於「情感」上的染著，稱爲「思惑」。所謂「無明爲父，愛染爲母。」就會促使有情生命死了又生，生了又死，相續不已。有情生命由於「無明」與「愛」，有知見上與情感上的障礙，而感到迷惑不已。再由於迷惑，而使得行爲無所依循，或雜染，或貪愛，或執取，或造業。造業之後，由於業力的牽引，因而招感應得的業報，或現世報，或來世報。甚至因而招感新一期生命的開始，而受苦無窮。有情生命「由惑造業，由業感苦」，苦中又更增添迷惑，迷惑中又更造新業，苦果重重無盡。於是形成了「由惑造業，由業感苦」，無窮無盡的「惑、業、苦」循環，而且貫穿三世。只要「無明」與「愛染」未斷，痛苦的人生就會不斷地上演下去。

第六節　緣起還滅的智慧

「緣起還滅」的智慧是在闡述「生死還滅」的過程，告訴我們如何終止生死的流轉。根據雜阿含經（卷二二 三九經／二六二經）：緣起還滅就是所謂的「此無故彼無，此滅故彼滅。」「無明」滅所以「行」

滅，「行」滅所以「識」滅，「識」滅所以「名色」滅，「名色」滅所以「六入處」滅，「六入處」滅所以「觸」滅，「觸」滅所以「受」滅，「受」滅所以「愛」滅，「愛」滅所以「取」滅，「取」滅所以「有」滅，「有」滅所以「生」滅，「生」滅所以「老死」滅，純大苦所聚集的世間因而滅除了。

然而，如何從「緣起十二支」看出還滅解脫的可能性呢？依照緣起法「此、故、彼」的特性，只要「緣起十二支」之中的其中一支斷除了，就可以使餘支不起。所以說，如果能夠從「無明」斷起，就是從生死的根本斷起，就好像截斷一棵大樹的樹根一樣，在未來世永遠不再受生（雜阿含經 卷十三 三三五經／二九七經）。這是最根本的斷除方法，離棄無明而生明，明則解脫。可是「無明」是有情生命無始以來長久累積形成的一種習性，「緣起十二支」的任何一支其實都隱含著無明的成份。因爲無明才會透過「身、口、意」去造業；因爲無明才會妄執心識、色身或五蘊爲我；因爲無明才會促使六根攀緣六塵外境；因爲無明才會貪染各種樂受、苦受；因爲無明才會去執取五蘊、六塵不肯捨離。所以說，斷除「緣起十二支」中的任何一支，其實都跟斷除「無明」有關。但是，並非每一支都可以被斷除的，根據雜阿含經的提示，比較務實的下手處是「觸、愛、取」三支。

從直覺上來看，有情生命對於世間的一切感知，都來自於「根、塵、識」三事和合觸。若是沒有「觸」，很多事情就不會發生了。「觸」滅了，其餘各支也就滅了，痛苦的人生就有斷除的可能性（雜阿含經 卷八 二二〇經／二一八經）。因此，首先我們要做的就是守護我們的六根，儘量遠離諸欲惡不善法，保持生活環境的單純。遠離是非之地，遠離是非之人，遠離是非之物。所謂「非禮勿視，非禮勿聽，非禮勿說。」不合乎禮數的不要去看，也不要去聽，就算看到、聽到也不要去說。遠離「四食、五欲、六塵」的誘惑，能避免接觸就儘量避免接觸，或者儘量接觸善良與清淨的一面。

然而，要如何看待「觸」呢？雜阿含經（卷十三 三二八經／二九○經）云：譬如兩木相磨，和合生火，若兩木離散，火亦隨滅。意思是說，「觸」就好像鑽木取火一樣，透過摩擦木頭生熱來取火。一旦離散兩根木頭，停止摩擦，火就隨之消滅了。其次，不管是樂觸緣生樂受，還是苦觸緣生苦受，要做到於觸生受時，如實覺知；觸滅時受亦滅，不作他想；自然就不會因爲觸受而隨著苦樂起舞。實踐所謂「來者不歡喜，去亦不憂感，於世間和合，解脫不染著。」（雜阿含經 卷三十八 一○六○經／一○七二經）。佛陀說：若能作如是觀，就能於生老病死解脫，於憂悲惱苦解脫。

若能夠從「觸」這一支斷起當然很好，可是人生在世，要完全斷絕與外界的接觸似乎有點困難。可是，一旦接觸就會有所感受，一旦感受就會有所愛染。因此，在接觸外境時，要時時警覺，處處小心，務使貪愛不生，瞋心不起。雜阿含經（卷九 二五七經／二五五經）云：多聞聖弟子，眼見色，已於可念色不起緣著，不可念色不起瞋恚。其餘諸根，亦復如是。意思是說，我們要學習控制我們的內心，於六根接觸六塵時，合意的不著迷，不合意的不憎惡。如此，貪愛不起，餘支便滅。

此外，還可以透過無常觀、生滅觀、無欲觀、滅觀、捨觀等，令我們這一顆心不生掛念，不被繫縛，從此愛滅。愛滅則取滅，取滅則有滅，有滅則生滅，生滅則老死、憂悲惱苦滅，如是純大苦滅（雜阿含經卷十三 三二一經／二八三經）。意思是說，想要滅除生死之苦，可以從「愛」下手，「愛」支若斷，餘支便滅，生死亦滅。就像種樹一般，當還是樹苗的時候，如果不加以愛護，不給它灌溉、施肥，樹苗就無緣長大，甚至枯萎而死。然後斷其根，截其枝，焚成灰，燒成土，任其隨風飄散或投入流水，磨滅殆盡，從此再也不會受生。所以說，正觀世間緣起、生滅、變易、無常、苦、無我；慢慢地就可以止息雜亂的內心，熄滅「貪、瞋、癡」煩惱，建立平等捨觀，無所執取，無所染著，貪愛不生，諸苦便滅。

若是不能避免接觸，偏偏又動了心，起了貪愛的念頭，那就必須克制自己不要採取行動去有所執取，也就是從「取」這一支來控制。意思是說，雖然有所「貪染」，但是只要我們不要有所「執取」，就不會想要去「擁有」或「佔有」，當然也就不會有「患得患失」的痛苦。雜阿含經（卷十三 三三〇經／二九二經）云：云何思量觀察正盡苦，究竟苦邊？時，思量眾生所有眾苦，種種差別，此諸苦何因？何集？何生？何觸？思量取因、取集、取生、取觸。若彼取滅無餘，眾苦則滅。意思是說，有情生命有種種的痛苦，到底是什麼原因造成的呢？怎樣才能滅除這些痛苦呢？佛陀說，是因為「取」的關係。因為有所「執取」，就會有痛苦。若是不要有任何「執取」，就可以滅除所有的痛苦。也就是要學習控制我們的「行為」，包括「身、口、意」三行。不要因為內心有所貪愛，而有所執取。不要去「執取」也就不會有所「擁有」；沒有「擁有」自然也就無所謂「得失」；沒有「得失」，痛苦自然就消滅了。

簡而言之，「緣起十二支」當中，「無明」是生死流轉最根本的原因。想要終止生死的流轉，趨於還滅，從根本「無明」斷起是最直接而有效的。只是「無明」是有情生命無始以來長期累積形成的習性，貫穿三世，根深蒂固，一時難以斷除。而且各支皆與「無明」有所關連，需要時時用功，處處留意，多聞善法，實修佛法，培養佛法正見，開顯無漏智慧。因為最後解脫的關鍵，還是在於斬斷「無明」。除此之外，「緣起十二支」當中，比較務實的下手處是「觸、愛、取」三支。所以，我們要做的就是針對「觸」要守護六根，學習控制「輸入」的部份。針對「愛」要善護心念，學習控制「處理」的部份。針對「取」要持戒清淨，學習控制「輸出」的部份。只要「六根輸入」守護得宜；「內心處理」善護心念；再加上「行為輸出」謹守戒律；斷除「觸」、「愛」、「取」，相信離解脫的目標就不遠了。這也證明了「緣起十二支」還滅的可能性。

第七節 結語

「緣起」的智慧告訴我們世間的一切都是因緣和合的；緣聚則生，緣散則滅，緣生緣滅，生滅變易。因此，世間的一切都會隨著因緣的生滅而遷流變化，無有恆常。世間包括有情世間與器世間。前者是有情生命「由惑造業、由業感苦」所招感生死相續的生命個體，亦即所謂的「五蘊身心」。後者是有情生命所居住的物質環境，亦即所謂的「世界」。有情世間的「五蘊」以及器世間的「世界」皆是因緣和合，並且會隨著因緣的生滅而變化無常。兩種世間都是由不同的元素，依照某種關係組合而成。不同的因緣、不同的組成與不同的關係就會造就出不同的功能，外相、名稱也會跟著不同。面對緣起生滅、變易無常的「有情世間」與「器世間」，我們都不應該加以執著。一切都只是暫時的存在，否則求其恆常而不可得，焉有不苦之理。因爲再圓滿、再幸福的人生，終有消逝的一天。尊貴的蓮生聖尊《靜聽心中的絮語》提到：「一切都會過去的！一切都會沒有的！一切都會空的！」須知世間的一切都是緣起假相，如幻如化；若有所執著，一旦無常到來，就會感到痛苦。

也就是說，世間的一切事物都是由種種的因緣所組合而成。「因」是主要條件，因果相依，像種子一般；「緣」是輔助條件，眾緣和合，像土壤、水份、陽光一樣。「因」要靠眾「緣」，才能成就「果」。當種子落在土壤裡，加上有水份的灌溉與陽光的照射，一旦條件成熟，因緣具足，就會發芽、成長、茁壯。如果條件不成熟，因緣不具足，或者離開了這些條件與因緣，就會停止成長、茁壯，甚至死亡、消逝、不存在了。而且，世間沒有絕對不變的永恆，都會變化的。有形的物質世界如此，無形的精神世界如社會組織、人際關係或人情事理也是一樣。世間的一切都是因緣和合，假名存在，無常變易的。

明白了這個道理，我們就比較能夠體會人生的高低與起伏，困境與逆境。得意時，宜淡然，因爲盛極必衰；失意時，宜坦然，因爲否極泰來。想要成功，就要積極創造成功的條件；不想失敗，就要避免導致失敗的因緣。成功之後，記得成果要共享；若是失敗，卻是反省的最佳時機。贏了不要全拿，輸了要有風度。不管成功或失敗，世界上沒有永遠的成功，也沒有永遠的失敗，一切都會隨著因緣條件的變遷而產生變化。尊貴的蓮生聖尊《背後的明王》說：「一切都是因緣，一切在於緣起。」好的會變成不好的，不好的也會變成好的。一切都會變化的，一切都會過去的，一切都會消失的，最終歸於寂滅。

印順導師《佛法概論》提到：「果從因生，事待理成，有依空立。」意思是說，有因有緣，果報現前；所謂「種如是因，必得如是果；得如是果，必種如是因。」一切都是因果啊！其次，事相形成的背後，總是依循著某種必然的法理；所謂「此有故彼有，此生故彼生；此無故彼無，此滅故彼滅。」一切都是緣起啊！此外，凡是存在的「有」，皆須依賴「空」才得以成立；須知「性本空寂」，無會變成有，有也會變成無，一切都是空的啊！總而言之，緣起法是宇宙人生的眞理，世間的一切都是因緣所生法；只要因緣改變，一切都會隨之改變，最終歸於寂滅。

換句話說，在人生的旅程中，只要我們多種善因，多結善緣，靠著後天的理智抉擇與努力，命運就可以悄悄改變。只是，這些因緣條件都不是我們所能全部掌控與預測，因此對於結果要坦然以對。所以說，「內心」上我們要看開、看淡，從容以對；但是，「行動」上我們要積極作爲，勇於挑戰，不畏艱難。因爲「緣起法」就是在提醒我們，事物與事物之間存在著非常錯綜複雜的關係，牽一髮而動全身。包括（一）相互依賴的關係：形成一個互助共生的生命共同體，不可分離。（二）相互關連的關係：彼此之間，互爲因果，互相影響。以及（三）相對存在的關係：都只是暫時的存在，隨時發生變化的，要懂得等待時機。空海（惟傳）法師《四念處修行法要》提到：「我」這個生命能夠存在，需要整個大自然的養育，這就是「緣起」。由於要仰賴很多的因緣，「我」才能活著，才能修行，所以要懂得感恩啊！就是因爲「緣起」才形成了五彩繽紛、相互牽連的世間。

另外，「緣起」的智慧也告訴我們：不論屬於那一類有情眾生，都一定會面臨老死，因爲有生必有死，沒有人可以迴避。但是死並非代表結束，而是另外一個生命週期的開始。「緣起十二支」告訴我們人生就是一個「惑、業、苦」的無限循環，生死流轉，生死相續，無始無終。並且，不僅告訴我們生死流轉的前因後果，也提醒我們生死還滅的涅槃彼岸。其中的「無明」與「愛染」是兩大關鍵。不過，在生活中最實際的下手處就在「觸、愛、取」，這也正好呼應有情生命的「輸入部份」、「處理部份」與「輸出部份」，包括守護六根、善護心念與持戒清淨。然而，該如何守護六根？善護心念？持戒清淨？這也正是下一章繼續要爲大家闡述「生活」的智慧：人生的「三道防線」。

第六章

生活的智慧

不善護心念，內心蠢蠢欲動；
不守護六根，六根到處攀緣；
不持戒清淨，行為容易出軌；
不正命存命，生活時時造業。

第一節 前言

生活是什麼？有人說：「生活」就是柴、米、油、鹽、醬、醋、茶，加上鍋、碗、瓢、盆的交響曲。于凌波居士《佛法與生活》認爲：「在生命延續期間，吃飯睡覺，讀書求知，上班工作，休閒娛樂就是生活。」也有人說：生活就是食、衣、住、行、育、樂。除了物質生活之外，還要有精神生活。既求健康溫飽，又要舒適快樂；既求妻財子祿，又要身份地位，還要實現自我成就，樣樣不可少。偏偏生活是現實而殘酷的。爲了生命的延續，爲了生存的競爭，爲了爭奪有限的資源，爲了分食稀少的利益，人與人之間的衝突與矛盾，經常無可避免。而且，生活中有太多的危機、陷阱與誘惑，又是情關、又是錢關、又是仇關、又是病關、又是意外關、又是名利關、又是兒女關，可以說是處處難關，關關難過。若不懂得修行學佛，缺乏正確的生活智慧，「生活」反倒成了製造麻煩與產生糾紛的來源，甚至是造業的舞台。

想要終止生死流轉、跳脫六道輪迴、解脫煩惱、止息痛苦的第一要務就是不能再造惡業，遠離諸惡不善法。何謂「業」？所謂「業」就是指「行爲」、「造作」等身心活動的意思，是我們過去行爲的軌跡與記錄。這些行爲會延續、累積起來形成一種力量叫做「業力」。「業力」是招感痛苦、快樂、雜染、清淨果報的原因，也是有情生命不斷輪迴轉世的動力。佛陀說：有意造業，必受其報（中阿含經 卷三 業相應品 思經 一五）。因此，我們要透過修行學佛來尋求解脫痛苦之道。修行在那裡修？淨空法師認爲：「修行就在日常生活之中。」六祖《壇經》般若品云：佛法在世間，不離世間覺，離世覓菩提，恰如求兔角。也是在說，離開生活，何來佛法！于凌波居士《佛法與生活》認爲：我們一天到晚「身、口、意」三方面的行爲造作就是生活。因此我們要藉著修行的力量，修正我們的「身、口、意」，調整我們的生活，端正我們的行爲，淨化我們的心靈，令身心清淨，智慧增長，煩惱解脫，痛苦止息。因此，我們要來了解有情生命的行爲過程與模式，才能夠妥善地加以因應與管理。

從「系統」的角度來看，有情生命就像一個「開放系統」：「輸入」的部份代表我們的六根，「處理」的部份代表我們的五蘊身心，「輸出」的部份代表我們的行爲，「環境」的部份代表外在的六塵。人生的「第一道防線」就是針對「處理」的部份，要「善護心念」：有惡即斷，以善治惡，住於定相。人生的「第二道防線」就是針對「外界輸入」的部份，要「守護六根」：遠離是非，勿著五欲，莫染六塵。人生的「第三道防線」就是針對「行爲輸出」的部份，要「持戒清淨」：以戒爲師，嚴守戒律，不造惡行，務必符合佛陀的教誡。接下來，我們針對人生的「三道防線」，分述如下：

第二節 人生的第一道防線

善護心念的智慧

就「處理」的部份而言，我們稱之爲人生的「第一道防線」：是指如何控制我們的內心。這是最難，也是最重要的部份。因爲一個人的行爲不外乎有三種，包括身體外在的行爲表現——「身行」、語言文字的行爲表現——「口行」、以及心中內在的意念想法——「意行」。其中，以「意行」的影響力最爲重大，因爲意行會決定有什麼樣的身行和口行。也就是說：一個人身體會有什麼樣的舉止動作，嘴巴會說出什麼樣的話語，其實都是受他本身內心的想法所影響，甚至指揮和控制的。一個人的起心動念如何，所表現出來的語言及行爲大致上就會按照自己的心意表現出來。心裡面在想什麼，嘴巴就有可能說什麼，甚至透過身體的外在行爲表現出來。

所以說，「心」是最重要的。若心意不端正，則表現出來的行爲也會不端正，這個不端正的心意包括欲貪、瞋恚及害心。在利慾薰心之下：只要看到有利可圖，就會想盡辦法得到，甚至不擇手段。在欲壑難填之下：人心不足，貪得無厭，有了還會想要更多，就會不斷地向外追求，永無盡頭。在患得患失之下：未得之時朝思暮想，得到之後又怕失去，整天耽心害怕。因爲利慾薰心、欲壑難填，加上患得患失，欲望若是沒有得到滿足，或是內心有所違逆，不順心、不如意，卻又沒有得到適當的安撫或疏導，就很容易起瞋恨心，須知「瞋心如火」。瞋恨心一旦生起，就很容易衝動行事，甚至生起害人之心，引起可怕的後果，所謂「一念之差，天倒地塌」。因爲一氣之下，很可能就會造下不可挽回的極重罪業；害人害己，導致萬劫不復。小心「一失足成千古恨，再回頭已百年身」。若仔細分析，其實瞋恚及害心背後的元凶都是欲貪。若沒有好好地控制我們那一顆欲貪、浮動的心，經常是一步錯，步步錯，一錯再錯；不僅造成一個雜染、悲慘的人生，命終之後還會墮入三惡趣，受苦無窮。

因此，我們要善護心念，善護其身，也就是做到四正斷之「斷斷」：已生之惡，即刻令斷（雜阿含經卷二十三 五九三經／八七九經）。首先，要善於控制我們的「心念」，一有歹念產生就要立刻加以斬斷無餘。其次，要善於防護我們的「身行」，一有不好的行爲即將產生，也要懂得立即懸崖勒馬。一天二十四小時當中，不管行住坐臥，眠寤語默，起心動念，舉手投足之間，都要如實知自己的一切念頭。若有一絲的雜染，或貪、或瞋、或癡、或慢、或疑、或邪見，即刻令斷。同時也要如實知自己的一切身行，若有任何衝動的行爲即將產生，也是要即刻令斷。

在日常生活裡，由於「六根」與「六塵」接觸，經由「六識」的了別而有各種感受。因「樂受」而增長欲貪，因「苦受」而滋生瞋恚。欲貪不知道節制而生起害心，瞋恚未加以安撫也會生起害心；因而造作諸惡業，受苦無窮。因此，我們要善於控制我們的心念，並善於守護自身的行爲；莫讓此心惡念紛飛，莫讓此身有行惡的機會。例如，見四下無人而起盜心，見美女姿色而起邪淫心，見不合己意而起瞋心，見己不如人而起妒心，見人不如己而起慢心，患得患失而起疑心，憂愁散亂而起悔心等。一旦生起這些壞念頭，就要即刻令斷。斷除這些壞念頭，要毫不留情，絕不讓這些壞念頭盤踞心中。否則，星星之火，可以燎原，一不做，二不休，心頭一橫，很可能就會鑄下千古憾事。許多人自稱是修行人，平日行爲正當，甚至爲人稱譽。然而，卻有可能因爲一時之衝動，而造下滔天大罪；或是因爲一時之鬼迷心竅，而犯下不可思議之罪業。人生的歲月說長不長，說短不短，若不知道要善護心念，守護六根，善護身行，持戒清淨，則悠悠人生，漫漫歲月，不知道我們這個五蘊身心要造作多少罪業啊！

善護心念的方法

如何對治這些惡念頭呢？首先，我們要回顧佛法正見，內心常存是非善惡的標準，時時警覺，處處留心，善於守護，如照妖鏡，無所遁形。然後要有慚愧心，知道羞恥。對於諸惡不善法要有怖畏之心，即使是細微之罪也要深自警惕。當有惡念揮之不去時，當思前想後，想想因果業報，想想業力法則，凡事三思而後行。隨時善護心念，遠離「貪、瞋、癡」，出染著心；善護其身，遠離「殺、盜、邪淫」，斷三惡行；一有惡念，即刻令斷。即使未起惡念，也要善於守護不令起。可令念頭安住於身、受、心、法四念處，或安住於正念正智，或持佛聖號，或念菩薩聖名，或持咒語，或隨己善巧方便，攝持心念。隨時提醒自己惡念絕不可生，若生恐生惡行，若行恐生惡果。然後，專一心念住於善法正念，常使念頭清淨。若有惡念生起，即刻令斷。

有惡即斷雖然很好，不過也僅僅做到止惡防非，亡羊補牢，只知其然，不知其所以然。表面上好像行為正當，舉止清高，道貌岸然，內心卻不知不見善法，長期累積下來，或是自我壓抑過久，一遇到導火線或經不住引誘，誰料想得到會做出什麼樣的舉動，造下什麼樣的罪業？因此，真正要做到沒有惡念，沒有惡行，不是靠壓抑，也不是靠逃避可竟其功。而是要靠「淨化心靈」，一切是那麼地自然，毫不勉強，毫不費力。使心中自然生出善法，做到四正斷之「隨護斷」：未生善法令起。也就是以心修心，以心治心，以善治惡，以善法對治惡法的功夫（雜阿含經 卷二十三 五九三經／八七九經）。

對治惡法的方式有很多種，例如以「不淨觀」——膿潰污穢，對治「淫欲」；廣行「布施」——給人方便，對治「盜心」；以「慈心」——給人快樂，對治「瞋心」；以「悲心」——拔人之苦，對治「害心」；以「喜心」——給人歡喜，對治「妒心」；以「捨心」——眾生平等，對治「慢心」；以「緣起智慧」——給人信心，對治「愚癡」、「疑心」；以「禪定」——給人寧靜，對治「憂愁散亂」；以「光明精進」——給人希望，對治「睡眠昏沉」。所以說，心中要常存善心善念，若有惡念產生，當思惡念惡行之禍患業報，並停止思惟該念頭，讓自己的心念平息下來。可以做深呼吸，或數一至十，或轉移注意力，冷靜下來，身體放鬆，心情放鬆。然後，具足慈悲喜捨，廣行布施忍辱，精進修行持戒，禪定中正思惟，生起一切善法，惡法自然消滅。因此，人生的「第一道防線」就是要警戒我們的身心，有惡即斷，並且持續培養少欲望、去得失、改脾氣、學忍辱的智慧。分述如下：

一、少欲望：要知足常樂，不要有過多的欲望。很多人生的問題，都是因爲「不知足」所引起。佛陀說：欲望如飲鹹水，越喝越渴；如海吞流，需索無度；如蜜塗刀，嚐之傷舌（增壹阿含經　卷七　火滅品一二〇）。因此，我們要隨時提醒自己，見五欲猶如火坑，才不會被「欲貪」、「欲念」及「欲著」所覆蓋。明明白白欲念從何生起，止於何處，時時自我防範，處處自我提醒，養成「離欲」的習慣（雜阿含經　卷十　二六七經／一一七三經）。

二、去得失：就算有欲望，得失心也不可以太重。認眞做事就對了，不管得失。首先，要學習看破，看破什麼？看破紅塵。看不破的原因，就是因爲貪戀。貪戀什麼？貪戀世俗的一切。懂得看破，就不會再妄求。其次，要學習放下，放下什麼？放下得失。放不下的原因，就是因爲害怕。害怕什麼？害怕分離、害怕失去、害怕得不到。懂得放下，就不再有負擔，輕鬆自在。千萬不要讓我們這一顆心過於執著貪染，既看不開又觀不破，既提不起又放不下。尊貴的蓮生聖尊慈悲開示：「認眞做，然後管他的。什麼叫管他的？認眞做，就是叫你提起！管他的，就是叫你放下！你已經認眞做了，將來好不好，管他的。因爲不爲什麼，就是放下。」凡事盡力就好，過程盡情揮灑，結果坦然面對。

三、改脾氣：就算有得失心，也不可以輕易發怒，要學會控制自己的脾氣。一個人脾氣不好，就容易與他人起衝突。遇到不如意、不順心、不令人喜愛的，就會生出苦受。內心若再加以執著，就會身心俱苦而生瞋恚，進而被瞋恚牽著走（雜阿含經　卷十七　四六九經／四七〇經）。瞋恚的習氣是久遠養成的，改正習氣則要痛下決心，對症下藥。要建立正確的人生觀與價值觀，多培養慈悲喜捨、知福惜福、知足感恩的心。對於諸根門，要善加守護，不使瞋恚心於「根、塵」觸境時有所染著，做到「身受心不受」，於苦觸受不生瞋恚。如法修行，逐漸改正我們的脾氣。

四、學忍辱：就算想要發脾氣，也要想辦法隱忍下來。六祖《壇經》疑問品云：讓則尊卑和睦，忍則眾惡無喧，就是要我們學習謙讓忍辱。待人要謙和，行事要低調，懂得忍讓，自然和睦相處，無有喧鬧。忍是能忍之心，辱是所忍之境。內心能夠安忍他人的羞辱或自身的苦境是謂「忍辱」。一代高僧廣欽老和尚說：「忍辱是最大福德之處，能行忍的人，福報最大，也增加定力且消業障，開啓智慧。」

第三節 人生的第二道防線

守護六根的智慧

就「輸入」的部份而言，我們稱之爲人生的「第二道防線」：須知我們「身、口、意」的外顯行爲，都深深地受到內心的影響。而內心的動向，則又深深地受到外界輸入訊息的影響。因爲所有諸欲惡不善法都不出六根接觸六塵，經由六識了別所引起的「受、想、思」之範疇。「六根」是我們接觸外界的六道門戶（內六入處），「六塵」是六根所相對應認知的六種外境（外六入處）。凡夫情感上的雜染與煩惱，大部份都是從「根、塵」相觸開始的。

佛陀告誡我們：要好好地調御我們的六根，若不知道要善加守護，也不知道要好好修行的話，必然要承受痛苦的果報（中阿含經　卷三十八　梵志品　鬚閑提經　一五三）。另外，增壹阿含經（卷三十二）力品之二（三四〇）云：云何六入爲惡道？眼觀此色，若好、若醜，見好則喜，見惡不喜，若耳聞聲，若好、若醜，聞好則喜，聞不好則不喜。鼻、舌、身、意，亦復如是。猶如有六種之虫，性行各異，所行不同。若有人取繩纏縛之，取狗、野狐、獼猴、鱣魚、蚖蛇、飛鳥，皆悉縛之。共繫一處而放之，爾時，六種之虫各有性行。爾時，狗意中欲赴趣村中，野狐意中欲趣赴蒙間，鱣魚意中欲趣水中，獼猴意中欲向山林之間，毒蛇意中欲入穴中，飛鳥意中欲飛在空。意思是說，六根的喜好各異，猶如六種性質迥異的蟲魚鳥獸，各有所好。有的喜歡在村中，有的喜歡在土中，有的喜歡在林中，有的喜歡在水中，有的喜歡在穴中，有的喜歡在空中。若硬是把它們綁在一起，然後放開來，豈不是亂成一團。所以說，六入處爲墮落惡道的因緣。看到好的、合己意就高興；看到不好的、不合己意就不高興。而且喜好各不相同，如今糾結在一起，當然引發爭吵。因此，我們必須好好地守護六根。

增壹阿含經（卷四十九）非常品（四五九）也說：寧常眠休，不於覺寢之中思惟亂想；寧以燒鐵烙眼，不以視色興起亂想；寧以錐刺壞耳，不以聽聲興起亂想；寧以熱鉗壞鼻，不以聞香興起亂想；寧以利劍截舌，不以惡言語墮三惡趣。意思是說，寧可常處睡眠狀態，也不要讓內心胡思亂想；寧可用燒鐵、錐刺、熱鉗、利劍等毀壞我們的六根，也不要因爲放縱六根而惹是生非，爲惡造業。簡而言之，就是要我們好好地守護六根，不起亂想。所以，佛陀要我們以「律儀」來約束我們的六根。於眼見色、耳聞聲、乃至於意分別諸法時，可意者不起貪，不可意者不起瞋，進而不起諸害心，而斷諸惡行。然而，何謂不律儀呢？雜阿含經（卷十一　二七六經／二七七經）云：云何不律儀？眼根不律儀所攝護，眼識著色，緣著故，以生苦受，苦受故，不一其心，不一其心故，不得如實知見，不得如實知見故，不離疑惑，不離疑惑故，由他所誤而常苦住，耳、鼻、舌、身、意亦復如是，是名不律儀。云何律儀？眼根律儀所攝護，眼識色，心不染著，心不染著已，常樂更住，心樂住已，常一其心，一其心已，如實知見，如實知見已，離諸疑惑，離諸疑惑已，不由他誤，常安樂住，耳、鼻、舌、身、意亦復如是，是名律儀。

意思是說，所謂「不律儀」就是六根在接觸六塵時，內心有所染著。一旦有所染著，就會憂悲惱苦，因而不能專一心志，更不能如實知見，進而常懷疑惑，住於痛苦之中。所謂「律儀」則是指內心不於「根、塵、識」相觸的任何境界上有任何染著。既然心無染著，就可以專一心志，如實知見，進而不生疑惑，住於安樂之中。愚癡無聞凡夫不知「律儀」之重要性，總是放縱其六根，馳騁於「四食、五欲、六塵」之上；不知收斂其心，奔放於「妄想、分別、執著」之中，造諸惡業，受諸苦報。因此，我們應當學習四正斷之「律儀斷」：守護六根，令未生之惡法不起。

所以說，「守護六根」就是要好好地管制我們接受外界訊息輸入的六道門戶：眼、耳、鼻、舌、身、意，遠離諸欲惡不善法。佛陀要我們修「律儀斷」，以「律儀」來約束我們的六根。何謂律儀斷？雜阿含經（卷二十三 五九三經／八七九經）云：云何律儀斷？若比丘善護眼根，隱密調伏進向，如是耳、鼻、舌、身、意根，善護隱密調伏進向，是名律儀斷。意思是說，在日常生活當中，要善於收攝自己的六根，收斂隱密，調伏欲貪，趨向涅槃。善用正法正律來約束我們的六根，一切行爲舉止皆能夠符合戒律禮儀，不令生出諸欲惡不善法，即謂之「律儀斷」。

針對容易產生是非的人、事、時、地、物，能夠避免接觸就儘量避免。所謂「近朱者赤，近墨者黑。」社會就像個大染缸，一不小心就會被染污、染黑，故當遠離是非，遠離諸惡不善法。如果不能避免接觸，起碼做到聖哲所說的「非禮勿視、非禮勿聽、非禮勿說」。身雖處雜染之地，但不合乎善的，違背良心的，儘量不看、不聽、不說，更不要去做。如果人在江湖，身不由己，處在雜染的處境，天天接觸，至少也要做到「身受心不受」。也就是說，雖然六根色身觸境，但是內心無所雜染，不起任何妄想執著。雖然「身」必須承受，但是「心」不受影響；亦即身雖苦，但心可以不苦，則依然可以常住安樂。

守護六根的方法

守護六根就是要經常提醒自己看好六根門戶，避免跟外界六塵做不必要的接觸，但是對於自己的內心在想些什麼卻清清楚楚。而且，不執著各種表相而生起種種的情緒感受，也不因爲種種情緒感受的刺激而令內心迴盪不已。時時警覺自己的內心是否生起貪伺、憂慼、惡念的想法。無論行住坐臥、眠寤語默、舉手投足、起心動念都能夠如實覺知（中阿含經　卷四十九　雙品　說道經　一八七）。若能夠做到如實覺知，而且專心分別我們的六根，就可以避免墮入惡道（增壹阿含經　卷三十二　力品之二　三四〇）。由此可知，六根是生起一切情緒感受的開端，如何在開端之始即加以控制是有志修行學佛的人所需要學習的。佛陀總共教導了我們五種對治六根的方法，分別是「調伏、關閉、守護、執持、修習」（雜阿含經　卷十一　二七八經／二七九經），分述如下：

一、調伏：我們的內心很容易因爲六根接觸六塵而生起種種妄想雜念。當六根接觸六塵外境時，若覺知貪念，恚念，害念時，即刻壓制，不令生起。例如見美色而起淫念，見財物而起貪念，見仇人而起恚念，甚至生起「殺、盜、邪淫」之害念。雖生起這樣的念頭，但如實知生起這樣的念頭，且不爲此念所轉，做到「制之不令生起」，這就是所謂的「調伏」。

二、關閉：我們的五蘊身心若處在惡緣惡境之下，「根、塵」一旦接觸，很容易引發內心之惡念。因此，我們要避免六根接觸惡塵。例如，避免涉足聲色場所，不看色情刊物、影片，不聽靡靡之音。應該多交益友，遠離損友；多親近善士，遠離邪魔外道。做到「關閉六根接觸六塵」，特別是避免接觸惡緣、惡境、惡塵，自然減少惡念生起的機會，這就是所謂的「關閉」。

三、守護：爲了滿足自我，我們的六根很容易向外攀緣六塵外境，而導致欲心奔放。因此，我們要老老實實「看守六根門戶」，隨時保持警覺，善加守護，精勤不放逸，不因六根觸境而生起欲貪、瞋恚、害心等諸惡念。就好像田夫看守田舍一般，不讓鳥獸前來毀壞田舍一樣。一旦有所警覺，就不會放縱我們的六根隨著外境起舞。而且，將我們內心的注意力放在六根的守護上，貪念，恚念，害念那裡還有時間生起，這就是所謂的「守護」。

四、執持：爲了不讓我們的六根因爲個人習性的因素而糊里糊塗地胡亂觸境，看不該看的，聽不該聽的，接觸不該接觸的，進而引發不好的念頭或是薰染邪惡的習性。因此，我們必須清楚地知道自己的六根在做什麼，眼見色即如實知是眼睛在看，耳聞聲即如實知是耳朵在聽，鼻、舌、身、意，亦復如是，做到「覺知不令蒙昧」。把我們內心的注意力放在六根的作用上，而不是迷迷糊糊，茫茫然然，搞不清楚狀況，混然不知六根的情形，這就是所謂的「執持」。

五、修習：爲了不要雜念紛飛，我們要遵循佛陀的教誨，收攝我們的心念。要六根不接觸六塵確實困難，但重點在於雖然我們的六根會接觸六塵，但是要學習控制我們的內心。對於順心、如意、喜歡的不起貪；對於不順心、不如意、不喜歡的不生瞋恚、害心。於「根、塵、識」三事和合觸無所雜染，所謂「六入處常對，不能動其心。」做到「不爲六境所動」，這就是所謂的「修習」。

其實，每個人每天早上一起床若能夠提醒自己守護六根的方法，依照佛陀的教誨過日子，相信身心自然清淨。最重要的就是在六根接觸六塵外境時，於順心、如意、喜歡的地方，要能夠做到不生欲，不樂著，不起貪，不放逸；於不順心、不如意、不喜歡的地方，要能夠做到不憎惡，不排拒，不揀擇，不嫌棄。佛陀一再地告誡我們：六塵外境是虛妄的，若是內心加以區別可意、不可意，只會讓內心的欲貪、瞋恚轉盛而已。海濤法師《修行筆記》認為：「看的時候只是看，聽的時候只是聽，嗅的時候只是嗅，嚐的時候只是嚐，觸的時候只是觸，想的當下只是想，不加入任何自我觀念、分別心。」須知守衛六根是佛法的核心。因此，我們要善於調攝我們的六根，不為六塵外境所動。

第四節 人生的第三道防線

持戒清淨的智慧

就「輸出」的部份而言，我們稱之為人生的「第三道防線」：「身、口、意」的行為直接牽涉到造業與否，因此要加以規範。「持戒」是最簡單，也是最有效的方法。因為人的習氣不是一下子說改就能改的。一些壞習氣、壞毛病，可藉著戒律的約束，逐漸消失於無形之中。所謂「勉強成習慣，習慣成自然。」要戒貪、戒瞋、戒邪見、戒妄語、戒惡口、戒兩舌、戒綺語、戒殺生、戒偷盜、戒邪淫。學習控制自己的行為，學習控制自己的脾氣。要忍辱、忍辱、再忍辱；戒怒、戒怒、再戒怒。簡單講，就是不要胡思亂想，不要欲心奔放，不要亂發脾氣，不要胡言亂語，更不要胡作非為。能夠以戒為師，嚴守戒律，造業自然就少，持戒自然清淨。

善護身行當「以戒為師」，依四正斷之「律儀斷」：持戒清淨，令未生之惡法不起。或持五戒、或持八關齋戒、或持十善戒等，以約束我們的外顯行為，符合戒律的要求。須知「戒」是一切「善」的根本，有「止惡行善」的意義。「止惡」是不讓煩惱現行，遮止一切惡行；「行善」是抱持無限的悲心，利益眾生。雜阿含經（卷二十四 六五一經／六三七經）云：出家已，住於靜處，攝受波羅提木叉，律儀行處具足，於細微罪，生大怖畏，受持學戒，離殺、斷殺、不樂殺生，乃至一切業跡如前說。由此可見，修行的基礎在於持戒。佛陀並鼓勵我們，特別是出家人，應該遠離塵囂，住於靜處，謹守戒律，持戒清淨，修行方能有成。即使是細微之罪，也要心生恐怖與畏懼，絕不可因惡小而爲之。我們應當樂於「受戒」，樂於「學戒」，樂於「持戒」。遠離殺生，斷除殺生，不樂於殺生，乃至於其他十惡業。

因此，我們要遠離諸惡不善法，確實遵守佛陀制定的戒律，包括五戒、八關齋戒、十善戒、比丘戒、比丘尼戒等。雖然對象不同，但是持戒的精神是一致的。而且，要能夠做到不虧損、不違犯。行住坐臥，眠寤語默，皆有威儀；善護心念，守護六根，善護身行，戒行正當。若能如此，便能舉止如法、如律，安住正念，不犯戒條，身心自然清淨。身心清淨是修習禪定的首要條件，「身、口、意」三業若不清淨，就會煩惱叢生，心情混亂，修習禪定就難上加難了。沒有禪定，何來智慧？至於曾經犯戒的人，可以透過懺悔，於佛、菩薩前發露先前的罪過，生大慚愧心與大怖畏心，誓言永不再犯，態度眞誠懇切，懺悔方能成就，戒行也才能夠恢復清淨。

持戒清淨的方法

持戒清淨的目的在於規範我們輸出的行爲，遠離十惡業，一切行爲依照佛陀的教誡「八正道」來執行。十惡業包括殺生、偷盜、邪淫、妄語、惡口、兩舌、綺語、欲貪、瞋恚與邪見。想要斷除諸惡不善行，唯有「持戒」方能竟其功。根據聖嚴法師《戒律學綱要》，佛教的戒律可分爲在家戒與出家戒。「在家戒」包括：三皈戒、五戒、八關齋戒、十善戒、菩薩戒；「出家戒」則包括沙彌及沙彌尼戒、式叉摩尼戒、比丘戒、比丘尼戒等。簡單說明如下：

「三皈戒」是指皈依三寶之後自然該守的戒律。「皈」是回轉、歸投之意；「依」是依靠、信賴之意。皈依三寶包括皈依佛、皈依法、皈依僧，可以產生無量的功德。六祖《壇經》懺悔品云：佛者，覺也；法者，正也；僧者，淨也。意思是說，「佛」是覺者，是自覺、覺他，福慧具足的大覺者；釋迦牟尼佛及十方三世一切諸佛便是佛寶。「法」是正法，是三藏教典，是一切智慧的寶藏；釋迦牟尼佛所宣說的佛法如四聖諦、八正道、緣起法等便是法寶。「僧」是和合眾，是傳授清淨之道的人天師表；在佛前出家的凡聖弟子、比丘、比丘尼，便是僧寶。三寶之中以佛寶最為尊貴，法寶最為高勝，僧寶最為重要。佛陀在世時，以佛寶為中心；佛陀入滅後，則以僧寶為重心。不過佛陀入滅前殷殷囑咐仍必須「依法不依人」，以戒為師。皈依三寶是信佛學佛的入門，三皈戒是一切戒律的根本。

首先，要恭敬神聖，誠心懺悔。何謂懺悔？六祖《壇經》懺悔品云：懺者，懺其前愆。從前所有惡業，愚迷憍誑嫉妒等罪，悉皆盡懺，永不復起，是名為懺。悔者，悔其後過。從今以後，所有惡業，愚迷憍誑嫉妒等罪，今已覺悟，悉皆永斷，更不復作，是名為悔，故稱懺悔。也就是說，「懺」是發露過去所做的舊惡，「悔」是知錯以後永不再犯，做到所謂「往昔所造諸惡業，皆因無始貪瞋癡，從身語意之所出，我今一切皆懺悔。」盡形壽皈依佛，盡形壽皈依法，盡形壽皈依僧。並發四弘願，所謂「眾生無邊誓願度，煩惱無盡誓願斷，法門無量誓願學，佛道無上誓願成」。完成皈依之後可以現世得安樂，往生至善趣，甚至可以得涅槃。然而，皈依三寶的眞正的涵意則是「覺、正、淨」。透過「皈依佛」來保持心中的覺性，發掘內在本有的佛性，以「覺」為依歸。透過「皈依法」令身心棄邪從正，入於正道，以「正」為依歸。透過「皈依僧」在理合、事合的基礎下，做到身心清淨，以「淨」爲依歸。能夠保有內心的「覺、正、淨」，才是眞正的皈依「佛、法、僧」。

其次，「五戒」就是不殺生、不偷盜、不邪淫、不妄語、不飲酒。尊貴的蓮生聖尊《輪迴的秘密》認爲：（一）不殺生：凡飛禽走獸，皆當愛護，不得殺害。（二）不偷盜：即如一草一花，未經人同意，不得私竊或強取，廉潔自愛。（三）不邪淫：一夫一婦，若違反禮法者，縱欲行姦，皆是邪淫。（四）不妄語：以有爲無，以是爲非，以非爲是，這些都叫做妄語。（五）不飲酒：酒若爲藥引，這是無所謂的；但酒若醉人，則成了眾罪之首，所以不飲酒爲宜，免得成了罪惡的引子。其中飲酒戒屬於五戒之中唯一的遮戒。飲酒雖然不是罪，但是酒後容易亂性，醜態百出，令人興奮、衝動、盲目而失去理智，甚至導致嚴重的後果，或打、或殺、或欺、或諍、或姦、或搶，悔不當初，是故要戒飲酒。「五戒」是一切佛戒的基礎，不僅涵蓋人類，也可以擴及一切有情眾生。持五戒的功德可以來世保有人身。只要人人受持五戒，就可以減少許多不必要的糾紛。

「八關齋戒」就是五戒之外再加多三戒：一爲「不著香花鬘，不香油塗身，不歌舞娼妓，不故往觀聽」：主要是指不要濃妝豔抹，當力求僕素爲原則。更不要存心蓄意去娛樂場所，龍蛇雜處之地，聆聽或觀看歌舞技藝等表演，容易招惹是非。二爲「不坐臥高廣大床」：主要是指淡泊物質享受，不貪圖華麗的生活用具，過簡單的生活，勇猛精進修行。三爲「不非時食」：主要是指不在不適宜的時候進食，特別是指過午不食。就是在日中之後，除了飲水，不再進食，以便保持輕爽的身心，方便修行。若於六齋日，即陰曆初八、十四、十五、二十三、二十九、三十日，受持八關齋戒，福不可稱計，得無量果報，後世可生天上，甚至可以得涅槃。

然後，在五戒、八戒的基礎之上，進一步做到「十善戒」。所謂「十善戒」就是不殺生、不偷盜、不邪淫、不妄語、不惡口、不兩舌、不綺語、不貪、不瞋、不邪見。受持「十善戒」，來世可生天上享福。至於菩薩戒（依優婆塞戒經有六重戒，二十八輕戒）與出家戒中的沙彌十戒（八戒加上不捉持生像金銀寶物），式叉摩尼六法（學法女的戒律），比丘二百五十戒、比丘尼三百四十八戒等，由於戒條數目繁多，解釋繁複，有興趣者可以進一步參閱聖嚴法師的《戒律學綱要》以及相關的戒本如四分律、五分律等。不過，不管在家或出家，佛陀制戒的目的是要讓佛弟子去遵行實踐，從而約束我們的行為，合乎佛陀的正法正律。修行的基礎在於持戒。一切行為如法如律，持戒自然清淨。持戒清淨方能遮斷一切惡法，使諸惡不生；諸惡不生，身心才能清淨，方便修行解脫。

總而言之，人生的「第一道防線」告訴我們要善於守護我們的心念，遠離一切諸欲惡不善法。人生的「第二道防線」告訴我們要善於守護我們的六根，於世間「四食、五欲、六塵」無所貪染。人生的「第三道防線」告訴我們要善於守護我們的外顯行為，遠離十惡業，持戒清淨。而且要精勤不放逸，恆行不退轉，方能遏止諸欲惡不善法之產生。不善護心念，內心蠢蠢欲動；不守護六根，六根到處攀緣；不嚴守戒律，行為容易出軌。內心不安份，六根不清淨、行為若出軌則苦惱叢生，是謂「放逸之人」。須知一切智慧以「不放逸」為本，行為放逸之人如何能有智慧？必是愚癡之人！所以說，若有人不知善護心念，不知守護六根，不知以戒為師，不知善護其身，甚至邪念叢生，放縱六根，貪求四食，縱情五欲，攀緣六塵，必將糾紛不斷，雜染不已，煩惱不止，痛苦不堪。惟有善護心念，守護六根，持戒清淨，善護其身，長養善法，以善治惡，方能遮斷一切惡法，生起一切善法，生活才會清淨，心靈才會平靜，然後在身心清淨的基礎之上，繼續邁向解脫。

第五節　中道生活的智慧

正命存命

我們活在這個世間，爲了滋養我們的色身，延續我們的慧命，難免需要衣被以供禦寒，需要食物以供止飢，需要住所以供休息，需要湯藥以供治病，對於這些民生必需品，我們要以正當的手段來取得，也就是要「如法」，絕對不可以用不正當的手段來謀奪。若能如此，謂之「正命」，否則即爲「邪命」（雜阿含經　卷二十八　七九七經／七八五經）。「如法求」即是依照正當的手段或職業來謀取日常生活之所需。若是違反國家法律，違反道德良知，乃至於違反佛陀教誡都是「不如法」。因此，如法求的基本原則就是要「合乎善法，避免惡法」。能夠做到如法求，就可以活得心安理得，俯仰無愧。

其次，我們對於日常生活之所需，不可貪得無厭，更不可索求無度，須知欲壑難塡，永無止境。若不懂得知足、適可而止，就會想盡辦法來滿足自己的欲望，甚至爲達目的，不擇手段。在這種情況下，本來「如法」也會變成「不如法」，君子也會變成小人，善良百姓也會變成邪惡之徒，那就偏離「正命」而就「邪命」了。所以，除了「如法求」的基本要件之外，還要懂得知足、不多欲，才能確保正命的延續性（中阿含經　卷七　舍梨子相應品　分別聖諦經　三一）。須知「欲爲苦本」（雜阿含經　卷三十二　九〇五經／九一三經），有情眾生執著五蘊身心爲我（雜阿含經　卷三　五三經／六二經），爲了滿足自我，而不斷向外追逐四食（中阿含經　卷五十四　後大品　嗏帝經　二〇一）、五欲（增壹阿含經　卷十二　三寶品一八三）、六塵（雜阿含經　卷十二　二八七經／三〇九經），很容易就陷入欲望的漩渦，難以自拔。

因此，佛陀教誡我們欲望不可以太多，要懂得惜福感恩，知足常樂，甚至要離欲，離欲才會清淨。所以說，生活越簡單越好，日子越單純越平安，生活一切隨緣，日子平淡自然。因爲簡單就是美，單純就是福，隨順就會自然，隨緣就會自在。證嚴法師《靜思語》說：「人生愈簡單愈快樂，生活愈單純愈幸福。」只要懂得惜福，雖不富有也可以過得幸福快樂；只要懂得感恩，陋室小屋也可以住得舒舒服服；只要懂得知足，粗茶淡飯也可以吃得津津有味。須知安安樂樂就是福，平平淡淡才是眞。隨順因緣，盡力就好；順其自然，歡喜就好。多想想自己所擁有的，就會生起感恩之心。不要老是跟人家比，比不完的；人比人，氣死人。越愛比較福越淺，越愛計較命越薄。

此外，還要建立正確的「生活態度」，要懂得如何善用如法求得的收入，行「中道生活」。有了一份正當的收入以後，還要懂得守護，不可揮霍無度，奢侈浪費；但也不要過於吝嗇小氣，捨不得用，如餓死狗。要懂得量入爲出，行中道生活。既不過份奢侈，也不過份節儉。而且要有正確的理財觀念，收支務必保持平衡（雜阿含經　卷四十三　一一五〇經／九一經）。這些正當的收入除了可以用在維持生計之外，還要懂得儲蓄，不要賺多少花多少。而儲蓄的目的，不只是個人急需時可茲利用，更可貴的是拿來布施貧病，救濟窮困，這才是發揮錢財最大的效用（雜阿含經　卷四十八　一二八〇經／一二八三經）。

行善布施，勤耕福田

也就是說，爲了賺錢養家，有一份正當的職業與收入之後，還要懂得報答親恩，孝養父母。沒有父母的生育、養育之恩，那來我們。除此之外，還要懂得行善布施，慈悲濟世，救助貧窮，累積陰德。不要只顧自己的生活享受，而忽略了社會上還有許多孤苦貧病之人，需要我們的救助。須知取之於社會，當用之於社會，因爲「施比受更有福」。並且，還要懂得禮敬三寶，供養三寶，勤耕福田，長養慧命。不過，依照常理，在行善布施的同時，當然也應該先把自己以及自己的家庭、兒女安頓好、照顧好，否則光是對別人好、對三寶好，而忽略了自己的家人，似乎也不太合情理。該怎麼做呢？

根據雜阿含經（卷四十三 一一五二經／九三經）：針對我們辛勤努力，如法得來的錢財，首先應該供養我們的父母，令得安樂，是名「根本火」。因爲父母是我們的根本，沒有父母就沒有我們，所以孝親報恩是第一重要。其次，把家庭照顧好，把妻子／老公、兒女照顧好，甚至把親戚、眷屬照顧好，令得安樂，是名「居家火」。因爲大家同住一個屋簷下，有福同享，有難同當。若是自己的家庭不照顧好，反而先去照顧別人，於情於理實在也說不過去。所以要先把家庭照顧好，促成家庭和樂，讓家人感受到佛法帶來的好處。然後，再撥一部份錢財供養三寶，甚至助印經書，建塔造寺，勤耕福田，是名「福田火」。因爲供養三寶可以累積不可思議功德。六祖《壇經》疑問品云：恩則親養父母，義則上下相憐。也是在提醒我們，要用感恩的心親養父母，報答親恩；面對上下則要講究義氣，憐惜彼此，團結一心。

若還有餘力，儘可能找機會布施貧病，不過要量力而爲，一次不需要太多。重點在於發心，而不是錢財的多寡。發乎至誠，付出不求回報，布施不求功德，甚至行善不欲人知。這樣做的目的，主要是在生活中體會錢財的價值，要懂得運用錢財，而不是當守財奴。要懂得有捨才會有得，小捨則小得，大捨則大得，無捨就無得。因此，我們除了要懂得如法開源之外，有正當的收入，還要懂得如法節流，合理地分配錢財的運用與儲蓄。不過份享樂，也不過於貧乏，行中道生活。並用一顆眞誠的心，孝養父母，照顧家庭，供養三寶，救助貧病，這才是正確的生活態度。

第六節 結語

總結來說，生活其實就是一個修行道場。在「生命」的智慧裡，我們認識了自我，了解五蘊身心的組成，以及有情生命賴以生存的四食。在「人生」的智慧裡，我們體悟了宇宙人生的眞相，建立了佛法正見，了解善惡的標準，相信因果業報，認同六道輪迴，並且認識解脫的境界。有了這些認識之後，接下來就是如何面對我們的生活？處在世事何紛紛，人情何擾擾的世間，千萬不要讓生活變成造業的舞台。在「生活」的智慧裡，我們歸納出人生的「三道防線」，警戒我們的身心，而且要正命存命，行中道生活。並將這些智慧運用在生活上，身體力行，實際操作演練。不可諱言地，我們的生活當中充滿了各種風險與挑戰。人生的「三道防線」清楚地告訴我們：要善護心念，要守護六根，要持戒清淨。

在「善護心念」的部份：要隨時隨地善於守護自己的心念，不要妄想紛飛，欲望橫流，更不要起瞋恨心，橫生邪念。要學習控制自己的「心」，須知欲爲苦本、瞋心如火、邪見害命。首先，要多聽聞佛法，多閱讀經典，具備佛法正見，讓我們這一顆「心」安住在佛陀的正法正見上。其次，在各種人際互動場合中，學習看好我們這一顆起伏不定的「心」。包括：（一）獨處靜慮的時候：藉著默唸佛、菩薩聖號，或觀想佛、菩薩慈悲住頂，讓「心」有所依止。一有惡念產生，即刻令斷。發揮「貓捉老鼠」的精神，時時警覺，處處留意，而且念念分明。（二）四下無人的時候：提醒自己「舉頭三尺有神明」，「凡事天必知」，違背良心的事情不可以做，傷天害理的事情更不可以做。（三）與人互動的時候：告訴自己修行的考試即將開始，你永遠不知道對方會出什麼考題？要什麼招數？但不管怎麼樣，儘量不要與他人起衝突，堅守「無諍」的底線。然後用同理心與對方互動，站在對方的立場來思考。其實，人際關係不外乎緣份，或有緣、或無緣；或討債、或還債；或報恩、或報仇。然而，有緣要懂得珍惜，沒有緣就隨他去；該還的債就要還，該報的恩就要報。至於討債、報仇就免了吧！（四）遇到不合理對待的時候：心裡可以這樣想，如果你是觀世音菩薩，你會怎麼做？只要心懷慈悲喜捨，就可以從容地對治一切惡緣逆境。進一步則要長養知足、感恩、惜福、布施之心。凡事多爲苦難的眾生著想，不要只想到自己。多想想自己所擁有的，不要只看到自己所欠缺或失去的。若能如此，則我們的內心就會比較坦然自在一點。

在「守護六根」的部份：要時時刻刻善於守護自己的六根，不要拼命地向外攀緣去追求「四食、五欲、六塵」，追求不完的。尤其是：眼睛不要亂瞄，嘴吧不要亂講，耳朵不要亂聽，手腳不要亂碰，身體不要隨便與異性碰觸，更不要自私自利，疑神疑鬼，邪念叢生。不好好管控自己的六根，很容易出問題、惹麻煩的。能夠遠離煩人、煩事就遠離，不能遠離，就要用「六律儀」對治，有如「守株待兔」，嚴加看管我們的六根，做到「身受心不受」。每當六根緣外境，不管好壞順逆，都不要過於在意，更不要放在心上，內心不爲所動。看到「五欲」要想到火坑，看到「美女」要想到毒蛇，看到「錢財」要想到深淵，看到「名位」要想到懸崖。放縱六根貪求世俗五欲的背後，總是潛藏著災難與禍害。現實生活裡，的確會碰到一些棘手的事情，讓你感到難堪、羞辱、沮喪，甚至痛不欲生。理性地想想看，以你目前的能力與可用的籌碼，你能改變對方或環境嗎？若暫時不能，要不要考慮改變自己來適應對方或環境呢？而且，正好可以拿來當作修練自己的人生考題。若改變自己或對方都暫時不可能，千萬不要僵在那裡，對誰都沒有好處，甚至演變成玉火俱焚，兩敗俱傷，同歸於盡。要不要考慮迴避呢？等練好了功夫，充足了本事，備齊了籌碼，有緣的話，再回來度化對方，不也很好。世間本來就是這樣，有人喜歡你，就一定有人不喜歡你；有人講好，就一定有人講壞，何必那麼在乎呢？就像台語歌手陳雷演唱的一首歌曲：「歡喜就好！」

在「持戒清淨」的部份：要隨時隨地善於控制自己的外顯行爲。在受到外界的刺激之後，內心不起波瀾當然最好；如果已經動了心、起了意，快要發作出來的時候，記得要懂得忍讓、忍耐、忍辱；或數數字，或調整呼吸，或先離開現場，或轉移注意力，或念佛號，先避免衝突，再思解決之道。不要越弄越糟，越陷越深；一步錯，步步錯，越錯越離譜，最後全盤皆輸。平常基本的要求就是持戒，遵守佛陀的戒律。佛陀怎麼說，我們就怎麼做。明善惡、信因果、守五戒、行十善。「心」不要胡思亂想，「口」不要胡言亂語，「身」不要胡作非爲。要妥善面對各種生活的情境，包括：（一）遭受「委曲」的時候：當別人欺負你，就當作是還債。債還清了，不就沒事了。（二）遇到「挫折」的時候：當工作不順利，感情不順利，諸事不順利，不正是砥礪心志、磨練志氣、考驗修行、增長智慧的最佳時機嗎？要越挫越勇，越磨越光，越來越有智慧。沒有魔考，何來成就？（三）與人「口角」的時候：當別人罵你，不但不應該反駁對罵，還應該心存感激，微笑以對；因爲對方提醒了我們，一定有什麼地方沒有做好，才會令人厭惡。（四）獲取「利益」的時候：當接受別人的好處，有沒有想過「施主一粒米，大如須彌山，若不用心做，披毛戴角還」，還敢貪小便宜嗎？更何況是不當利益！（五）受到「引誘」的時候：當不小心碰到邪淫的色誘時，想想東窗事發，欲離不能離，身敗名裂的後果，這「天上掉下來的禮物」千萬不要隨便亂碰！可以觀想佛、菩薩、根本上師、本尊、護法住頂，或隨時隨地在背後護持著我們。嚴格要求自己「身、口、意」的行爲符合佛陀的戒律。懂得以戒爲師，身心自然清淨，煩心惱人的事情自然就會減少。

最後，在「生活起居」上，佛陀要我們正命存命，行中道生活。只要有一份正當的職業與收入，不論貴賤多寡，都應該感到知足感恩。而且，不能忘記報答父母恩、師長恩、眾生恩、佛恩。沒有父母那來我們，故當孝養父母。沒有師父如何學習成長，故當「敬師、重法、實修」。沒有眾生那能砥礪我們的心志，成就佛道；故當照顧好家庭、妻兒、親眷，而且要布施貧病，行善積德，冤親平等，難捨能捨。沒有佛陀的教誨，焉能解脫煩腦，故當供養三寶，發出離心與菩提心。當然，能夠配合自己的能力與興趣，在工作上盡情地發揮所長當然很好，但是千萬不要因爲世俗的事業經營而忘了修行學佛的人生宗旨，甚至埋沒於滾滾紅塵之中，造業沉淪，豈不可惜。想到只要有健康的身體與和樂的家庭，就應該感到知福惜福，還有什麼好計較的。甚至就算一無所有，孑然一身，孤苦貧病，但是，只要還能夠呼吸活著，能夠思考，就應該感到謝天謝地，反而沒有包袱累贅。然後，把時間與精力專注在修行學佛上，思惟苦集滅道，緣起、無常、苦、無我、空、涅槃的道理，進而解脫人生的煩惱與痛苦。尊貴的蓮生聖尊諄諄訓勉弟子們：「活一天，快樂一天；活一天，修行一天；活一天，感恩一天。」而且，每天至少誠心誠意唸一遍「能滅生死苦，消除諸毒害」、有靈有驗的《高王觀世音眞經》；只要誦滿一千遍，重罪皆消滅。上班、上學出門前，告訴自己：人生是彩色的。下班、放學回家後，稟報父母、佛、菩薩、根本上師、本尊、護法：我回來了。感謝上天讓你擁有健康、平安、順利又快樂的一天。凡事感謝，時時感謝，處處感謝。有一天，你會發現，心想眞的可以事成。

第七章

厭離的智慧

生厭則離欲，
離欲則滅盡，
滅盡則解脫，
解脫則涅槃。

第一節 前言

由於我們的內心雜染著無始以來的「無明」與「貪愛」，因而產生種種的「妄想」與「執著」，內心蠢蠢欲動，六根攀緣不已，進而造作「身、口、意」三業，然後由業感苦，沉淪生死。人生的「三道防線」固然重要，可以協助我們遠離諸欲惡不善法，避免造諸惡業。但是更重要的是如何淨化我們的內心，讓我們的內心純淨沒有污染，不被無明所覆，愛緣所繫。只要完成「心靈淨化」，自然而然就不會造作惡業。然而，該如何淨化我們的內心呢？佛陀告訴我們：欲為苦本（雜阿含經 卷三十二 九〇五經／九一三經）。欲望的生起是因為想要滿足自我；滿足自我是因為執著五蘊為我；執著五蘊為我是因為愚癡無明。所以想要自然而然地斷除貪愛，離欲清淨，佛陀教導我們：要培養「厭離」的智慧。以「厭離心」的發起為智慧，照破無明煩惱之法（雜阿含經 卷四十五 一一九六經／一二二二經）。

發起「厭離心」，才能夠於對境生心時，不為外境所動。「厭離」其實就是為了對治「欲貪」而來，須知瞋恨與害心皆來自於欲貪，煩惱與痛苦亦來自於欲貪。所貪之物是無常變易、敗壞磨滅之法，何來喜樂？因此我們要生起「厭離心」，培養「厭離」的智慧。只要心生厭離，就可以離欲獲得清淨，遠離煩惱（雜阿含經 卷四十五 一二〇〇經／一二二六經）。所以，佛陀說：厭則離欲，離欲則滅盡，滅盡則解脫（雜阿含經 卷一 一經／一經；卷三 七五經／八四經；卷四 九六經／五〇經；卷八 一九〇經／一八八經；卷十五 三六四經／三六五經），亦即所謂的「法次法向」（雜阿含經 卷一 二七經／二七經）。意思是說，「厭」則遠離一切欲望，「離欲」則滅盡一切「貪、瞋、癡」煩惱，「滅盡」則成為解脫的聖者，永遠不再受輪迴之苦。然而，何謂厭離呢？

所謂「厭離」原本是指內心不喜、不悅、厭煩、逃避，屬於情感上的好惡分別，其背後的基礎是「貪、瞋、癡」。「厭」有厭足、捨棄之意；「離」有分離、遠離之意。修行上的「厭離」則是指「心靈淨化」的過程，對於無常的禍患、世間的苦難有正確的認知，產生厭患世間、出離三界之心，因而決定遠離諸欲惡不善法，停止造作惡業，止息「貪、瞋、癡」煩惱。雜阿含經（卷一 一經／一經）云：厭離者，喜貪盡，喜貪盡者，說心解脫。意思是說，一旦生起「厭離心」，從此對世俗的一切就再也沒有興趣和欲望，永斷喜貪，進而解脫。雜阿含經（卷三十四 九四八經／九五六經）云：一切諸行皆悉無常、不恒、不安、變易之法。是故，比丘，當修厭離、離欲、解脫。意思是說，因爲世間的一切都是無常的，沒有永恆、安穩的，是生住異滅、無常變易之法。因此，佛陀要求弟子們要依照「厭離」、「離欲」、「解脫」的順序來修證解脫。在雜阿含經（卷十九 五〇四經／五〇五經）也有提到：尊者大目揵連爲了度化天帝釋，令天帝釋心生厭離，即入三昧，利用神通力，以一足指撇其堂觀，悉令震動。使得天帝釋因爲恐懼而意識到即使是快樂無比、壽命極長的天堂，一樣也是國土危脆，無常變易，而生起出離的想法。也就是說，心生「厭離」，才有可能進一步修行「離欲」、「滅盡」、「解脫」之法。

然而，如何生起「厭離」之心呢？首先要建立「味、患、離」的智慧。讓我們在了解萬法緣起，諸行無常之下，體認欲望可能帶來的禍患。在「知味」、「知患」、「知離」之後，接下來就是要培養「離欲」的智慧，讓我們的內心自然而然地「離欲清淨」。然而，何謂離欲呢？要離那些欲呢？有情眾生生存在這個世間裡，不外乎對外追求「四食」，沉溺「五欲」，攀緣「六塵」；對內貪愛「四大、五蘊、六根」。因此我們要培養正觀「四食」、正觀「五欲」、正觀「五蘊」的智慧，才得以離欲清淨。以下我們就針對「味、患、離」的智慧，正觀「四食」、「五欲」、「五蘊」的智慧，分別說明之：

第二節 味、患、離的智慧

何謂「味、患、離」？

什麼是「味、患、離」呢？雜阿含經（卷四 一〇四經／五八經）提到：緣色生喜樂，是名色味。若色無常、苦、變易法，是名色患。若於色調伏欲貪、斷欲貪、越欲貪，是名色離。受、想、行、識之味、患、離，亦如是說。意思是說，由於色身所產生的喜樂，引發內心的執取與貪染，稱之爲「色味」。因爲色身是無常的，無常故苦，是變易之法，無有恆久，終究毀壞，引發內心的不自在，稱之爲「色患」。若能夠調伏內心對於色身的欲貪，斷除對於色身的愛染，甚至超越對於色身的欲貪，內心不爲欲貪所動，稱之爲「色離」。以此類推，受、想、行、識之「味、患、離」，也是同樣的道理。

另外，根據增壹阿含經（卷十二）三寶品（一八三）：面對「五欲」的誘惑，我們會生起苦樂之心，稱之爲「欲味」。辛苦經營獲得的財物、事業，其實是「欲患」。因爲努力了半天，沒有得到應得的，便會愁憂苦惱；就算得到了，又恐怕會失去；既患得又患失，焉有不苦之理。世人爲了財物，你爭我奪，甚至互相攻伐，造成死傷；加上欲貪本身也是無常變易之法，因此稱「欲」爲大患。若能夠充分了解「欲味」、「欲患」，因而捨離諸欲，離欲清淨，自修、自知、自覺、自證，得大自在，則稱之爲「捨欲」。這道理與「味、患、離」是一致的。

綜合而言，所謂「味」即是對於「欲貪」反覆執著其味，不管是苦味，還是樂味。「苦味」教人縈繞心頭，「樂味」令人回味無窮。欲得未得之時，令人朝思暮想；得而復失之時，卻又叫人牽腸掛肚。即使是「樂味」，背後仍潛藏著「苦味」，這就是「欲貪」的本質。只要有一絲絲的欲望存在，卻又不能降伏我們的得失心，「苦味」隨伺在後。所謂「患」即是欲貪對象背後的隱患，不管是對於「四大、五蘊、六根」自身的貪愛，還是對於「四食、五欲、六塵」外境的追求，這些有形的、無形的、實質的、或是抽象的種種欲望，都是無常的，都是會變化的，不能永遠保有，不能永恆不變，最後終歸是要變遷壞去的。所謂人有「生老病死」，物有「生住異滅」，世間有「成住壞空」。當這一切種種發生遷移轉化的時候，若不能看開放下，將會煩惱重重，痛苦不堪。所謂「離」即是在了解「欲味」、「欲患」的道理之後，知道「欲為苦本」。明白欲望會侵蝕我們的內心，會讓我們的內心患得患失，與外境糾纏不清，是一切煩惱與痛苦的根源。因此，在知道欲望的本質，以及欲望所帶來的禍患之後，就會興起「離欲清淨」的想法。想要遠離欲望，調伏欲望，超越欲望，不再做欲望的奴隸，不再受欲望的控制。從此想得開，看得破；拿得起，放得下。內心自然淨化，再也不會被欲望所束縛。

如實知「味、患、離」

由以上可知，欲望可以令我們遍嚐各種「酸、甜、苦、辣」等滋味。順心的時候，甜甜蜜蜜，眉開眼笑；不順心的時候，苦澀難忍，愁眉苦臉。這些欲望包括對「內在五蘊」的貪愛，也包括對「外在六塵」的追求。若是每個人都能夠如願，事事順利，經常保持在快樂的狀態下，也就沒事了。偏偏宇宙人生的眞相是世事無常，世間的一切無不在變易轉化之中，加上人心不足，貪得無厭，患得患失，到頭來「樂味」也會變「苦味」。所謂「樂極生悲」，就是這個道理。

所以，追求欲望的過程與結果所引發的滋味，或苦或樂，點滴在心頭。然而，事實上卻是樂少苦多，快樂的時光總是過得特別地快；痛苦來臨的時候，卻總是那樣地令人難以忍受。一般人總是不能看清欲為苦本，只會一味地怪罪別人，或自怨自艾，這樣只會業上加業，苦上加苦，永遠也沒有解決問題。因此，佛陀開導我們要建立「味、患、離」的智慧，要如實知「味」、如實知「患」、如實知「離」。所謂「如實知」就是如其本來實際狀態的觀察，並得到正確的認知。「知味」是生活上的體會，隨時隨地掌握內心的感受，是苦是樂，清清楚楚。而且知道這一切都是自己的欲望所引起的。「知患」是洞察欲望的本質，世間的一切人我事物皆是無常變易，非永恆不變，是令我們痛苦的原因。「知離」是要我們的內心不再五味雜陳，面對人生是苦，世間無常，必須捨離欲貪的誘惑，背棄欲貪的束縛，超越欲貪的牽引，降伏我們的內心，淨化我們的心靈，讓我們得以離欲清淨，解脫自在。因「知味」、「知患」而「知離」，因「離欲」而得以「治患去味」，從此解脫人生的煩惱與痛苦，這就是「味、患、離」的智慧。

第三節 正觀五欲的智慧

何謂五欲？

「五欲」是指眼、耳、鼻、舌、身等五種感官，接觸到所喜歡的色、聲、香、味、觸，而令人感覺到歡喜快樂。增壹阿含經（卷十二）三寶品（一八三）云：云何為五？眼見色，為起眼識，甚愛敬念，世人所喜。若耳聞聲、鼻嗅香、舌知味、身知細滑，甚愛敬念，世人所喜。中阿含經（卷二十五）因品 苦陰經（一〇〇）云：有五欲功德可愛、可念、歡喜，欲相應而使人樂。云何為五？謂眼知色、耳知聲、鼻知香、舌知味、身知觸。意思是說，在日常生活當中，我們不知不覺會去追求「五欲」的快樂，包括美色、妙音、芳香、美味及舒適的體觸。以為若要得到快樂，必須向外追求五欲之樂。卻不知為了滿足內心的欲望，常常造成人與人之間，乃至於家庭、社會、國家之間的摩擦與爭執。糾紛不斷，紛擾不已。中阿含經（卷二十五）因品 苦陰經（一〇〇）提到：眾生因欲緣欲，以欲為本故，母共子諍，子共母諍，父子、兄弟、姊妹、親族展轉共諍；王王共諍、梵志梵志共諍、居士居士共諍、民民共諍、國國共諍；彼當鬥時，或死、或怖，受極重苦，是謂現法苦陰。意思是說，五欲帶來的禍患，連最親密的母子、父子、兄弟、姊妹之間，都不免為此爭論不休，動起干戈。甚至修行學道中的梵志、居士，也會因為欲望的緣故，忘卻修行的本意，彼此之間互相攻擊起來。這說明欲望的滿足，雖然可以帶給我們暫時的歡喜與快樂，但是背後卻隱藏諸多危機。人世間的紛紛擾擾，恩恩怨怨，都是因為欲望所引起。

正觀五欲

根據增壹阿含經（卷四十二）結禁品（四一七），佛陀給欲望做了諸多比喻：「欲望」就像大便聚集一樣，臭氣難聞；像鳥群一般，吵雜不已；像烈日融雪，幻化不實。另外，「欲望」也像喝鹹水，越喝越渴；像海吞流，無所不包。而且，「欲望」也像處在羅剎村一樣，令人畏懼恐怖；像怨家一般，避之惟恐不及；如刀口蜜，貪嘴傷舌；像廁所生花，欲香還臭。此外，「欲望」也非牢非固，像聚集的泡沫一般，瞬間消散。從佛陀生動的比喻當中，我們可以體會到「欲望」的眞實面目。雜阿含經（卷三十二 九〇五經

／九一三經）云：是故當知，眾生種種苦生，彼一切皆以欲爲本。欲生、欲習、欲起、欲緣而生眾苦。由此可知，人世間的一切痛苦，紛擾雜染都是以「欲望」爲主要的起因。證嚴法師《靜思語》說：「欲望使人迷茫，如魚呑鉤，如蠶作繭，如飛蛾撲火，不知不覺自投羅網，自陷陷阱，痛苦難離。」

因此，佛陀一再地勸誡我們，要認清五欲的眞相，要知道五欲所可能帶來的災難，要懂得遠離五欲、捨棄五欲，才不會被五欲所淹沒。所以，我們要培養「離欲」的智慧。雜阿含經（卷十 二六七經／九一三經）提到：見五欲猶如火坑，如是觀察五欲已，於五欲貪、欲愛、欲念、欲著不永覆心，知其欲心行處、住處，而自防閉。譬如恆河長夜流注東方，多眾斷截，欲令流注西方，寧能得不？意思是說，面對「五欲」要以接近火坑般的心情，戒愼恐懼；墮入火坑，必死無疑。因此必須勤於觀察，隨時警惕，不被五欲及貪愛所遮蔽覆蓋。清楚地知道欲望從何生起，止於何處，知所防範。如此久而久之，就可以養成遠離「五欲」的習慣。習慣一旦養成，就像恆河的水長夜流往東方，再怎麼樣也很難改成流往西方了。

第四節　正觀四食的智慧

正觀摶食

摶食滋養色身，使溫飽。然而，該如何正觀摶食呢？雜阿含經（卷十五 三七二經／三七三經）云：譬如有夫婦二人，唯有一子，愛念將養，欲度曠野險道難處，糧食乏盡，饑餓困極，計無濟理，作是議言：正有一子，極所愛念，若食其肉，可得度難，莫令在此三人俱死。作是計已，即殺其子，含悲垂淚，強食其肉，得度曠野。云何：比丘，彼人夫婦共食其子肉，寧取其味，食嗜美樂與不？答曰：不也，世尊。復問：比丘，彼強食其肉，為度曠野險道不？答曰：如是，世尊。佛告比丘：凡食摶食，當如是觀。如是觀者，摶食斷知。摶食斷知已，於五欲功德貪愛則斷。五欲功德貪愛斷者，我不見彼多聞聖弟子於五欲功德上有一結使而不斷者。有一結使，則還生此世。

由此可知，「摶食」可以維繫我們生存的基本需求，但是若過份貪求便會促使我們做出種種惡業，累積成未來生死流轉之動力。所以佛陀教導我們正觀「摶食」的方法，並用食親子肉的例子來比喻「摶食」。佛陀說：有一對夫婦，攜子橫越曠野險道，路途中糧食吃完，饑餓疲困，無計可施，很可能三個人都會葬身曠野。因此夫婦兩人商議，殺其愛子，強食其肉，如此方得以橫度曠野。試想該夫婦在食其親子肉的時候，會品嚐其味嗎？會覺得好吃不好吃嗎？悲傷痛苦都來不及了，如何還會貪圖其美味呢？我們日常生活當中的飲食，也當作如是觀；如食「親子肉」一般。可憐愚癡凡夫迷惘成性，過份貪圖口腹之欲，卻不知因此而種下流轉生死的業因。佛陀告訴我們，「摶食」當以食其親子肉的心情，心中充滿不捨、不忍與愧疚；並且應該懂得珍惜，一鼓作氣，橫渡生死之流。若能如此觀照，則能斷除對於五欲之貪愛。五欲的貪愛若不斷，則煩惱不斷，痛苦不止，流轉不停。因此，我們必須培養正觀「摶食」的智慧。

正觀觸食

觸食撫慰身心，使快樂。然而，該如何正觀觸食呢？雜阿含經（卷十五　三七二經／三七三經）云：譬如有牛，生剝其皮，在在處處，諸蟲唼食，沙土坋塵，草木針刺，若依於地，地蟲所食，若依空中，飛蟲所食，臥起常有苦毒此身，如是比丘，於彼觸食，當如是觀，如是觀者，觸食斷、知，觸食斷、知者，三受則斷。多聞聖弟子於上無所復作，所作已作故。意思是說，「觸食」可以帶給我們舒適快樂的感覺。然而，同摶食一樣，若是過份貪求，或得失心太重，往往煩惱與痛苦不減反增。所以，佛陀教導我們正觀「觸食」的方法，並用牛被生剝其皮的例子來比喻「觸食」。試想一隻活生生的牛，皮被剝下來，就已經痛苦萬分了，再加上不管依於何處，因爲沒有牛皮保護，皆逃不過諸蟲噬咬，塵沙吹拂，草木針刺，時時刻刻，不論何處，苦毒辛酸，痛苦難當。

我們日常生活中，與外境種種的接觸，亦當作如是觀。雖然我們的色身六根避免不了與外界接觸，但是重點在於接觸的時候，要以牛皮被生剝的心情，戒慎恐懼。切勿貪圖感官上的享受，否則背後跟隨而來的將是悲傷與痛苦。若能如是觀照，則能斷除苦受、樂受、不苦不樂受。也就是說，觸則觸矣，但是我們的內心明明白白，於樂受不貪染，於苦受不傾動，於各種感受不執著其味，如果能夠確實做到的話，則斷此三受。三受若斷，就可以趨近涅槃解脫的境界。

正觀意思食

意思食實現希望，使激勵。然而，該如何正觀意思食呢？雜阿含經（卷十五　三七二經／三七三經）云：譬如聚落城邑，邊有火起，時有士夫，聰明頡慧，背向苦樂，厭死樂生，做如是念，彼有大火，無煙無炎，行來當避，莫令墮中，必死無疑。作是思惟，常生思願捨離而去，觀意思食，亦復如是，如是觀者，意思食斷，意思食斷者，三愛則斷，三愛斷者，彼多聞聖弟子於上更無所作，所作已作故。意思是說，「意思食」可以帶給我們希望，讓我們有活下去的目標和勇氣。然而，若是過份奢求，仍然會帶給我們莫大的痛苦。因爲人生不如意事，十之八九，若過份強求，將使自己陷入痛苦的深淵。所以佛陀教導我們正觀「意思食」的方法，佛陀用城邊起火的例子來比喻「意思食」。佛陀說：有一個聚落城市旁邊發生大火，火勢猛烈熾熱，聰明的人希望眞正地離苦得樂，厭死樂生。心裡想：那裡發生大火，火勢猛烈，應當遠離避開，莫叫自己墮入火中，必死無疑，故當捨離遠遁而去。

我們日常生活中，或是人生過程裡，免不了有諸多的理想與願望，然而並不是每個人都能夠如願以償，實現自己的夢想。若自不量力或不知滿足，將使自己終日陷於永無止境的追求。追求不到，則煩惱痛苦；追求到了，卻又怕失去，或要求更多。如此日復一日，年復一年，迷迷惘惘過一生。因此，佛陀要我們觀照「意思食」如大火一般。大火無情，酷熱難熬，應當遠離，避之惟恐不及。若能如此觀照，則能斷除三愛：所謂「欲愛、色愛、無色愛」；若能斷除三愛，就可以不再受生，出離生死。

正觀識食

識食成就自我，使發展。然而，該如何正觀識食呢？雜阿含經（卷十五　三七二經／三七三經）云：譬如國王，有防邏者，捉補劫盜，縛送王所，以彼因緣，受三百矛苦受，晝夜苦痛。觀察識食，亦復如是，如是觀者，識食斷、知，識食斷、知者，名色斷、知，名色斷、知者，多聞聖弟子於上更無所作，所作已作故。意思是說，「識食」可以帶給我們發展身心的力量，讓我們執取五蘊爲我，進而追求生命個體自我成就的實現。然而，就是因爲有情眾生執取五蘊身心爲我，貪愛不已，由此「識食」而造成生死的流轉。所以佛陀教導我們正觀「識食」的方法，並用受三百矛刺的例子來比喻「識食」。佛陀說：有一個強盜犯，被補捉送到國王處所議處，國王下令以尖矛挑刺其身，而且不只是刺一矛而已，是連續刺三百矛。刺一矛已經感到非常痛苦了，更何況是刺三百矛，那種痛苦就更加令人難以忍受。識食也是如此，他所帶來的禍患，遠比受這三百矛刺更大。

我們日常生活中，或是當世的人生裡，甚至是貫穿三世的生死流轉，就是因爲「識食」的原故，有情眾生時時刻刻執著一個「我」，看不開，也放不下。爲了滿足自我而索求一切，所有欲望、貪愛皆因此而起，由此世到他世。因此，佛陀要我們正觀「識食」如同受三百矛刺之苦痛，不應執著五蘊爲我。我乃緣起之我、無常之我、虛幻之我。若能如此認知，就不會再貪戀「識食」。當借此五蘊色身之假我，勤修八正道，精進斷煩惱，渡過生死海。

第五節　正觀五蘊的智慧

有情生命執取「五蘊」爲我，以爲有個實在的我存在，卻不知這個「我」其實是緣起幻生的假我。爲了滿足這個「假我」，而不斷向外追求。內心一旦生起我見，則會生起我慢，從此日常生活當中，往往就會優先考慮自我、照顧自我、滿足自我再論及他人，形成自私自利的心態。就是因爲執著「五蘊」爲我，若有不合我意的，違逆己心的，損及自身利益的時候，就會懊惱、忿怒、痛苦。忍受不住時，一時衝動還會與他人起糾紛。所以佛陀說：「五蘊」就像五個拔刀怨者，不斷地在背後追逐，想要殺害我們（雜阿含經　卷十　二六六經／一一七二經），能不小心防範嗎？

老子《道德經》曰：吾所以有大患者，爲吾有身。意思也是在說：自身是禍患的來源啊！人爲了滿足自身，就會有五欲的需求；若過度貪求，就會憂悲惱苦。而且，從解脫的立場來看，若對於五蘊不知、不明、不離欲，貪心不解脫者，則不能脫離生老病死的恐怖（雜阿含經　卷一　五經／五經）。因爲不知、不明，所以對於「五蘊」有所愛喜；於「五蘊」有所愛喜者，則於苦愛喜；於苦愛喜者，則於苦不得解脫（雜阿含經　卷一　七經／七經）。因此，佛陀要我們培養「正觀五蘊」的智慧，然後方得以離欲解脫。然而，什麼是「正觀五蘊」的智慧呢？首先，我們來看正觀「五蘊無常」的智慧。

正觀五蘊無常

雜阿含經（卷一　一經／一經）云：當觀色無常，如是觀者，則爲正觀。正觀者，則生厭離；厭離者，喜貪盡；喜貪盡者，說心解脫。如是觀受、想、行、識無常；如是觀者，則爲正觀。正觀者，則生厭離；厭離者，喜貪盡；喜貪盡者，說心解脫。如是，比丘，心解脫者，若欲自證，則能自證；我生已盡，梵行已立，所作已作，自知不受後有。如觀無常，苦、空、非我，亦復如是。意思是說，佛陀要我們正觀「五蘊」無常、苦、空、非我。若能如是正觀五蘊，則得以心生厭離，永斷喜貪，心善解脫，自知、自覺、自證成阿羅漢。然而，如何正觀呢？且從觀色無常說起。雜阿含經（卷四　一〇四經／五八經）云：四大因，四大緣，是名色陰，所以者何？諸所有色陰，彼一切悉皆四大緣，四大造故，四大是地界、水界、火界及風界。意思是說，世間所有的一切色蘊，都是由「四大」因緣和合而成。所謂「四大」包括：地界、水界、火界及風界。雜阿含經（卷十　二六六經／一一七二經）云：四大所造精血之體，穢食長養，沐浴衣服，無常變壞危脆之法。意思是說，四大無常，四大所造之色亦是無常。我們的色身是四大所造，是無常變易之法，終究變壞。雜阿含經（卷一 一一經／一一經）云：色無常。若因、若緣生諸色者，彼亦無常。無常因，無常緣，所造生諸色，云何有常？可見得，色無常，造成色蘊的因緣本身也是無常，由無常變易的因緣所形成的諸色，如何是常呢？這就是所謂「緣緣相因，重重無盡」的道理。世間的一切，莫不互相爲緣，互相依憑，彼此互相牽連影響，皆在無常變易之中，並無固定不變的實體存在；就算存在也只是暫時的存在，最終歸於寂滅，故說「色無常」。

其次，觀「受、想、行、識」無常。雜阿含經（卷四 一〇四經／五八經）云：名色因，名色緣，是故名爲識陰。所以者何？若所有識，彼一切名色緣故。這是說明識與名色相依的因緣。因爲有識，所以有名色。雜阿含經（卷四 一〇四經／五八經）云：觸因、觸緣，生受、想、行，是故名受、想、行陰。所以者何？若所有受、想、行，彼一切觸緣故。這是說明「受、想、行」產生的因緣是來自於我們的六根接觸六塵，只要「根、塵、識」三事和合觸就會產生「受、想、行」。然而，「受、想、行、識」爲何是無常呢？雜阿含經（卷八 一九七經／一九五經）云：眼無常，若色、眼識、眼觸，若眼觸生受：苦覺、樂覺、不苦不樂覺。彼亦無常，耳、鼻、舌、身、意亦復如是。意思是說，六根是無常的。六根接觸六塵，因爲六識的了別所產生的苦受、樂受與不苦不樂受，也是無常的。雜阿含經（卷三 五二經／六二經）提到：眼觸生受，耳、鼻、舌、身、意觸生受，彼受陰無常、苦、變易之法；眼觸生想，乃至意觸生想，彼想陰無常、苦、變易之法；眼觸生思，乃至意觸生思，彼行陰無常、苦、變易之法；眼識身，乃至意識身，彼識陰無常、苦、變易之法。意思是說，六根因爲接觸六塵所產生的「受、想、行、識」其實都是無常、苦、變易之法。

此外，雜阿含經（卷八　二一六經／二一四經）云：有二因緣生識，何等爲二？謂眼色、耳聲、鼻香、舌味、身觸、意法。眼、色因緣生眼識，彼無常、有爲、心緣生；若色、眼、識，無常、有爲、心緣生，此三法和合觸，觸已受，受已思，思已想，此等諸法無常、有爲、心緣生。耳、鼻、舌、身、意亦復如是。意思是說，識是透過「根、塵」這兩種因緣相接觸所產生的，這些都是無常的。以眼爲例，眼與諸色相觸而生眼識，眼是無常的，諸色也是無常的，緣眼色所產生的眼識也是無常的。因爲眼識賴以生起的因及緣都是無常的，所以依無常的因緣，所生的眼識，何以是常？故說依「根、塵、識」三者和合的眼觸，也是無常的。觸後有所感受，有所想像，有所決定，即所謂的「受、想、行」，當然也是無常的，耳、鼻、舌、身、意亦復如是。由此可知，受無常，想無常，行無常，識無常。這也印證了雜阿含經（卷一　一一經／一一經）所說的：色無常。若因、若緣生諸色者，彼亦無常。無常因、無常緣所生諸色，云何有常？如是受、想、行、識無常，若因、若緣生諸識者，彼亦無常。無常因，無常緣，所生諸識，云何有常？如是，諸比丘，色無常，受、想、行、識無常，這就是正觀「五蘊無常」的智慧。

除此之外，佛陀還提到過去、現在及未來三世諸法，也是無常。雜阿含經（卷一　八經／八經）云：過去、未來色無常，況現在色。聖弟子，如是觀者，不顧過去色，不欣未來色，於現在色厭、離欲、正向滅盡。如是，過去、未來受、想、行、識無常，況現在識。聖弟子，如是觀者，不顧過去識，不欣未來識，於現在識厭、離欲、正向滅盡。如無常，苦、空、非我，亦復如是。也就是說，正觀「五蘊無常」的智慧，即使加入時間性的考量，也是一樣。過去的五蘊無常，現在的五蘊無常，未來的五蘊也是無常。佛陀教導我們不要緬懷過去，更不要欣求未來，而應於現時現地，努力精進於厭、離欲、正向滅盡，是爲正觀三世「五蘊無常」的智慧；苦、空、非我，亦復如是。

正觀五蘊苦、空、非我

雜阿含經（卷一　一〇經／一〇經）云：色無常，無常即苦，苦即非我，非我者即非我所，如是觀者，名眞實正觀。如是，受、想、行、識無常，無常即苦，苦即非我，非我者即非我所，如是觀者，名眞實正觀。聖弟子，如是觀者，厭於色，厭受、想、行、識，厭故不樂，不樂故得解脫，解脫者，眞實智生，我生已盡，梵行已立，所作已作，自知不受後有。也就是說，佛陀開示「無常」是要我們正視宇宙人生的眞相。世間的一切都是無常的，非恆久不變的，都在不斷地變易轉化之中，任誰也無法支配、控制和改變。在這樣的客觀條件之下，加上我們內心的「貪、瞋、癡」未完全淨化，雜染、煩惱、痛苦就難以避免。所以說，無常故苦。因爲苦，內心不自在，所以非我。因爲非我，所以非我所有。所謂「非我」就是沒有一個眞實、恆常、不變、安穩以及可以主宰、支配的我存在；所謂「非我所」就是世間的一切都不是我所能永遠擁有。若能這樣觀察，名「眞實正觀」。因爲正觀五蘊無常、苦、非我，因此心生厭離，不再對世間的一切有所貪戀，再也不會興起樂於追求的欲望。因此內心得到解脫，同時生起眞實的智慧，成爲解脫的聖者，從此不再受生輪迴。

雜阿含經（卷十七　四七三經／四七四經）云：我以一切行無常故，一切行變易法故，說諸所有受悉皆是苦。換言之，因爲諸行無常，所以諸受是苦。因爲諸受是苦，所以沒有一個實在的我，不變的我，永恆的我。若有一個實在的我，則「我」應該可以支配、指揮、控制自我的一切。若有一個恆常不變的「我」，則不應該有生老病死，不應該有憂悲惱苦。雜阿含經（卷一　三〇經／三〇經）云：色、受、想、行、識無常、苦、變易法。聖弟子，於中，不見是我、異我、不相在。意思是說，由於五蘊無常、苦、變易法，佛弟子不會認為五蘊之中有個實我，也不會認為離開五蘊有個實我；更不會認為實我就是五蘊，五蘊就是實我；也不會認為五蘊在實我之中，或是實我在五蘊之中。所以說，色身不是「我」，心識也不是「我」；「我」不在五蘊身心之中，五蘊身心也不在「我」之中。那到底「我」是從何而起呢？其實，「我」是從六根接觸六塵處顯現，由觸生起種種的感受、欲貪、愛取、雜染與煩惱。只是此處所顯現的「我」是無常、變易、苦的「假我」，是透過各種因緣和合所形成的，故說「無我」。因為「無我」，所以「無我所」。世間沒有一樣東西不在無常變易之中，故不能永遠擁有；擁有的終究要失去，故說「無我所有」。而且，既然「無我」，也就沒有什麼好擁有了，故說「無我」、「無我所」。

正因為「無我」、「無我所」，這種境界就是所謂的「空」。增壹阿含經（卷三十）六重品（三三二）云：色者無常，無常即是苦，苦者即是無我，無我者即是空，空者彼非我有，我非彼有。痛（受）、想、行、識及五盛陰皆悉無常。無常即是苦，苦者無我，無我者是空，空者彼非我有，我非彼有。也就是說，因為諸行無常，所以諸受是苦；因為諸受是苦，內心不得自在，所以諸法無我；因為諸法無我，所以一切皆空，世間本空。色、受、想、行、識五蘊是空；眼、耳、鼻、舌、身、意六根是空；色、聲、香、味、觸、法六塵是空；色身的六根接觸六塵，因識的了別而有「受、想、思」也是空，故說「世間本空」。雜阿含經（卷九 二三三經／二三一經）云：危脆敗壞是名世間。云何危脆敗壞？眼是危脆敗壞，若色、眼識、眼觸、眼觸因緣生受，內覺若苦、若樂、不苦不樂。彼一切亦是危脆敗壞。耳、鼻、舌、身、意亦復如是，是說危脆敗壞法，名為世間。由此可知，六根是危脆敗壞的，「根、塵、識」三事和合觸所產生的各種感受，不管苦受、樂受、不苦不樂受也都是危脆敗壞的。由「根、塵、識」所形成的一切也都是危脆敗壞的。危脆敗壞的世間是為「空世間」，故說「世間本空」。

正觀五蘊如幻

所以說，觀色無常，觀色是苦，觀色是空，觀色非我，受、想、行、識亦復如是，這就是所謂「正觀五蘊」的智慧。此外，佛陀在雜阿含經（卷二 四二經／二六五經）進一步用四種比喻來加強大家的印象，並說明五蘊的不牢靠與不堅實。比喻如下：觀「色如聚沫」、「受如水上泡」、「想如春時燄」、「諸行如芭蕉」、「諸識法如幻」。意思是說，「色」好像河水暴起，隨流聚沫。若仔細觀察分別，這些聚沫無所有、無牢、無實、無有堅固。諸所有色，也是一樣。而且，如病（患有疾病）、如癰（生長膿胞）、如刺（被利劍刺）、如殺（被人殺害）、無常、苦、空、非我，所以者何？「色」無堅實故。其次，「受」則像大雨水泡，一起一滅。若仔細觀察分別，這些水泡無所有、無牢、無實、無有堅固。諸所有受，也是一樣。而且，如病、如癰、如刺、如殺、無常、苦、空、非我，所以者何？「受」無堅實故。

「想」則像春末夏初，無雲無雨，日正當中，陽光熾熱，有如野馬流動。若仔細觀察分別，這些野馬陽燄無所有、無牢、無實、無有堅固。諸所有想，也是一樣。而且，如病、如癰、如刺、如殺、無常、苦、空、非我，所以者何？「想」無堅實故。「行」則好像有人求堅固材，執持利斧，入於山林，見大芭蕉樹，臃直長大，即伐其根，斬斷其峰，葉葉次剝，都無堅實。若仔細觀察分別，這些芭蕉無所有、無牢、無實、無有堅固。諸所有行，也是一樣。而且，如病、如癰、如刺、如殺、無常、苦、空、非我，所以者何？「行」無堅實故。「識」則好像幻師，在四衢道頭，幻作象兵、馬兵、車兵、步兵。若仔細觀察分別，這些幻象無所有、無牢、無實、無有堅固。諸所有識，也是一樣。而且，如病、如癰、如刺、如殺、無常、苦、空、非我，所以者何？「識」無堅實故。

意思是說，佛陀要我們建立「五蘊如幻」的觀念，那就是組成我們生命的「五蘊」——色、受、想、行、識分別像聚沫、水泡、陽燄、芭蕉、幻法一般，不實在、不堅固、不牢靠。聚沫隨時消散；水泡瞬間破滅；陽燄如夢似幻；芭蕉虛而不實；幻法僞裝欺瞞。試想，去執著這些不實在的東西爲「我」，當然會苦惱叢生，痛苦不已。故當建立「正觀」的智慧，觀五蘊如病、如癰、如刺、如殺。「病、癰、刺、殺」都是令人討厭的，欲去之而後快。若是執著五蘊爲「我」，則背後所帶來的煩惱與痛苦，將不只是「病、癰、刺、殺」的感受而已。若欲求解脫，絕不能執著五蘊爲「我」。若不想執著五蘊爲「我」，則當生厭離之心。觀五蘊如「病、癰、刺、殺」可以幫助我們生起厭離心；生起厭離心之後，才會想要離欲；想要離欲，才有可能滅盡，才有可能不起諸漏，究竟苦邊，達到解脫者的聖位，我生已盡，梵行已立，所作已作，自知不受後有。

徹底了解五蘊的虛幻不實，可以促使我們收斂身心，不再貪婪地向外追求。而應借此虛幻之身，精進修行，努力培養佛法正見，依四聖諦，循八正道向涅槃解脫的目標邁進。培養「正觀五蘊」的智慧，正是佛陀苦口婆心教導我們趨向涅槃解脫的主要目標。「諸行無常」、「諸受是苦」是佛陀要我們體認宇宙人生無常苦迫的事實；「諸法無我」、「世間本空」是佛陀要我們跳脫出凡夫的境界；於樂不貪染，於苦不傾動，達到聖者涅槃解脫的境界。若從「四聖諦」——苦集滅道的智慧觀點來看，「諸行無常」是苦因；「諸受是苦」是苦果；「諸法無我」是滅苦；「世間本空」是苦滅，與「三法印」相應。佛陀要我們正觀五蘊無常、苦、無我、空的智慧，正是符合「四聖諦」的精神，是眞正能夠令我們解脫痛苦，究竟苦邊的無漏智慧。而且是從最切身的五蘊、六入處觀起，下手處即是根本處。佛陀清楚地告訴我們，若能培養出「正觀五蘊」的智慧，就能夠生厭、離欲、滅盡、不起諸漏、心正解脫。

第六節　結語

「厭離」本來是指對於不合意、不喜歡的感受，加以排斥而遠離。就算是合意、喜歡的感受，太多或太久、太頻繁或太密集，也會膩。然後由膩生厭，由厭生煩；這是一般凡夫俗子的正常反應。然而，若進一步深度觀察，各種感受的背後，其實都隱藏著無窮的禍患。若是「樂受」，就會生起貪念；若是「苦受」，就會生起瞋念；若是「不苦不樂受」，就會生起癡念。意思是說，面對「快樂」的覺受，通常會食髓知味，進而貪得無厭。殊不知這些欲貪有如含毒的美味，初嚐尚好，待毒性發作的時候，痛苦難當，甚至要人命。其次，面對「痛苦」的覺受，則會心懷怨懟，進而由怨生恨。瞋恨心一起，一發不可收拾，造下極惡重罪。最後，面對「不苦不樂」的覺受，懵懂無知，晦暗無明，不知人生所為何來，白白浪費寶貴的光陰。甚至邪知、邪見、邪行，一樣造下極惡重罪。

因此，不管任何覺受，其背後都潛藏著極大的陷阱與危機。面對這些陷阱與危機，以及紛紛擾擾的世間，甚至是無情的生存鬥爭，又有多少人能夠心平氣和的過日子。生活一旦不清淨，心情就不會快樂，內心就不會自在；加上面臨人生八苦的逼迫，以及各種業緣果報的磨難，因而令人生起「厭離世間」的想法。所以說，厭離就是「知苦而離苦」之意。能夠觀照「苦的事實」，自然能夠生起「厭離之心」，進而尋求「解脫之道」。除此之外，「無常」與「死亡」是任何人都無法逃避的。再幸福、再快樂、再有福報的人，最終也都免不了要面對無常的變化與死亡的逼迫。人有時候會因為生了一場病，或出了一次意外，或經歷了一件難忘的事，或目睹了一件慘案，或遭受了某種打擊，或讀了一本書、一本傳記，因此覺醒，領悟到人生無常，世事無常，諸行無常。縱使家財萬貫，位高權重，威名顯赫，或是擁有美妻美房，子孫滿堂，最後還不是一樣兩手空空地走，一切都無所得。雜阿含經（卷二十五　佚失／六四一經）云：凡盛必有衰，以衰爲究竟。須知世間的一切終將歸於寂滅，因而心生厭離。

可是，心生厭離卻偏偏不能用「自殺」來結束一切，因爲「自殺」根本就不能解脫。自殺不但不能解決問題，反而衍生更多問題。尊貴的蓮生聖尊《湖境別有天》提到：「有了厭離心，不是要去自盡，而是要修道。出世俗的家，入佛門的家。這無窮的六道輪迴，不值得世人去折磨殆盡啊！」而且也不能「同流合污」，捲入永無止境的生存鬥爭。更不能「自甘墮落」，或酗酒、或吸毒，來麻醉自己，反而陷入不可自拔的惡性循環。而是應該珍惜生爲人身的寶貴機會，學習解脫煩惱與痛苦的方法。學會自己面對「生命」的無常，學會勇敢面對「人生」的挑戰，學會獨立面對「生活」的壓力，勇敢堅強、獨立自主地活下去。活著除了酬業、還願之外，更積極地是不斷地學習與修行。

佛陀不是告訴我們：若有人對於生老病死的現象能生起厭離之心，遠離欲望貪愛，修滅盡之法，就可以不起一切煩惱，得心解脫（雜阿含經　卷十五　三六四經／三六五經）。所以，我們要厭離娑婆，欣向解脫；進而擺脫無常，解脫生死；出離輪迴之苦，終止生死流轉。從解脫的觀點來看，「厭離」代表著生起厭離心；生起厭離心之後，才會尋求解脫之道。爲了出離三界，首先要遠離「諸惡不善法」，進而厭離「五欲」，然後厭離「五蘊身心」，最後滅盡解脫。針對「諸惡不善法」，我們要培養「是非善惡」、「因果業報」的智慧，幫助我們固守人生的「三道防線」，不再造諸惡業，做到止惡防非。針對「五欲」，我們要培養「離欲」的智慧，幫助我們淨化心靈，離欲清淨。針對「五蘊身心」，我們要培養緣起、無常、苦、空、無我的「正觀」智慧，幫助我們去除執著五蘊身心爲「我」的無明，生起無漏智慧，熄滅「貪、瞋、癡」，漏盡解脫。

綜合而言，所謂「厭離」包括對於「生死」的厭離，對於「苦」的厭離，對於「五欲」的厭離，以及對於「五蘊」的厭離。「苦」包括無常苦、業報苦、輪迴苦、生死苦、人生八苦等。由於見到種種的苦相、無常相，令人心生恐懼、畏怖、厭煩而生起「厭離心」。有了「厭離心」才會想要厭離世間；想要厭離世間，才會想辦法遠離欲貪，斷除無明。面對諸行無常，我們要學習看破；看破什麼?看破紅塵，不再貪戀；看破對於世間的貪戀，厭離五欲，不再執著「我所」，從此一切都「無所求」。面對諸受是苦，我們要學習放下；放下什麼?放下得失，不再執取；放下對於五蘊身心的執取，厭離五蘊，不再執著「自我」，從此一切都「無所謂」。慢慢地，自然而然地停止欲心，做到難捨能捨，一切皆捨，捨之又捨，連捨也捨。而真正的厭離則是「厭」、「不厭」俱捨。於「身受心法」四念處作厭離想、不厭離想、厭離不厭離俱捨想，住正念正知（雜阿含經　卷十九　五三五經／五三六經）。其實，最主要就是透過「無常想」、「苦想」引發「厭離心」，再由「厭離心」厭離五欲而修證「無我所」、厭離五蘊而修證「無我」，徹底「離欲」。只有證悟「無我」、「無我所」，才能徹底遠離「我見、我愛、我慢、我癡」，進而離欲清淨。一切皆捨，一切都無所求，一切都無所謂；煩惱就可以熄滅，痛苦就可以止息。

第八章

慈心解脫的智慧

大慈無悔，
大悲無怨，
大喜無憂，
大捨無求。

第一節 前言

生起「厭離心」之後，接著就是要離欲清淨，培養正觀的智慧，淨化我們的心靈，對治我們的煩惱，進而修證「無我」，解脫自在，寂靜涅槃。至於如何修證「無我」？在原始佛教裡，佛陀開示了許多無上尊貴的法門，包括：無常想、苦想、無我想、光明想、不淨觀、死屍觀、六界觀、空觀、慈心觀、緣起觀、四諦觀、四念處觀等。這些法門歸納起來不外乎「厭離」與「慈悲」兩大類，皆是導向「無我」，再經由「無我」導向「離欲」，趨向「涅槃」。因此，在生起出世的「厭離心」之後，可以藉由出世的「正觀智慧」，契入「無我」，解脫自在，屬於「生厭、離欲、滅盡」的修學方法。也可以透過入世的「慈悲心」，在生活中實踐慈悲利他，以去除個人自私自利的心態，一樣可以契入「無我」，解脫自在，屬於「慈悲、喜捨、利他」的修學方法。

「慈心解脫」就是以慈心爲本的「四無量心」——慈悲喜捨，或稱「四無量足」、「無量心解脫」、「無量心三昧」。「慈」是與樂，祈願眾生得到安樂。「悲」是拔苦，祈願眾生遠離苦惱。「喜」是歡喜，祈願眾生離苦得樂而心生歡喜。「捨」是平等看待一切眾生，不論親疏遠近，一律平等無差別。「慈悲喜捨」，或稱爲「慈悲喜護」，可以有效地對治我們的煩惱結使。增壹阿含經（卷七）安般品（一三〇）云：當修行慈心，已行慈心，所有瞋恚皆當除盡。當行悲心，已行悲心，所有害心悉當除盡。當行喜心，已行喜心，所有嫉心皆當除盡。當行護心，已行護心，所有憍慢悉當除盡。這是佛陀開導羅雲比丘，在修行「安般法」以去除愁憂，修行「不淨觀」以去除欲貪之後，當修行「慈悲喜捨」四無量心以去除瞋心、害心、嫉心、憍慢心等諸煩惱。

增壹阿含經（卷四十七）放牛品（四四三）云：若有眾生，修習慈心解脫，廣佈其義，與人演說，當獲此十一果報。云何爲十一？臥安、覺安、不見惡夢；天護、人愛；不毒、不兵；水、火、盜賊終不侵枉。若身壞命終，生梵天上。由此可知，修習「慈心法門」可以獲得十一種果報好處，包括：睡眠安穩，不做惡夢，情緒安詳平和；而且受到天神的護祐，與人相處融洽，人見人愛；更不會受人陷害、傷害和毒害；也不會受到戰爭、水患、火災、盜賊的侵擾。身壞命終的時候，還可以往生梵天善趣，光明清淨，這是何等的殊勝。想要平安過日子，免於恐懼，身體健康，諸事順利，所求如願，心想事成，進而滿心歡喜，幸福快樂。佛陀教導大家一個非常殊勝的法門，那就是「慈心解脫」。

海濤法師《慈悲選輯》說：「內心擁有愈多慈愛，自我就會愈微弱。自我愈是消除，內心就會顯露出更多的愛。」具足「慈悲喜捨」，可以清淨我們的生活，圓滿我們的人生。然後遵循佛陀的教誨，以「正見」爲前導，依「八正道」，修「慈心法門」。進一步可以修證解脫，永離生死；退一步可以平安快樂地過日子。即使死後，也可以往生清淨又長壽的梵天善趣。空海（惟傳）法師《四念處修行法要》提到：「如果你在修行的過程，欠缺慈悲心，你的修行很難有成。慈悲心是從世間的善法邁向出世間的橋樑。不管是世間法或是出世間法，都不能夠欠缺慈悲心。如果你沒有慈悲心，就不可能解脫；如果你解脫，不可能沒有慈悲心。」所以說，修習慈心可令我們現世得安樂，後世生善趣，究竟得解脫。

佛陀並以自己爲例，說明過去曾經於累世中，恆修慈心，經歷七成劫、敗劫，不往來生死；劫欲壞時，便生光音天，劫欲成時，便生無想天；或於梵天統領諸天，領十千世界；也曾經做過三十三天天主釋提桓因，以及轉輪聖王無數多次。一再肯定行慈心者，身壞命終，生梵天上，離三惡道，遠離八難，並可與聞佛法，而且容貌端正，諸根不缺，形體完具（增壹阿含經 卷四十一 馬王品 四〇五）。

而且，站在修證解脫的立場來看，行慈心者，當如來出世的時候，可以親自見佛，侍奉師承三世諸佛；得出家學道，著三法衣，剃除鬚髮，修沙門之法，修無上梵行，生死已盡，梵行已立，所作已作，自知不受後有。當如來不出世的時候，善男子不樂在家，自剃鬚髮，在閑靜之處，剋己自修，即於彼處，盡諸有漏，成無漏行，此人當名正在辟支佛部。因爲此人造諸功德，行眾善本，修清淨四諦，分別諸法，行善法者，即慈心是也。履仁行慈，此德廣大（增壹阿含經 卷四十一 馬王品 四〇五）。由此可知，只要恆修慈心，不管有佛出世或未出世，皆可修證解脫。佛陀進一步說：自己披著慈仁的戰袍，降伏眾魔官屬，坐在菩提樹下，成就無上之道。因此，佛陀不禁讚嘆，慈最第一，慈者最勝之法。行慈心者其德如是，不可稱計。由此我們可以了解，恆修慈心，不僅可以現世得安樂，後世亦可得大果報，甚至於修證解脫。不管有沒有佛出世，恆修慈心者，皆可因此而漏盡解脫。

第二節　慈心解脫的智慧

障礙我們修行解脫，繫縛我們不能出離生死的主要因素，就是那些無明結使煩惱。包括見惑：身見、邊見、見取見、戒禁取見、邪見；以及思惑：貪、瞋、癡、慢、疑。這些煩惱令我們內心不清淨，而於「四食、五欲、六塵」等人情事物上，有所貪愛染著。進而影響我們的「身、口、意」等行爲，甚至造下種種惡業，而在生死苦海中沉淪不已。想要修證解脫，斷除煩惱，遠離諸欲惡不善法，停止造作十惡業是最基本的條件。接下來，且來看看「慈心法門」如何對治這些諸欲惡不善法：十惡業（中阿含經 卷三 業相應品 伽藍經 一六）。

慈心不殺的智慧

「殺生」涵蓋對一切有情眾生乃至於昆蟲的傷害或殺害。殺生取命，墮入地獄；若生人中，壽命極短。因此，佛陀告誡我們要離殺斷殺，棄捨刀杖，有慚有愧，有慈悲心，饒益一切，乃至昆蟲。彼於殺生，淨除其心（中阿含經　卷三　業相應品　伽藍經　一六）。也就是說，若經常殘害生靈，取他性命，死後將墮入地獄惡趣，受苦無窮；若生在人間，則會夭壽短命。佛陀要我們心懷慈悲，於諸惡不善法要有羞恥心，要有慚愧心。對於極細微的罪，都要生起大怖畏心，一切都是因果啊！何況殺生。對於一切有情眾生，乃至於昆蟲，愛護他、救濟它都來不及了，如何還會忍心去傷害他呢？因此，要遠離殺生，斷除殺生。不要動不動就拳打腳踢，刀棍相見。要用「慈心」來面對一切有情眾生，幫助眾生離苦得樂。

以「慈心」對治「殺心」，而且要盡形壽不殺，亦即要求自己在這一輩子命終以前誓言不枉殺任何一切生靈。不僅自己不去傷害有情眾生的身體和心靈，看見或聞知別人在惡意傷害有情眾生時，也要挺身而出，加以勸導阻止。當然也要注意自身的安全，並且懂得以佛法正見智慧加以疏導。若能及時伸出援手救援，那怕只是一隻小小的螞蟻或蝸牛，也都是功德無量。因此，我們不僅不可以殺生，還要護生，甚至要放生。「護生」就是主動積極保護有情眾生的生命，讓它可以安然自在地生存下去。「放生」就是讓瀕臨死亡威脅的有情眾生，能夠放它一條生路，令其獲得重生。須知世界上任何一個有情眾生都有屬於自己的平等生存權，我們要懂得「尊重生命」。「慈心不殺」是一種發自內心的自然表現，恆修慈心，殺心自然消除。祈願世界上沒有一個人，甚至沒有一個有情眾生的身體或心靈，會遭受到他人的惡意傷害。慈心不殺，是一帖良藥。

慈心不盜的智慧

「偷盜」泛指一切的「不與取」，在物主沒有同意之前，不可以私自取用、偷竊、甚至強盜、搶奪。惡意偷盜，墮三惡趣；若生人中，極其貧賤。因此，佛陀告誡我們要離不與取，斷不與取，與之乃取，樂於與取，常好布施，歡喜無吝，不望其報。彼於不與取，淨除其心（中阿含經 卷三 業相應品 伽藍經一六）。也就是說，若經常偷盜，死後會墮入地獄、餓鬼、畜生等惡趣，受苦無窮；若生在人間，則會極其貧賤。佛陀要我們常懷「布施之心」，樂善好施，滿心歡喜，無所吝嗇，更重要的是不求回報。俗話不是說：「施比受更有福」。然而，「布施」並非一定要拿錢出來救濟才叫做布施；其實只要能夠就我們能力所及，看見或知道有人需要，就應該伸出援手，那怕只是一件小事。自己有多的，就拿出來布施：可敬。自己剛好夠用，看到有人需要就拿出來布施：可佩。自己已經不夠用了，但是看到有人缺乏而且迫切需要，照樣拿出來布施：可貴。這就是慈悲喜捨，難捨能捨的精神。

「偷盜」或是因爲貪求財物，不以正道；或是因爲瞋心作祟，欲令受損。若常懷「布施之心」，如何還會有偷盜的行爲發生呢？因此，在消極方面，我們要約束自己的行爲，在沒有當事人的同意以前，絕對不可以擅自取用，否則不僅違反佛陀戒律，甚至不爲法律所容許。也不可以工於心計，設法巧奪，掩人耳目，以爲神不知鬼不覺，須知難逃「因果業報」的制裁。更不可以強佔他人財物，甚至妻女，若是如此，天理難容，人神共憤。在積極方面，恆修慈心就會設身處地爲他人著想，尊重他人財物的所有權與使用權。我不希望他人偷盜我的財物，他人當然也不希望其財物被我偷盜。並且，還要懂得知福惜福，知足感恩，樂於分享，利益一切眾生。常懷「布施之心」，「盜心」自然消除。

慈心不邪淫的智慧

「淫行」涵蓋與一切異性或同性發生性接觸，不管對方是出於自願、被迫、或無知。在家人與自己的妻子或丈夫以外的異性或同性發生不正常性關係即稱之爲「邪淫」。好行邪淫，墮三惡道；若生人中，門不貞潔。因此，佛陀告誡我們要離斷邪淫。不管如何，淫人妻女即是犯戒造業（中阿含經　卷三　業相應品伽藍經　一六）。也就是說，若經常邪淫，死後會墮入地獄、餓鬼、畜生等惡趣，受苦無窮；若生在人間，則家中不知貞潔，易生淫亂。若懷慈心，必不造此惡行。試想淫人妻女不僅違反佛陀教誡、道德良知、善良風俗，甚至違反國家法律，必須接受因果業報、道德良知，社會輿論，甚至國家法律的制裁。而淫人妻女不但傷害當事人的身體，也傷害當事人的心理。逞一時之獸欲，卻誤了他人一生。把自己短暫的快樂，建築在別人恆久的痛苦上，甚至最後連自己也賠上去，這豈是一個有慈心的人幹的出來的。

恆修慈心的人會設身處地爲他人著想，我不希望他人姦淫我妻女，他人當然也不希望其妻女被我所姦淫。即使對方願意，別忘了這是刀口蜜、糖衣毒藥。紙是包不住火的，最後還是逃不了玩火自焚、自食惡果的下場。恆修慈心的人絕不會做出令對方痛苦，也令自己蒙羞的事情。而且，世界上任何人都沒有權利侵犯他人的身體，要以「恭敬心」對待。甚至不但自己不邪淫，若看見或聞知他人邪淫時，特別是強暴、誘拐、雛妓等事件，更應該挺身而出，伸出援手，拯救被害人。當然，更高的境界是慈心不淫。可先從慈心不邪淫做起，然後做到慈心不淫。中阿含經（卷三）業相應品　伽藍經（一六）云：離非梵行，斷非梵行，勤修梵行，精勤妙行，清淨無穢，離欲斷淫，彼於非梵行，淨除其心。就是要我們遠離淫欲，勤修清淨梵行，心靈自然淨化，淫行自然消除。

慈心不欺的智慧

「欺騙妄語」泛指一切為了一己之私、或掩飾個人之過、或袒護他人之非而編造出與事實不符的謊話。多行妄語，墮三惡道；若生人中，言不信用，為人輕賤。因此，佛陀告誡我們要離妄言、斷妄言、眞諦言、樂眞諦、住眞諦、不移動。一切可信，不欺世間。彼於妄言，淨除其心（中阿含經 卷三 業相應品伽藍經 一六）。也就是說，若經常妄語欺人，死後會墮入地獄、餓鬼、畜生等惡趣，受苦無窮；若生在人間，則言語沒有信用，為人所輕賤。佛陀要我們遠離妄語，斷除妄語，言語誠實，不欺不詐，以眞誠待人，言而有信，為人可靠，童叟無欺，言行一致，表裡如一。因為欺瞞、欺騙或欺詐的行為，總有一天西洋鏡會被拆穿。一旦信用破產，何以在世上立足？子曰：「言而無信，不知其可。」一個不講信用的人，還能有什麼作為呢？恆修慈心的人，眞心待人，必然不欺。

須知被騙的一方或者權益受損，或者財物受損，或者被騙失身，或者付出眞情後方知是一場騙局，或者被人出賣而成為代罪羔羊，甚至遭人誣陷而含冤莫白。諸般種種都有可能因為不實在的言語或文字，或假見證而蒙受巨大之損失。受害者或者憤世嫉俗，或者自暴自棄，或者以欺治欺，或者厭世自盡，或者含冤而死。不僅造成個人之傷害，甚至整個家庭、社會都將因此而付出巨大的代價。被欺騙的人，對人性就會產生懷疑與不信任。造成大家互相提防，彼此爾虞我詐，交相欺瞞，無有了時。恆修慈心，內心眞誠，說誠實語，絕不相欺。說話要有根據，不可信口雌黃，以「誠心」對治「欺心」。而且，我不願他人欺我，他人亦不願自己被欺；彼此以誠心相待，建立在互信的基礎上；畢竟一個人要與別人相處，在社會上交際，信用可靠是最基本的要求。

慈心不兩舌的智慧

「兩舌」泛指一切的東家長，西家短，散播謠言，製造分歧，惡意中傷，離間彼此，人我是非，說來說去。合者令離，離者令鬥，好結群黨，結黨營私。多行兩舌，墮三惡道；若生人中，常懷愁憂，親友乖離。因此，佛陀告誡我們要離斷兩舌，行不兩舌，不破壞他。不聞此語彼，欲破壞此；不聞彼語此，欲破壞彼。離者令合，合者歡喜，不作群黨，不樂群黨，不稱群黨。彼於兩舌，淨除其心（中阿含經　卷三　業相應品　伽藍經　一六）。也就是說，若經常兩舌，離間他人，死後會墮入地獄、餓鬼、畜生等惡趣，受苦無窮；若生在人間，則內心會憂愁不已，親友會遠離逃避，常受孤獨之苦。因爲兩舌是非常嚴重的口業，懷抱邪惡的動機，屬於小人行徑，意圖傷害離間對方。佛陀要我們心存仁慈，鼓勵和合團結，勸導和睦相處。更不要結黨營私，鬥爭彼此。若能做到不兩舌，就可以贏得別人的喜愛和信任，因爲大家都知道你是正人君子，不會曲解人意，不會妄傳話語，更不會撥弄是非，是個值得信賴與依靠的人。

恆修慈心的人不僅不會兩舌，還會充當和事佬。不僅不製造是非，也不聽是非，不說是非，不傳是非。甚至看到別人在論人是非，話人長短，挑撥離間時，也應該善意勸導，止息謠傳。否則，傳來傳去，講來講去，好事也會變壞事，好意也會被曲解，壞事則傳千里，人我之間的糾紛，就更加難分難解了。恆修慈心的人，自然會遠離兩舌，拒絕兩舌，不做離間彼此的事，更不做令雙方互鬥的事。因爲離間他人只會加深彼此的誤會或仇恨，非但於己無益，還會造成無止盡的衝突與鬥爭，這豈是心懷慈悲者所應爲。因此，我們要慈心不兩舌，和合爲上，謹守「靜坐常思己過，閒談莫論人非」的原則，勸合不勸離，止諍不鬥亂，和平共處，互相讚嘆，歡喜快樂過日子。

慈心不惡口的智慧

「惡口」泛指一切的粗言惡語，嘲笑諷刺，侮辱責罵，逆耳難聞，令人久久不能釋懷。內心忿恨難平，煩惱憤怒，甚至嫉恚憎恨等。多行惡口，墮三惡道；若生人中，顏色醜陋。因此，佛陀告誡我們要離斷粗言。若有所說，清和柔順，順耳入心，可喜可愛，使他安樂，言聲俱了，不使人畏，令他得定，說如是言，彼於粗言，淨除其心（中阿含經 卷三 業相應品 伽藍經 一六）。也就是說，若經常惡口罵人，出言不遜，死後會墮入地獄、餓鬼、畜生等惡趣，受苦無窮；若生在人間，則會面貌醜陋。在與人相處溝通談話的時候，要面帶微笑，言語柔軟，謙恭友善。令人聽來順耳中聽，舒服而沒有壓力。不但內心充滿歡喜，而且得到平安喜樂。

言語的目的在於溝通，溝通的目的在於了解彼此雙方的想法和看法，找到彼此的交集，然後異中求同，解決問題，讓衝突得到化解，讓內心得到平靜。若心懷慈悲，必然不忍心以言語傷害對方，而是設身處地爲他人著想，以「同理心」與對方交談；理直氣和，得理饒人。以解決問題爲導向，以化解衝突爲目標。通常惡口都是發生在糾紛生氣的情況下。因此，我們要儘量避免衝動行事，謹守口德。懂得尊重不同的觀點，包容他人的批評，容忍他人的指責；意見雖然不同，但是不要動氣；就事論事，就裡論理，保持耐性，學會忍辱，以無量的慈心面對一切衝突。人生短短幾十載，有緣才會相聚，有什麼好爭的。惡口粗言，逞一時之口快，造下難以彌補之裂痕；不但沒有解決問題，反而製造出更多問題。恆修慈心的人要做到「忍人所不能忍，行人所不能行」；化暴戾爲祥和，轉衝突爲諒解。古德有言：「敬人者人恆敬之」。慈心不惡口，眾人敬之。

慈心不綺語的智慧

「綺語」泛指一切爲了逢迎、諂媚、阿諛而說的綺麗言語；表面上歌功頌德，暗地裡包藏禍心；或者說一些言不及義、淫聲穢語、不如法、不如律的話語。多行綺語，墮三惡道；若生人中，言無信用，家中不合。因此，佛陀告誡我們要離斷綺語，時說、眞說、法說、義說、止息說、樂止息說，事順時得宜，善教善訶，彼於綺語，淨除其心（中阿含經 卷三 業相應品 伽藍經 一六）。也就是說，若經常綺語不實，死後會墮入地獄、餓鬼、畜生等惡趣，受苦無窮；若生在人間，則說話沒有信用，家庭紛亂不融洽。佛陀要我們發自內心眞誠地說話，不虛情假意，不誇大其詞，更不諂媚逢迎，言不由衷。要在適當的時機，說適當的話，說眞實的話，說合於佛法、合於法義、合於戒律的話。眞誠的讚美，可以鼓舞人心；虛假的奉承，令人嗤之以鼻。更不應該整天說一些風花雪月，言不及義，甚至低級下賤的話，迷惑人心，引發情欲，擾亂心性，使人造業。

好綺語者只會令人看輕瞧不起。有利用價値的時候百般討好；沒有利用價値的時候就一腳踢開。裝模做樣，吃相難看，呈現出一副小人的嘴臉，看了令人作嘔。心懷慈悲的人絕不會如此寡廉鮮恥，無情無義。彼此交往並不是以利益相勾結，而是應該以眞誠至性相對待。你有困難，我幫助你；我有好處，與你分享。看到對方有所成就，內心發出眞誠的祝福；見到對方陷入低潮，挺身而出盡心安撫。不卑躬屈膝，也不高傲自大，做到不卑不亢。綺語聽了令人飄飄然，容易得意忘形，忘了我是誰，因而中人圈套。恆修慈心的人，決不會綺語而從中取利，更不希望對方因綺語而迷失自己。慈心不綺語，慈心者言語眞誠，發而中節，饒益有情，令人聞之心悅誠服。

慈心不貪的智慧

「欲貪」包括貪伺、貪愛、欲愛，泛指對於一切財物以及各種生活所需物品的不滿足，貪得無厭。在利欲薰心之下，每個人都有可能因爲「貪」這個字而失控，甚至喪盡天良，幹盡壞事，造下種種惡業。多行貪欲，墮三惡道；若生人中，增其貪欲。因此，佛陀告誡我們要離貪伺，斷貪伺，心不懷諍，見他財物諸生活具，不起貪伺，欲令我得，彼於貪伺，淨除其心（中阿含經　卷三　業相應品　伽藍經　一六）。也就是說，若經常貪得無厭，死後會墮入地獄、餓鬼、畜生等惡趣，受苦無窮；若生在人間，則會變成一個貪心很重的人。佛陀要我們不過份貪求，斷除無理的欲貪，更不要貪心不足，斤斤計較。不屬於自己的財物，不可以起非份之想；對於日常所需，夠用就好。不做過份的追求，否則想要追求的東西太多，卻又非樣樣順心如意，即使弄到手卻又怕失去，整日患得患失，徒增困擾。其實越貪心的人，越容易與他人起爭執，煩惱叢叢，擔心受怕，生活很不清淨，日子過得很痛苦。

而且，眞實的人生在許多情況下，資源、機會、利益通常都是有限的；若是因爲貪心不足，多拿了一些，不管是有形的，還是無形的，是實質的，還是名目的，別人可能就因此而少拿了，或者機會沒了，或者權益受損。這種情況在生活當中太普遍了，不管在食衣住行育樂各方面都有可能發生。例如，小到同桌共食，有人喜歡吃就猛吃，也不管別人有沒有得吃。大到社會國家，有些人爲了成就個人私欲，竟然犧牲廣大民眾的福祉。若還不知退讓，適可而止，糾紛必然生起，生活無有寧日。恆修慈心的人，懂得謙卑忍讓，安份守己，處處考慮別人的感受，時時關懷眾生的需求。禮讓他人，不爭先；謙卑爲懷，不恐後；慈心不貪，不妄求；知足常樂，不心煩。

慈心不瞋的智慧

「瞋恚」泛指對一切眾生的不友善態度，內心不滿，忿忿不平，憤怒難消，甚至不懷好意，憎恨在心，生起欲傷害對方的種種惡念。瞋火怒氣會令人因一時之衝動而做出後悔莫及，傷害生靈的壞事，造種種惡業。多行瞋恚，墮三惡道；若生人中，增其瞋恚。因此，佛陀告誡我們要離恚、斷恚、有慚有愧，有慈悲心，饒益一切，乃至昆蟲，彼於嫉恚，淨除其心（中阿含經 卷三 業相應品 伽藍經 一六）。也就是說，若經常愛生氣的人，死後會墮入地獄、餓鬼、畜生等惡趣，受苦無窮；若生在人間，則會變成瞋心很重的人，整天都在生氣。佛陀要我們心懷慚愧，有羞恥心。時時警惕自己，不輕易動怒，不亂發脾氣，懂得控制自己的情緒。而且，還要有慈悲心，因為慈悲心就是專門對治瞋恚的。增壹阿含經（卷四十一）馬王品（四〇五）云：當行慈心，廣布慈心，以行慈心，所有瞋恚之心，自當消除。由此可知，消除瞋恚的最佳良藥即是心懷慈悲。佛陀要我們多行慈心，廣布慈心；瞋恚之心，自然消除。

慈心就是慈悲心懷，就是設身處地為他人著想，就是利他主義。不惱怒眾生，饒益一切有情，做對眾生有益的事情，希望眾生好。如果每一個人都能夠這樣子想，都能夠恆修慈心，彼此互相關懷，互相禮讓，互相幫忙，互相敬愛，那裡還會產生糾紛、爭論、吵鬧、生氣、動怒呢？況且，瞋恚忿怒的結果，往往使問題變得更糟。如此舊創再加上新傷，問題就更加複雜、惡化而難以處理了。縱然叫一個人永遠都不要生氣的確很難，但是仔細想想，生氣能解決問題嗎？有時候換個角度，轉個念，就沒事了；或是學會忍辱，退一步想，事情的看法就改觀了。所謂「忍一時風平浪靜，退一步海闊天空。」想不生氣，慈心法門是個好辦法。慈心不瞋，耐煩耐磨，易地而處，自他互換，平心靜氣，和樂融融。

慈心不邪見的智慧

「邪見」泛指一切不合乎佛法正見的知識、見解。因爲愚癡，無有正見，倒行邪見，進而做出對自己無益，卻對有情眾生有害的事情。愚癡邪見有可能讓一個人造下萬劫不復的滔天大罪，尙且執迷不悟。多行邪見，墮三惡道；若生人中，乃在邊地，不生中國，不睹三尊、道法之義；或復聾盲瘖瘂，身形不正，不解善法、惡法之趣。因此，佛陀告誡我們要離邪見，斷邪見，行於正見，而不顚倒，如是見，如是說（中阿含經　卷三　業相應品　伽藍經　一六）。也就是說，若經常邪見邪行，死後會墮入地獄、餓鬼、畜生等惡趣，受苦無窮；若生在人間，則會生在沒有佛法的邊地，不可與聞佛法，或者五官不整，身形殘缺，無法信受理解佛法。佛陀要我們建立正確的見解，遠離邪見，斷除邪見。因爲一旦執取邪見，就會連帶地引發邪志、邪語、乃至於邪定。「身、口、意」三行皆邪，不但影響自己，也影響周遭的人，永難出離苦邊。甚至盲目迷信，裝神弄鬼，害人害己，造下極大惡業，墮入惡趣。極端的邪見，如活人祭祀、或活體祭祀，以求鬼神不要降下災禍。其他如折磨自己，以求消除業障，希求解脫；或是迷信江湖術士，想要不勞而獲，或是想要消災解厄，卻反而遭到神棍騙財騙色。這都是因爲缺乏正見，邪知邪見的結果。

因此，邪見不僅障礙一個人的修行解脫，難以眞正出離生死，甚至誤導自己和別人的行爲，造下惡業而不自知。恆修慈心的人，設身處地爲眾生著想，但願眾生離苦得樂，但願眾生歡喜平等，因此很容易區分出何者是佛法正見，何者是外道邪見。然而，邪見卻是社會上經常被利用來詐財騙色的工具。恆修慈心的人，決不行邪見，亦不願意他人行邪見，而令眾生受到傷害。慈心不邪見可以幫助我們破除迷信，建立正見，離十惡業，自度度人。

由以上可知，恆修慈心可以讓我們自然而然地遠離各種惡業，減少許多造業的機會，讓我們的心靈獲得眞正的平靜。當我們的心靈平靜下來以後，喜悅與快樂自然就會生起。然後用這一顆慈悲心來面對一切有情眾生。不僅自己日子過得好，希望每一個有情眾生也都能過得好。海濤法師《慈悲》認爲：「慈悲是一種把感情昇華，變成眾生的的大愛，而不是私愛；是一種平等的愛，而不是有選擇的愛；也是一種只知付出，不求回報的愛；更是一種清淨而沒有染欲的愛。因爲慈心是一切安樂之因緣。」

第三節 有漂亮的心，必有漂亮的一生

每當夜深人靜，常捫心自問：一輩子忙忙碌碌所爲何來？人生到底在追求什麼呢？人生無常，生命短暫，生活的目的，無非就是希望能夠活得知足，活得喜悅，活得快樂。有人說：人不一定要生得漂亮，但卻一定要活得漂亮。然而，怎樣才能活得漂亮呢？台北一行慈善之家陳女士《壽命是自己一點一滴努力來的》提到：「有漂亮的心，必有漂亮的一生。」有善良的心，人間自有眞情在。人的一生，追求的正是這顆漂亮的心。只要我們願意改變自己的心，使自己的心越來越漂亮，就可以進而改變我們的命和運。因爲有什麼樣的心，就會造就出什麼樣的人，也同樣招感什麼樣的人來相遇。所謂「漂亮的心」就是親生媽媽的愛心，分毫不差地打從內心深處來眞正疼愛這個人或眾生，完全跟他的親生媽媽一樣。

所謂「漂亮的心」就是令人感動的心；就是善心、眞心、誠心、愛心、慈悲心、歡喜心、平等心、柔軟心、感恩心、清淨心、菩提心。「令人感動的心」就是用心付出，不求回報，甚至犧牲自己，成就他人。「善心」就是善良單純，和詳慈藹的心。「眞心」就是發乎至誠，沒有半點的虛僞與做作。「誠心」

就是眞誠地爲對方著想，毫無個人私欲。「愛心、慈悲心、歡喜心、平等心」其實就是慈悲喜捨。「慈心」就是心懷仁慈，沒有瞋恨，知福惜福，感恩圖報，給人快樂，處處溫情。「悲心」就是悲憫眾生，沒有害念，拔人之苦，利樂有情，給人服務，無怨無悔。「喜心」就是歡歡喜喜，沒有嫉妒，眞誠祝福，眞心讚美，給人歡喜，和樂融融。「捨心」就是難捨能捨，沒有憍慢，平等對待，不起分別，給人尊重，互敬互愛。「柔軟心」就是把自我降到最低，承認自己的不足，用開闊的心胸去接納別人。心柔軟了，身段就會柔軟。「感恩心」就是時常懷抱著一顆感激與報恩的心；做到「滴水之恩，湧泉以報」。「清淨心」就是隨時保持正念，清淨無染，摒除一切妄想，放下一切萬緣，沒有一絲雜染的念頭。「菩提心」就是發願成佛的心，就是「上求佛道，下化眾生」的心，就是自利利他、自度度人的菩薩心腸。有這麼一顆漂亮、善良的心，欲貪、瞋恚、害念自然而然能夠消除。

想要達到這種境界，一個充滿慈悲關懷氣氛的環境是有需要的。不管是人，或是動物，都需要情感的滋潤與保護，才能夠在安穩的情況下維護與發展自我，得到生存，得到成長，進而得到健康、快樂與自信，感受到存在的價值。當一個人有「漂亮的心」，才能夠擁有他所想要擁有的幸福；而一個不知感恩與報恩的人，必將一無所有。因此，只要懂得慈悲善待他人，慈悲善待一切眾生，很多災禍就可以大事化小，小事化無，這才是眞正的消災解厄。在重新培養慈悲心的過程當中，首先應該理解忿怒與仇恨等負面情緒，只會加深彼此的敵意，並不能解決問題。對於忿怒與仇恨，我們應該要容忍，要寬恕，並且要有耐心。此外，每一個有情眾生都有追求平安，獲得快樂，克服痛苦的權利。我們沒有理由，更沒有權力去傷害另一個有情眾生，使他蒙受痛苦。當我們看到他人痛苦，不由得心裡會生起一股慈悲心，並興起替他人分攤或協助他人解除痛苦的責任感出來。然而，光是生起慈悲心，培養出責任感是不夠的，一定要付諸行動。一方面要平息忿怒，止息仇恨；一方面則要懷抱慈悲的心腸，採取利他的行動，眞心關懷他人福祉，貢獻自己，服務人群，這樣才是慈悲的具體表現。

第四節 慈悲心與慈悲行

佛法以慈悲爲本。印順導師《學佛三要》提到：長養慈悲心，有兩大法門：一是自他互易觀；二是親怨平等觀。前者是設身處地爲他人著想，把他人當成自己，慈悲心自然生起。後者是由親而疏而怨，先對親人好，再對外人好，然後對怨敵也好，次第擴充，最後做到冤親平等，體悟一切眾生都是平等無差別的。然而，如何把慈悲心引發出來，並付諸利他的行動呢？我們試著回想過去成長的歷程當中，曾經給我們關懷與幫助的恩人，或是父母，或是師長，或是兄弟姐妹，或是親朋好友，或是妻子老公，或是不認識的善心人士，由於他們無私的關懷與幫助，使我們得以度過難關，或是順利成長與發展，內心不由自主地生起感恩乃至於報恩的念頭。就像歌手歐陽菲菲演唱的一首歌曲「感恩的心」裡面所陳述的：

感恩的心，感謝有你；
伴我一生，讓我有勇氣做我自己！
感恩的心，感謝命運；
花開花落，我一樣會珍惜！

一旦這種念頭產生之後，就會引發知福惜福，感恩圖報的慈悲心出來，並充滿我們的內心，甚至擴及一切有情眾生。隨時隨地，懷抱著單純、真誠與清淨的動機，來進行利他的服務。不僅別人受益，自己也得以蒙福。由於懷抱動機的純真，不求任何回報，完全是以感恩回饋的心情無條件付出，一如當年別人施諸我身上的恩惠一樣。因此，即使別人不領情，沒有反應，或者沒有任何回報，都將不會感到疲倦，失望與沮喪，並且能夠真誠且有耐性地持續下去，沒有遺憾，沒有後悔。

不過，有了「慈悲心」之後，還要化為「慈悲行」。佛陀教導我們「四攝法」，亦即惠施、愛語、行利與同利（雜阿含經 卷二十六 六七九經／六六七經）。「攝」是攝受之意，「四攝法」就是四種引導眾生信受佛法的方法；涵蓋對世間行為的開導，以及出世間解脫的度化。其中，「惠施」就是布施，用「無所求心」進行財施、法施、無畏施，與眾生結善緣，端看眾生的需求是什麼。「愛語」就是用「真誠心」說可親可愛的話語，與眾生溝通，溫和柔軟，讚嘆勸勉，令生歡喜。「行利」現在譯為「利行」，就是用「利他心」慈悲濟世，為他人謀福利；人飢己飢，人溺己溺，甘於奉獻，無怨無悔。「同利」現在譯為「同事」，就是用「同理心」與他人共事，同甘共苦，感同身受，和光同塵，契機隨順。「四攝法」是慈悲行的根本，一切都是為了眾生；你真心對眾生好，眾生會知道的；眾生若好，你也會好。

但是要提醒的是，慈悲並不是叫你去取悅每一個人，當爛好人，而忽略了善惡與正義的原則。真正的慈悲要建立在「智慧」的基礎之上。聖嚴法師《慈悲與智慧》提到：「慈悲是平等的關懷一切眾生，智慧是無私的處理一切問題。」慈悲並不是好壞不分、是非不明；對於好人當然要慈悲攝受；對於壞人則要相機而教。否則，光有慈悲，缺乏智慧，反而變成婦人之仁，甚至感情用事，或者遭人利用、欺騙，再來怨嘆好心沒好報，反成禍害。真正的慈悲來自於善良的心地，以一顆柔軟的心，打造自己，善待別人。在有機會爲他人服務的時候，將會以純眞的動機，挺身而出，爲他人服務，但卻不求任何回報。面對他人的傷害，以容忍，寬恕及耐心圓滿地加以解決。眞正的慈悲則是希望大家都能夠學習佛法，體貼眾生遭受的苦難，幫助眾生解脫煩惱，離苦得樂。證嚴法師《靜思語》說：「面對許多情況，只管用智慧處理事，以慈悲對待人，而不擔心自己的利害得失，就不會有煩惱了。」

當我們把慈悲心找回來，重塑一個慈悲、利他、服務的社會之後，仍不可忘卻我們修行眞正的目標。根據中阿含經（卷三）業相應品 伽藍經（一六）與思經（一五）：只要我們用「四無量心」——慈悲喜捨待人處世，自然不會與人糾葛結怨，更不會瞋恚憎恨，也不會爭吵議論，「身、口、意」得到完全的清淨。進而遠離欲貪、瞋恚、睡眠，戒除掉舉和傲慢，於「佛、法、僧、戒」堅信不移。具足正念正智，不爲無明所覆；培養慈悲胸懷，不爲愛染所縛。先從善待自己開始，接納自身的不足，包容自我的缺陷，然後學會接納、包容他人，把心量放大。進而由「點」、而「線」、而「面」、到整個「虛空」，逐次將「慈悲」推廣到我們身旁周遭的一切人情事物。從自身、家人、親友、到全人類，以及六道眾生。海濤法師《慈悲》認爲：「慈悲的對象不僅於人，也要普及於其它眾生，乃至一切無情、有情萬物。」不僅如此，佛陀說：當我們廣泛且好好地修行慈心法門，必可證得三果聖人阿那含，甚至更高的果位，實在是值得大家一起推廣和學習。此外，雜阿含經（卷二十七 七五六經／七四四經）云：是比丘心與慈俱，修念覺分，依遠離、依無欲、依滅、向於捨，乃至修習捨覺分，依遠離、依無欲、依滅、向於捨。意思是說，修習「慈心法門」可結合「七覺支」，並選用適當的覺支，如念覺支或捨覺支，然後依遠離：遠離諸惡不善法；依無欲：離欲清淨；依滅：熄滅「貪、瞋、癡」，永斷喜貪，心解脫；向於捨：放下妄執，永斷無明，慧解脫，心慧解脫就是解脫的聖者。進一步證明修習「慈心法門」可得大果大利，乃至於修證解脫。

第五節　結語

從人性的觀點來看，人性本我！也就是說，人基本上是非常自我的，甚至是自私的，只是程度上深淺不同而已。爲了自我的生存與發展，爲了追求幸福的人生，每個人都想要追求個人利益的極大化，來滿足自我。這個自我包括個人、家庭、家族、甚至民族。利益則包括有形及無形的利益。這是人性，無可厚非。只是每個人都這樣想的時候，一旦發生利益上的衝突，或是在追求利益的過程當中，遇到挫折或障礙的時候，很可能就會誘發人性中醜陋的一面，或貪、或瞋、或癡、或慢、或疑、或嫉、或怨、或恨、或害，進而做出一些不理性的行爲，形成一個雜染的人生。若再加上累世業力的影響，在因緣成熟時，果報現前，原本美好的人生，瞬間變化走樣，甚至一敗塗地，家毀人亡，妻離子散，一無所有。試問世人，有誰能夠承受得了這樣無常變化的人生？

面對這樣一種雜染與無常的人生，想要解脫無窮無盡的煩惱與痛苦，因而生起厭離心，想要脫離這個世間，卻發現自殺與逃避都不是辦法。仔細觀察，你會發現，對於自我五蘊身心的強烈執取與貪愛，看不開、放不下，才是煩惱與痛苦的根源。因此，如何破除執取與貪愛自我五蘊身心所造成的自私自利是一個關鍵所在，而「慈悲喜捨」正是對治「自私自利」的最佳良藥。明知道「自私自利」的背後就是煩惱與痛苦，明知道「自私自利」的背後就是衝突與糾紛，可是俗話說：「人不爲己，天誅地滅」，這是人性啊！我可以不做壞事，我可以不做傷害別人的事，我可以不做違背良心的事，可是叫我不爲自己打算，不爲自己爭取，要捨己爲人，還要犧牲小我，成全大我，甚至要愛我的敵人，成全我的敵人，這眞的是很難做到啊！這根本就違反人性啊！

不過，證嚴法師《靜思語》說：「成就別人即是成就自己。」俗話說：「有捨才有得；小捨小得，大捨大得」。台灣也有一句諺語說：「吃虧就是佔便宜」。在在說明，眼前的失敗，不代表永遠的失敗；暫時的吃虧，也不代表永遠的損失；短期的讓步，也不代表永遠的落後。古有名言：「塞翁失馬，焉知非福！」其實禍福是相倚的，成敗是相間的，得失是相伴的。如果懂得「以退爲進」、「以柔克剛」、「上善若水」的道理，反而更能夠體會謙卑做人、柔軟身段、低調行事所帶來的好處。甚至功成不居，寵辱不驚，見好就收，功成身退；把光彩留給別人，把功勞讓給別人，表面上看起來好像很傻，但是其實最後光彩、功勞反而都會回到你身上。一切都是因果啊！想要別人對你好，那麼你就要先對別人好；想要別人喜歡你，那麼你就要先伸出友誼的雙手；想要別人愛你，那麼你就要先打開心窗，讓愛的陽光照射進來。

自己好，希望別人也跟你一樣好；自己快樂，希望別人也跟你一樣快樂。看到別人受苦，就好像自己在受苦；看到別人好，內心興起誠摯的祝福；看到別人快樂，內心充滿歡喜。自己擁有的東西，恨不得統統拿出來與他人分享；不論親疏遠近，好緣壞緣，一律平等看待與對待。台灣慈善天后雅雯老師說：「做一個手心向下的人，有愛的人最幸福。」這就是「慈悲喜捨」的精神。須知「施比受更有福」，凡事設身處地爲他人著想，自他互換，易地而處；人爲先，我爲後。秉持著同理心，推己及人；己立立人，己達達人；人溺己溺，人飢己飢；人好我好，人喜我喜；能捨則捨，難捨能捨。這是一種非常正面的思考方式，能夠引發人際互動的正向循環。

佛陀宣說「無我」，強調「無我、無我所有」之目的就是在排除個人「自私自利」的心態，不要讓自我意識無限擴張。因爲想要證悟涅槃的最高成就，必須離棄一切欲貪，放下一切執著，方能獲致。若是「有我」，就會分別你我，就會有欲望，就會生起「貪、瞋、癡」，甚至引發「殺、盜、邪淫」，於是就會有煩惱與痛苦。若是「無我」，才會看破，不再貪染，一切都無所謂。尊貴的蓮生聖尊說：「有我，就有煩惱；沒有我，就沒有煩惱。」另外在《佛學總說》也有提到：「我」是煩惱的根源，眾生所有的煩惱是因爲有「我」才有煩惱。然而，要怎麼做才能夠把這個「我」拿掉，卻又不至於落入消極頑空、斷滅空的境地呢？那就是要修「慈心法門」。只要心懷仁慈，具足慈悲喜捨；就可以做到慈心不殺、慈心不盜、慈心不邪淫、乃至於慈心不邪見。進而行善布施，成就他人，以利他的大悲行，完成自我的淨化，是佛陀大力推薦的無上尊貴法門。佛陀一再推崇，慈爲第一。

尊貴的蓮生聖尊《無形之通》說：「修行就是修心。修心就是修念頭。」修出一顆慈悲心，修出一顆歡喜心，修出一顆平等心，修出一顆清淨心，修出一顆漂亮的心。只要有一顆漂亮的心，必有漂亮的一生。參考陳女士《壽命是自己一點一滴努力來的》慈悲分享：所謂「漂亮的心」就像是親生媽媽的愛心。好的留給子女，壞的自己承受；呵護無微不至，付出不求回報。有漂亮的心，就一定有光；有光就沒有黑暗，也沒有災難。缺乏漂亮的心的人，生命中就會充滿黑暗；在黑暗中，隱藏著步步殺機，埋伏著重重災難。存什麼樣的心，便會顯現出什麼樣的臉；而什麼樣的臉，便會過什麼樣的日子，出什麼樣的事，碰到什麼樣的命和運。想要光明嗎？想要平安嗎？趕快把內心深處的那盞心燈，用「慈悲」點亮起來吧！這樣，就不用活在失敗和災難的陰影裏，而且必能化悲哀爲喜悅，轉痛苦爲快樂，化災難爲平安。

只要願意把心打開，用親生媽媽的心來對待一切眾生，甚至利益一切眾生，而且只要堅持下去，心光必定發露出來，命運就會開始改變。善神、護法、天使必守護在你身旁；惡緣、障礙、不幸就會越來越少；善緣、貴人、好運就會越來越多；人生就會越來越漂亮，生活就會越來越順利。願生生世世有一顆漂亮的心，祝福各位有漂亮的一生！然後，在身心清淨、心平氣和的基礎之上，繼續邁向解脫。

總而言之，「慈」是與樂：無緣大慈，大慈無悔，可以用來對治瞋心。「慈心」是一顆漂亮的心，就像父母心，眞誠地對待，希望對方好，無條件付出，不求回報。「悲」是拔苦：同體大悲，大悲無怨，可以用來對治害心。「悲心」是一顆同情心、悲憫心、救苦救難的心、願意替眾生受苦的心。「喜」是歡喜：開心喜悅，大喜無憂，可以用來對治嫉心。「喜心」是一顆歡喜心，隨時隨地都很歡喜，充分感到滿足；看到別人成就，就像自己成就；協助成就他人，就像成就自己。「捨」是平等無差別：難捨能捨，大捨無求，可以用來對治慢心。「捨心」是一顆平等心，平等看待一切眾生，平等對待一切事物。離開二元對立，沒有差別好壞。好也等於不好，不好也等於好，一切都是很好，其實無所謂好不好。一代高僧廣欽老和尚說：「修行要認識：好的就是不好的，不好的就是好的。」全看你那一顆心如何面對？尊貴的蓮生聖尊《大心印》說：「任何一件事情，有也好，沒有也好；好也好，壞也好；順也好，逆也好；什麼都是好，不放在心上，就很自在。」就像一部印度電影「三個傻瓜（3 idiots）」的主題曲：「All is well.」所要表達的：儘管生命中有許多困難，但是面對挑戰時，對自己的心說：「Aal izz well.」一切沒事！一切都沒有問題！一切都是很好！內心就會變得比較有勇氣，也會比較安然自在。須知唯有全然放下，才能夠得到無限；唯有放下一切，才能夠得到一切；但也無所謂得不得。唯有放下自我，才能夠無私無我；唯有無私無我，才能夠解脫自在。

佛法以慈悲度眾生，關懷他人，行善利他，廣行「布施、愛語、利行、同事」，攝化眾生，信受佛法，深入眾生的內心。慈悲心讓我們的內心充滿無私、無我、無量、無邊、無條件、無所求的「愛」。修習慈悲喜捨，具足人天善法，是邁向解脫的第一步。此外，慈悲喜捨也有助於禪定的修習，方便我們進入四禪八定；有助於內心的淨化，清淨洗滌我們的「貪、瞋、癡」；以及有助於智慧的開展，對治種種雜染的無明煩惱。所以說，「慈悲」與「智慧」是一體的兩面；只有對眾生慈悲的人，才能夠眞正擁有智慧。有智慧的人通常心懷慈悲，內心才能夠常保寧靜詳和。缺乏慈悲，智慧容易變成狂慧，反成禍害；缺乏智慧，慈悲只是世間方便，修福而已。尊貴的蓮生聖尊《清涼的書箋》提到：「慈悲方便是水，智慧正見是種子。如果沒有慈悲心的水份，智慧正見的種子是不可能發芽的。如果沒有了智慧正見的種子，那些慈悲心的水份也就失去了意義。」所謂「慧眼慈心」，用「出世」的智慧，行「入世」的慈悲；以智慧爲體，以慈悲爲用；以智慧處事，以慈悲待人。進一步藉由慈悲，契入無我，離欲清淨，解脫自在。尊貴的蓮生聖尊慈悲開示：「菩提心就是慈悲，出離心就是智慧。有慈悲，有智慧，才是圓滿。」也就是說，若只是慈悲行善而缺乏智慧，長久下來，很可能內心還是空虛不安的。內心深層的煩惱還沒有止息，因爲只是透過慈悲行善讓自己忙碌，讓心靈有所寄託而已，甚至是在追求一種滿足感，一種成就感而已，還沒有眞正達到解脫。等到境界一來考驗，業力一旦現前，就潰不成軍。證嚴法師《靜思語》說：「有智慧才能發揮無窮的毅力與慈悲。」就連偉大的佛陀也是在開智慧，徹悟之後，才慈悲度眾。所以說，慈悲與智慧不可偏廢，要懂得悲智雙運，看透世間無常的眞相，明白萬法緣起的眞理，實證苦、空、無我的智慧，發菩提心爲眾生說法，救人慧命，出離三界、永絕諸苦，才是眞正的慈悲。

第九章

三法印的智慧

諸行無常，
諸受是苦，
諸法無我，
寂靜涅槃。

第一節　前言

所謂「三法印」就是指「諸行無常」、「諸法無我」、「寂靜涅槃」，是當今公認的佛陀正法。雜阿含經（卷二三九經／二六二經）云：一切行無常，一切法無我，涅槃寂滅。意思是說，世間一切的現象都是無常的，世間一切的萬法都是無我的，不執不惑，證入寂靜涅槃的境界。「無常」是宇宙人生的眞相，「無我」是淨化心靈的智慧，「寂靜涅槃」是解脫自在的境界。雜阿含經（卷二四七經／二七〇經）云：無常想者，能建立無我想，聖弟子住無我想，心離我慢，順得涅槃。意思是說，如果能夠建立「諸行無常」的正見，就能夠建立「諸法無我」的正見，我們這一顆傲慢的心就可以慢慢地遠離貢高我慢的想法與習性，並幫助我們向「寂靜涅槃」的目標邁進。

另外，「三法印」若再加上「諸受是苦」，則稱之爲「四法本末」。增壹阿含經（卷十八）四意斷品（二三三）云：一切諸行無常，是謂初法本末，如來之所說；一切諸行苦，是謂第二法本末，如來之所說；一切諸行無我，是謂第三法本末，如來之所說；涅槃爲永寂，是謂第四法本末，如來之所說。意思是說，佛陀告訴我們：因爲諸行無常，所以諸受是苦；因爲諸受是苦，所以諸法無我；因爲諸法無我，所以寂靜涅槃。這「四法本末」同樣支持這些法義之間的先後邏輯關係。先是「無常」，而後談「苦」，接著是「無我」，最後是「涅槃」。「諸行無常」是痛苦的原因，「諸受是苦」是痛苦的事實，「諸法無我」是滅苦的方法，「寂靜涅槃」是苦滅的境界。完全符合佛陀一再強調的「四聖諦」——苦集滅道的出世間智慧。所以，想要證入寂靜涅槃，就必須建立諸行無常、諸受是苦、諸法無我的智慧，而這「三法印」或「四法本末」則是佛陀傳給後代有心學佛者寶貴的正法正律，值得大家珍惜。

從客觀的現象來看：由於緣起，所以萬法緣生，萬法緣滅。由於緣生緣滅，所以有生滅；由於生滅，所以有變易；由於變易，所以無常。世間的一切，皆是因緣所生法，緣聚則生，緣散則滅。從主觀的感受來看：面對宇宙人生的眞相，是如此無常而苦迫，加上因爲我們有欲望，有渴求，有愛染，內心不清淨，求自我之自主、恆常而不可得，鮮少有人不以爲苦的。或許有人可以看開一切，放下所有，將痛苦昇華成爲一種奮鬥的力量。或者以爲我一直都過得很好啊！身體健康，家庭和樂，不愁吃穿。平常也頗知行善，沒有做壞事，一直都活的很快樂，沒有痛苦。殊不知只要業力不斷，「貪、瞋、癡」未熄，智慧未開，一旦逆境來臨，無常壓迫，苦痛相逼之時，若無正確的見解引導，鮮少有人能夠應付得當的。忍得了一時，難忍一世；忍得了一世，難忍生生世世。

增壹阿含經（卷二十七）邪聚品（三一七）云：色者無常，此無常義即是苦。苦者即無我，無我者即是空也。痛（受）、想、行、識皆悉無常。此無常義即是苦，苦即無我，無我者即是空也。此五盛陰是無常義，無常義者即是苦義。我非彼有，彼非我有。意思是說，「五蘊」——色、受、想、行、識悉皆無常。「無常」的背後就是痛苦；「痛苦」的意義在於「我」非恆非常，不能自主，亦不能自在，故說「無我」。因此，我們要學習看破紅塵，不再貪染；放下得失，不再執取；修證「無我」，方能離苦。而且，不僅「無我」，而且「無我所有」。在這個世間裡，沒有誰能夠永久擁有什麼，也沒有什麼能夠被誰所永遠擁有，故說「無我所有」。無我、無我所有就是「空」。因此，佛弟子應該建立「無常觀」、「苦觀」、「無我觀」、「空觀」的正見，建立色、受、想、行、識五蘊無常、苦、空、非我的正見，以趨向涅槃，邁向解脫（雜阿含經　卷一　一經／一經）。接下來，我們將針對諸行無常，諸受是苦，諸法無我，寂靜涅槃分別詳細申論如下：

第二節　諸行無常的智慧

何謂諸行無常？

「諸行」就是指宇宙人生的一切現象，包括生理上的、物理上的、心理上的及事理上的種種現象。「行」本「造作」之意，後來衍生為「遷流變化」的意思，屬於「有為」之法。雜阿含經（卷四十七　一二三六經／五七六經）云：一切行無常，是則生滅法。意思是說，世間的一切諸行悉皆無常，非恆有、非安穩、生滅變易之法。無常是不持久的、短暫的、會變化的、不穩固的。雜阿含經（卷三　七一經／八〇經）云：無常者是有為行，從緣起。意思是說，凡是有為之法，都是因緣所生法；既然是因緣所生法，隨緣生滅，皆屬無常。何謂有為？雜阿含經（卷十三　三三一經／二九三經）云：有為者若生、若住、若異、若滅。也就是說，凡是有所造作，遷流轉變的有為諸法，皆是因緣和合而成，會不斷地發生變化，不斷地生住異滅，無法恆常不變，是謂「有為」。所以說，「無常」意謂著沒有永遠固定不變的，都會發生變化；變化於無形之中，變化於微細之中。雜阿含經（卷十一　二七二經／二七三經）云：諸行如幻、如炎，剎那時頃盡朽，不實來實去。就是在陳述這宇宙人生的真相，如夢幻火燄一般，虛而不實；剎那間消失殆盡，無有永恆。雜阿含經（卷二十四　六五二經／六三八經）云：有為敗壞之法，何得不壞？欲令不壞者，無有是處。我先已說，一切所愛念種種諸物、適意之事，一切皆是乖離之法，不可常保。也就是說，有為諸法的特性就是遷流轉變，生滅相續，焉有不壞之理？都會變壞的。世間的一切人情事物都在生滅之中循環反覆。對於種種所貪愛、所喜歡的人情事物，終究都會失去、分離，無法永久保持擁有，故說「諸行無常」。

五蘊無常

雜阿含經（卷一　一一經／一一經）云：色無常，若因、若緣生諸色者，彼亦無常。無常因、無常緣所生諸色。云何有常？意思是說，色身是無常的，生出無常諸色的各種因緣也是無常的。由無常因、無常緣所生的諸色，會是常住不變的嗎？當然也是無常。雜阿含經（卷一　一一經／一一經）云：如是，受、想、行、識無常，若因、若緣生諸識者，彼亦無常。無常因，無常緣，所生諸識，云何有常？意思是說，「受、想、行」是「根、塵、識」三事和合觸所生，也是無常的。以眼為例，眼與諸色相觸而生眼識，眼是無常的，諸色也是無常的，緣眼、色所產生的眼識也是無常的。因為眼識賴以生起的因及緣都是無常的，所以依無常的因緣，所生的眼識，何以是常？故說依「根、塵、識」三者和合的眼觸，也是無常。觸後有所感受、思考、知解，即所謂的「受、想、行」，當然也是無常的，耳、鼻、舌、身、意亦復如是（雜阿含經　卷八　二一六經／二一四經）。由此可知，「受、想、行、識」亦是無常，故說「五蘊無常」。

若從時間長短的層面來看，色身雖然無常，心識更加無常。雜阿含經（卷十三　三二七經／二八九經）云：四大色身，或見十年住，二十、三十乃至百年。若善消息，或復少過。彼心、意、識日夜時刻，須臾轉變，異生異滅，猶如獼猴，遊林樹間，須臾處處，攀捉枝條，放一取一。彼心、意、識，亦復如是，異生異滅。意思是說，色身乃「四大」所成，屬於物質面。即使善於保養照顧，最多也不過十年、二十年、三十年、乃至於百年的光景而已，終究是要衰敗變壞的，故說「色身無常」。心識包括「心、意、識」，屬於精神面。跟色身能夠維持幾十年乃至百年的歲月比起來，我們的心識更加變化無常。時時刻刻，異生異滅，轉變不已。像獼猴一般，在林間跳來跳去，很不安份，故說「心識無常」。

六入處無常

除了「色身」無常、「心識」無常、「五蘊」無常之外，我們的「六入處」也是無常。雜阿含經（卷八 一九七經／一九五經）云：一切無常。云何一切無常？謂眼無常，若色、眼識、眼觸。若眼觸因緣生受，苦覺、樂覺、不苦不樂覺，彼亦無常；耳、鼻、舌、身、意亦復如是。意思是說，六根接觸六塵，經由六識的了別，而產生「受、想、思」，這就是所謂的「一切」。世間的一切俱是無常。爲什麼是無常呢？因爲眼乃「四大」所成是無常；色塵是無常，眼識亦是無常，「根、塵」相觸亦是無常，眼見色塵經由眼識的了別而生諸受，不管是苦受、樂受、或不苦不樂受，亦是無常；耳、鼻、舌、身、意亦復如是，故說「六入處無常」。

由此可知，我們的身心與所處的世間，俱是無常。四大無常、五蘊無常、六根無常、六塵無常、因「根、塵、識」三事和合觸所生的「受、想、思」，形成所謂的「世間」，亦是無常。雜阿含經（卷四十五 一一九○經／一二○六經）云：一切諸世間，悉是眾行聚；一切諸世間，悉皆動搖法；一切諸世間，苦火常熾熱；一切諸世間，悉皆煙塵起。也是在說，世間的一切，都是因緣聚合的；都是動搖不安穩的；都是痛苦的，像火一樣熾熱地燃燒著；都是無常的，像揚起的煙塵一般，四處飄散。因此，世間無常，無常苦迫。以無常之身心，處無常之世間，度無常之人生，故曰「諸行無常」。所以說，「諸行無常」是宇宙人生的眞相，因爲世間一切的有爲法皆是緣起，皆是因緣所生法，所謂「此生故彼生，此有故彼有；此滅故彼滅，此無故彼無。」萬法緣生，萬法緣滅，緣生緣滅，生滅變易，故曰「無常」。若是恆常不變，則人不應有「生老病死」，物不應有「生住異滅」，世間不應有「成住壞空」，故說「諸行無常」。

無常故苦

世間最殘忍的，最恐怖的，最現實的，卻也是最公平的，莫過於「無常」。不論貧富貴賤、男女老幼、達官顯要、販夫走卒，同樣都要面對「無常」的洗禮。雜阿含經（卷十二 二八六經／三〇八經）云：變易滅盡時，彼則生大苦。意思是說，面對無常變易的人生考驗，眾生難忍傷悲，痛苦因而產生。從當世的人生來看，有五盛陰苦；從輪迴的系統來看，有生死輪迴苦；從痛苦的本質來看，有無常之苦；從主觀的意識來看，有欲望之苦。分述如下：

一、五盛陰苦：雜阿含經（卷十七 四六八經／四六九經）云：愚癡無聞凡夫於此身生諸受，苦痛逼迫，或惱、或死，憂悲稱怨，啼哭號呼，心亂發狂，長淪沒溺，無止息處。意思是說，愚癡無聞的凡夫遭受到人生無窮無盡的痛苦逼迫，內心感到無比的憂愁、悲傷、怨恨，甚至發狂，難以止息。人生是苦，人生有八苦，歸納起來其實就是身心俱苦。生理上不舒服是苦；心理上有所違逆也是苦，總結來說就是五盛陰苦。雜阿含經（卷四十八 一二七五經／一二七八經）云：起不清淨心，長夜當得不饒益苦。特別是無法滿足個人的欲望、期望或願望時，身心被束縛不得自主的情況下，更是感到痛苦。也就是說，只要內心不清淨，雜染有煩惱，就會長期受苦。所以說「五盛陰苦」。

二、生死輪迴苦：雜阿含經（卷七 一五七經／一五五經）云：受苦樂六趣。意思是說，輪迴的「生命觀」說明業果的相續不斷。因業受報，在六道中輪迴不已，受苦受樂。雜阿含經（卷四十八 一二七三經／一二七六經）云：所造眾惡行，終獲苦果報。意思是說，有情眾生在生死輪迴中，因爲造下種種惡行，就要承受種種苦楚。在世時，不斷地承受人生八苦；死亡後，則被業力牽引至三惡道受苦。就算牽引至人間或天上享受福報，但是福報一旦享盡，終究還是會墮落變成苦。此外，最令人恐懼的無常，莫過於死亡，任何人都不能逃避。面對死亡的逼迫，誰能不苦？就是因為世間有「老、病、死」三法，佛陀才興出於世為眾生說法。所以說，世間真的是很苦，若對生命沒有正確的認識，這個苦就會生生世世不斷地延續下去。世間的快樂都是短暫而遷流變化的。只要是尚未跳脫輪迴的眾生，都還沒有真正地離苦；只要還身處在生死流轉中，苦就沒有停止的時候。未知的業力無窮，再長、再久、再多的快樂，只要是具有業報的有情生命個體，最終還是不能逃避受苦，所以說「生死輪迴苦」。

三、無常之苦：雜阿含經（卷十七 四七二經／四七三經）云：知諸行無常，皆是變易法，故說受悉苦，正覺之所知。意思是說，世間的一切都是無常的，都是不斷發生變化的，求其恆常而不可得，故說「諸受是苦」，這是覺悟的聖者所認知的人生真相。也就是說，樂是假相，苦是真相，無常是其本質。而且，苦是沒有止境的，樂卻是相對有限的。若再深入觀照世俗的快樂，其實一切都是苦。仔細分析，我們會發現：一旦樂事過去，順境消失時，苦便隨之而生。因為快樂終究都會敗壞、磨滅、消散，身心因而感受到痛苦，是謂「壞苦」。其次，當逆境出現時，一切身苦心惱。這種由苦事所生之苦，違逆己意而起瞋恨心，是謂「苦苦」。最後，一切法皆遷流不息，無常生滅，就算是不苦不樂受也會隨著時間的流逝而變遷轉化，讓身心不得安定，造就無常之苦，是謂「行苦」。欲界三苦俱有，色界有壞苦、行苦，無色界則只有行苦。雜阿含經（卷三十六 一〇〇九經／一二六五經）云：然我今日於色無常，決定無疑；無常者是苦，決定無疑。若無常、苦者，是變易法，於彼無有可貪、可欲，決定無疑；受、想、行、識亦復如是。意思是說，色、受、想、行、識五蘊是無常的，無常就是苦，無常、苦是變易之法。既然是無常變易，就沒什麼好貪愛、留戀的，這是確定而不容懷疑的，所以說「無常故苦」。

四、欲望之苦：就主觀上來看，貪愛執著會引發痛苦。有情眾生對於美好、合意的人情事物，有著恆常不變的欲求，以爲可以永遠擁有，可惜不能如願。欲望一旦生起，就會引起貪愛；一旦引起貪愛，就會愈加執著；一旦無常到來，就會愈加痛苦。增壹阿含經（卷四十七）放牛品（四四〇）云：生死不斷絕，皆由貪欲故。佛陀清楚地告訴我們，有情眾生無法斷絕生死，就是因爲有欲貪的原故。有情眾生執著色身不放，貪愛染著，纏綿不已，所以才叫做有情眾生（雜阿含經　卷六　一二四經／一二二經）。有情眾生流連此世他世，絞結纏鎖。執取若不停止，則生死永遠也不會停止（雜阿含經　卷八　二一八經／二一六經）。雜阿含經（卷四十八　一二八二經／一二八五經）云：欲生諸煩惱，欲爲生苦本。意思是說，因爲有欲望，所以產生各種煩惱；欲望其實是痛苦的根本。雜阿含經（卷三十二　九〇五經／九一三經）云：其諸眾生所有憂苦，一切皆以欲爲根本。也是在說，有情眾生爲什麼會有這麼多的憂悲惱苦？其實都是因爲有欲望的關係。所以說，從自我身心到世間，無一不是無常。因爲客觀的「無常」，加上主觀的「欲貪」而引發諸苦。一旦發生無常變易，就會相對地產生憂悲惱苦。無常變易是普遍存在的事實，如果沒有強烈的欲貪做爲根本，也不至於會有憂悲惱苦的感受產生。雜阿含經（卷二　四八經／二七一經）云：若於色不離貪、不離欲、不離愛、不離念、不離渴，彼色若變、若異變，實起憂悲惱苦。意思是說，有情眾生若不能遠離對於色身的貪愛染著，始終念念不忘，渴求不斷，一旦色身發生變化，內心就會生起憂悲惱苦。

由以上可知，組成有情眾生身心的「四大、五蘊、六根」是無常，故說「五盛陰苦」。有情眾生在六道輪迴中生死沉淪，無常變易，故說「生死輪迴苦」。世間的一切本質都是緣起、生滅、變易、無常、有爲、雜染的，故說「無常是苦」。有情眾生執取五蘊身心，貪愛五欲六塵，一旦無常變易，焉得不苦，故說「欲爲苦本」。綜合而言：無常故苦！

正觀無常

體認「諸行無常」並非叫我們灰心滑智，悲觀失志。心想既然世間的一切俱是無常，人生的一切轉眼成空，赤裸裸地來，也將赤裸裸地去，以爲人生就是這般無奈，於是覺得人生沒什麼好追求的，更沒什麼好奮鬥的。豐功偉業是一生，庸庸碌碌也是一生，何不省點力氣，平凡過一生就好。若是這樣想，那就大錯特錯了。別忘記人身可貴，在五趣眾生之中，只有「人道」才可以修行證果。想要擺脫這個輪迴流轉的系統，就非得要在擁有人身的時候，趁機修行，心慧解脫，方得以終止流轉，脫離輪迴。如今人身難得今已得，佛法難聞今已聞，「諸行無常」是一個客觀而殘酷的事實，任憑誰也無法改變。想要擺脫「諸行無常」的困擾，就要乘此機會，依佛教誡，精進修行。「諸行無常」讓我們認清宇宙人生的眞相，但絕不可停留在「諸行無常」的認識而已，而應該化爲精進修行的力量，向寂靜涅槃的目標邁進，這才是佛陀教導我們「諸行無常」的本懷。

因此，雖然生活在無常、敗壞、不安穩的世間，但我們仍然可以選擇不痛苦。宇宙人生的眞相是生死輪迴，苦海沉淪，痛苦不已；爲了止息輪迴，終止沉淪，以無常爲警惕，發起厭離之心。以厭離心來面對無常，捨棄情感上的好惡，才能達到離欲，進而解脫，不受無常的擺佈。雜阿含經（卷七　一七七經／一七五經）云：頭衣燒然尚可暫忘；無常盛火應盡除斷滅。佛陀告誡我們，頭上的衣物燃燒起來，這麼緊急的事情，尚且可以暫時忘卻；但是面對無常所帶來的危機與風險，則應該儘快加以斷除消滅。世間的無常反而提醒、刺激了我們，成爲我們尋找離苦的契機。藉由了解痛苦的聚集與原因，進而找到解決無常之苦，厭患諸苦、覺悟出苦的對治方法。

雜阿含經（卷四　八七經／四一經）云：色如實知、色集、色味、色患、色離。佛陀教誡我們：要如實知色法是四大所造，無有恆常；有情眾生於色法有所喜愛，纏綿難捨；因色法的因緣而生起喜樂、得失之心，輾轉難眠；可惜色法的過患在於無常、苦、變易法，過於執取、貪染則會引發諸苦。不過，有情眾生仍然可以調伏對於色法的欲貪，掙脫色法的束縛進而遠離諸苦。雜阿含經（卷四十七　一二三六經／五七六經）云：一切行無常，是則生滅法；生者既復滅，俱寂滅爲樂。意思是說，佛陀要我們藉著觀照諸行無常，生滅變易之法，導向寂滅；向內觀照，調適自我，轉化心性，以正向積極的態度來面對無常。雜阿含經（卷三十四　九四八經／九五六經）云：有生無不盡，唯寂滅爲樂。意思是說，有生就有滅，無有盡頭；生生死死，永無了期。因此佛陀說：寂滅爲樂。眞正的快樂不是向外苦苦追求世俗之樂；而是向內觀照，內寂其心的寂滅之樂。

若能深知無常的過患，體認世間的一切是以衰敗、敗壞、磨滅爲究竟，對美好、合意的人情事物就比較不會那麼執著與貪染。以出世的智慧，過入世的生活，不令自己墮入欲望的火坑。透過無常的警惕，對於世間的一切，確認沒有可欲貪、欲求者，因而生起厭離之想，最終導向離欲，由此不取不著、不貪不染而自覺涅槃。雜阿含經（卷二十三　六一七經／九〇三經）云：如是一切法，有爲、無爲，離欲貪法最爲第一。意思是說，解脫的方法，最重要的就是導向離欲。想要解脫自在，就要捨離無明而生明。而斷除無明的下手處，就是令欲貪止息；而止息欲貪的切入點，就是正觀無常。雜阿含經（卷九　二五〇經／二四八經）云：當正觀時，都無可取；無可取故，無所著；無所著故，自覺涅槃。也是在說，只要我們能夠正觀諸行無常，就可以無取無著，自覺涅槃。並得以究竟苦邊，出離苦海，解脫自在（雜阿含經　卷八　二〇三經／二〇一經；雜阿含經　卷五十　一三三九經／一三四三經）。

第三節　諸受是苦的智慧

何謂諸受是苦？

「諸受」就是指我們的「六根」在接觸到「六塵」之後，因「六識」的了別而產生的各種感受。雜阿含經（卷八 二一五經／二一三經）提到：緣眼、色，眼識生，三事和合觸，緣觸生受，若苦、若樂、不苦不樂受；耳、鼻、舌、身、意亦復如是。由此可知，受有三種，分別為令我們感到痛苦難過的苦受，感到舒服快樂的樂受，以及感到無關緊要的不苦不樂受。不管是苦受、樂受或不苦不樂受，都是起因於「根、塵、識」三事和合觸。雜阿含經（卷十六 四五○經／四五一經）云：緣種種界生種種觸，緣種種觸生種種受，緣種種受生種種愛。云何種種界？謂十八界：眼界、色界、眼識界、乃至意界、法界、意識界，是名種種界。也就是說，因為種種「界」的關係，所以有種種「觸」；因為種種「觸」的關係，所以有種種「受」；因為種種「受」的關係，所以有種種「愛」。這個「愛」是有所雜染與貪求的愛，會讓我們流轉生死的愛。什麼是種種「界」？就是指「十八界」。何謂十八界？「六根、六塵、六識」合起來就是所謂的「十八界」。由於「十八界」的存在，加上觸因觸緣，就會生起種種的感受。

雜阿含經（卷十六 四五三經／四五四經）云：緣種種受生種種想，緣種種想生種種欲，緣種種欲生種種覺，緣種種覺生種種熱，緣種種熱生種種求。可見得，諸受的背後隱藏著許多潛在的危險性。原來一切痛苦的根源——「欲望」是來自於「想」，而「想」是來自於「受」。有了「受」就會去「想」，想久了就會變成「欲望」；有了「欲望」就會化為「行動」的力量熱烈「追求」；熱烈「追求」的背後就是煩惱與痛苦。客觀上無常、變易、苦迫；主觀上貪染、瞋恚、愚癡所繫，故說「諸受是苦」。在客觀條件無法改變的情況下，我們需要做的就是淨化心靈，降伏內心，不再做「貪、瞋、癡」的奴隸，不再受「貪、瞋、癡」所牽引。諸受雖苦，但要如實知見諸受之集起與消滅；於樂不貪染，於苦不傾動。把對於「諸受是苦」的體認化爲修行學佛的動力，淨化心靈的動機，並成爲去除「貪、瞋、癡」的力量。

所以，佛陀在雜阿含經（卷十七 四七四經／四七五經）中提到：觸集是受集，觸滅是受滅。若於受愛樂、讚嘆、染著、堅住，是名受集道跡。若於受不愛樂、讚嘆、染著、堅住，是名受滅道跡。若受因緣生樂者，是名受味；若受無常、變易法，是名受患。若於受斷欲貪、越欲貪，是名受離。意思是說，造成各種「感受」集起的原因是「觸」；若沒有「觸」，當然也就不會有「感受」產生。若對於「感受」有所染著，就會不斷地有各種「感受」產生，稱之爲「受集」。若對於「感受」無所染著，就能夠止息各種「感受」的集起，稱之爲「受滅」。諸受或苦、或樂、或不苦不樂，愚癡凡夫反覆執著其味，不能脫離，稱之爲「受味」。諸受無常、變易之法，無有恆常，終將變化轉換成更苦的苦受；樂受亦將轉變爲苦受。所以說「諸受唯有苦」，其背後的元凶就是「貪、瞋、癡」，稱之爲「受患」。若能於諸受去其味，即能離其患，無所執著與貪染，稱之爲「受離」。雜阿含經（卷八 二一五經／二一三經）云：若於此受集、受滅、受味、受患、受離不如實知者，種貪欲身觸、種瞋恚身觸、種戒取身觸、種我見身觸，亦種殖增長諸惡不善法，如是純大苦聚皆從集生。由此可知，若不懂得諸受如何集起，如何消滅，也不懂得諸受的「味、患、離」等，則將更加增長我們的「貪、瞋、癡」與「邪見」，以及諸惡不善法。如此不但不能解脫，反而招致更大的痛苦。有情眾生流轉生死苦海，皆由此而起。很多人生的問題與生活的糾紛，都是因爲不知道如何面對與處理這些「感受」所造成。

諸受為什麼是苦?

從客觀上來說，由於諸行無常，變易毀壞之法，非恆非常，身體會老化，物質會敗壞、世間會毀滅、情感會變化，想要的得不到，擁有的會失去，故說「諸受是苦」。雜阿含經（卷十七 四七二經／四七三經）云：我以一切行無常故，說諸所有受悉皆是苦。佛陀親口告訴我們：由於諸行無常，變易毀壞之法，非恆非常，故說「諸受是苦」。從主觀上來說，心靈未淨化，「貪、瞋、癡」未降伏，各種感受一旦生起即爲「貪、瞋、癡」所繫縛。於「樂受」起貪念，於「苦受」起瞋念，於不苦不樂受起「癡念」，於諸受有所雜染，內心有所擾動，或貪得無厭，或患得患失，或你爭我奪，或圖謀不軌，困擾糾紛，痛苦煩憂，隨後而至，故說「諸受是苦」。

「諸受是苦」是由於爲了滿足「四大、五蘊、六根」所組成的自我身心，而不斷地向外追求。其實一味地透過六根向外攀緣，原本是想讓自己快樂，可是爲什麼反而快樂不起來?最後總是落得鬱鬱寡歡，甚至衝突結怨，是非纏身，愛恨交織，痛苦難當。這說明了想要透過追求「四食、五欲、六塵」來得到快樂，最後不但快樂不起來，反而惹來一身腥。這也證明了向外追逐、攀緣所獲致的快樂是短暫的，是虛幻的。若想要獲得眞實長久的快樂，應該要從自己的內心著手。其實眞正的快樂是來自於內心的平靜；內心的平靜則來自於心念的清淨，心念的清淨則來自於無所執取與貪染；於內在自我不起執取，於外境六塵不起貪染。不起貪染則不起瞋心、害念，進而不造作惡業，身心清淨，心安理得。不起執取則不再執著五蘊身心爲我，進而收斂內心，不再欲心奔放，不再勤於追求身外的一切。所以說，當我們的內心平靜下來，眞正的喜樂就會自然生起。若想追求快樂，就應該追求這種內心平靜的快樂。

遠離樂、離欲樂、寂滅樂、菩提樂

根據雜阿含經（卷十七　四六三經／四六四經）的說法，佛陀以禪定的深淺，來說明諸行如何漸次地寂滅與止息，以獲得內心的平靜。從初禪、二禪乃至於甚深禪定的非想非非想、想受滅禪定，這些都是非常了不得的禪定功夫，不是普通人所能達到的禪定境界。但是佛陀說有一種止息比前述的幾種止息更加了不起，那就是於「貪、瞋、癡」不樂解脫，不再生起任何的貪念、瞋念與癡念，內心清淨無染，解脫自在。「貪、瞋、癡」永伏不起，寂滅止息，這種止息才是最高層次的止息，令人讚嘆的止息，煩惱與痛苦永遠止息。另外，在雜阿含經（卷十七　四八四經／四八五經）也有提到：什麼是眞正的快樂呢？是五欲功德之樂嗎？還是初禪的離生喜樂？二禪的定生喜樂？三禪的離喜生樂？四禪的清淨之樂？佛陀說這些都不是至樂，因爲其上還有空無邊處、識無邊處乃至於非想非非想處；後一層的禪定之樂，都比前一層的禪定之樂更勝更妙。所以就有人如此論述：那最深一層的「想受滅」，應該是極樂吧！佛陀說：也不是！那什麼才是呢？佛陀說：遠離樂、離欲樂、寂滅樂、菩提樂才是眞正的快樂啊！

所謂「遠離樂」就是遠離諸惡不善法之後，身心自然生起的快樂（雜阿含經　卷二十七　七二七經／七一五經）。所謂「平常不做虧心事，半夜不怕鬼敲門。」諸惡不善法多由於我們追求貪取四食而起。四食是爲了存續我們的慧命，若過於貪求則會變成促使我們造業的催化劑。若想要究竟解脫，當於四食永盡喜貪，無所貪染，並由「摶食」斷起。對於摶食，但求溫飽即可；只要吃得健康，不應於三餐飲食有過分要求。粗茶淡飯也好，好吃也好，不好吃也好，一切「隨緣自在」。然後依「遠離」：遠離諸惡不善法，止惡防非，諸惡莫做，從此日子過得心安理得。故當依遠離，而於「摶食」得遠離樂。

所謂「無欲樂」就是離棄欲望的勾引，因而獲得一種離欲清淨的快樂（雜阿含經　卷二十七　七二七經／七一五經）。不被欲望所束縛，更不做欲望的奴隸。這些欲望多由於六根與六塵接觸而不斷興起。若不知守護節制，則欲望永無了時。故當從六律儀，斷「觸食」下手。眼見美色不生喜貪，眼見惡色不生厭惡；眼見可、不可欲色不生喜厭之心。耳聞聲、鼻嗅香、舌嚐味、身觸細滑、意思法，亦復如是。對於觸食，不應該追求過度的感官刺激，使欲心奔放。苦受也好，樂受也好，不苦不樂受也好，一切「歡喜自在」。然後依「無欲」：離於樂欲、苦欲、不苦不樂欲，身受心不受，從此日子過得輕鬆自在。故當依無欲，而於「觸食」得無欲樂。

所謂「寂滅樂」就是「貪、瞋、癡」永伏不起，永盡喜貪，寂滅最樂，達到涅槃的境界，故亦稱之為「涅槃樂」，止息一切煩惱（雜阿含經　卷二十七　七二七經／七一五經）。眞正的快樂，恆常的快樂，就是寂滅樂，而不是愚癡無聞凡夫為了滿足自我的渴望而不斷向外追求的快樂。當我們的內心不再被「貪、瞋、癡」所繫，就不再有煩惱與痛苦。內心出現一種祥和的寧靜，平靜無波，怡然自得，超然自在。繫心一處，住於定相，長養善法，以善治惡。不再追求過度的「意思食」，過程盡情揮灑，結果坦然面對；放下世間得失，一切「清涼自在」。然後依「滅」：滅盡「貪、瞋、癡」，永盡喜貪，心解脫。故當依此寂滅，而於「意思食」得寂滅樂。

所謂「菩提樂」就是遍知過去、未來、現在一切行的生起與消滅，智慧無礙，解脫一切煩惱與痛苦。想要證得涅槃，須滅盡「貪、瞋、癡」方得「涅槃樂」；欲滅盡「貪、瞋、癡」，則須增長「菩提智」；欲增長「菩提智」則必須趨向涅槃。所謂「菩提智」就是經由對「佛、法、僧、戒」四不壞淨的深信不疑，以「四聖諦」——苦集滅道的思惟方式，正觀「五蘊」、「六入處」、「世間」無常、苦、空、非我，而徹見「涅槃」。一切皆捨，平等不二，放下妄執，捨離「識食」，依「捨」無貪無染。眞正做到難捨能捨，冤親平等，智慧現前，一切「任運自在」。然後「向於捨」：證菩提智，永斷無明，慧解脫。故當向於捨，而於「識食」得菩提樂。

苦故無我

正因爲諸受是苦，所以根本就沒有一個自主自在的「我」存在，故說「苦故無我」。雜阿含經（卷十二 二九四經／三二六經）云：眼無常。若眼是常者，則不應受逼迫苦。亦應說於眼欲令如是、不令如是。以眼無常故，是故眼受逼迫苦生，是故不得於眼欲令如是、不令如是。耳、鼻、舌、身、意亦如是說。雜阿含經（卷十二 二九四經／三二七經）云：眼苦。若眼是樂者，不應受逼迫苦。應得於眼欲令如是、不令如是。以眼是苦故，受逼迫苦，不得於眼欲令如是、不令如是。耳、鼻、舌、身、意亦如是說。雜阿含經（卷十二 二九六經／三二八經）云：眼非我。若眼是我者，不應受逼迫苦。應得於眼欲令如是、不令如是。以眼非我故，受逼迫苦，不得於眼欲令如是、不令如是。耳、鼻、舌、身、意亦如是說。意思是說，眼、耳、鼻、舌、身、意六入處是無常、苦、非我。若非如此，認爲有個實我或是可以主宰的我存在，則眼、耳、鼻、舌、身、意不應該有病、不應該有苦產生。如果六入處有我，則有情眾生應該可以隨意自在，隨心所欲，遂行個人意志；想要六入處這樣，或不想要六入處那樣，具有主宰自在的力量。可惜事實證明並非如此，所以說，六入處根本就是無我。因此，六入處被無常逼迫生苦，有情眾生根本沒有辦法隨意自在，隨心所欲，遂行個人意志，想要六入處這樣，或不想要六入處那樣，故說「苦故無我」。

雜阿含經（卷三　七七經／八六經；七八經／八七經；卷四　七九經／三三經；八〇經／三四經）也有類似的說法：主要是認爲色、受、想、行、識五蘊是無常、苦、無我。若非如此，認爲有個實我或是可以主宰的我存在，則色、受、想、行、識不應該有病、不應該有苦產生。對於五蘊就不會有所企求，有所期望，更不會想要這樣，或想要那樣。偏偏五蘊是無常、苦、無我，所以會有病、有苦產生。對於五蘊就會有所企求，希望常保健康，永遠青春，又要平安順利，又要幸福美滿，想要這樣，又想要那樣。所以，佛陀要我們認清眞相，五蘊是無常的；因爲無常，所以是苦；因爲是苦，所以不能自在、自主；因爲不自在、不自主，所以無我，故說「苦故無我」。

正觀諸受

然而，該如何正觀諸受呢？雜阿含經（卷十七　四六六經／四六七經）云：有三受，苦受、樂受、不苦不樂受。觀於樂受而作苦想，觀於苦受作劍刺想，觀不苦不樂受作無常想。如是想者，是名正見。意思是說，由於五欲樂受爲貪使所繫，後患無窮。故正確的看法爲：視樂受爲另一種苦受，如此方不至於沉迷樂受，而不可自拔，知所警惕，防患於未然。由於苦受爲瞋使所繫，瞋火猛烈。故正確的看法爲：視苦受如同劍刺，劍刺雖苦雖痛，當僅止於身受而心不受；亦即身雖苦痛萬分，心卻不爲所動。瞋心不起，苦受即不能奈我何。由於不苦不樂受爲癡使所繫，迷惘無知，虛度光陰。故正確的看法爲：視不苦不樂受爲無常，無常即非常，非常即變易。故現時雖不苦不樂，但轉眼苦受將至。因此應當把握寶貴的光陰，於不苦不樂時，最適合修行。若能這般看待諸受，是爲「正見」。

除此之外，佛陀也提到愚癡無聞的凡夫與聰明多聞的聖弟子看待諸受的差別。雜阿含經（卷十七　四六八經／四六九經）云：愚癡無聞凡夫於此身生諸受，苦痛逼迫，或惱或死，憂悲稱怨，啼哭號呼，心亂發狂，長淪沒溺，無止息處。多聞聖弟子於身生諸受，苦痛逼迫，或惱或死，不生憂悲，啼哭號呼，心亂發狂，不淪生死，得止息處。意思是說，愚癡無聞的凡夫生起各種感受的時候，面對各種苦痛的逼迫，包括煩惱或死亡，憂愁悲痛，心中懷怨，啼哭哀嚎，甚至心生狂亂，因而長久沉淪生死，煩惱與痛苦始終沒有止息的一天。聰明多聞的聖弟子則不然，面對這些苦痛的逼迫，不會憂愁悲痛，也不會啼哭哀嚎，更不會心生狂亂，因而不會沉淪生死，煩惱與痛苦終究有止息的一天。爲什麼聰明多聞的聖弟子與愚癡無聞的凡夫對諸受的反應會有如此大的差別呢？這是因爲聰明多聞的聖弟子可以做到「身受心不受」。然而，何謂「身受心不受」呢？

身受心不受

雜阿含經（卷十七　四六九經／四七〇經）云：愚癡無聞凡夫身觸生諸受，增諸苦痛，乃至奪命，愁憂稱怨，啼哭號呼，心生狂亂。當於爾時，增長二受，若身受、若心受。譬如士夫身被雙毒箭，極生苦痛。愚癡無聞凡夫亦復如是，增長二受，若身受、若心受，極生苦痛。多聞聖弟子身觸生諸受，大苦逼迫，乃至奪命，不起憂悲稱怨，啼哭號呼，心亂發狂。當於爾時，唯生一受，所謂身受，不生心受。譬如士夫被一毒箭，不被第二毒箭。當於爾時，唯生一受，所謂身受，不生心受。意思是說，愚癡無聞凡夫在面對痛苦的時候，不僅身受，心也受。也就是說，身體已經遭受極大的痛苦了，又無法控制自己的內心，乃至於苦上加苦，悲天嗆地，幾近發狂。如此這般，怎能止息痛苦，跳脫苦海。就好像一個人身上同時中了兩枝毒箭一樣，痛苦萬分。多聞聖弟子則不同，當他面臨痛苦的時候，唯生一受，即「身受心不受」。身雖苦，但內心並不因此而失控，亦不怨天尤人，不讓痛苦迷惘自己的行爲，仍然知道必須安住於佛法正道。如此這般，才得以止息煩惱，不再沉淪生死苦海。就好像一個人身上中了一枝毒箭之後，就要預防不再被第二枝毒箭射中，以免苦上加苦，導致失控。

雜阿含經（卷十七 四六九經／四七〇經）云：所謂身受，不生心受。爲樂受觸，不染欲樂，不染欲樂故，於彼樂受，貪使不使。於苦觸受，不生瞋恚，不生瞋恚故，恚使不使。於彼二使，集、滅、味、患、離如實知。如實知故，不苦不樂受癡使不使。於彼樂受解脫不繫，苦受、不苦不樂受解脫不繫。於何不繫？謂貪、恚、癡不繫，生老病死、憂悲惱苦不繫。意思是說，「身受心不受」即是色身雖然面臨各種感受，但是內心非常地清淨自在，而且了了分明。對於樂受，心不貪染；對於苦受，心不傾動；對於不苦不樂受，如實知見。並且，對於諸受如何集起、諸受如何消滅、諸受如何引發回味、諸受如何引發過患、以及如何遠離諸受的影響，都能夠如實知見。不爲「貪、瞋、癡」所繫，不爲憂悲惱苦所繫，這才是聰明多聞的聖弟子對於諸受應有的認識與態度。

總結來說，諸受是苦！從客觀上來看，由於諸行無常，變易之法，非恆非常，故人有「生老病死」，物有「生住異滅」，世間有「成住壞空」，一切終將敗壞，轉眼成空，故說「諸受是苦」！從主觀上來看，由於內心含藏「貪、瞋、癡」，諸受爲「貪、瞋、癡」所繫，爲生老病死所繫，爲憂悲惱苦所繫，故說「諸受是苦」！從層次上來看，「四食、五欲、六塵」之樂，乃至於禪定之樂，皆不如依遠離、依無欲、依滅、向於捨，所得的遠離樂、離欲樂、寂滅樂、菩提樂，故說「諸受是苦」！

第四節 諸法無我的智慧

何謂諸法無我？

「諸法」就是一切法。何謂一切？雜阿含經（卷十二 二九七經／三一九經）云：一切者，謂十二入處。眼色、耳聲、鼻香、舌味、意法是名一切。何謂一切法？雜阿含經（卷十二 二九九經／三二一經）云：眼及色、眼識、眼觸，眼觸因緣生受，若苦、若樂、不苦不樂；耳、鼻、舌、身、意法、意識、意觸，意觸因緣生受，若苦、若樂、不苦不樂，是名爲一切法。意思是說，諸法就是指有情生命的六根與外境的六塵相接觸，因爲六識的了別所產生的各種感受。其中的「根、塵、識」，以及「根、塵、識」三事和合觸所產生的「受、想、思」，即名爲「一切法」，涵蓋有情生命一生當中所有的身心活動。在一切法之中，遍尋不著一個「恆常不變」的我，一個能「主宰自己」的我，一個「眞實自在」的我。有的只是一個由「四大、五蘊、六根」因緣和合所組成的「假我」，雖生滅變易，卻相續不已，是謂「諸法無我」。

爲什麼是無我呢？我們且從什麼是「我」談起。所謂「我」就是外貌長相、個性興趣如此這般的我。這個「我」有靈性、有情感、會思考、會表達、會哭、會笑、有喜怒哀樂、有愛恨情仇、會做決定、會採取行動，是一個「五蘊身心」的綜合體。具有物質和精神兩面；有生理作用，也有心理作用。簡言之，其實就是由「五蘊」——色、受、想、行、識所組成的有情生命個體。所以說，五蘊就是我，我就是五蘊。這樣的看法到底對不對？假如這樣的看法是對的，爲什麼佛陀一再宣說「無我」呢？我們且從原始佛教雜阿含經上記載的一段佛陀與外道針對「我」與「無我」的精彩論戰故事談起。

根據雜阿含經（卷五　一一二經／一一〇經）：有一個叫薩遮尼揵子的人，是當時印度六大外道之一的拜火婆羅門。能言善道，主張色、受、想、行、識五蘊就是「我」，「我」就是色、受、想、行、識五蘊，並領有一群弟子。聽說佛陀教誨弟子觀五蘊無我，如病、如癰、如刺、如殺，無常、苦、空、非我。正與其教理相反，於是率領一批弟子找上佛陀，掀起一場精彩的論戰。

首先，薩遮尼揵子主張五蘊是「我」。並舉例說：就像世間的一切作爲皆依止於大地一樣。人的一切作爲皆依止於色身，善惡是非皆由此而生，故說「色是我」。同時也依止於受、想、行、識，善惡是非皆由此而生，故說「受、想、行、識是我」。另外，就像世間的人神、草木、萬物，也都依止於大地才得以生長。同理可證，人的一切身心，也都是依止於「五蘊」才得以生長，故說「五蘊是我」。這樣的見解在當時也頗有許多人抱持相同的看法，很直覺地認爲「我」就是這個五蘊所組成的身心個體。而且，「我」是唯一、獨特的。薩遮尼揵子甚至自豪地認爲，很多人的看法都跟他一樣。

佛陀如何駁斥這樣的論點呢？佛陀舉了一個例子，並問薩遮尼揵子說：所謂「一國之君」可不可以在他的國土之內，對有罪過者行使刑罰？對有功勞者論功行賞？薩遮尼揵子答言：可以。於是，佛陀進一步闡述：凡是我者、主宰者，應該就要像一國之君一樣，具有主宰的權力，要賞要罰，均得以隨其自在。然而，若說色、受、想、行、識是「我」，請問色、受、想、行、識能不能隨其自在，令其如是、或不如是？薩遮尼揵子一時答不上來，佛陀令其速說。此時，金剛力士鬼神手持金剛杵，猛火熾然，令薩遮尼揵子儘速回答。佛陀以神力唯令薩遮尼揵子看見金剛神，其他人則看不見。最後，薩遮尼揵子也不得不承認色、受、想、行、識不是「我」，因爲我們根本就不能主宰我們的五蘊身心，令其不壞。然後佛陀才用無常、苦、變易法來教導薩遮尼揵子「無我」的眞理。

五蘊非我

由此可知，所謂「我」是指可以主宰自己五蘊身心的一切。可是事實的眞相卻是無常、苦、變易，找不到一個「實我」存在，故說「無我」。然而，一般人卻執著這個「假我」，而生出種種的煩惱與痛苦。雜阿含經（卷三　五三經／六二經）云：愚癡無聞凡夫無慧無明，見色是我、異我、相在；如是受、想、行、識是我、異我、相在。如是愚癡無聞凡夫無慧無明，於五受陰說我繫著，使心結縛而生貪欲。意思是說，愚癡無聞凡夫不知不見世間的眞相，缺乏智慧，不明究理，執著五蘊身心是我、是我所有。有情眾生認爲五蘊就是我，是我所有；我在五蘊之內，五蘊在我之內；如此執著五蘊爲「我」，因而使內心結縛而生起貪欲，爲的就是想要滿足自我。雜阿含經（卷三　五四經／六三經）云：如是愚癡無聞凡夫計我、無明、分別如是觀，不離我所；不離我所者，入於諸根；入於諸根已，而生於觸；六觸入所觸，愚癡無聞凡夫生苦樂，從是生此等及餘。意思是說，愚癡無聞凡夫認定有我，無慧無明，如此分別，不能捨離我及我所有，因而促使我們的六根向外攀緣，「根、塵」相觸而生起種種感受，或苦、或樂、或悲、或喜，煩惱不已。可見得誤認五蘊爲我就會心生執著，一旦執著有我，就會心生欲貪。一旦生起欲貪，就會想盡辦法來滿足自我，若有所違逆，則心生瞋恚。瞋恨心一起，造業難免；即使一切順遂，可惜欲壑難塡，貪心不足，造業就更加難以避免。一旦造業，苦報難逃。人生苦痛之癥結，即在於執著一個「我」。

雜阿含經（卷六　一三五經／一三三經）云：何所有故，何所起，何所繫著，何所見我？令眾生無明所蓋，愛繫我首，長道驅馳，生死輪迴，生死流轉，不知本際。諸比丘，色有故，色事起，色繫著，色見我，令眾生無明所蓋，愛繫其首，長道驅馳，生死輪迴，生死流轉；受、想、行、識亦復如是。色是無常，若無常者是苦，是苦有故，是事起、繫著、見我，令眾生無明所蓋，愛繫其首，長道驅馳，生死輪迴，生死流轉；受、想、行、識亦復如是。由此可知，造成有情眾生沉淪生死苦海的根本原因，即在於有情眾生執著五蘊爲我。一旦執著五蘊爲我，就會被無明所蒙蔽，欲貪所牽引，進而造成六根難守護，心念常雜染，內心難駕馭，造就諸罪業，嚐盡痛苦果。人世間的是是非非，恩恩怨怨，愛恨情仇都根源於眾生執著五蘊爲我。有執著就會有欲望，再加上愚癡無明，無法控制自己的內心，難以規範自己的行爲，就會常常造意業、造口業、造身業；造業不斷，煩惱與痛苦當然就不斷。

若說五蘊非我，那麼「我」是從何而生呢？雜阿含經（卷二 三八經／二六一經）云：生法計是我，非不生。阿難！云何於生法計是我，非不生？色生，生是我，非不生；受、想、行、識生，生是我，非不生。譬如士夫手執明鏡及淨水鏡，自見面生，生故見，非不生。是故，色生，生故計是我，非不生；如是受、想、行、識生故計是我，非不生。意思是說，「我」是由於有所執取才有我，不取則無。執取色身則有我，不執取則無。執取受、想、行、識則有我，不執取則無。就好像人照鏡子一般，觀察自己的儀容面相，取則見，不取則不見。由此可知，「我」是由於執取五蘊而生，若無所執取則不生。

然而，執取五蘊的後果又會如何呢？雜阿含經（卷四 八九經／四三經）云：取故生著，不取則不著。云何取故生著？愚癡無聞凡夫於色見是我、異我、相在，見色是我、我所而取；取已，彼色若變、若異，心亦隨轉；心隨轉已，亦生取著，攝受心住；攝受心住故，則生恐怖、障礙、心亂，以取著故。受、想、行、識亦如是說。也就是說，有情眾生認爲五蘊就是我、我所有；我在五蘊之內，五蘊在我之內，如此執著五蘊爲「我」。一旦五蘊產生變化，內心亦隨之轉變，生出雜染執著，並隨著各種感受起舞。如此將會引起內心的恐怖、障礙與紛亂，煩惱與痛苦由此而生，這就是執取五蘊爲我的後果。

可見得由五蘊所組成的「我」是會變化的，非我們所能主宰與控制。雜阿含經（卷十一 二七二經／二七三經）云：譬如兩手和合相對作聲，如是緣眼、色，生眼識，三事和合觸，觸俱生受、想、思。此等諸法非我、非常；是無常之我，非恆、非安穩、變易之我。所以者何？比丘！謂生、老、死、沒、受生之法。意思是說，五蘊所組成的有情生命個體，其中並沒有能夠主宰的「我」，也沒有恆常不變的「我」。就像兩手互相拍打作聲一樣，有「根、塵、識」三者相觸才會生出「受、想、思」。這一切都是非我、非常，有的只是一個非恆常不變的「我」，非恆久存在的「我」，非安住穩定的「我」，是不斷變易轉化的「我」。而原因就在於這個五蘊組成的「我」，受制於生、老、病、死以及輪迴的法則；就像兩手互相拍打出來的聲音一樣，瞬間產生，也瞬間消滅。說有，一下子就消失了；說沒有，卻也曾經發生過；確實非常、非恆、非穩，五蘊也是如此。若執著非常、非恆、非穩的五蘊爲「我」，想要不痛苦也難。

正觀無我

所以佛陀一再地勸誡我們，要培養「正觀」五蘊無我的智慧。雜阿含經（卷三 五五經／六四經）云：此色是無常，受、想、行、識是無常；色是苦，受、想、行、識是苦；色是無我，受、想、行、識是無我。此色非當有；受、想、行、識非當有；此色壞有，受、想、行、識壞有；故非我、非我所，我、我所非當有。佛陀清楚地告訴我們，組成有情生命個體的「五蘊」——色、受、想、行、識是無常的，是苦的，是無我的。不是本來就有，是因緣和合才有的，是會變遷、轉化、敗壞的有。故不僅不是我，也非我所有，而且本來就是這樣子。

參考慧廣法師《從無我、空到達解脫》對「無我」的獨到見解：所謂「我」是「常、一、主、宰」的意思。「常」是不變，「一」是獨立，「主」是自在，「宰」是支配。具有永恆性、獨立性、自主性、主宰性之義。亦即對於自身的一切能夠當家作主，具有自由自在的能力，能夠支配和統治屬於自己的一切，具有恆常不變的特性，才可以稱爲「我」。然而，眞實的情況是：在一切法之中，遍尋不著一個恆常不變的「我」，沒有一個實在、眞實的「我」，能主宰一切的「我」。有的只是一個由「四大、五蘊、六根」因緣和合所組成具有身心個體的「我」。這個「我」是虛幻的、是無常、變易、苦的「假我」，沒有辦法主宰自己一切的「我」，是謂「諸法無我」。一般有情生命妄執五蘊爲「我」，是依靠因緣和合而有，隨因緣而生，隨因緣而滅，非恆、非常、非穩、非不變易，是緣起幻化、虛幻不實的，故說「五蘊無我」（雜阿含經 卷三 五五經／六四經）。

雜阿含經（卷一 一〇經／一〇經）云：色無常，無常即苦，苦即非我，非我者即非我所，如是觀者，名眞實正觀。如是受、想、行、識無常，無常即苦，苦即非我，非我者即非我所，如是觀者，名眞實正觀。聖弟子！如是觀者，於色解脫，於受、想、行、識解脫。我說是等解脫於生老病死，憂悲苦惱。意思是說，培養正觀「五蘊無我」的智慧，是解脫生老病死，憂悲惱苦的關鍵。因爲無常，所以世間的一切都在變遷轉化，無有恆久，無有安穩，任何人情事物皆不例外。因爲無常，所以是苦。身體會老化是苦，感情會變化是苦，想要要不到是苦，擁有的會失去是苦，各種身心的感受，歸納起來就是一個「苦」字，諸受是苦。因爲諸受是苦，所以內心不得自在，故說「無我」。「無我」也就是沒有一個能夠主宰自己身心的我。若是有「我」，則不應有病、有苦產生。若是執著五蘊爲我，那麼就會有欲望產生；有欲望產生，就會不斷地向外攀緣來滿足自我，煩惱與痛苦、流轉與輪迴就會跟隨而來，故說「諸法無我」。

雜阿含經（卷三　七五經／八四經）云：色是無常，無常則苦，苦則非我，非我者，彼一切非我、不異我、不相在，如實知，是名正觀；受、想、行、識亦復如是。多聞聖弟子於此五受陰非我、非我所觀察。如是觀察，於諸世間都無所取，無所取故無所著，無所著故自覺涅槃，我生已盡，梵行已立，所作已作，自知不受後有。意思是說，所謂「非我」就是「無我」，就是沒有一個恆常不變的我、眞實的我、自主的我、自在的我。所謂「不異我」就是「無我所」，就是非我所有。既然無我，也就沒有所謂的「我所有」。所謂「不相在」就是我非在五蘊身心之內，五蘊身心也非在我之內。五蘊只是組成我的元素而已，而我則是由五蘊因緣和合所組成，需要彼此互相扶持，共存共榮，非單獨可以成立，是無常、苦、變易之我。若能如此看待，則對於五蘊及世間的一切就不會有所執取；不去執取，就不會有所染著；沒有染著，自然就會放下一切得失，內心自然平靜無波。沒有私欲，沒有煩惱，沒有痛苦，涅槃就會現前，心慧就會解脫，得大自在，自知不受後有。

無我、無我所

一般人的認知，「我」者謂自身，「我所」者謂身外之物。凡是與我有關的身外之物，都是「我所」。內有妄想，外有諸法。因爲有「我」，所以產生「我所」；因爲有「我所」，所以想要佔爲己有，是謂「我所有」。我是「能」，是能識之心的內境；我所是「法」，是所識之物的外境。「我」立，「我所」才立；先著「我」，後著「我所」。也就是說，一般人因爲對「我」的錯誤認知，所以產生對「我」的執著，再引發「我所」，進而想要擁有更多外在的一切；包括我的財產、我的事業、我的愛情、我的婚姻、我的家庭、我的兒女、我的親情、我的名利、我的權位、我的成就等，恨不得世間的一切都是我的。正因爲有情眾生愚癡無明，執取「我」與「我所」，透過六根不斷向外攀緣，導致有情眾生起惑造業，由業感苦，「惑、業、苦」循環不已，生死流轉不息。執取加深、苦惱也會加深。根據空海（惟傳）法師《阿含解脫道次第 解說講稿》的看法：「我」和「我所」其實就是指繫縛有情眾生不得出離生死的的十個「結」，包括五下分結與五上分結。所以說，「我」和「我所」其實是產生「貪、瞋、癡」的根本原因。

因此，從道德的角度來看，「我」和「我所」是一切自私自利的根源，是解脫自在最嚴重的障礙，因此要破除對「我」和「我所」的執取與貪染。從存在的角度來看，「我」是因緣和合而有；緣聚則有，緣散則無；誰也不屬於誰，誰也沒有擁有誰；從來就沒有東西是我所有，故說「無我」、「無我所」。印順導師《佛法概論》說：「豎觀諸法的延續性，念念生滅的變易，稱爲無常；橫觀諸法的相依相存，彼此相關而沒有自體，稱爲無我。」從「無常觀」與「因緣觀」，並無獨立與不變的「我」。緣起幻生、無常變易，諸受是苦，因此內心不得自在，還能說有我嗎？所以說，一切都是緣起，並非有個能做主、能支配、恆常不變的「我」存在。

然而，佛陀主張「無我」並非否定五蘊身心存在的事實。存在只是一種暫時的現象，亦即我們不能否認緣起現象的存在，也不能否認其作用，只是這個存在與作用是無常而已。「我」與「我所」都是「根、塵、識」因緣和合而有，都是緣起的。緣生緣滅，緣聚緣散，本質上雖是「無」，但作用卻是「有」。因此，「無我」對於緣起幻有的五蘊假我的存在，作爲認知主體、道德主體、乃至於輪迴主體，仍是不予否定的。「無我」只是心境上的一種境界，其內涵是「不執著」。所以說，「心」是最重要的，直到你的「心」放下一切，這幻生幻滅的生死輪迴才會結束。

在佛陀時代，就有人曾經誤解「無我」的涵意。雜阿含經（卷四　一〇四經／五八經）云：若無我者，作無我業，於未來世，誰當受報？這是一個比丘，無智無明，在聽到佛陀宣揚無我之後，所產生的疑問。這個比丘以爲既然無我，那麼這輩子由這個五蘊身心組成的生命個體所造作的種種業，在未來將會報在誰的身上呢？他以爲若是無我，那麼死後便是一了百了，從此斷滅，造業的人如何還能感受業報呢？這是誤會無常、苦、變易的意思而導致斷滅。事實的眞相是：雖然無常變易，卻是相續不斷。就像兒童長大成人，後來又變成老翁，其間必然經過少年、青少年、青年、成年、壯年、中年，方到老年。說它無常一點也沒錯，曾經是翩翩美少年，如今卻成白髮老公公。然而，雖是無常變易，卻是相續而非斷滅。我們生命的眞相正是如此，在無常而相續的過程中，流轉不息，故說「無我而非斷滅」。

尊貴的蓮生聖尊《清涼的書箋》提到：一切煩惱因「我」而起，一切煩惱因「無我」而滅。六祖《壇經》機緣品云：有我罪即生。更是直接指明，「我」是所有罪業的來源；只要放下這個「我」，罪業就可以遠離我們而去。世間的一切都不可以執著，更不可以想要佔爲己有，要完全放下對「我」與「我所」的執著。不僅不執著自己的五蘊身心，包括色身、覺受、感情、思想、見解等；也不執著身外之物，包括財、色、名、食、睡等。不管「我」或「我所」，都不會在意是否失去或擁有。體會無我，就可以體會無我所；體會無我、無我所，就可以慢慢地放下對於自我五蘊身心以及身外之物的執著。雜阿含經（卷三五五經／六四經）云：法無有吾我，亦復無我所，我既非當有，我所何由生？意思是說，既然諸法無我，當然也就沒有什麼東西是我所能擁有；我既然不是恆常不變的有，所以是無我。如果能夠如此認知，不但不會執取五蘊爲我，或我所有，也不會執取身外之物是我所有。淨空法師認爲：「無我、我所，所有一切法的眞相皆是如此。我尚且沒有，哪來的我所？我所就是我所有的，這個房子是我所有的，財產是我所有的，地位是我所有的，權力是我所有的。假的，我所有的更沒有了。既然沒有我，當然就沒有我所有。我都已經不存在了，那裡有我所有的。」能夠這樣子理解，屬於我所有的這些外在的東西，就可以慢慢地放下，不會再有那麼強烈的佔有欲和控制欲。

然而，如何破除對五蘊所生起的妄執、身見、我見呢？在阿含經中有所謂的無我「三門觀法」與「四門觀法」。所謂「三門觀法」是指「五蘊非我」、「不異我」、「不相在」（雜阿含經 卷一 三〇經／三〇經）。所謂「四門觀法」是指「不見色是我」、「不見色異我」、「不見我中色」、「不見色中我」；受、想、行、識亦復如是（雜阿含經 卷二十一 五六九經／五七〇經）。意思都是在闡述：五蘊不是「我」，也不是「我所有」；五蘊不在「我」之中，「我」也不在五蘊之中；不但五蘊如此，六根也是這樣。雜阿含經（卷十一 二七三經／二七四經）云：眼非汝所有，彼應棄捨；捨彼法已，長夜安樂；耳、鼻、舌、身、意亦復如是。多聞聖弟子於此六入處觀察非我、非我所；觀察已，於諸世間都無所取；無所取故，無所著；無所著故，自覺涅槃。我生已盡，梵行已立，所作已作，自知不受後有。意思是說，六根不是我，也不是我所有。六根是無常、苦的，應當捨棄，不應當執著。一旦捨棄就可獲得長久的安樂。若能這樣觀察，則對於世間的一切就不會有所執取；沒有執取，也就不會有所染著；沒有染著，就可以自覺涅槃，從此不再受生輪迴。

佛陀教誡我們以「無我」、「無我所」爲正觀，觀察內而身心、外而世界；由內而外、由身心而一切萬法；正觀「無我」而「無我所」，邁入解脫。雜阿含經（卷一 二三經／二三經）云：當觀所有諸色，若過去、若未來、若現在、若內、若外、若粗、若細、若好、若醜、若遠、若近，彼一切悉皆非我、不異我、不相在，如是平等慧正觀。如是受、想、行、識，若過去、若未來、若現在、若內、若外、若粗、若細、若好、若醜、若遠、若近，彼一切悉皆非我、不異我、不相在，如是平等慧如實觀。如是知、如是見，則於此識身及外境界一切相無有我、我所見、我慢使繫著，是名斷愛欲，轉去諸結，正無間等，究竟苦邊。意思是說，佛陀要我們仔細謹愼地觀察五蘊身心，不管是過去、現在、還是未來的五蘊身心；不管是五蘊身心之內、還是五蘊身心之外；不管是美好的、還是醜陋的；不管是粗大可見的、還是細小難見的；不管是遠在天邊的、還是近在眼前的；這一切的種種，都找不到一個實在的「我」存在，也找不到一個恆常不變的「我」存在，更找不到一個可以自我主宰，不令身心壞苦的「我」存在，故說「無我」。既然是「無我」，所以是「無我所有」。五蘊身心都已經不是我了，如何還會去追求身外之物，而認爲是我所有呢？所以，不僅五蘊非我、非我所有，世間的一切人情事物當然也是非我所有。而且，「我」非在五蘊身心之內，五蘊身心也非在「我」之內。五蘊只是組成「我」的元素而已，而「我」則是由五蘊因緣和合所組成，是無常、苦、變易之「我」。體認出這樣的事實之後，自然就會看破，看破什麼？看破紅塵，厭離「四食、五欲、六塵」，不再貪戀，一切都無所求；自然就會放下，放下什麼？放下得失，厭離「四大、五蘊、六根」，不再執取，一切都無所謂。若能如是知見，就能夠內證無我，無取無著；外證無相，無貪無染，一切都無所住。對於自我本身及身外境界的一切現象，不再執取貪染，也不再執著自己的偏見，更不會被自我傲慢的習氣所牽絆。內不爲煩腦所動，外不爲六塵所染；內不住一切心，外遠離一切相。若能如此，就可以做到「斷愛欲」，亦即徹底斷除對物質及精神方面的迷戀與執著。完成「轉去諸結」，亦即轉雜染爲清淨，去除束縛身心的結使煩惱。成就「正無間等」，亦即眞正地達到現觀的境界，正斷一切煩惱，任何時刻都不會被煩惱惑業所間隔。達到「究竟苦邊」，亦即完全脫離生死沉淪的苦海，不再有痛苦與牽掛，登上涅槃彼岸。

無我故涅槃

聖嚴法師《動靜皆自在》說：「由於有我，所以執著而有了煩惱；一旦離了執著，那就是無我，就能產生智慧。」凡聖的差別就在於執著「有我」或證悟「無我」。須知心不孤起，仗境方生；所緣境不離能緣心，心境都是因緣和合所現。離心無境，離境無心，心境不二，故知心境皆是緣起幻有，無常、苦、無我。若能明瞭，便能產生智慧，不著內外見；內而無我，外無我所。「內見」是能取的我見，；「外見」是所取的法見。愚癡無聞凡夫因爲生起「內見」的妄心，進而攀緣「外見」的三界。內取根身，外著六塵；引發「內欲貪」：喜貪自我五蘊身心；引發「外欲貪」：喜貪自我五蘊身心以外的塵境（雜阿含經 卷二十七 七二五經／七一三經），進而引發諸苦。因此佛陀要我們正觀「諸行無常」，厭患世間而求出離；正觀「諸受是苦」即能達到無我、無我所；正觀「無我、無我所」即可離一切愛欲；離一切愛欲即可離一切煩惱；離一切煩惱謂之漏盡；漏盡所以能得涅槃解脫。須知，一切煩惱皆因「有我」而起，一切煩惱也將因「無我」而滅。既然「無我」，當然也就沒有什麼東西是「我所有」。如果能夠如此認知，不但不會執著五蘊爲我，或我所有，也不會執著身外之物是我所有。從「無我」的體會與實踐中，逐漸地減少欲望與貪愛，滅除瞋恚嫉恨與癡心妄想，一直到徹底止息一切煩惱，徹底斷盡「五上分結」與「五下分結」爲止。最後連最深沉、最細微的「我慢」都加以斷除，漏盡解脫，寂靜涅槃，自知不受後有。

從宇宙人生的眞相來看，依緣起法，在時間方面「諸行無常」；在人心方面「諸受是苦」；在空間方面「諸法無我」。若懂得看破紅塵，放下得失，不再執取，無所貪染，就可以自覺「寂靜涅槃」。以下我們從時間層面、感受層面、空間層面、互動層面分析如下：

一、時間層面：從有情生命的「三世因果」來看，緣起法告訴我們，此有故彼有，此無故彼無；緣聚則生，緣散則滅，緣生緣滅，生滅變易，無有恆常。有情生命是眾生由惑造業、由業感苦所招感生死相續的生命個體。人生就是一個「惑、業、苦」的無限循環，生死流轉不已。因此，從「諸行無常」的體認中，破除「我」是一個恆常不變的生命個體，一切都是緣起，故說「無我」。

二、感受層面：從有情生命的「情緒感受」來看，客觀上，因為緣起，世間的一切皆無常變易之法，非恆非常，一切終將敗壞，轉眼成空！主觀上，我們的內心執著五蘊身心為我，為滿足自我而不斷向外攀緣貪求，有求皆苦。而且，有我就有苦。因此，從「諸受是苦」的體認中，破除「我」是一個自由、自在、自主的生命個體。一切都是無常、苦，故說「無我」。

三、空間層面：從有情生命的「組成元素」來看，「我」乃是五蘊和合而有，五蘊積集而成。雜阿含經（卷四十五　一一八六經／一二〇二經）云：如和合眾材，世名之為車；諸陰因緣合，假名為眾生。意思是說，就好像各種材料在因緣和合之下，組合成為一部車；有情生命也是一樣，五蘊在因緣和合之下，組合成為假名的眾生。因此，從「五蘊和合」的體認中，破除「我」是一個獨立不能分割的生命個體，一切都是因緣和合，故說「無我」。

四、互動層面：從有情生命的「人我互動」來看，有情生命之間互相依賴，互相扶持，互相影響。形成一個互助共生的生命共同體，不可分離。彼此之間，互為條件，互為支撐。想要別人對你好，首先你就要先對別人好。內心發出和善的電波，才會接收到和善的回應。若只想到自己，自私自利，不懂得感恩惜福，終將一無所有。因此，從「成就別人就是成就自己」的體認中，破除「我」是一個獨一自有的生命個體，一切都是互助共生，故說「無我」。

所以說，一切都是緣起，一切都是無常、苦，一切都是因緣和合，一切都是互助共生。我非「恆常不變」，我非「自在自主」，我只是「假名存在」，我非「獨一自有」，故說「無我」。該怎麼做呢？要勇敢面對無常，看破紅塵，不再貪戀；要勇於承擔諸苦，放下得失，不再執取。最重要的就是體認萬法緣起，不再執著五蘊身心為我。須知有「我」就有「妄想、分別、執著」，有「我」就有「我見、我愛、我慢、我癡」，有「我」就有「貪、瞋、癡、慢、疑」，有「我」就有欲望，有「我」就有煩惱，有「我」就有痛苦。真實的體驗是：只要有一點主張「我」的雜染念頭產生，得失心就會出現，內心就不清淨，心情就無法平靜，甚至惹來一身腥。無我才能夠放下，無我才能夠自在，無我才能夠無取無著，無我才能夠無貪無染，無我才能夠摒除私心。一個無私無我的人，才能夠發無量心，得無量福，福慧雙修，悲智雙運；止息一切煩惱，登上涅槃彼岸，成就無上果位。所以說「無我故涅槃」。

第五節 寂靜涅槃的智慧

何謂寂靜涅槃？

從「修行學佛」來看，長阿含經（卷五）典尊經云：今我為弟子說法，則能使其得究竟道，究竟梵行，究竟安隱，終歸涅槃。意思是說，佛陀為眾弟子所說的一切法，都是為了能夠讓眾弟子得到究竟圓滿的正道，得到究竟圓滿的清淨，得到究竟圓滿的安穩，最終能夠證入寂靜涅槃。從「漏盡解脫」來看，雜阿含經（卷二 八五經／三九經）云：解脫已，於諸世間都無所取、無所著。無所取、無所著已，自覺涅槃。意思是說，一旦漏盡解脫，則於世間的一切都不再有所執取，也不再有所染著。一旦不再有所執取，不再有所染著，就可以自知、自覺、自證，最終一樣是證入寂靜涅槃。可見得我們修行學佛、漏盡解脫的共同歸宿就是「寂靜涅槃」。增壹阿含經（卷十二）三寶品（一七五）云：涅槃法於諸法中最尊、最上，無能及者。由此可見涅槃的可貴、珍貴與尊貴。

然而，什麼是涅槃呢？涅槃者寂靜；寂靜者，內心寂滅靜止。內心如何寂滅靜止呢？煩惱止息，內心方能寂滅靜止。煩惱如何止息？當待「貪、瞋、癡」滅盡。佛陀宣說「涅槃」是相對於「生死」的各種苦楚，因此要導引眾生出離生死苦海，出離雜染煩惱，趨向煩惱熄滅、痛苦止息的涅槃境界。何謂寂靜？煩惱不再生起謂之「寂」；絕諸生死苦患謂之「靜」。何謂涅槃？「涅槃」有吹散、消滅、熄滅、寂滅、解脫、無爲之意。通常我們說「解脫的聖者」即是證入涅槃解脫境界的聖人。但要注意的是，一般人很容易誤解涅槃就是死亡的意思，須知涅槃絕對不等於死亡。

雜阿含經（卷十八　四八九經／四九〇經）云：涅槃者，貪欲永盡、瞋恚永盡、愚癡永盡、一切諸煩惱永盡，是名涅槃。意思是說，所謂「涅槃」就是「貪、瞋、癡」永斷無餘，一切煩惱永斷無餘。從此寂滅、清涼、清淨、眞實（雜阿含經　卷二　八五經／三九經）。也就是說，不再造作因緣惑業，滅除生死之患，度脫生死瀑流，遠離一切業果，業果不再續生，不生也就不滅。遠離令內心熾熱雜染的煩惱，斷盡五下分結（我見、疑見、戒禁取見、欲貪、瞋恚），清涼自在；斷盡五上分結（色貪、無色貪、掉舉、我慢、無明），清淨自在。遠離虛幻不實，親證緣起流轉、還滅、四諦之眞理。甚至能夠自主六根接觸六塵，斷欲去愛，熄滅三毒，從此業因消失；業因一旦消失，生老病死也跟著消失，五趣流轉、六道輪迴也跟著消失，達到不生不滅的境界，這才是「涅槃」的眞意。

此外，涅槃又可以分爲兩種，那兩種呢？增壹阿含經（卷七）火滅品（一二一）云：有此二涅槃界。云何爲二？有餘涅槃界、無餘涅槃界。彼云何名爲有餘涅槃界？於是，比丘滅五下分結，即彼般涅槃，不還來此世，是謂名爲有餘涅槃界。彼云何名爲無餘涅槃界？如是，比丘盡有漏成無漏，意解脫、智慧解脫，自身作證而自遊戲，生死已盡，梵行已立，更不受有。如實知之，是謂爲無餘涅槃界。意思是說，「涅槃」有兩種，一爲「有餘涅槃」；一爲「無餘涅槃」。所謂「有餘涅槃」是指聖者斷除了「五下分結」之後，即入涅槃，從此不再返還來此世間，謂之「有餘涅槃」。所謂「無餘涅槃」是指聖者已經斷盡一切煩惱，心解脫、慧解脫，心慧解脫就是解脫的聖者，而且是自知、自覺、自證。從此生死已盡，不再受生輪迴，而且如實知道，謂之「無餘涅槃」。

不過，普遍的認知是：「有餘涅槃」是指聖者的煩惱已經斷盡，無貪無染，精神已經進入涅槃的境界，但五蘊假合之色身仍在。雖然心靈上已經清淨解脫了，但是色身的感受仍然存在。「無餘涅槃」則是指聖者已經漏盡解脫，並且捨離有形的五蘊身心而入滅。亦即精神與肉體皆進入涅槃的境界，心靈與色身圓滿解脫，從此出離三界，不再受生輪迴。尊貴的蓮生聖尊《清風小語》提到：達到聖果之流的人，自主六根六塵，欲望滅絕，業力跟著消失。業力一消失，生老病死也消失，六道輪迴也消失，不生不滅的境界出現，這才是「涅槃」的大意。所以說，活著證悟稱爲「有餘涅槃」，證悟入滅稱爲「無餘涅槃」。綜合而言，寂靜涅槃是人生的最終歸宿。如果能夠證無我，斷煩惱，就能夠得涅槃。煩惱的助緣沒有了，業力也就不會再起作用。雖然色身還在，色身的苦還有，但內心可以不苦，這就是「有餘涅槃」。到最後死了，五蘊身心的組合離散了，但不再受生，不再輪迴，永絕諸苦，這就是「無餘涅槃」。從此了生死，出三界，再也不生，不生也就不滅。「不生不滅」是涅槃的特性。

涅槃解脫

涅槃的別名又叫「解脫」，但並非一定要死後才有解脫，而是當下解脫。雜阿含經（卷九 二五六經／二五四經）云：貪、恚、癡盡，是名眞實解脫。也就是說，只要我們滅盡「貪、瞋、癡」，就可以證入「寂靜涅槃」的眞實解脫境界，而且是現世得解脫，不必等到死後。在日常生活當中，不管是獨處或是與人相處互動的時候，只要我們當下放下得失，不再貪愛染著；放下瞋恨，不再亂發脾氣；放下執取，不再癡心妄想；內心平靜無波，清涼自在，沒有負擔，毫無牽掛，滿心歡喜，充滿愉悅、幸福、快樂的感覺，當下即是涅槃。斷一分煩惱，即得一分涅槃；斷十分煩惱，即得十分涅槃。而且，人人可以得涅槃，處處可以得涅槃，時時可以得涅槃。可見得涅槃並非如此遙遠，涅槃其實就在我們身邊，涅槃其實就在我們心中。一個人若能常住涅槃，煩惱又將何在？因此，我們應當遵守佛陀的教誡——八正道，住心一處，得定得樂，並按照既定的修行順序，勤修「戒、定、慧」，熄滅「貪、瞋、癡」，讓自己能夠常住涅槃，煩惱永盡，心無執取，諸漏解脫，寂靜涅槃（中阿含經 卷二十二 穢品 求法經 八八）。

所以說，凡是精神不再受到束縛，內心不再隨境起舞；從此脫離苦惱，自由自在；該盡的責任都已經盡了，該做的努力也都已經做了，一切都不放在心上，一切都不在乎，一切都無所謂，甚至根本就沒有所謂的「無所謂」。從此解除惑業之繫縛，脫離三界之苦果，不爲塵世所累，不爲生死所縛，達到任運自在、自主生死的境界，是謂「解脫」。從原始佛教的觀點，解脫其實包括心解脫與慧解脫。雜阿含經（卷二十六 七二二經／七一〇經）云：離貪欲者，心解脫；離無明者，慧解脫。意思是說，針對「欲愛」，我們要熄滅「貪、瞋、癡」，達成「心解脫」，不再貪愛染著；針對「無明」，我們要培養正見智慧，達成

「慧解脫」，不再愚癡無明。也就是說，在情感上，止息「愛諍」，永斷喜貪，得心解脫；在知見上，止息「見諍」，永斷無明，得慧解脫。心解脫要實修禪定，懂得放下自我；慧解脫要培養正見，懂得看破紅塵。心慧解脫就可以成爲解脫的聖者，不再受生死的束縛，永離煩惱與痛苦。

另外，涅槃也等於「四聖諦」——苦集滅道的「滅諦」。「滅」可以是動詞：滅除煩惱與痛苦，滅除人我是非，滅除無明與愛染，滅除「妄想、分別、執著」。「滅」也可以是名詞：代表滅除煩惱與痛苦之後的境界。用「肯定」的語法來講是：寂滅、寧靜、安樂、清淨、光明、自主、自由、解脫、自在、彼岸。意思是說，滅除生死因果，度脫生死瀑流；寧靜安詳，安穩快樂；清淨光明，遠離業果，自主生死；解脫自在，登上涅槃彼岸。用「否定」的語法來講是：無漏、無染、無爲、無作、無起、無生。意思是說，不再有煩惱；不再貪愛染著；不再有造作的心念；不再造作因緣惑業；不再生起無明妄想；了悟諸法本來不生，不生也就不滅，生死苦果從此不再續生。一個解脫自在的聖者，對於內在的自我（四大、五蘊、六根），與外在的一切（四食、五欲、六塵），以及內外相觸所產生的各種「受、想、思」，乃至於人生的一切、世間的種種，都已經能夠看破，不再貪戀，一切都無所求；都已經能夠放下，不再執取，一切都無所謂。斷除一切欲貪，滅除一切煩惱，止息一切痛苦，達到所謂「苦滅」的境界。這種苦滅永不復生的境界，就是「寂滅」的境界，就是「涅槃」的境界。所以說，涅槃就是苦滅，苦滅就是流轉五趣、沉淪生死的痛苦已經消滅，再也不會受生輪迴，從此心慧解脫，解脫自在。

而心慧解脫的關鍵與凡聖的差別，就在於「有我」或「無我」。執著「有我」就會有煩惱、有痛苦，就會時時懸念、處處罣礙。執著「有我」就會見到有眾生、有人我、有五趣、有六道、有生死、有輪迴。放下「無我」才可以一切自在，一切無礙，達到究竟涅槃。因爲無我，所以無我所；因爲無我、無我所，所以是「空」。「四大、五蘊、六根」是空；「四食、五欲、六塵」是空；「貪、瞋、癡、慢、疑」也是空。也就是說，實際上一切法性本空寂，終歸寂滅；一切法本來不生，不生也就不滅。「空寂」意謂著可以生，也可以不生；實際上是在生滅當中，本來就是不生不滅的。所以涅槃並非於生滅幻相之外，還有一個不生不滅的境界。諸法的眞相就是不生不滅，只是裡面遍尋不著一個恆常不變的「我」。一切都是緣起、無常、變易、苦的，故說「諸法無我」。無我就是空，空就是寂靜涅槃。眞正證悟涅槃的人，並不會覺得有「我」證悟涅槃。其實根本就沒有「我」，有如水回歸大海，遍一切水中，無所在，無所不在，一切平等無差別，一切都無所得。所以說「無我故涅槃」。

第六節 結語

「三法印」是全體佛教界一致公認的佛陀正法，只要符合三法印的教義，即可視爲佛陀正法。所謂「法印」即是用來印證某種道理是否符合「出世間」的佛法，能否眞正了生死、出三界、脫輪迴。「三法印」是印證一切佛法的基礎，是放諸四海皆準的眞理，故稱爲「法印」。只有教導我們出離世間，走上究竟解脫之道的佛法，才能算是符合「三法印」的佛法。「三法印」一般是指諸行無常，諸法無我，寂靜涅槃，是屬於涅槃解脫彼岸的三法印。若是指諸行無常，諸受是苦，諸法無我，則是屬於沉淪生死此岸的三法印。綜合起來從「此岸」到「彼岸」則是「四法印」：諸行無常，諸受是苦，諸法無我，寂靜涅槃；或稱爲「四法本末」（增壹阿含經 卷十八 四意斷品之二 一二三三）。「三法印」或「四法本末」其實與「四聖諦」——苦集滅道是相通的。「諸行無常」是苦因；「諸受是苦」是苦果；「諸法無我」是滅苦之道；

「寂靜涅槃」是苦滅的境界。也就是要確實領悟苦因的集起：諸行無常；才能夠體會苦的眞相：諸受是苦；進而實踐滅苦之法：諸法無我；才能夠徹底解脫煩腦與痛苦，證入苦滅：寂靜涅槃。聖嚴法師《學佛知律》說：「親證三法印，便入解脫門的寂滅道。所以，三法印即是用作四聖諦的說明者。」

「諸行無常」告訴我們：世間的一切都是無常的。四大無常，色身無常，心識無常，五蘊無常，六根無常，十二處無常，十八界無常，世間無常，人生無常。過去、現在、未來都是無常。有生就有死，有壯就有老，有盛就有衰，未嘗有一事，不被無常所呑沒，所以說「無常故苦」。透過觀照無常，發起厭離心，就可以破除我們對於自我身心的執取，以及對於世間的貪愛，進而邁向解脫。雖然無常，但不爲無常所遷，而灰心喪志。「無常」其實就是不斷地變遷轉化，沒有好壞的價値包袱。好的會過去，不好的也會過去。無常不離因緣，是自然的法則。無常變易才是常態，問題在於如何徹底認清無常並坦然接受無常。因此，無常是中性的，好也等於不好，不好也等於好。若能這樣看待，無常反而是一種轉機，就不會一味地趨吉避凶，而是一種覺醒。所以要把握因緣，活在當下，精進修行。因爲無常，才有希望；因爲無常，才是機會；因爲無常，才能改善；因爲無常，才可覺悟。正觀無常，心則不妄不執；正觀無常，心則息緣離欲；正觀無常，心則無我無相；正觀無常，心則空寂無生；正觀無常，心則清淨無爲；正觀無常，心則解脫自在。因此，面對諸行無常，我們要學習看破；看破什麼？看破紅塵，不再貪戀，厭離五欲，不再攀緣，一切都無所求！

「諸受是苦」告訴我們：人生是大苦的聚集，五蘊本身就是苦。一者因色身而有苦，稱爲「身苦」；二者因煩憂而有苦，稱爲「心苦」。歸納起來就是對於五蘊身心的執著所生起的苦。所以佛陀要我們正觀諸受，不爲苦樂所遷，要身受心不受。進一步正觀五蘊無常、苦、空、無我，來破除執取。其實，苦並非完全不好，若沒有苦，就不會想要出離世間，進而忘卻修行。所以，「苦」反而是一種功德。（一）苦能令我們生起「出離心」：知苦才能離苦，離苦方能無苦。生起離苦之心，方能踏上修行之路，驅使我們邁向解脫之道。（二）苦能令我們生起「謙卑心」：若是一切順遂，就容易生起憍慢心。若是還未離苦，則能警覺自身條件之不足，懂得謙卑，比較不會生起貢高我慢之心。（三）苦能令我們生起「慚愧心」：「慚」是恥於己闕，「愧」是羞爲惡行。有「慚愧心」就曉得不能做傷天害理、違背良心的事。須知人生其實就是來酬業、還願與學習的。（四）苦能令我們生起「求安樂之心」：想要離苦，必先斷惡；想要得樂，則應修善。要求安樂，必修善因。除了身清淨、口清淨、意清淨之外，還要懂得行善利他，布施貧病。（五）苦能令我們生起「菩提心」：將心比心，推己及人；不忍眾生苦，不忍聖教衰；所以發悲願，感同身受，上求佛果，下化眾生，想要幫助苦難的眾生一起遠離痛苦。所以說，苦的功德始於「出離心」，但終於「菩提心」。因此，面對諸受是苦，我們要學習放下；放下什麼？放下得失，不再執取，與世無爭，不再計較，一切都無所謂！

「諸法無我」告訴我們：沒有一個恆常不變，能夠自己主宰，自由自在的「我」存在。無常易懂，諸苦難耐，無我難知。佛經上提到有關「我」的看法基本上可歸納爲三類：（一）現在世眞實是我。也就是說，現在活著的就是我，但無法知道命終以後的事。死後一切消散，我也不復存在，是爲「斷見」。（二）今世後世眞實是我。也就是說，現在活著的就是我，死後的我也可以長存，或升天堂，或下地獄，或不斷淨化，最終與梵、神合一，是爲「常見」。（三）現在世不見眞實是我，命終之後亦不見有我。也就是說，不論是現在世，還是命終之後，都沒有一個眞實的我存在。這就是佛陀所宣說的「無我觀」，只要證悟無我，現法愛斷、離欲、滅盡、涅槃（雜阿含經卷五　一〇七經／一〇五經）。故知無我的深義就在於「緣起」。在業力因緣所形成的生死輪迴之中，一切遵循著緣起法則。雖有業報，相續不失，但其中並無一個恆常不變的作者與受者。無我不是否定自己、斷滅消失，更不是沒有作用，而是超越對於自我的執著，達到解脫自在的境界。無我的「無」是「不執著」的意思。由於緣起，「我」只是五蘊因緣和合的假我，只是暫時的我，因緣的我，並非有個永恆不變的我。隨緣而來，隨緣而去；無所從來，無所從去；甚至是無有來去，無有生死，這才是「諸法無我」的深義。若是完全否定自我，那誰在起惑？誰在造業？誰在受苦？誰在六道輪迴？無我不是否認生命的存在，只是說明世間的一切皆是緣起幻有。所以「我」不是永恆的常見，亦非永滅的斷見。因緣聚集不可否認暫時存在的我，所以不生「無見」；因緣離散不可否認暫時消失的我，所以不生「我見」。不落斷常有無二邊，才是「緣起中道」之正見。因此，面對諸法無我，我們要止息妄心，顯露眞心；內證無我，無取無著，外證無相，無貪無染；一切都無所住！

「寂靜涅槃」告訴我們：涅槃不是死亡，而是滅度、無生之義。滅度又叫做入滅：是滅煩惱、度生死的意思。因爲諸行無常，所以諸受是苦；因爲諸受是苦，所以諸法無我；因爲諸法無我，所以五蘊皆空，寂靜涅槃。以緣起法爲基礎，從「無常」悟入「無我」的境界，從「無我」悟入「無生」的境界，超越生死，不生不滅。「無常」是人生眞實的現象，「無我」是生命眞實的作用，「無生」是諸法眞實的體性。印順導師《中觀今論》提到：從緣起的生滅相續而說「諸行無常」；從緣起的因緣和合而說「諸法無我」；從無我、無我所而悟入無生無滅的「涅槃空境」。從生滅相續的無常相中，了悟「常性」的空寂。從因緣和合的無我相中，了悟「我性」的空寂。「空寂」無常變易，卻又終歸寂滅。生非實生，滅非實滅；此生故彼生，此有故彼有，此滅故彼滅，此無故彼無，一切依緣生滅。正因爲性本空寂，諸法本不生，隨緣而起，隨緣而滅。須知世間的一切終將歸於寂滅，一切都無所得。從諸行無常中，體悟「常性」

本空而不生不滅。從諸法無我中，體悟「我性」本空而不生不滅。萬法緣起，世間本空，「空」即是無生的涅槃。因爲性本空寂，清淨無爲，本來什麼都沒有；念本無念，心本無生，無生也就無滅。有心妄動，就是生；無心不動，就是無生；「無生」其實是無生無不生。唐代悟達國師詩云：

花開滿樹紅，花落萬枝空；
唯餘一朵在，明日定隨風。

從這首詩當中，可以領悟到「現象面」的緣起無常，以及「本體面」的空寂無生。而且，叫我們不可以執著「有」，也不可以執著「無」。一下子「滿樹紅」，一下子又「萬枝空」。所以說，只要不執著，生也可以，不生也可以，甚至根本就無所謂生不生，是謂「無生」。這種自由灑脫，自主生死，不生不滅，來去自如，任運自在的境界就是「寂靜涅槃」。因此，面對寂靜涅槃，我們要修正習性，回歸本性，念本無念，心本無生，性本空寂，清淨無爲，一切都無所得！

佛教發展的過程，初期重視「無常行」，中期重視「無我行」，後期重視「無生行」，其實三者不可偏廢。「無常」教我們厭離；「無我」教我們離欲；「無生」教我們滅盡。厭則離欲，離欲則滅盡，滅盡則解脫，解脫則寂靜涅槃。「無常」、「無我」、「無生」也就是「三法印」的核心觀念。而整個「三法印」的基礎就是「緣起法」。由於緣起，所以生滅；由於生滅，所以變易；由於變易，所以無常；由於無常，所以是苦、不自在；由於苦、不自在，所以無我；由於無我，所以無我所；由於無我、無我所，所以一切皆空，無有一物可得。既然一切都無所得，所以證入涅槃空境。

尊貴的蓮生聖尊《一日一小語》提到：「諸行無常是指一切世間法，無時不在生住異滅之中。諸法無我是指一切有爲法，無有我的實體。涅槃寂靜是指滅除一切生死痛苦，無爲安樂妙覺的境界。」另外，在《清風小語》也提到：一切都會過去的，每一個生命都會寂滅，諸有轉頭空。如果註解這三句話：第一句是「無常」，第二句是「無我」，第三句是「空」。這就是「諸行無常、諸法無我、涅槃寂靜」三法印。

是的，沒有錯！看懂了這些道理之後，人生還有什麼好貪求的？還有什麼好計較的？還有什麼好生氣的？還有什麼好羨慕的？還有什麼好嫉妒的？還有什麼好驕傲的？還有什麼好罣礙的？慢慢地，紅塵就看破了！自我就放下了！顯現眞心！回歸本性！自然地，一切都無所求，不貪！一切都無所謂，不瞋！一切都無所住，不癡！一切都無所得，無生！

第十章

空的智慧

看透世間緣起、
人生無常的真相；
教導放空身心、
回歸真如的方法；
透露涅槃空境、
法界本體的勝妙。

第一節 前言

「空」是什麼意思？一般人的理解，「空」就是什麼都沒有。然而，「空」如果只是什麼都沒有，爲什麼在佛法當中，會受到那麼重視。幾乎所有修行學佛的人都必談與必學「空」的智慧。佛門甚至被稱爲「空門」。到底「空」是什麼？星雲法師《佛陀十大弟子傳》說：「空，太玄妙了，太難懂了！說有不是，說無也不是。」我們試著從原始佛教四阿含經的觀點來探討「空」的智慧。中阿含經（卷四十九）雙品小空經（一九〇）云：若此中無者，以此故我見是空。若此有餘者，我見眞實有。佛陀以鹿子母講堂爲例，當講堂裡空無一人一物時，就是「空」；當講堂裡有人有物時，就是眞實「有」。所以說，「空」本來是在形容住處的空寂，沒有人與物的煩雜吵鬧，呈現一片寧靜詳和的氣氛，並用以象徵禪慧。

在原始佛教裡，「空」是從緣起生滅、無常變易的現象中觀察體悟出來的。在「緣起法」的運作之下，空並非永遠空，有也並非永遠有。世間的一切都是暫時的存在；或空或有，或有或空；空中會生出有，有也會變成空。空是對於存在的一種智慧詮釋，所有的存在都是因緣所生法，相依相侍，互爲因果。因緣具足時，就會存在；因緣退散時，就會消失。存在只是因緣條件的存在而已，並非原本就存在。因此，凡是因緣和合的事物，其性本空。

增壹阿含經（卷三十）六重品（三三二）云：色者無常，無常即是苦，苦者即是無我，無我者即是空，空者彼非所有，我非彼有，受、想、行、識及五盛陰皆悉無常。無常即是苦，苦者無我，無我者是空，空者彼非我有，我非彼有。意思是說，因爲諸行無常，所以諸受是苦；因爲諸受是苦，所以諸法無我；因爲諸法無我，所以一切皆空。地、水、火、風四大是空；色、受、想、行、識五蘊是空；眼、耳、鼻、舌、身、意六根是空；色、聲、香、味、觸、法六塵是空；色身的「六根」接觸「六塵」，因「六識」的了別而有「受、想、思」也是空，故說「世間本空」。也就是說，無常故苦，苦故無我，無我故無我所，正因為無我、無我所，這種境界就是所謂的「空」。

雜阿含經（卷三 七一經／八〇經）云：若比丘於空閑處樹下坐，善觀色無常、磨滅、離欲之法。如是觀察受、想、行、識，無常、磨滅、離欲之法。觀察彼陰無常、磨滅、不堅固、變易法，心樂、清淨、解脫，是名為空。意思是說，針對五蘊身心色、受、想、行、識，比丘們坐在樹下空閑之處，好好地加以觀察思惟，就可以體會到五蘊身心悉皆無常、變易、磨滅、敗壞、離斷諸欲之法。若能如此觀察思惟，就比較不會執取貪染，內心就可以獲得快樂、清淨，甚至解脫自在，寂靜涅槃。一旦達到這樣的境界，是名為「空」。所以說，不管是物質世界、或是精神世界，都是一樣的，都在不停地變化，屬於因緣條件的產物。現象是空，本質是空，涅槃也是空。

綜合來說，佛陀說「空」有兩方面的涵意：一是指世間各種事物的現象是「空」；一切都是緣起的，一切都是無常的，一切都是虛幻的，一切歸於寂滅，一切法性平等。二是指有情眾生的內心不再妄執身心為「我」，不再貪染外境為「我所」；不但「無我」，而且「無我所」，不再生起「貪、瞋、癡」煩惱，亦名為「空」。也就是說，修行學佛者面對緣起、無常、苦、空的世間，以及因緣和合、虛幻假名的事物，內心依然能夠保持寧靜祥和，為所當為，無為而為，以無為的心，做有為的事；內不執取五蘊身心為我，外不為六塵外境所動，泯除人我，絕諸對待，平等看待一切，寂滅清淨，是謂「空」。尊貴的蓮生聖尊《一日一小語》提到：「因緣和合而生的一切事物，究竟無實體，即是空。」並進一步開示：「世間的一切都是無常態的，沒有自性的，所以叫做空。」

因此，「空」有寧靜、空寂、清涼、無為之意。雜阿含經（卷三十九 一〇七七經／一〇八九經）云：猶如空舍宅，牟尼心虛寂。意思是說，就像一間空無一人一物的舍宅一樣，覺悟生死的聖者——佛陀的內心極其寂靜安詳。並用空屋來象徵「禪心空寂」，也就是「空」的意思。因此，何謂空？不再執著自我是空；不再貪戀紅塵是空；不再起「貪、瞋、癡」是空；煩惱解脫是空；痛苦止息是空；離去貪愛染著是空；離斷諸欲是空；止息妄想是空；清淨無為是空；寂靜涅槃也是空。若熄滅「貪、瞋、癡」，就可以證悟出世的涅槃與生死的寂滅。印順導師《空之探究》認為：「緣起是有為，是世間法，是空。涅槃是無為，是出世間法，也是空。」由此可知，「空」是依「緣起」而貫穿於「生死」與「涅槃」的。

然而，想要進行「空觀」，達到「空」的境界，證悟「空慧」，必須要有「禪定」的基礎，把我們這一顆煩燥不安的心給安定下來。若無禪定的攝持，心遇塵境時，內心很容易生起種種變化。所以要依止修定，依觀修慧，止觀雙修，定慧等持。「止」是住心一處，「觀」是觀察事理；「定」以正定專一為本，「慧」以除妄證眞為要。禪定觀慧的次第可以就「事相」作觀，也可以就「理體」作觀。「事相」是事物的表相；「理體」是原理的本體。透過禪定實修，於禪定觀慧成就時，引發無漏智慧，圓滿證得解脫。因此，在探討「空」的智慧之前，我們先介紹一下禪定的基本概念——「四禪八定」。

第二節 四禪八定

何謂四禪？根據中阿含經（卷四十二）根本分別品 分別觀法經（一六四）與增壹阿含經（卷二十三）增上品（二七一）：「四禪」就是四種定相，四種禪定的層次，包括初禪、二禪、三禪、四禪。

所謂「初禪」即「有覺有觀禪」，做到言語止息，離生喜樂，因離斷一切欲惡不善法而心生喜樂。所謂「二禪」即「無覺無觀禪」，做到覺觀止息，定生喜樂，因甚深禪定而心生喜樂。所謂「三禪」即「護念禪」，做到喜心止息，離喜生樂，不待心喜，身自覺樂。所謂「四禪」即「苦樂滅禪」，做到憂喜止息，離苦息樂，內淨一心，苦樂俱捨。此四禪定屬於「有色定」，遠離欲界的諸欲惡不善法，因為禪定的深淺而生出不同苦樂程度的身心覺受，進而透過禪定引發無漏智慧，漏盡解脫。「四禪」屬於色界的定相，已經斷除欲界的欲貪，不過仍然受到色想的束縛。色界之上即是無色界，因此在「四禪」之上，有所謂的「四無色定」，屬於無色界的定相；進一步粉碎色身，突破色身的限制，進入更深沉的禪定，包括：空無邊處定、識無邊處定、無所有處定、非想非非想處定，合稱「四禪八定」。

所謂「空無邊處定」是指由於在色界仍有色身存在，心為色縛，不得自在；因此厭有色身，思無邊空。心緣虛空，虛空無礙，完全脫離色法的束縛，把心量放到最大，與虛空相應。由於捨色緣空，一念心空，在深定中只見虛空無邊，如鳥出籠，無礙自在。所謂「識無邊處定」是指由於虛空無邊無際，識心分散太廣，感覺疲勞；因此厭外空，思內識。捨棄向外緣取的虛空，進而向內緣取心識，思無邊識。虛空虛而不實，應捨空定；一心緣識，漸漸與心識相應，心定不動。所謂「無所有處定」是指由於心所緣的過去、現在、未來諸識無量無邊，慢慢體會到三世諸心皆是緣起、和合、假有，並無眞實，因此厭無邊識，思無所有。可以想像成既沒有「空間」的存在，也沒有「時間」的存在，一切化為「無」；無所有者，即非空非識。所謂「非想非非想處定」是指捨「識無邊處定」之有想，故名「非想」；捨「無所有處定」之無想，故名「非非想」。或者說，無粗想故曰「非想」，但並非無細想，故曰「非非想」。合起來就是「非想非非想」，是三界中最高深的定。

修習「四禪八定」的目的就是在學習控制我們那一顆漂浮不定的心，不單只是爲了追求甚深禪定，而是實際體驗並經歷色界、無色界的境界。並且幫助內心澄淨，以便進行「空慧」的如實觀照，修正累世習性，進而斷結、除慢、證空、離染，寂靜涅槃。在了解禪定的基本概念之後，接下來我們要進一步探討「空的智慧」。在原始佛教四阿含經中，有兩部說明「空」的代表性經典。一部是中阿含經（卷四十九）雙品 小空經（一九〇）；一部是中阿含經（卷四十九）雙品 大空經（一九一）。「小空經」是透過「禪觀」，次第悟入空的。順著禪定的次第，由下而上，層層超越，最後證入無想心定，不取不著，畢竟離欲，空一切煩惱而漏盡解脫。「大空經」則是透過「空觀」，也就是緣起、無常、苦、無我的思惟，念內空、外空、內外空與不移動。最後成就「不取於相，如如不動」，「貪、瞋、癡」空而漏盡解脫。以下我們依據「小空經」與「大空經」，以及個人的研究修行心得，分述如下：

第三節　依小空經談空的智慧

印順導師《空之探究》認爲：「空不是什麼都沒有，是空其所空，有其所有。」根據中阿含經（卷四十九）雙品 小空經（一九〇）：爲了讓我們那一顆漂浮不定的心止息下來，佛陀先是要求修行學佛者不起村落想，不起人群想，而做無事想。所謂「村落想」就是觀想眾多居民聚集之處，不免吵鬧宣囂。所謂「人群想」就是觀想人群往來互動，亦不免紛紛擾擾。所謂「無事想」就是指做森林想、阿蘭落處想。「阿蘭落處」的原意就是指森林，引申爲寂靜處、空閒處、遠離處、無事處；或獨一無侶、或二至三人、或居樹下空地，令身心澄淨。「無事想」成就，「阿蘭落處想」成就，就可以遠離「村落想」的煩囂，遠離「人群想」的紛擾，故名爲「空」。然後進一步不起「村落想」、「人群想」、「無事想」，而觀想大地平坦，一望無際，心無負累，亦名爲「空」。其技巧就是以一想而去除他想，正如以一淨念而去除其他種種雜念一般，禪定的境界也隨之越來越深。例如傾聽柔和的音樂，可以使內心平靜下來。

「觀想大地平坦」是佛陀教導我們透過觀想憶念「十種一切入處」的方法之一。「觀想憶念」的意思是指觀想憶念某一種境界或景象，將心念安住在該境界或景象之上，令內心止息下來。所謂「十種一切入處」：包括青入處、黃入處、赤入處、白入處、地入處、水入處、火入處、風入處、空入處、識入處。各種入處，各有其不同的觀法。其中，「觀地一切入處」如觀一片廣大無邊的平地，令人心曠神怡，心胸開闊。「觀水一切入處」，如觀置身於清水之中，透明清澈，清涼舒暢，遠離酷暑。「觀火一切入處」，如觀熊熊火燄，溫暖舒適，毫無寒意。「觀風一切入處」，如觀涼風習習吹來，感覺非常涼爽，通體舒暢，不覺悶熱。所以說，其實不一定要觀地平整，只要能夠讓我們的心沉澱下來，改爲觀水清涼、觀火溫暖、觀風舒暢，也是可以的。

意思是說，從不起村落想，不起人群想，進入遠離塵囂的無事想（阿蘭落處想）。其中，村落想空、人群想空，但無事想不空。內心清楚地知道「無事想」是有的，眞實不顚倒。然後不再憶念村落想、人群想與無事想，專一憶念「地想」，觀想大地平整如掌。從此以後，村落想空、人群想空、無事想空，但是地想不空。如此次第禪修成就之後，甚至離開「色界定」，進入「四無色界定」。專心憶念「空無邊處想」，而「地想」等空，但是「空無邊處想」不空。然後依次禪修，厭外空，思內識，專心憶念「識無邊處想」，而「空無邊處想」等空，但是「識無邊處想」不空。然後，厭內識，思無所有，專心憶念「無所有處想」，而「識無邊處想」等空，但是「無所有處想」不空，是謂行眞實空不顚倒。

然後厭無所有，專心憶念「無想心定想」（非想非非想處想），而「識無邊處想」空，「無所有處想」空，但是「無想心定想」不空。不念「識無邊處想」，不念「無所有處想」，當念「無想心定想」。不過，在進入無想心定的同時，如果樂於染著，就會落入非想非非想處，無緣解脫。如果不樂、不求、不住無想心定，就可以透過無漏智慧的開顯，空欲漏、空有漏、空無明漏，得究竟解脫。也就是畢竟離欲，空一切煩惱。身心在命終之前雖不空，但已不再爲煩惱所苦，解脫自在，從此不再受生輪迴。

也就是說，「小空經」是依照禪定的順序，以較輕微、較少干擾的觀想，來取代較粗重、較大干擾的觀想。例如無事想比村落想、人群想平靜，所以就以前者取代後者。等到這些掛念產生疲勞，就會被專注力較強的無事想所取代而空了，此時令我們感到煩惱的反而變成無事想。然後依次以專注力較強的觀想取代前一種專注力較輕的觀想；依序分別爲地遍處、空無邊處、識無邊處、無所有處、非想非非想處（無想心定）。心思越來越細膩，煩惱或疲勞則越來越薄弱，漸漸進入甚深禪定，最終契入緣起、無常、苦、空，不取不著，不貪不染而漏盡解脫。雜阿含經（卷十七 四七三經／四七四經）也有類似的說法，稱之爲「漸次諸行寂滅」。意思是說，從四禪八定的修證程序可以得知，每一項禪定的成就都是對於前一層禪定境界感到不滿足，因此不斷地深入禪定。由「欲界」的趨善避惡，享五欲大樂；「色界」的斷欲去愛、離苦息樂；到「無色界」的空無邊、識無邊、無所有、非有非無；逐漸提昇禪定的層次。

綜合而言，小空經所說的「空」具有兩層意義：其一是事物的空；其二是煩惱的空。前者如鹿子母講堂裡空無一人一物。存在就是有，不存在就是無。由存在變成不存在，或由不存在變成存在，就是「空」。後者是以假想觀的技巧來漸次止息煩惱，直到最深的禪定。並且要做到不樂、不求、不住，方能空掉煩惱，契入解脫。並循著「四禪八定」的次第：光界、淨界、捨界、空無邊處界、識無邊處界、無所有處界、非想非非想處界（雜阿含經 卷十七 四五五經／四五六經），層層深入，進而引發空慧，漏盡解脫。關鍵就在於「捨」，捨就是「空」。只要在任何一個境界不捨，有所執著，有所貪染，就會有所停滯。即使到了三界裡的最深定——非想非非想處定，如果依然樂彼、求彼、住彼，還是與解脫無緣。

印順導師《華雨集》提醒我們：由於妄念是因「想」而起，所以用「滅想」爲方便。當心念生起時，就會有「受」和「想」與之相應。有「受」就會有苦樂；有「想」就會起分別，因而造成我們的情緒起伏與思緒紊亂，所以止息「受、想」爲方便之道。透過禪定，將「受」與「想」止息下來，使之不起。當「受」與「想」不起時，一切妄念即不起。妄念不起，即離解脫不遠。空慧的產生，多少要依於禪定；因爲若沒有禪定的攝持，我們的心很容易隨著外境起舞。然而，透過禪定的方法，強壓妄念使之不起，仍非究竟。雖然經歷深定的過程，功夫甚深，但若沉膩在深定，也是不會解脫的，反而增長我慢。因此，應該於禪定成就時，不迷戀深定，定慧雙修，不取不著，觀慧而通達究竟。這樣，才能夠在出定時，於日常生活當中，依然動靜自在，這才是證悟「空」的本意。

第四節 依大空經談空的智慧

大空經與小空經一樣，都是以「禪定」爲基礎，進行「空觀」的修習。「空觀」就是緣起、無常、苦、無我的思惟，因此「初禪」的定力是必要的。甚至佛陀鼓勵弟子們應該經常樂於獨住遠離之處，找一個適合修行「空住」的地方，好好練習，不要整天喧嘩，聚眾聊天，無益解脫。所謂「空住」就是住於「空」。在生活中，以「無我」思惟，行住坐臥如實正知煩惱之有無。內心不起貪憂、諸惡不善法；不說

「世俗論」，多說「戒、定、慧」等正論；內心不起三不善根——「貪、瞋、癡」。外對五欲塵境時，觀無常而不起欲染；內對五蘊身心時，觀無常而斷我慢，究竟解脫，這就是所謂的「空住成就」。不過，若只是一味地追求禪定，一旦出定還是會退轉的。修出離行，一旦成就空住，就不會退轉。因此，佛陀要我們依「空」而住，依「空」而行，將禪觀、空觀應用於日常生活、行住坐臥之中，任運自在。

中阿含經（卷四十九）雙品　大空經（一九一）提到：如是比丘持內心住止，令得一定。彼持內心住止，令一定已，當念內空。若比丘觀時，則知念內空，其心移動，不趣向近，不得清澄，不住、不解於內空者，彼比丘當念外空。若比丘觀時，則知念外空，其心移動，不趣向近，不得清澄，不住、不解於外空者，彼比丘當念內外空。若比丘觀時，則知念內外空，其心移動，不趣向近，不得清澄，不住、不解於內外空者，彼比丘當念不移動。意思是說，要保持內心平靜，止息妄念，令心安住定相，修得初禪、二禪、三禪、乃至於四禪的境界，得四增上心，然後依止修定，依定起觀，觀什麼？觀內空、外空、內外空、不移動。首先念「內空」，如果內心不得平靜，有所擾動；無法趨向涅槃寂靜，不得清淨澄明；不能安住其心（不住），亦不能證悟（不解）內空，那就念「外空」。如果念外空也不住、不解，那就念「內外空」。如果念內外空又不住、不解，那就念「不移動」。最後透過念內空、外空、內外空、不移動，成就內空、外空、內外空、不移動，而究竟解脫。然而，什麼是內空、外空、內外空、不移動呢？

中阿含經（卷十一）王相應品　頻鞞娑邏王迎佛經（六二）云：愚癡凡夫不有所聞，見我是我而著於我。但無我、無我所，空我、空我所。法生則生，法滅則滅。皆由因緣合會生苦，若無因緣，諸苦便滅。意思是說，愚癡無聞凡夫，無慧無明，執著「四大、五蘊、六根」為我。為了滿足自我，透過六根向外攀緣，追求「四食、五欲、六塵」，無有厭足。偏偏事與願違，在追求過程中，想要卻要不到是苦，要到了卻又怕失去是苦，或是被別人搶奪是苦，或是無常變易是苦。宇宙人生的眞相就是緣起，緣生緣滅，無有恆常。生滅故變易，變易故無常，無常就是苦，苦就不自在，不自在就是無我。不但無我，而且無我所；無我、無我所就是虛幻不實，就是「空」。不但「我」是空的，「我所」也是空的。因緣存在時，法生則有；因緣消失時，法滅則無；有情眾生都是由於因緣和合、變遷轉化而生苦。若能看透因緣所生法，苦就可以消滅。中阿含經（卷四十九）雙品 大空經（一九一）云：我不見有一色，令我欲樂。彼色敗壞變易，異時生愁慼啼哭，憂苦懊惱。意思是說，佛陀告誡我們：在這個世間，從來就沒有一件事物可以令我們感到恆久的快樂。每一件事物都會敗壞的，都會變易的。發生敗壞變易的時候，有情眾生的內心就會感到哀愁、悲感、啼哭，憂傷痛苦、懊惱不已。因此，佛陀教導我們透過觀內空、外空、內外空、不移動，來解脫人生的煩惱與痛苦。

內空

自古以來，歷代論師對「內空」提出種種的看法：有的認爲「內空」是指五蘊。「五蘊」是因緣和合的；觀五蘊生滅無常，無常故苦，苦故無我，無我故無我所，無我、無我所故空，故說「五蘊是空」，進而離「我見、我愛、我慢、我癡」。所以說，觀五蘊空，內離我慢，證內空。另外，有的則認爲「內空」是指六根。「六根」是因緣和合的；觀六根生滅無常，無常故苦，苦故無我，無我故無我所，無我、無我所故空，故說「六根是空」。所以說，觀六根空，遣除其相而空，證內空。印順導師《空之探究》認爲：「內是眼、耳、鼻、舌、身、意，六內處爲眾生的身心自體。六內處是空的，名爲內空。」

也就是說，「內空」基本上是指有情眾生面對內在的五蘊或六根，甚至包括組成五蘊色身的四大，不再執著「四大、五蘊、六根」爲「我」或「我所」。因爲「四大、五蘊、六根」都是生滅無常相；都是虛幻的，都是暫時存在的；不能恆久擁有，都是無我、無我所的；遣除其內相，不取不著，不貪不染，方得以證「內空」。不過，了解「內空」的意義還不夠，佛陀提醒我們：還要修習多修習，眞正達到內心不動，不爲煩惱所動；趨向涅槃寂靜，得清淨澄明；安住其心，於「內空」不動，是謂「內空成就」。

外空

自古以來，歷代論師對「外空」也提出種種看法：有的認爲「外空」是指五欲。由於「五欲」是內根與外境相觸而引起的，所以觀五欲空可以分別觀外境無常，內根無常，內外緣生的欲貪無常，無常故苦，苦故無我，無我故無我所，無我、無我所故空，故說「五欲是空」。所以說，觀五欲空，外離欲貪，證外空。另外，有的則認爲「外空」是指外境。「外境」就是六塵，亦即色塵等六外入處。觀六塵生滅無常，無常故苦，苦故無我，無我故無我所，無我、無我所故空，故說「六塵是空」。所以說，觀六塵，遣除其相而空，證外空。印順導師《空之探究》認爲：「外是色、聲、香、味、觸、法，六外處是眼等所取的境。六外處空，名爲外空。」

也就是說，「外空」基本上是指有情眾生面對外在的五欲或六塵，甚至包括有情眾生賴以生存的四食，不再執著「四食、五欲、六塵」爲「我所」。因爲「四食、五欲、六塵」都是生滅無常相；都是虛幻的，都是暫時存在的；不能恆久擁有，都是無我、無我所的；遣除其外相，不取不著，不貪不染，方得以證「外空」。不過，了解「外空」的意義還不夠，佛陀提醒我們：還要修習多修習，真正達到內心不動，不為外境所動；趨向涅槃寂靜，得清淨澄明；安住其心，於「外空」不動，是謂「外空成就」。

內外空

自古以來，歷代論師對「內外空」也提出種種看法：有的認為「內外空」是指身空。此身是四大所成，為內外所依；內依者即六根，外依者即六塵。此身能持根塵，故名為依，根塵所依也。此根及非根，悉皆是空，故名「內外空」。印順導師《空之探究》認為：「內外是內六處與外六處。內外處都是空的，名為內外空。」其次，有的則認為「內外空」是指內六入處、外六入處等一切法。一切法無我、無我所，故空。遣除「根、塵、境」綜合相而空，證內外空。另外，有的則認為「內外空」是指觀內六根、外六境等，內外二法中俱無我、無我所，亦無內外之法，故說「內外空」。所以說，「內外空」是指「根、塵」相觸生起的「受、想、思」，無我、無我所，故空。「三受」——樂受、苦受、不苦不樂受，無我、無我所，故空。並進一步認為「內外空」是指內外緣生的欲貪，無我、無我所，故空。以及引發的「貪、瞋、癡」，無我、無我所，故空。所以說，觀一切法空，內外離「貪、瞋、癡」，證「內外空」。

也就是說，「內外空」基本上是指有情眾生面對內在的「四大、五蘊、六根」，與外在的「四食、五欲、六塵」相遇時所引發的一切法，包括「受、想、思」與「貪、瞋、癡」等，不再執著「受、想、思」與「貪、瞋、癡」為「我」或「我所」。因為「受、想、思」與「貪、瞋、癡」都是生滅無常相，都是無我、無我所的；遣除其內外相，不取不著，不貪不染，方得以證「內外空」。不過，了解「內外空」的意義還不夠，佛陀提醒我們：還要修習多修習，眞正達到內心不動，不爲「貪、瞋、癡」所動；趨向涅槃寂靜，得清淨澄明；安住其心，於「內外空」不動，是謂「內外空成就」。

綜合而言，何謂內空、外空、內外空？內空者，內法空。「內法者」：所謂「六內入處」，眼、耳、鼻、舌、身、意；眼空、無我、無我所，無眼法；耳、鼻、舌、身、意，亦復如是，是爲「內空」。外空者，外法空。「外法者」：所謂「六外入處」，色、聲、香、味、觸、法；色空、無我、無我所，無色法；聲、香、味、觸、法，亦復如是，是爲「外空」。內外空者，內外法空。「內外法者」：所謂「內外十二入處」；十二入處空、無我、無我所，無內外法，是爲「內外空」。

進一步探究，何謂內法、外法、內外法？一般來說，自己是內，他人是外；自我五蘊身心是內，他人五蘊身心是外；心是內，身是外；六內入處是內，六外入處是外；所依是內，所緣是外；心受是內，身受是外；具有主動性質的是內，具有被動性質的是外；細膩的是內，粗重的是外；我、我所牽涉到自我主觀的認知是內，欲貪牽涉到外在客觀事物的攀緣是外。至於內外法，如果觀察他人能反省自身就稱爲內外，或者是內根、外境相觸，因識的了別所產生的「受、想、思」或「貪、瞋、癡」，亦可稱爲內外。

所以說，判斷「空」的準則，就是「無我」、「無我所」，故空。若能夠再加上緣起、生滅、變易、無常、苦的思惟，就更能反應出「空」的深義。對象則可以是「內法」的「四大、五蘊、六根」；「外法」的「四食、五欲、六塵」，「內外法」的「一切、十二處、十八界、世間」皆可。以「空」爲主題的禪思修行，其核心就在於「我、我所」觀念的瓦解，以及「我見、我愛、我慢、我癡」等習性的斷除。而在方法上，則是由觀察緣起、無常、苦，心生厭離，斷除欲貪來著手。「緣起、無常、苦、無我、無我所、空」變成一種看破紅塵，放下萬緣，甚至離欲清淨，斷除煩惱，止息痛苦，解脫自在的珍貴方法。所以古德說：一切內法、外法、內外法，思惟空、知空、解空。以何義空？以我空、我所亦空、常空、不變易空，如是不放逸觀，得定、心住、正住，是名內空、外空、內外空。意思是說，不管是內法、外法或內外法，要善加思惟、正知、正解「空」的深義。然而，什麼是「空」的深義呢？包括「緣起有爲」的我空、我所空，以及「清淨無爲」的常空、不變易空。從雜染喧鬧的「無常變易相」，到遠離欲貪的「清淨解脫相」。藉由外在環境具體的寧靜，空於喧嘩吵鬧，慢慢地深入到內心抽象的寧靜，空於欲貪的煩惱。若能夠如此精勤不放逸地觀空，就可以得到正定，內心就得以安住，達到「不移動」的境界，是名內空、外空、內外空。然而，何謂「不移動」呢？

不移動

「不移動」是成就內空、外空或內外空的境界。中阿含經（卷四十九）雙品 大空經（一九一）云：彼內空（外空、內外空）成就遊已，心不移動，趣向於近，得清澄住，解於內空（外空、內外空）。意思是說，只要能夠成就內空、外空或內外空，就可以達到內心不動，不爲煩惱所動；趨向涅槃寂靜，得清淨澄明，證悟內空、外空或內外空。如是修習再修習，得到內心安住不動就是「不移動」。「不移動」或稱爲「不動」，是「涅槃」的異名。聖嚴法師《智慧一〇〇》提到：「涅槃是不動、寂靜的意思。」也就是說，內心不動如山，不爲外境所動，不爲苦樂所動，不爲欲貪所動，不爲八風所動。不會受到煩惱的干擾或影響；離一切煩惱，寂滅靜止，達成「不動心解脫」。從此欲貪空、瞋恚空、愚癡空；「貪、瞋、癡」永伏不起，寂靜涅槃，是謂「不移動」。

從禪定的觀點來看，「不動」原本是指色界的「第四禪」，或是指無色界的「空無邊處定」。不過，一般則是指依第四禪所證得的「空三昧」。所謂「空三昧」是指依無常、苦、無我的思惟而進入的甚深禪定。由於第四禪的境界擺脫了八種災患（尋、伺、苦、樂、憂、喜、出息、入息），故稱第四禪爲「不動定」（中阿含經　卷五十八　晡利多品　大拘絺羅經　二一一）。「不動定」光明清淨，寂然無事，沒有煩惱。心如明鏡不動，亦如靜水無波，故名「不動定」。證入「不動定」，不會再有喜樂或憂苦來動搖我們的心。若能在證得四禪的成就之下，進一步離欲離染，不取不著，即可究竟解脫。如果貪戀定境，反而不得解脫。當我們無時無刻都安住於「不動心解脫」，就不會隨著定力的消失而退轉。

須知世間的種種、人生的一切都是虛幻的。我們要實修禪定寂靜，知幻即離，離幻即覺，覺即幻滅，幻滅即不動。也就是說，透過禪定思惟，修出定力；一旦知道世間是幻化的，不僅我空，我所亦空，就應該加以遠離，不可以執著。只要有所執著，就會被綁，不得自在。一旦遠離外在幻境，轉變內在心念，融入自然，離而未離，就可以覺悟證空。一旦覺悟證空，不執不惑，即可以滅除諸幻。一旦滅除諸幻，覺心空明，寂然不動，就再也不會受到塵境的干擾與無明煩惱的影響；清淨無爲，寂滅正定。

所以說，「不動」是以禪定爲助緣，經由思惟緣起、無常、苦、空而得，不爲煩惱、外境、苦樂所動，便於內空、外空、內外空之修證。直到心如虛空不動，成就「不動心解脫」，成就「空心解脫」。「空心解脫」就是「我空」、「我所空」，遠離一切煩惱，證入「空心不動」，於一切可能產生結使煩惱之處，以「空慧」破除，令結使煩惱永不復生。其實，「空」就是「捨」，就是不執著，就是看破，就是放下；不取不著，不貪不染，故說「空心不動」。「不動」也是「空」的異名，「貪空」、「瞋空」、「癡空」、「煩惱空」，清淨解脫，是謂「空心解脫」。

不取於相，如如不動

不管是內在的自我，還是外在的環境，或是內根接觸外塵所產生的一切事物現象，都是緣起幻有，都是虛幻假名，都是暫時存在的假相。我們要內證無我，不取不著；外證無相，不貪不染，一切都無所住。內觀五蘊，空於我慢；外不著相，心不移動；不作意一切相，安住於空，名之為「不動」。好的相，不喜不貪；壞的相，不畏不拒。內心不執著緣起諸幻相，自然清淨無雜染。金剛經（第三十二品）應化非眞分云：不取於相，如如不動。意思是說，所謂「不取於相」就是離相：離一切相，遠離諸幻相。遠離那些幻相？遠離所謂的「四相」，包括我相、人相、眾生相與壽者相。如何遠離？金剛經（第十四品）離相寂滅分云：無我相、無人相、無眾生相、無壽者相。「無我相」是放下對自我五蘊身心的執著，不再攀緣。「無人相」是放下人我是非，不再計較。「無眾生相」是放下對「三界、五趣、六道」的執著，眾生一體，不再分別。「無壽者相」是放下對色身壽命長短的執著，不再貪戀。

佛陀要我們遠離四相，因為這些緣起幻相都是空的。只要內心有所取相，就會四相具足，不得清淨。金剛經（第五品）如理實見分云：凡所有相，皆是虛妄。也是在提醒我們，世間一切的外相，都是空花水月，虛而不實，妄而非眞，萬萬不可執著。要一切俱捨，全然放下。不過，「捨」是心上捨，而非事上捨。障礙我們的不是事相，而是我們自己的心念。要做到「即相離相」，相明明有，但心不執著。也就是即相不著空，離相不著有，非空非有，兩邊不住。其實，從內空、外空、內外空的論述裡，多少也可以歸納出：自我的五蘊是空的（無我相），他人的五蘊是空的（無人相），甚至所有有情眾生的五蘊也是空的（無眾生相），而且不管是過去、現在、或是未來的五蘊都是空的（無壽者相）。

「四相」的觀念最早可以追溯至阿含經。增壹阿含經（卷十六）高幢品（二一三）云：彼云何名爲身邪結？所謂計身有我，生吾我之想。有眾生想，有命、有壽、有人、有士夫、有緣、有著，是謂名爲身邪之結。意思是說，有情眾生執著自身的邪見，是因爲算計自身爲我，生出我見的想法（我相），因而分別你我，形成彼此對待。分別有各種有情眾生（眾生相）、有壽命長短（壽者相）、有他人（人相）、有貴賤高下、有因緣染著，因此執著自身爲我。一旦執著自身爲我，分別四相，煩惱與痛苦就會產生。因此，凡所有相，一切不取；若有所取，必有所捨；有所取捨，必有得失；一有得失，內心就不會自在。爲什麼會有「取捨」？因爲「執著」的關係。爲什麼會有「執著」？因爲「分別」的關係。爲什麼會有「分別」？因爲「妄想」的關係。爲什麼會有「妄想」？因爲「無明」的關係。種種妄想，種種分別，種種執著，種種取捨，皆是輪迴。因此，要離此四相，甚至要離一切相，才得以如如不動。

何謂如如不動？如如之義，即眞如也，皆謂本性。「眞」者非假，「如」者不二，是涅槃的異名之一。就是指我們如如不動的本性，本性寂然，不生不滅。雜阿含經（卷九　二三四經／二三二經）云：眼空，常、恒、不變易法空、我所空。所以者何？此性自爾。若色、眼識、眼觸、眼觸因緣生受。若苦、若樂、不苦不樂。彼亦空，常、恒、不變易法空、我所空。所以者何？此性自爾。耳、鼻、舌、身、意亦復如是，是名空世間。意思是說，爲什麼六根是空的？常、恒、不變易法的自性，也就是所謂的「我」是空的？「我所」也是空的？佛陀說：其自性本來如此。而且眼根、色塵、眼識三事和合觸，所引發的「三受」——苦受、樂受或不苦不樂受也是空的。爲什麼會這樣？其自性本來如此，故說「世間本空」。

世間幻相，猶如夢幻泡影，依空而有相。就好像有情眾生無始以來，以不覺故，依本來空寂之性，幻化無明之相。所以說，無明就是本性中緣起之幻相，本性其實寂然不動。若能不取於相，如如不動之性，當下便現。也就是說，分別、執著、取捨皆是因爲無明，無明本是幻相；不取於相，當下如如不動。心能不取，方能不動；能觀不動，乃能不取。如如不動，即「不生」之義；不取於相，即「不住」之義。不取則無住，無住則不動；有取則有住，有住心就動；一無所取，一無所動。金剛經（第十品）莊嚴淨土分云：應無所住，而生其心。意思是說，若有所住，則有牽掛，但生妄心；若無所住，則無所繫，生清淨心。「住」就是妄想、分別、執著；「不住」就是不妄想、不分別、不執著。身雖在紅塵，心卻在淨土；以淨土之心，做紅塵之事。知幻即離，離幻即覺。若欲不取，須於不動處，攝心覺照；若欲不動，須於遇緣時，堅持不取。清楚覺照，性本空寂；心本無生，乃能無住；一無所住，便證無生；心若無生，即證眞如。眞如就是自性，自性本空，本不動搖，亦無生滅，能生萬法。而「不動」其實就是指自性本然不動。

六祖《壇經》懺悔品云：世人性本清淨，萬法從自性生。意思是說，自性人人本有，清淨無爲，空寂無生，如如不動。但由自性起用，能生出萬法。六祖《壇經》付囑品云：自性能含萬法，名含藏識。若起思量，即是轉識。生六識，出六門，見六塵，如是一十八界，皆從自性起用。自性若邪，起十八邪。自性若正，起十八正。若惡用即眾生用，善用即佛用。用由何等？由自性有，對法外境。意思是說，生起萬法的原理都是從自性生起的妙用。所謂「自性」就是含藏萬法的藏識，一念妄動而起思量，謂之轉識。進而透過六根攀緣六塵，在六識的了別下，生起千思萬想，形成所謂的「十八界」。而且，不論正邪、善惡、凡聖，都是從自性起用。自性若正，則一切正；自性若邪，則一切邪。惡用就是眾生的境界，生滅相續；善用就是佛的境界，不生不滅。這是因爲自性的功能人人本來具足，在歷緣對境當中，生起萬法。六祖《壇經》機緣品云：汝觀自本心，莫著外法相。又云：一切時中，自性自如。意思是說，要好好觀照自己的本心，切莫執著一切外相，逐境而去。須知外相是假的，只是暫時的存在，應當隨時隨地以平等一如的自性處世。六祖《壇經》付囑品云：但識自本心，見自本性，無動無靜，無生無滅，無去無來，無是無非，無住無往。意思也是在提醒我們，要認識自己的本心，見證自己的本性，眞正體認到我們的眞心與本性本來就沒有所謂的「動靜、生滅、去來、是非與住往。」須知眞心不妄，本性清淨。若能如此，方可以達到「不取於相，如如不動」的境界。

最後談一下內空、外空、內外空、不移動的修行次第。依止修定，依觀修慧，遠離人群諸欲，依四禪進入禪定，先觀「內空」，次觀「外空」，接著觀「內外空」，最後證「不移動」，這樣的順序是可以的。「空觀」由內而外，推己及人，遍觀一切無我、無我所。其實內空、外空、內外空、不移動，只要其中一項成就，其他各項皆能成就，故無有先後順序之別。不過，一般來講，我、我所、我見、我愛、我慢、我癡等執著，屬於源頭，較難以一時消除。破除攀緣所取，由「外在」而「內在」是比較容易的。最後，佛陀在「大空經」裡還提醒我們學習佛法的基本態度，必須落實到身與心的受益，以及煩惱的遠離與消除；才能求得眞正的安穩與快樂，並記得發慈悲心。

第五節 三解脫門

佛陀闡釋「空」的智慧，不外乎就是要引領我們邁向解脫，證入涅槃。「空」的基本原理就是「緣起法」。雜阿含經（卷十三 三一三經／三三五經）云：眼生時無有來處，滅時無有去處。如是眼不實而生，生已盡滅，有業報而無作者。此陰滅已，異陰相續，除俗數法。耳、鼻、舌、身、意亦如是說，除俗數法。俗數法者，謂此有故彼有，此起故彼起。如無明緣行，行緣識，廣說乃至純大苦聚集起。又復，此無故彼無，此滅故彼滅。無明滅故行滅，行滅故識滅，如是廣說，乃至純大苦聚滅。比丘，是名第一義空法經。意思是說，眼等六入處是依「緣起」而有生滅的。緣起就是所謂的「此有故彼有，此起故彼起；此無故彼無，此滅故彼滅。」生是無所從來，滅是無有去處。一切都是因緣決定，虛幻不實，刹那生滅，幻有幻生。須知業報的作用實有，造業的作者卻是虛無；依緣而有，依緣而滅。隨緣生滅，生滅相續；受報的五蘊雖已不同，所造的業力卻相續不已。依「緣起十二支」，無明緣行，行緣識，乃至純大苦聚集；無明滅則行滅，行滅則識滅，乃至純大苦消滅，這就是所謂的「空」。所以說，眞正的空義就是「緣起」。

在緣起法的基礎之上，有情眾生面對內外的處境，包括「內法」的「四大、五蘊、六根」；「外法」的「四食、五欲、六塵」；以及「內外法」的「一切十二處」、「受、想、思」、「貪、瞋、癡」、「身、口、意」；甚至「我相、人相、眾生相、壽者相」、有情世間的「三界、五趣、六道」、無情世間的「礦物、植物、山河、大地」等。涵蓋世間一切的「物質面」與「精神面」、「生理面」與「心理面」等。不管「自身」或「身外」，「我」或「我所」，「你的」、「我的」、「他的」，從「現象面」來觀察，都是「空」。因爲緣起，所以生滅；因爲生滅，所以變易；因爲變易，所以無常；因爲無常，所以是苦、不自在；因爲苦、不自在，所以無我。因爲無我，所以無我所；因爲無我、無我所，所以「世間本空」（增壹阿含經　卷三十　六重品　三三二）。另外，從「本質面」來觀察，也是「空」。萬事萬物皆是緣起；隨緣而生，隨緣而滅，故無自性。所謂「自性」意指自己成立，自己存在，具有不變的、永恆的、實存的性質，不須依靠外緣，不隨緣起，能自主自在的。所謂「無自性」意指一切法從緣起，依緣生滅，其實也就是「無我」之意。所以緣起無自性就是無我；因爲無我，所以無我所；因爲無我、無我所，所以「自性本空」（雜阿含經　卷九　二三二經／二三〇經）。

尊貴的蓮生聖尊《大心印》認為：「一切都是無常，一切都會過去，一切都會轉成空，一切都是本性清淨的。」所以說，無論從「現象面」或「本質面」，世間的萬事萬物都是空的，都是緣起的，都是無常、苦的，都是無自性的，都是無我、無我所的，其性本空，性本清淨，故說「緣起性空」。有了這一層認識之後，就可以在「空」的基礎之上，逐步邁向解脫，證入涅槃。怎麼做呢？佛陀教導我們，能夠證悟「空」，就能夠證得「無相」；能夠證得「無相」，就能夠證得「無所有」；能夠證得「無所有」，就能夠遠離「我慢」，趨向涅槃。「空、無相、無所有」，就是所謂的「聖法印」（雜阿含經 卷三 七一經／八〇經）或「三解脫門」（雜阿含經 單本 佛說法印經）。從「空」出發，經「無相」、「無所有」，離「我慢」知見，而寂靜涅槃。接下來，我們針對「三解脫門」，分別說明如下：

空解脫門

什麼是空呢？雜阿含經（卷三 七一經／八〇經）云：若比丘於空閑處樹下坐。善觀色無常、磨滅、離欲之法。如是觀察受、想、行、識。無常、磨滅、離欲之法。觀察彼陰無常、磨滅、不堅固、變易法。心樂、清淨、解脫，是名為空。意思是說，佛陀鼓勵比丘們坐在樹下空閑之處，好好地加以觀察思惟我們的色身，就可以體會到色身是四大所成，是無常、變易、磨滅、敗壞、離斷諸欲之法；受、想、行、識亦復如是。若能如此觀察思惟五蘊身心，我們的內心就不會執取貪染，煩惱就可以止息；內心就可以獲得快樂、清淨，甚至解脫自在，寂靜涅槃。一旦達到這樣的境界，是名為「空」。

要達到「空」的境界，須透過「禪定」的過程，經由「空三昧」才能證得。然而，什麼是空三昧呢？

增壹阿含經（卷十六）高幢品（一〇）云：彼云何名爲空三昧？所謂空者，觀一切諸法，皆悉空虛，是謂名爲空三昧。意思是說，佛陀要弟子們如實觀察世間一切諸法，都是虛而不實的，都是無常變易的，都是空的，是謂「空三昧」。所以說，「空三昧」是經由如實觀察五蘊、世間無常義，心厭有漏、雜染，不起染著心，傾向於離染的清淨解脫。

然而，什麼是空解脫門呢？宋代施護所譯的雜阿含經　佛說法印經云：色是苦、是空、是無常，當生厭離，住平等見。如是觀察，受、想、行、識是苦、是空、是無常，當生厭離，住平等見。諸苾芻，諸蘊本空，由心所生，心法滅已，諸蘊無作。如是了知，即正解脫。正解脫已，離諸知見，是名空解脫門。意思是說，五蘊身心是苦、空、無常的。若能深刻體悟到這些道理，當生起厭離之心，不再執著五蘊身心爲我；不再分別世間萬法，一切法平等如是，性本空寂，法體清淨，故說「五蘊本空」。由心所幻生的諸蘊，一旦心法寂滅，諸蘊即不起作用。若能如是了知，即是正確地解脫。一旦解脫，離斷一切我知我見，就是所謂的「空解脫門」。

綜合而言，解脫的不二法門就是「空」。「解脫道」從知苦著手，因爲知苦才會想要離苦。苦從何來？無常故苦，苦故無我，無我故無我所；無我、無我所，就是「空」。觀一切法因緣和合而生，自性本空，無我、無我所，也是「空」。「空解脫門」就是了達諸法「緣起性空」，觀一切法「自性本空」，而不著於空。若能如是通達，進而離一切煩惱，無作者、無受者，則於諸法而得自在，解脫生死，悟入涅槃。一方面，從「緣起無常」來看：一切法如夢幻泡影，不能安住長久。試問世人能夠獲得什麼？能夠佔有什麼？就算獲得、佔有，也只是暫時的，最終還是會失去，一切歸於寂滅。面對如此充滿矛盾苦迫的世間，明白一切法緣起如幻、如化，就不會那麼貪愛染著。若能不起貪愛染著之心，趨向出離，進而生起厭離之心，然後依遠離、依無欲、依滅、向於捨，無所取著，即可自證涅槃。另一方面，從「空無自性」來看：只要觀察我們當下的五蘊身心，確實是緣起性空、空無自性，也體證到一切法本來清淨，就能安住於空無自性的平等正見。若能如實觀察，通達法性本空，進而生起厭離之心，然後一樣依遠離、依無欲、依滅、向於捨，無所取著，即可自證涅槃，名「空解脫門」。

無相解脫門

什麼是無相呢？雜阿含經（卷三 七一經／八〇經）云：觀色相斷，聲、香、味、觸、法相斷，是名無相。意思是說，針對六塵外境，斷除色、聲、香、味、觸、法六塵的外相，是名「無相」。所謂「六塵外境相斷」就是於一切相「不作意」。何謂不作意？印順導師《中國禪宗史》認爲：「不作意就是不起心去取著境界，也就是不於事上生念，甚至就是指無念。」所以說，「無相」就是出離一切六塵外相，心不隨六塵外相而轉，不爲六塵外相所動。「取相」是想蘊認知一切外相的作用，一切想都是來自於取相。任何取相都存在我、我所。因此，有所取相就會引發我相、人相、眾生相、壽者相。所以我們要離相，不作意一切相，不起一切想，不分別一切相，不取一切相；滅一切想，息一切念，進而生起厭離心，依遠離、依無欲、依滅、向於捨，無取無著，無貪無染，滅我慢，空煩惱，自證涅槃。

要達到「無相」的境界，須透過「禪定」的過程，經由「無相三昧」才能證得。然而，什麼是無相三昧呢？雜阿含經（卷二十一 五六六經／五六七經）云：云何爲無相三昧？謂聖弟子於一切相不念，無相心三昧，身作證，是名無相心三昧。意思是說，聖弟子對於六塵外境一切相，不起一切念想。於一切外相不復思惟，實證實修無相心三昧。於六塵外境一切相不念、不作意，所修成的三昧，是名「無相心三昧」。內心不起分別，不著外相，不為外境所動，甚至沒有起心動念，心境並寂，即為「無相心三昧」。

然而，什麼是無相解脫門呢？宋代施護所譯的雜阿含經　佛說法印經云：觀諸色境，皆悉滅盡，離諸有想。如是聲、香、味、觸、法，亦皆滅盡，離諸有想。如是觀察，名為無想解脫門。意思是說，當觀察六塵諸外境的時候，滅除一切色想、聲想、乃至於法想，悉皆滅盡，遠離種種想像與念頭。體悟法性平等，內心不起分別，無所執取，自然不起一切想；遇境不著外相，無所貪染，自然不取一切相。若能如是觀察，名為「無想解脫門」。雜阿含經（卷四十五　一一九八經／一二一四經）云：修習於無相，滅除憍慢使，得慢無間等，究竟於苦邊。意思是說，多多修習無相解脫門，就可以滅除驕傲、我慢等結使煩惱，究竟解脫，就是所謂的「無相解脫門」。所以說，內證無我，無取無著；外證無相，無貪無染，一切都無所住。從中體會世間萬物在「空」的基礎之上，性本空寂，法性平等，無所分別，無所執著，無所取捨。好也等於不好，不好也等於好，其實一切都是很好。尊貴的蓮生聖尊《一日一小語》說：「隨緣自然就是好。」體悟萬法皆是緣起，眾生一切平等，自然能夠修證「無我」：不執著我、我所；修證「無念」：不起一切想；修證「無相」：不取一切相；修證「無住」：不住一切心；並進而離一切煩惱，解脫生死。

對於無念、無相與無住，《六祖壇經》有非常好的詮釋。六祖《壇經》定慧品云：無相者，於相而離相；無念者，於念而不念；無住者，人之本性，於世間善惡的好醜，乃至冤之與親，言語觸刺欺爭之時，並將為空，不思酬害。意思是說，何謂無相？對於一切外相，都要加以遠離而不執著。何謂無念？對於一切心念，都沒有牽掛，念念清淨。何謂無住？人的本然之性是無住的。針對世間的種種境界，包括善惡美醜，乃至於冤家至親，言語行為有所爭執時，都要以「空慧」破之，不會想到要報仇或者加害。對於一切境相，都不住於心。也就是說，內心不可著相，要離相。遠離一切境、一切塵、一切法，纖塵不染，不取於相，名爲「無相」。念念之中，常離一切境界；不於一切境界生心，染境染塵；善能分別一切外境，而不爲外境所動，名爲「無念」。一切境界過去就算了，有如船過水無痕，不要耿耿於懷，念念不忘。須知境緣無好壞，好壞起於心；心不染境，萬法不住；心若染境，心隨境轉。要念念不住，一切境界都不放在心上，不住於心，名爲「無住」。

所以說，無相又作無想。有情眾生透過六根與六塵相接觸而起想，有想就有相，有相就有想；執著妄想，執取幻相，就不能斷生死、脫輪迴。一切想不起，一切相不取，一切法不住，對一切境界都不取不著，不貪不染，不迷不住才能眞正清淨。所以說，無相解脫門是涅槃之法。內不起一切想：證悟無念；外不取一切相：證悟無相；心不住一切法：證悟無住。「無念」不是沒有正念，而是沒有妄念，而且念念不住，不被一切念頭所牽掛羈絆。「無相」不是沒有六塵外相，而是不執著、不沾染，不被一切外相所動；不起分別心，法法平等；無我相、無人相、無眾生相、無壽者相。尊貴的蓮生聖尊慈悲開示：「如果有分別心，就不會自在；如果有分別心，就會有障礙。」「無住」不是沒有是非善惡、好壞美醜，而是離於兩邊，處於中道；諸念不起，諸相不取，一切都無所住。內心的「貪、瞋、癡」都是依六塵境相而起，證得無相解脫，「貪、瞋、癡」也就無所依存，漏盡解脫。

無所有解脫門

什麼是無所有呢？雜阿含經（卷三　七一經／八〇經）云：觀察貪相斷，瞋恚、癡相斷，是名無所有。意思是說，六根接觸六塵，因爲六識的了別而產生苦受、樂受、不苦不樂受。苦受會引發瞋恚的煩惱，樂受會引發欲貪的煩惱，不苦不樂受會引發愚癡的煩惱。針對這些欲貪相、瞋恚相、愚癡相，體悟內空、外空、內外空。「內空」即內證五蘊、六根無我、無我所、空；「外空」即外證五欲、六塵無相；「內外空」即內外證身心、苦樂、煩惱無所有，斷除「貪、瞋、癡」。如實觀察這些欲貪相、瞋恚相、愚癡相而不起現行是爲「斷」。達到貪空、瞋空、癡空的境界；不念境空，不念心有，是謂「無所有」。

要達到「無所有」的境界，須透過「禪定」的過程，經由「無所有三昧」才能證得。雜阿含經（卷二十一　五六六經／五六七經）云：云何無所有心三昧？謂聖弟子度一切無量識入處、無所有，無所有心住，是名無所有心三昧。意思是說，循著禪定的次第，先觀色法不淨，對治欲貪；進而觀色法清淨，逐步令內心空寂。由欲界、光界、淨界而捨界，從初禪到四禪的修習，得不動定。接著，進一步超越色相，觀虛空相，不再執著色身，粉碎色身，向外觀虛空，空間無限；若不能引發無漏智慧得解脫，生空無邊處。或進一步觀內識，不再執著虛空，粉碎虛空，向內觀內識，時間無限；若不能引發無漏智慧得解脫，生識無邊處。然後，既不執著色身，無所謂空間；也不執著心識，無所謂時間；既不思外境，也不思內識；無所有心住，是名「無所有心三昧」。若不能引發無漏智慧得解脫，生無所有處。

然而，什麼是無所有解脫門呢？若能夠修無常、苦、無我、無我所的空觀，證入「空三昧」，內空五蘊，放下自我；進而證入「無相三昧」，外空六塵外境，不隨境轉；最後證入「無所有三昧」，內心不起「貪、瞋、癡」；放下能識、能緣之心，遠離所識、所緣之物；能所俱泯，內外俱寂，是謂「無所有解脫門」。因此，三解脫門是先修得「空三昧」，進而得「無相三昧」、「無所有三昧」，最後依遠離、依無欲、依滅、向於捨，證入寂靜涅槃。

然而，隨著時代的演變，加上佛法的要義是如實知無常、苦、無我、無我所、空，進而引發厭、離欲、滅盡、解脫。因此，後世學者以「無願解脫門」取代「無所有解脫門」，實際反應對於世間的有爲諸行，因無常、苦，心生厭離而不願後有，故說「無願」。要達到「無願」的境界，須透過「禪定」的過程，經由「無願三昧」才能證得。然而，什麼是無願三昧呢？增壹阿含經（卷十六）高幢品（一〇）云：云何名爲無願三昧？所謂無願者，於一切諸法，亦不願求，是謂名爲無願三昧。意思是說，所謂「無願」就是對於一切諸法，內心不起一切願求，從此死了這條心，不再妄求。然而，什麼是無願解脫門呢？因爲世間的一切都是緣起的。因爲緣起，所以無常；因爲無常，所以是苦、不自在；因爲苦、不自在，所以無我；因爲無我，所以無我所；因爲無我、無我所，所以是空。面對無常、苦、空的世間，生起厭離之心，厭患對於「四大、五蘊、六根」的執取，不再計較，一切都無所謂；厭患對於「四食、五欲、六塵」的追求，不再貪戀，一切都無所求，是謂「無願解脫門」。

除了「無願解脫門」之外，另外一種對等的法門「無作解脫門」也被發展出來。然而，什麼是無作解脫門呢？宋代施護所譯的雜阿含經　佛說法印經云：由因緣故，而生諸識。即彼因緣，及所生識，皆悉無常。以無常故，識不可得。識蘊既空，無所造作，是名無作解脫門。意思是說，由於因緣所生法，而生起諸識。不管是產生識的「因緣」，或是因緣所產生的「識」，都是無常的。因爲是無常的，所以是不可得的；一切不可得，識也不可得，悟入妄識性空。既然識蘊是空的，則無所愛染，所以就不會想去造作諸業，這就是所謂「無作解脫門」。「無作解脫門」透過了知「世間本空」、「諸法無相」，於三界皆無所願求。若無願求，則不造生死之業；若無生死之業，即無果報之苦，而得解脫自在。所以說，「無願解脫門」又稱爲「無作解脫門」，知諸法幻有，而無所求。遠離所願，於未來死生相續，無所愛染願求。因爲無有愛染願求，故名「無願」；因爲無有作用集起，故名「無作」；因爲於生死中，不生、不作、不起願求，故名「無起」。不起愛染願求之念，不作流轉生死之業，不生希求後世之有，依遠離、依無欲、依滅、向於捨，悟入涅槃。

綜合而言，「三解脫門」就是三種趨向涅槃解脫境界的智慧門。「解脫」即自在之義，「門」即能通之義；由此「三解脫門」，通向解脫、涅槃。首先，觀照緣起、無常、無自性以離我見、我所見，名「空」；意即觀察內在的五蘊身心，自性本空，知道一切法皆緣起無自性，就離開了我見、我所見，謂之「空解脫門」。其次，離分別以離相，名「無相」；意即觀察外在的六塵境相，知道虛幻非實，遠離分別執著，謂之「無相解脫門」。然後，離「貪、瞋、癡」以息煩惱，名「無所有」；意即觀察內根、外境相觸所形成的「受、想、思」及其背後所引發的「貪、瞋、癡」都是無常、苦、無我、空的，所以捨掉色身、外境、內識，內外俱寂，謂之「無所有解脫門」。另外，離取著以息思願，名「無願」；意即觀察內在願心的即生即滅，離開思願的執著，一切都無所求，從此無貪、無願、無求、無作、無起，謂之「無願解脫門」。也就是說，從內在五蘊身心的觀照是「空」，對外在世間萬法的觀照是「無相」，於無明煩惱的觀照是「無所有」，進而「無願」、「無作」；當下體證「貪、瞋、癡」的緣起如幻非實，而解脫煩惱，寂靜涅槃。簡而言之，「三解脫門」即是所謂「內觀一切空，外離一切相，內外無所有，心無一切願，身無一切行，不起一切惑，不造一切業，不感一切苦。」依遠離、依無欲、依滅、向於捨，證知一切法畢竟清淨，於一切法無所染著，而得自在解脫。

「三解脫門」的運用程序不一而足。根據龍樹菩薩《大智度論》釋初品：從有情眾生具有「見思二惑」的觀點來看：有愛多者，有見多者，有愛、見等者。透過三解脫門，可隨機運用，適當地加以對治。

「見」多者，爲說「空解脫門」：見一切諸法從因緣生，無有自性，無自性故空，空故諸見滅。「愛」多者，爲說「無作解脫門」：見一切法無常、苦，從因緣生，見已心厭愛離，即得入道。「愛」、「見」等者，爲說「無相解脫門」：聞是男女等相無，故斷「愛」；一異等相無，故斷「見」。意思是說，「我見」執著比較強的，建議用「空解脫門」，從緣起性空，空無自性，無我、無我所，滅除「我見」。「我愛」執著比較強的，建議用「無作解脫門」，從無常、苦，一切不可得，一切無所有，心生厭離，滅除「我愛」。「我見」與「我愛」執著一樣強的，建議用「無相解脫門」，從法性平等，無所分別；無男女相，不一不異；不起一切想，不取一切相，不住一切心，滅除「我見」與「我愛」。

從「三法印」的觀點來看：三法印是一切行無常，一切法無我，涅槃寂滅（雜阿含經 卷二 三九經／二六二經）。印順導師《空之探究》認爲：依「無常」而悟入的即「無願解脫門」；依「無我」而悟入的即「空解脫門」；依「涅槃寂滅」而悟入的即「無相解脫門」。透過「諸行無常」而證「無願」，透過「諸法無我」而證「空」，透過「涅槃寂靜」而證「無相」。體會「無常法印」，否定「不變性」。沒有人能夠眞正得到什麼，或是永遠擁有什麼，證悟「無所有」，證悟「無願」；破除貪愛染著而解脫。體會「無我法印」，否定「獨存性」。世間本空，但又不執著空，隨緣安住，證悟「空」；破除執取染著而解脫。體會「涅槃法印」，否定生滅的「實在性」。不分彼此，不起人我對立，無二無別，證悟「無相」；破除無明分別而解脫。所以說，「空」是重於「無我」的世間；「無相」是「離相」以外，表示出世的涅槃；「無願」則是「厭離」世間，向於寂滅的涅槃。

總而言之，不管是「空解脫門」、「無相解脫門」、「無所有解脫門」，還是「無願解脫門」，都是要幫助有情眾生看破世間，放下自我，學習控制、調伏、淨化我們那一顆「心」，熄滅「貪、瞋、癡」，進而趨向解脫。從「三解脫門」我們可以體會到：雖然現象千差萬別，但是法性無差別。所謂「相有性空，事有理無。」須知事相都是緣起幻有，性理本是空寂無生，千萬不可以執著。因爲萬事萬物都是緣起無自性的，都是自性本空的，都是性本空寂的；法性平等，法體清淨。出離住於空無自性的平等正見，法法緣起，當體即空。念本無念，心本無生，性本空寂，清淨無爲，一切都無所得。其中，「空的智慧」扮演著舉足輕重的角色。

由此可以了解，「空」可以是「形容詞」：與三法印中的「諸行無常」相應，闡述苦的眞相。因爲緣起、無常、苦、無我、無我所，所以是「空」。透過「空」的深義，我們體會到世間緣起性空。體會到自性本空，體會到空無自性，體會到性本空寂，所以法法平等，無所分別。因此覺得內心沒有什麼好貪戀的，一切都無所求。「空」可以是「動詞」：與三法印中的「諸法無我」相應，闡述滅苦的方法。「空」有空五蘊、空世間、空諸欲、空煩惱、空欲漏、空有漏、空無明漏之意。包括放空「四大、五蘊、六根」，放空「四食、五欲、六塵」，放空「苦受、樂受、不苦不樂受」，放空「貪、瞋、癡」，放空一切法、非法。「空」其實就是不妄想、不分別、不執著、不取捨、不攀緣、不造業的意思；或者就等於「捨」之平等慧見。進一步依遠離：遠離諸惡不善法；依無欲：離欲清淨；依滅：永斷喜貪，心解脫；向於捨：永斷無明，慧解脫。亦即以戒止惡，以善修福，以止修定，以觀修慧，以慧生明；明則厭，厭則離欲，離欲則滅盡，滅盡則解脫。最後，空也可以是「名詞」：與三法印中的「寂靜涅槃」相應，闡述苦滅的境界。是離妄執而顯的法性，證入「涅槃」的境界，再也沒有煩惱，再也沒有痛苦；一切寂滅，一切空寂；不再受生輪迴，不再流轉生死；終止沉淪，出離三界；不生不滅，常樂我淨。

尊貴的蓮生聖尊慈悲開示：「世間的一切都是無常態的，瞬息變化的；任何東西都是組合起來的，只是臨時的東西，所以叫做諸行無常，這是空的本義。諸法無我告訴我們，你這個我，快要解散變成沒有了，這就是空的道理。每個人遲早都會無我，有強壯必有衰敗，一定的，那是必然的現象。涅槃寂靜就是你的本來心，本來的佛性，就是空性。當你眞正開悟，認識你自己本來的心，雖然無形無相，但是它能夠明明白白，清清楚楚，任運自在。認清宇宙的眞理：諸行無常，諸法無我，涅槃寂靜，這三個都是空性。什麼東西都會沒有的！所以人生啊，變來變去，變化太多了，根本就是無常！我本來就不存在！所有一切的外相都是空的！你不能得到什麼！你就會知道無所得，你也要無所謂，然後無所住。最主要的是要了解、認識、認證內在本來的心。所以說，世間的一切，緣起幻生，空無自性，根本就是無我，什麼都沒有，空寂無生，一切都無所得，一切都畢竟空。懂了這些道理，你就不會去爭什麼，不會去執著什麼，不會想要永遠擁有什麼。能夠如此，你就會非常的淡定，就可以解脫自在，趨向寂靜涅槃。」

第六節　真空化無

實修無我

不管「空」是「形容詞」：教導我們看透世間緣起、人生無常的眞相；或是「動詞」：教導我們放空身心、回歸眞如的方法；還是「名詞」：透露出涅槃空境、常樂我淨的勝妙。其中，以「無我」爲基礎，進而「無相」、「無住」、「無念」，然後「眞空化無」，最後證入「無生」。首先，我們要實修

「無我」：若執著有我當如何？六祖《壇經》機緣品云：有我罪即生。意思是說，一旦執著自我就會自私自利，一旦自私自利就會向外攀緣來滿足自我，進而造作業行。所以六祖惠能說：有「我」就會有罪業產生。因此，一定要放下這個「我」，實修「無我」，方可遠離罪業。然而，如何在日常生活、待人接物、進退應對當中，落實「無我」的精神呢？第一，要做到「無諍」：「無諍」就是不要爭吵，不要批評，不要責備，不要埋怨；更不要比較和計較，以免生起嫉妒心。其次，要做到「無爭」：就是不要爭來爭去，不要爭權奪利，更不要爭功委過，也不要爭先恐後。其次，要做到「無瞋」，要忍辱、忍辱、再忍辱，戒怒、戒怒、再戒怒；最好少怒，最好不怒，做到無生法忍。其次，要做到「無私」：要公正不阿，平等看待一切眾生，平等對待一切眾生，做到冤親平等，做到難捨能捨。其次，要做到「無欲」，要少欲知足，知足常樂，常樂我淨。想到能夠活著，能夠呼吸，能夠擁有健康的身體、和樂的家庭，就應該感到知福惜福，知恩感恩。感謝佛陀傳下珍貴的佛法救度眾生。然後要做到「無我」，了解這個「我」是個「無常」的我，是個「短暫」的我，是個「虛幻」的我，是個「假我」，不可以執著留戀。一切都是緣起，萬物皆是假名。透過因緣和合，建立「無常觀」。因爲無常，所以無法永遠擁有，內心因而不自在，便產生了「苦觀」。再從生命無法自己主宰，領悟到無我，無我所有，而建立「無我觀」。

然後，透過「無我觀」建立「空觀」。現象面：緣起、無常、苦、無我、無我所，故「世間本空」。本質面：緣起無自性，虛幻假名，隨緣所生，故「自性本空」。雖然假名爲我，但仍然要借假修眞，修出眞如佛性；修出一顆圓氻氻、光燦燦的「眞心」。平常我們那一顆心，因爲分別你我，執著自我，爲滿足自我，而不斷向外攀緣，遇境生心。生什麼心？生出妄心，是謂「心動」。心動的層次，可以是最粗的「業行」，如殺、盜、淫、妄；其次是「煩惱」，如貪、瞋、癡、慢、疑；再細的是「妄想」，如分別、執著、攀緣；最細的是「無明」，如一念無明。只要有一絲雜染的「我」在裡面，都是一念無明的妄念或邪念。如何除妄證眞？只要止息生滅不已的「妄心」，就可以顯現出如如不動的「眞心」。妄心的生起，是由細到粗；從無明而生起妄念，進而分別執著，攀緣追求，造作苦樂雜染之業行。眞心的顯現，則是由粗到細；首先要以「戒」除：修戒以除業行，不造惡業；其次要以「定」息：修定以息煩惱、除妄想，不起「貪、瞋、癡」；最後要以「慧」破：修空慧破無明，內空「四大、五蘊、六根」，外空「四食、五欲、六塵」，內外空「貪、瞋、癡」，然後證「不移動」，悟入眞如本性，顯出佛性，即現眞心。

實修無相

其次，要實修「無相」：無相就是不取著一切相。然而，無相是無何相？金剛經（第十四品）離相寂滅分云：無我相、無人相、無眾生相、無壽者相。「無我相」是不再執著五蘊身心爲我，泯除「我慢」之感。「無人相」是不再沾染人我是非，去除「敵人」之感。「無眾生相」是不再分別「三界、五趣、六道」，破除「空間」之感。「無壽者相」是不再貪戀色身壽命的長短，消除「時間」之感。離此四相，即不爲外相所惑。打破「人我」的界線，消除「時空」的隔閡。須知有我相就會分別你我，有我相就會自私自利；有我相就會自然產生人相、眾生相、壽者相。六祖《壇經》定慧品云：外離一切相，名爲無相。能離於相，即法體清淨。須知世間的一切相都是假相，都是虛妄相。一切有相「唯假名攝」，其實「自性本空」。故當體認「無一切相」之妙理，雖「見相」卻不爲諸相所動、所惑。有相分別起，無相根本性。遇緣則生起大悲心、發菩提心；內離一切想，外離一切相，內外不住一切心，名爲「無相」。能夠遠離諸相，不放在心上，即「法體清淨」。

實修無住

然後，要實修「無住」：無住就是心不住於一切法，也就是「不執著」的意思，常處中道。而且，不住於善，也不住於惡；不住於好，也不住於壞；不住於苦，也不住於樂；不住於美，也不住於醜；不住於空，也不住於有。這樣也好，那樣也好，一切都是很好。由於「無住」所以了無牽掛，凡事都不放在心上，一切都不在乎，一切都無所謂，故能夠不住於任何一個念頭。如果念念都沒有被綁住就是「無住」。而且不管處在任何環境，清淨的本性都不會被污染，隨緣而住。一切念頭隨緣來去，對境不起分別，這樣才能夠隨緣自在，歡喜自在，清涼自在，任運自在。六祖《壇經》般若品云：內外不住，去來自由，能除執心，通達無礙。也是在告訴我們，只要實修無住，不住於內，也不住於外；不住於五蘊身心，也不住於六塵外境；想來就來，想去就去，來去自由，生死自主；去除執著雜染的妄心，從此通達而沒有罣礙。

實修無念

接著，要實修「無念」：無念就是沒有一絲的妄念。無念者無邪念，但並非沒有正念，唯念菩提。無念不是指一念不生，而是指雖有念卻不住於念。也就是說，雖有念頭產生，但不受該念頭所影響就是「無念」。所以「無念」就是不被一切念頭所牽掛羈絆。眞正的「無念」是即使有百千萬個念頭，也不會影響到我們本來清淨的眞如本性。六祖《壇經》定慧品云：於諸境上，心不染，曰無念。於自念上，常離諸境，不於境上生心。意思是說，無念不是強壓諸念不起，而是在歷緣對境當中，心不爲外境所染。雖有念，但不受影響，自然而然地遠離各種境界的干擾，更不會在各種境界上生起妄心。一旦眞正做到無念時，心無邪曲，心無妄念，自然念念清淨。實修無念，漸漸地就可以達到極樂、光明、清淨、慈悲、菩提、涅槃的空境。由專一觀想而無念，不起一切念想；由無念而產生明相，自覺身體透明不存在，並產生光明。同時身入胎息，甚至沒有感覺到出入息。因爲氣不動，所以念頭就不動，並且心無造作，如果心裡有事情就是有造作；到了無造作的時候，什麼都沒有，才能夠眞正無念；然後住於虛空，與虛空合一，無形無相，顯化大能，周遍法界。刹那間「眞空化無」，行者不見了，眾生不見了，世間也不見了，一切化爲「無」。既然化爲「無」，則累世業障也無所依存而消失殆盡。

眞空化無

所謂「眞空化無」就是「眞正放空，一無所有。」「眞正放空」就是眞正地放下自我，不再妄想、分別、執著、攀緣，但絕不是落入頑空或斷滅空。「一無所有」就是內心不再有任何的世俗願求，了無牽掛，一切都不放在心上，但絕非無所作爲。做到內證無我，外證無相；心內無念，心外無境，念念無住，無取無著，無貪無染。一切都無所求，一切都無所謂，一切都無所住，一切都無所得。紅塵看破了，不再攀緣，無有貪求；身心放下了，不再執取，無有得失。當你看懂這個世界的時候，就不會再有所執著；當你懂得放下的時候，全世界反而都將會是你的。隨順因緣，隨順自然，隨遇而安，隨緣自在。

修行的功夫就在「無我、無相、無住、無念」。尊貴的蓮生聖尊《粒粒珍珠》認為：由定得「大智慧」，由定得「一心不亂」，由定得「光明」，由定得「無我」，再進入「無相」、「無住」、「無念」，最後「眞空化無」。無我是指「身無我」，無相是指「離一切相」，無住是指「隨緣而住」，無念是指「心無邪念」，「眞空化無」是至高無上的覺悟。見到自己的眞如本性之後，原來煩惱就是菩提，娑婆即是淨土；有所得等於無所得，無功德才是第一功德；「我」度眾生，是「無我」來度「無眾生」。

修行是從「有相」修至「無相」。先以「有相法」達到寂靜，以一念代替萬念的「有相」，再由一念進入無念的「無相」；達到「無念無相」，就可以入三摩地。也就是精神集中達於「一」，然後將「一」歸於「零」，再將「零」歸於「無」。「三摩地」就是定心一境；「定心一境」就是不壞、不亂、不動；不壞是虛空不壞，不亂是一心不亂，不動是如如不動。沒有執著，一切放空。六塵不染，對境無心；自性清淨，對事無心；離一切相，無來無去。尊貴的蓮生聖尊告訴弟子們：「修行如草長，一日一修法，不見草在長，其實日日長」。只要肯實修，一切都將進步於無形之中，日久功深，證量自然現前。並且教誨弟子們要「敬師、重法、實修」，而且要日日實修，因為「一日不修，一日是鬼」。在任何地方，做任何事，面對任何人，時時觀想佛、菩薩或本尊住頂，放光加持，即心即佛，才是眞正的精進實修。

例如，面對「逆境」，有人誤會我們，該如何排解？尊貴的蓮生聖尊教誨弟子們：其實無須排解，因為在徹見是非善惡、因果業報、緣起、無常、苦、無我、空的正見引導之下：（一）實修實證「無相」：不執著人家誤會我們的相；（二）實修實證「無住」：一切都無所住，所以誤會的念頭都不會放在心上；（三）實修實證「無念」：不讓誤會的念頭影響我們的身心。若能如此，煩惱與痛苦自然消除。面對「順境」也是一樣，好等於不好，不好也等於好；好會變成不好，不好也會變成好，一切都是很好。不妄想、不分別、不執著，念念清淨，自然不會得意忘形。

另外，面對「布施」也是一樣，無布施之人，無受布施之對象，亦無布施之物，做到三輪體空。施者、受者、所施之物三者皆是虛妄的假相（無相）；根本就不把布施這件事放在心上（無住）；也不會希冀回報，念念不忘布施的功德（無念），做到所謂的「無相布施」。面對「忍辱」也是一樣，如果能夠做到「無相」、「無住」、「無念」，有受侮辱這件事嗎？有侮辱的人嗎？有人在受侮辱嗎？有人在忍辱嗎？大家不妨參參看！不僅禪定的時候如此，出定的時候也是如此。無論行住坐臥、眠寤語默，時時刻刻皆在禪定之中。否則一出定，又是凡夫一個。

實修無生

最後，談一下實修「無生」：在「無我」的基礎之上，念本無念，心本無生，性本空寂，清淨無爲，一切都無所得。根據尊貴的蓮生聖尊法語開示：一念不起，念念無住，這個時候就叫做「無生唯空」。甚至本初無心，既沒有被縛，也沒有被綁，更沒有解開的必要，自自然然，任運自在。本來就是無生、無不生、無滯。亦即無所謂「生」，也無所謂「不生」。「生」或「不生」都沒有什麼罣礙，重點在於那一顆「心」動了沒有。沒有心就等於「無生」，有心就等於「生」。沒有心就是如如不動，有心就是動了妄心。本來是「無生」，但妄心一動就會透過形相顯化出來，就叫做「生」。「生」是變化出來的，其實根本是「無生」，故說「空寂無生」。心本來不生，心本來不動，心本無生滅，因妄念一動而有生滅。生滅即是指無明，自性中本無無明，因妄念而有無明，一念無明而牽動生死。

所謂「生」與「不生」就像《金剛經》所提到的一個觀念：所謂「什麼」，即非「什麼」，是名「什麼」。第一個什麼是指世俗名相；第二個什麼則超越名相，直探本體，以無爲法，離相觀空；第三個什麼是指實相無相無不相。實相是指性體，是離相的無爲法，故說「無相」。但一切相皆緣性而起，故說「無不相」。雖現起一切相，但不念一切相；即相離相，不著空有。有如最初見山是山，見水是水；然後見山不是山，見水不是水；最後見山還是山，見水還是水。兼顧「體、相、用」，徹見法性本體，不爲表相所惑，重點是不執著，但隨緣起妙用。須知性本空寂，名相假有，業用生滅，不可以執著！所以說，所謂功德就是不可以執著功德；因爲不執著功德，才是眞功德。「無生」才是眞實的，「有生」都是虛幻的。本來是空、無念、無生、清淨無爲，一切法了不可得。若有所得，就屬心動，就會有我、有念、有生，就會雜染有爲。這個「我」一旦生出來，就不得了了，就會變化出有情眾生，變化成大地萬象。其實「無生」就是要我們不執著，而且連「不執著」也不要執著。本來什麼都沒有，自然一切皆空。而且，不只是「自然如此」，而是「本然如此」。心內無念，心外無相，心無所住，無爲而爲，一切都無所得。

尊貴的蓮生聖尊慈悲地教導弟子們，什麼是「無生」的深義：「夢是存在的不存在。有沒有夢？有啊！存在嗎？沒有啊！」用這樣的比喻來觀照一下世間的一切，其實都像夢幻一般。金剛經（第三十二品）應化非眞分云：一切有爲法，如夢幻泡影，如露亦如電，應作如是觀。意思也是在說，一切因緣所生的世間有爲法，都是緣起幻相，幻生幻滅，有如夢幻泡影一般，虛而不實；也像朝露閃電一般，迅速而短暫；都是假相，都是一時的，實在是無有一物可得，故說「無生」。包括「五蘊」是存在的不存在，「五欲」是存在的不存在，「名利」是存在的不存在，「富貴」是存在的不存在，「是非」是存在的不存在，「恩怨」是存在的不存在，「世間」是存在的不存在，「人生」是存在的不存在，「輪迴」是存在的不存在，「三界」是存在的不存在，「煩惱」是存在的不存在，「痛苦」是存在的不存在。「存在」是曾經擁有；「不存在」是虛幻如夢。尊貴的蓮生聖尊《悟境一點通》提到：無生是什麼都沒有，空空如也，何有什麼交涉！一切有相，全是幻現而已；三界皆幻現，其本質都是空無自性的。若能明白這些道理，是謂「無生」。若能如是觀，就可以看透，就會放下。金剛經（第二十三品）淨心行善分云：是法平等，無有高下。意思是說，一切法皆是佛法。法無自性，法性空寂無生，清淨無為，平等一如，無有高下。事相上雖有差別，但是只要內心無所分別，無所執著，管他高高下下，自然可以平等自若，怡然自得。一切順其自然，一切隨順因緣。善緣也好，惡緣也好，順境也好，逆境也好，這樣也好，那樣也好，沒有不好的，平等心看待一切。做到不取於相，如如不動；內心清淨，自在無礙，即可證入「涅槃空境」。

第七節　涅槃空境

佛法雖然存在著八萬四千法門，但是不管修行何種法門，其最終共同的歸宿都是「涅槃」。雜阿含經（卷五　一一二經／一一〇經）云：世尊為涅槃故，為弟子說法。佛陀出世的一大因緣，就是為了救度苦難的眾生，出離苦海，達到「涅槃」的彼岸。「涅槃」其實就是四聖諦的「滅諦」，滅除諸苦，究竟苦邊，寂靜涅槃。所謂「寂靜涅槃」就是熄滅諸惡不善法，熄滅煩惱業因，熄滅生死苦果，出離三界火宅，永遠不再受生輪迴，證果成聖，證入解脫自在的涅槃空境。

「涅槃空境」是什麼？其實就是「寂滅」的境界。雜阿含經（卷九　二五六經／二五四經）云：於彼所起惡不善法，寂滅無餘。亦即不再造諸惡業，業行清淨，心得安穩。雜阿含經（卷十八　四八九經／

四九〇經）云：貪欲永盡，瞋恚永盡，愚癡永盡，一切諸煩惱永盡，是名涅槃。亦即不再生起煩惱，熄滅「貪、瞋、癡」，內心空寂。增壹阿含經（卷十八）四意斷品之一（二三三）云：滅於愛欲，永盡無餘，滅盡涅槃。亦即不再貪愛染著，斷欲去愛，離欲清淨。雜阿含經（卷十三 三三一經／二九三經）云：所謂一切取離、愛盡、無欲、寂滅、涅槃。亦即不再執取佔有，愛盡無欲，煩惱寂滅。雜阿含經（卷五 一一二經／一一〇經）云：得心解脫、得慧解脫，於現法中自知作證。我生已盡，梵行已立，所作已作，自知不受後有。亦即永斷喜貪，心解脫，永斷無明，慧解脫；心慧解脫，永遠不再受生輪迴，登上涅槃彼岸。雜阿含經（卷十八 四八九經／四九〇經）云：貪欲永斷無餘，瞋恚、愚癡永斷無餘，是名阿羅漢者。亦即永斷「貪、瞋、癡」，斷盡無餘，了生脫死，證果成聖。所以說，「涅槃空境」非常勝妙，有妙境之意，兼有慧見，諸漏已盡，身心俱寂，心無負累，內心空寂，寧靜安詳，自由自在，安穩快樂。

雜阿含經（卷三 五二經／六一經）云：若彼色受陰，永斷無餘，究竟捨離、滅盡、離欲、寂沒，餘色受陰更不相續、不起、不出，是名爲妙，是名寂靜，是名捨離。一切有餘愛盡、無欲、滅盡、涅槃。意思是說，對於五蘊身心，若能夠永斷無餘，完全地加以捨離，就可以不再相續，不再生滅，達到所謂的「勝妙、寂靜、捨離」的境界。一切有餘，永盡貪愛，離欲清淨，止息煩惱，滅盡諸苦，寂靜涅槃。「無餘者」，不受後有，五蘊身心不再相續；「有餘者」，異陰相續，命終又生於餘處。雜阿含經（卷三十四 九四九經／九五七經）云：因愛故取，因愛而住，故說「有餘」。「有餘」是因爲心有愛染，心有執取，因而受生不斷。換言之，只要五蘊身心永斷無餘，不受後有，定證涅槃。

因此，「涅槃空境」可以用四個字來形容，那就是「常、樂、我、淨」，也就是所謂的「涅槃四德」。對照「世間」現象面的「無常、苦、無我、雜染」，襯托「出世間」本體面的「常、樂、我、淨」。「常」是常住之意：永恆不變，不生不滅，一切圓滿故。「樂」是安樂之意：永離眾苦，寂滅永安，痛苦永絕故。「我」是眞我之意：遠離妄執，自在無礙，毫無牽掛故。「淨」是清淨之意：離垢無染，湛然清淨，無絲毫染污故。一旦證入涅槃，就可以獲得「常、樂、我、淨」的勝妙境界。分述如下：

常者恆常

雜阿含經（卷五十　一三五三經／一三五六經）云：云何名爲常？常者唯涅槃。云何爲無常？謂諸有爲法。意思是說，世間本是無常，因爲世間的一切都是有爲法。「有爲法」是指因緣和合而生的一切事物，有因緣造作之法，這是從「事相」方面而言。涅槃是常住不變，因爲涅槃是無爲法。「無爲法」是無因緣造作之法，清淨寂滅，無生滅變化而寂然常住之法，這是從「理體」方面而言。雜阿含經（卷十三　三三一經／二九三經）云：如此二法，謂有爲、無爲。有爲者若生、若住、若異、若滅。無爲者不生、不住、不異、不滅。意思是說，「有爲」即有所作爲，有所作爲即是心有造作之意，屬因緣所生法；有生有滅，有來有去，具有生、住、異、滅的現象。「無爲」即無所作爲，無所作爲即是心無造作之意，屬無因緣造作之法；不生不滅，無有來去，沒有生、住、異、滅的現象。因此，凡是起心動念、分別執著，即是有爲法，有爲即是「無常」也。不起心、不動念、不分別、不執著，則屬無爲法。無爲即是「常」也。涅槃無爲，不生不滅，故說「涅槃是常」。

樂者快樂

增壹阿含經（卷九）慚愧品（一四七）云：涅槃者最是快樂。中阿含經（卷三十八）梵志品　鬚閑提經（一五三）云：涅槃第一樂。佛陀親自告訴我們，證入「涅槃空境」最是快樂，而且是第一快樂。爲什麼？雜阿含經（卷四十七　一二五二經／五九二經）云：婆羅門涅槃，是則常安樂，愛欲所不染，解脫永無餘。意思是說，因爲證入涅槃，獲得恆常的安穩與快樂，不再被欲望所牽，不再被煩惱所縛，生死已了，痛苦已滅，從此解脫自在。另外，雜阿含經（卷三十四　九四八經／九五六經）云：一切行無常，悉皆生滅法，有生無不盡，唯寂滅爲樂。面對諸行無常的人生，一切都是生滅變易，有生就有死，無有恆常，最終歸於寂滅。只要體悟此理，就能夠無取無著，無貪無染，煩惱寂滅，生死寂滅，證果成聖，永斷輪迴，故說「寂滅最樂」。而涅槃就是寂滅，故說「涅槃最樂」。尊貴的蓮生聖尊《甘露法味》提到：「修行證果的快樂是無比的，包括常樂：永恆之樂；淨樂：解脫一切之樂；德樂：至高的高貴之樂；神樂：大自在的神通變化之樂。從此沒有痛苦，沒有生老病死，心情愉快，永遠快樂。」是一種無煩無惱，無拘無束，來去自由，生死自主，神通變化，任運自在的極樂境界，故說「涅槃是樂」。

我者自在

雜阿含經（卷十三　三三七經／二九九經）云：緣起法者，非我所作，亦非餘人作。然彼如來出世及未出世，法界常住。意思是說，緣起法是法界運行的不變法則，不管有沒有佛出世，緣起法早就存在，而且法界常住。法界是意識所知的一切諸法，包括四聖、六凡等十法界。緣起法錯綜複雜，甚深難明，卻又眞實存在。世間的一切，包括物質面與精神面，都在緣起法的監控之下運行發展。

從「現象面」來看：「我」本是緣起幻化，無常變易、緣生緣滅之假我，何來有「我」？執著「我」只會帶來煩惱與痛苦而已。因此我們要建立「生命的智慧」，了解五蘊，認識自我；建立「人生的智慧」，面對現實，接受自我；建立「生活的智慧」，增加自信，肯定自我；建立「解脫的智慧」，透過緣起、無常、苦的觀照，提昇自我；然後放下自我，修證無我、無我所；我空、我所空；內空、外空、內外空；五蘊皆空，世間本空；證入「涅槃空境」，心不移動。一旦放下自我，消融自我，證悟無我；不再妄想、分別、執著；內而無念，外而無相，內外無住，體證無生，就能夠超越自我。修「般若慧」而離妄我，證「菩提智」而顯眞我。眞我就是眞正的我、本來的我；眞實不虛，如常不變，亦稱「大我」，有八大自在；是解脫煩惱、出離生死的自在之我。

從「本體面」來看：念本無念，心本無生，性本空寂，清淨無爲，一切都無所得。萬事萬物皆緣起無自性，自性本空，隨緣生滅，但是空的自性不變。這個自性不變的「空」是眞實存在，無形無相，具有大能，能生萬法。在有情曰佛性，在非有情曰法性。佛性就是原來的眞如本性，就是自性清淨心，也就是如來藏。如來藏就是我，此我是眞我，等同法身。如來藏如常不變，本不生滅，眞實不虛，本體清淨，無妄無染。證入「涅槃空境」，體現如來藏自性清淨心，找回本來面目，回到本地風光，回歸法界，沒有二元對立，法界平等，性相一如，眞妄不二，融入空海，法體清淨，心、佛、眾生，三無差別。不生不滅，不垢不淨，不增不減。悟了本心，見了本性，原來「我」本來就是佛。來去自如，沒有阻礙，不起煩惱，心無罣礙。隨遇而安，隨緣安住，隨順自然，隨緣自在，故說「涅槃是自在」。

淨者清淨

何謂清淨？心無雜染，捨念清淨。但必須從最基本的「身、口、意」以及生活做起。長阿含經（卷八）眾集經（九）云：如來身行清淨，無有闕漏，可自防護。口行清淨、意行清淨、命行清淨，亦復如是。意思是說，尊貴如佛陀者也是從「身、口、意」清淨做起，做到正志、正語、正業，並正命存命，於日常生活當中，時時刻刻保持「身、口、意」清淨。然後在這個基礎之上，邁向清淨涅槃解脫。如何邁向清淨涅槃解脫呢？雜阿含經（卷二十四 六四九經／六三五經）云：若比丘於四念處修習多修習，未淨眾生令得清淨，已淨眾生令增光澤。意思是說，依於正念，修習四念處，觀身如身念處，觀受如受念處，觀心如心念處，觀法如法念處，可令眾生清淨光明。

有那幾種清淨呢？雜阿含經（卷二十一 五六四經／五六五經）云：如來、應、等正覺說四種清淨：戒清淨、心清淨、見清淨、解脫清淨。佛陀說有四種清淨，首先是「戒清淨」：守六律儀，具足威儀，於微細罪能生恐怖，不犯十惡業，持戒清淨。其次是「心清淨」：遠離諸欲惡不善法，攝其心念，住心一處，修「四禪正定」，離欲清淨。然後是「見清淨」：透過親近善知識，配合聞慧、思慧與修慧，建立佛法正見，如實正觀思惟。若能如是從他人聞法，加上爲人演說，內正思惟，是名未起正見令起，已起正見令增廣。若能如是正智觀察，得入於正法，於彼正法獲得歡喜、隨喜。並於正法建立正信，無有邪見，知見清淨。最後是「解脫清淨」：貪心無欲解脫，恚、癡心無欲解脫，如是解脫，心無所染，妄心不生，我所心滅，自然清淨。增壹阿含經（卷三十三）等法品（三五四）云：知見清淨義者，能使入涅槃義。也就是說，一旦知見清淨，生慧生明，生清淨心，即可證入「涅槃空境」。總而言之，其實就是透過三無漏學：「戒、定、慧」，證入涅槃清淨解脫。其中，「戒」是惡行雜染的淨化，「定」是欲愛雜染的淨化，「慧」是惡見雜染的淨化。雜阿含經（卷五十 一三二六經／一三二九經）云：正信度河流，不放逸度海，精進能斷苦，智慧得清淨。也就是說，正信佛陀正法，精勤不放逸，加上正見智慧的建立，離我、離我所，斷一切苦；如是解脫，即是平等，名曰「清淨」。

其實，心清淨有「自性清淨」與「離垢清淨」之別。前者強調人之心性本來就是清淨，無有染污；後者強調遠離一切客塵煩惱而得清淨。六祖惠能說：「何其自性本自清淨。」故知證入涅槃空境即是證得自性清淨的眞如本性，於眞實存在的眞如本體清淨法界，寂滅、安樂、清涼、自在。眞如本性的自性清淨心就像一張白紙一樣，純淨潔白，無有污染。也像太陽一樣，清淨光明耀眼。看不見太陽，不是太陽不見了，而是因爲太陽被烏雲遮掩，或是得了眼疾而看不到。其實太陽本來就在那裡，而且一直都在；只要烏雲散掉、或是治好眼疾就可以重見光明。就好像我們的眞如本性被客塵所蒙蔽，被無明所污染，眞如本性因而無法顯現。只要除去客塵，破除無明，眞如本性就可以顯現出來。六祖《壇經》懺悔品云：世人性本清淨，萬法從自性生。思量一切惡事，即生惡行；思量一切善事，即生善行。如是諸法在自性中，如天常清，日月常明，爲浮雲蓋覆，上明下暗。忽遇風吹雲散，上下俱明，萬象皆現。意思是說，我們的眞如本性清淨無爲，世間萬法皆從自性中生起。思惡則行惡，思善則行善。眞如本性清淨光明，只因一念不覺，無明妄動，遮蓋覆著了眞如本性，有如烏雲蔽日。只待風吹雲散，具足般若慧，證悟菩提智，清淨光明的眞如本性即得以復見，而且永不退轉，永遠存在，永遠清淨，故說「涅槃是清淨」。

第八節　結語

一、形容詞的空：「空」的智慧可以幫助我們揭開宇宙人生的神秘面紗，讓我們看清楚宇宙人生的眞相。佛陀說法以有情生命爲本。有情生命由「四大、五蘊、六根」所組成，以「四食」存續慧命。然後透過六根與外界的六塵接觸，進而產生各種感受、情緒、想像、動機與行爲。因爲無明與愛染，執著五蘊身心爲我，向外追求「四食、五欲、六塵」，無有厭足。爲了生存與發展，與天博鬥、與地博鬥、與人博鬥，與環境博鬥、與自己博鬥、與命運博鬥，形成一個雜染的人生。運氣好的、能力強的，功成名就；運氣差的、能力弱的，一敗塗地。然而，人生難道就只能以「成敗」論英雄嗎？多少人爲了「成功」兩個字，不知付出了多少代價，犧牲了多少人，來成就自己，甚至造作了多少業，最後還不是一樣兩手空空地走。自古多少英雄豪傑，而今安在哉？所謂「是非成敗轉頭空，青山依舊在，幾度夕陽紅。」

「空」的智慧首先就是要我們建立出世間的佛法正見：「世間本空」。在緣起法的基礎之上，不管從「現象面」或「本質面」的觀點，世間的一切都是空的。從「現象面」來看：因爲緣起，所以無常；因爲無常，所以是苦、不自在；因爲是苦、不自在，所以無我；因爲無我，所以無我所；因爲無我、無我所，所以是空。包括內空：「四大、五蘊、六根」是空；外空：「四食、五欲、六塵」是空；內外空：「一切、十二處、十八界」是空、「受、想、思」是空、「苦受、樂受、不苦不樂受」是空、「貪念、瞋念、癡念」是空、「身行、口行、意行」是空、「善惡業行」是空、「三界、五趣、六道」是空。因爲緣起，生滅變易，無有恆常，終歸寂滅，故說：「世間本空」。因此，千萬不可以執著啊！能夠了解世間本空、萬法皆空，不執不取，不染不著，不起煩惱，心不移動，自然解脫自在，寂靜涅槃。

從「本質面」來看：世間的一切都是因緣所生法，都是因緣和合而有。萬事萬物皆是緣起，緣起幻有，幻有假名，假名施設，唯名而已，虛而不實，一切都了不可得；隨緣而生，隨緣而滅，故無自性。緣起無自性就是無我；因爲無我，所以無我所；因爲無我、無我所，所以「自性本空」。內法的「四大、五蘊、六根」自性本空；外法的「四食、五欲、六塵」自性本空；內外法的「一切、十二處、十八界」自性本空、「受、想、思」自性本空、「苦受、樂受、不苦不樂受」自性本空、「貪念、瞋念、癡念」自性本空、「身行、口行、意行」自性本空、「善惡業行」自性本空、「三界、五趣、六道」自性本空。因爲緣起無自性，自性本空，所以法法平等，法體清淨，無有分別。能夠平等對待，不執不取，不染不著，不起煩惱，心不移動，自然解脫自在，寂靜涅槃。明代悟空和尚有一首「萬空歌」，對「空」有非常好的詮釋，摘錄如下：

天也空，地也空，人生渺渺在其中；
日也空，月也空，東昇西墜為誰功；
金也空，銀也空，死後何曾在手中；
妻也空，子也空，黃泉路上不相逢；
權也空，名也空，轉眼荒郊土一封；
田也空，地也空，換了多少主人翁；
朝走西，暮走東，人生猶如採花蜂；
採得百花成蜜後，到頭辛苦一場空；

一旦無常到，方知夢裡人；
萬般帶不去，唯有業隨身。

所以說，人生就像一場戲，都是假的。戲演完了，曲終人散。可是很多人卻假戲眞做，不肯捨離，甚至不肯下台，令人哭笑不得。人生也像一場夢，夢幻似眞，有哭有笑，有血有淚，醒來卻是一場空。執著戲劇般的人生，與執著夢中的榮華富貴一樣，令人感到同情，都是未醒的劇中人或夢中人。不過，要注意的是，體悟「空」的深義，並不是叫我們對人生感到失望或絕望。反正一切皆空，結果什麼都不想做，什麼都提不起興趣。變得槁木死灰，死氣沉沉，毫無作爲，那就大錯特錯了。「緣起法」告訴我們宇宙人生的眞相是萬法緣生，萬法緣滅；緣聚則生，緣散則滅。所謂「此有故彼有，此生故彼生；此無故彼無，此滅故彼滅。」掌握了這個原則，就不會隨著生滅、有無起舞。不執著有，也不執著無；不執著生，也不執著滅。如來要我們遠離二邊的極端，體悟緣起中道（雜阿含經　卷一一　三九經／二六二經）。若執著緣起幻有的存在，過於追求世俗的一切，就會生起無端的煩惱。同樣的，若執著一切皆空，過於強調出世，就會落入頑空、斷滅空，導致萬念俱灰，甚至心生狂亂。應該要把握緣起中道的原則，不要太鬆，也不要太緊；不要過於世俗，也不要過於出世，剛剛好才是好。

二、動詞的空：「空」的智慧可以幫助我們破除無明，淨化內心，不再分別，看破放下，不取不著，不貪不染，趨向解脫。既然了悟萬法緣起，萬物皆無自性，無我、無我所，世間本空，自性本空，空寂無生，法性平等，法體清淨，那麼我們就應該將這些體悟，運用在日常生活的人我對待當中，實修實證，解脫煩惱。因此，「空」有空五蘊、空世間、空諸欲、空煩惱、空欲漏、空有漏、空無明漏之意，也就是放空一切的意思。如何放空？就是要實修禪定，循著「四禪八定」的次第：光界、淨界、捨界、空無邊處界、識無邊處界、無所有處界、非想非非想處界，層層深入，進入甚深禪定，最終契入緣起、無常、苦、無我、空，進而引發空慧，心無染著，而得解脫。其關鍵就在於「捨」，捨就是「空」。

另外，佛陀告誡我們：世間的一切都會敗壞的，都會變易的，都是空的。發生敗壞變易的時候，有情眾生的內心一旦有所執著就會感到煩惱與痛苦。因此，佛陀教導我們透過觀內空、外空、內外空、不移動，來尋求解脫。「內空」是指內觀「四大、五蘊、六根」緣起、生滅、無常、苦、無我、無我所，所以是空，不再執取。「外空」是指外觀「四食、五欲、六塵」緣起、生滅、無常、苦、無我、無我所，所以是空，不再貪愛。「內外空」是指有情眾生面對內在的「四大、五蘊、六根」，與外在的「四食、五欲、六塵」相遇時所引發的一切法，包括「受、想、思」與「貪、瞋、癡」等，內外觀「受、想、思」與「貪、瞋、癡」緣起、生滅、無常、苦、無我、無我所，所以是空，不再染著。「不移動」是成就內空、外空或內外空的境界，是涅槃的異名。只要能夠成就內空、外空或內外空，就可以達到心不移動。內心不動如山，不為外境所動，不為苦樂所動，不為欲貪所動，不為八風所動，不為煩惱所動。一旦不會受到煩惱的干擾或影響，遠離一切煩惱，寂滅靜止，即可達成所謂的「不動心解脫」。從此欲貪空、瞋恚空、愚癡空；「貪、瞋、癡」永伏不起，寂靜涅槃。所以說，以「空」為主題的禪思修行，其核心就在於「我、我所」觀念的瓦解，以及「我見、我愛、我慢、我癡」等習性的斷除。而在方法上，則是由觀察緣起、無常、苦、無我、空，心生厭離，斷除欲貪來著手。

所以說，「空」的基本原理就是「緣起法」。世間的萬事萬物都是緣起的，都是無常、苦的，都是無自性的，都是無我、無我所的，都是空的，故說「緣起性空」。有了這一層認識之後，就要繼續以「空」

爲基礎，依循「三解脫門」的順序逐步邁向解脫，證入涅槃。三解脫門包括「空解脫門」、「無相解脫門」、「無所有解脫門」或「無願解脫門」。「空解脫門」是了達諸法「緣起性空」，觀一切法自性本空，而不著於空。若能如是通達，進而離一切煩惱，無作者、無受者，則於諸法而得自在，解脫生死，悟入涅槃。「無相解脫門」是內不起一切想：證悟「無念」；外不取一切相：證悟「無相」；心不住一切法：證悟「無住」。「無念」是不被一切念頭所牽掛羈絆，不起妄念，念念清淨。「無相」是不被一切外相所動；遠離四相，不起分別心，法法平等。「無住」是離於兩邊，處於中道。諸念不起，諸相不取，一切都無所住。「無所有解脫門」是針對「根、塵、識」相觸所產生的苦受、樂受、不苦不樂受，以及諸受所引發的「貪、瞋、癡」，內證「四大、五蘊、六根」是空；外證「四食、五欲、六塵」無相；內外證身心、苦樂、煩惱無所有，斷除「貪、瞋、癡」三毒煩惱，達到貪空、瞋空、癡空的境界。「無願解脫門」是對於一切諸法，內心不起一切願求。面對無常、苦、無我、空的世間，生起厭離之心，厭患對於「四大、五蘊、六根」的執取；厭患對於「四食、五欲、六塵」的追求；熄滅「貪、瞋、癡」，從此無貪、無願、無求、無作、無起。從內在自我五蘊身心的觀照是「空」，對外在世間萬法的觀照是「無相」，於無明煩惱的觀照是「無所有」，進而「無願」、「無作」。然後依遠離：遠離諸惡不善法；依無欲：離欲清淨；依滅：永斷喜貪，心解脫；向於捨：永斷無明，慧解脫。證知一切法畢竟清淨，於一切法無所著，而得自在解脫。

所以說，「空」其實就是不妄想、不分別、不執著、不取捨、不攀緣、不造業的意思；或者就等於「捨」之平等慧見。以戒止惡，以善修福，以止修定，以觀修慧，以慧生明；明則厭，厭則離欲，離欲則滅盡，滅盡則解脫。「空」可以幫助我們看破紅塵，不再貪戀，不再攀緣，空四食、空五欲、空六塵，一切都無所求！「空」可以幫助我們放下得失，不再執取，不再計較，空四大、空五蘊、空六根，一切都無所謂！「空」可以幫助我們內證無我，無取無著，外證無相，無貪無染，空貪、空瞋、空癡，一切都無所住！「空」可以幫助我們念本無念，心本無生，性本空寂，清淨無爲，心不移動，一切都無所得！

三、名詞的空：「空」的智慧可以幫助我們證入涅槃空境，常樂我淨。從此業行清淨，煩惱止息，痛苦熄滅。終止流轉，出離三界，究竟苦邊，脫離苦海，不再受生輪迴，不生也就不滅，寂靜涅槃。回歸法界本體，顯現眞如本性，找回本來面目，回到本地風光，佛性自顯，現出如來藏自性清淨心，眞我出現。證悟以前是妄心，證悟以後是眞心。眞心圓明空寂，心量廣大，涵容一切，自性清淨，常住不變。就像六祖惠能所說：「何期自性本自清淨，何期自性本不生滅，何期自性本自具足，何期自性本無動搖，何期自性能生萬法。」眞心本不移動，本來就沒有，不是意識心的作用。但一念不覺，無明妄動，即生出妄心。妄起分別，執著有我，貪著妄境，生出情欲，起惑造業，隨之流轉，幻化萬象。所以說，「現象界」是妄心所化，緣起幻生；「本體界」則是如來眞心，就是「空」，就是「宇宙本體」，空寂無生。「現象界」有生有滅，無常、苦、無我；「本體界」不生不滅，常樂我淨。只要放下自我，證入眞如本性，就可以融入「法界空海」，有如水滴匯入大海。法界清淨，平等不二，不分彼此，無有分別，遍在常住，清楚明白，寂靜涅槃，任運自在。六祖《壇經》般若品云：百川眾流，卻入大海，合爲一體，眾生本性般若之智，亦復如是。意思也是在說，只要證入眞如本性，開顯本有的般若智慧，就可以回歸法界。就像大地百川河流的水，最終都匯入大海，融合在一起，成爲一體，不可分別，平等一如，無有高下。

空海（惟傳）法師《阿含解脫道次第　解說講稿》認爲：法界指的就是「宇宙本體」，並包括從本體衍生出來的萬事萬物。「宇宙本體」——空，是法爾如斯，本來就存在，不生不滅，是一個實體的存在；

包容一切，等同「法界空海」。而且，「宇宙本體」不單指廣大的虛空而已；虛空沒有覺性，但「宇宙本體」有覺性。尊貴的蓮生聖尊《佛王之王》認爲：「空是一切如來的眞實體性，並稱之爲宇宙意識。」覺性就是靈知靈覺、不生不滅的眞如本性。無形無相，無質無礙，自由自在，來去自如，具有大能，不可言喻。無所不知，無所不能，速度很快，能量很強，一種眞實的存在感。全部用意識感應，無有言說。「法界空海」等於一股具有覺性的超大能量，廣大無邊，無所不在，而且法界一體，無有分別。法界常住的「緣起法」是其運行法則，是歸納現象界的無常法則，也是大自然的運轉法則。涵蓋科學界的物理、化學、生物、醫學等科學法則，以及甚深難明的因果業報、生死輪迴等法則。只要有任何起心動念、身行口說，這些心念業行就會被傳送到「法界空海」或「宇宙本體」，接受「緣起法」的監控，形成業因業緣。在因緣成熟時，招感應得的遭遇和果報。而且有什麼樣的心念業行，就會招感什麼樣的法界與之相應，故有「三界、五趣、六道」之別。所以說，現象界的一切都是來自於「法界空海」或「宇宙本體」，其實也就等於來自於我們自己的「心」。心裡面在想什麼，就會做出什麼，就會招感什麼。所謂「三界唯心，萬法唯識。」有形的世間其實受到無形的法界深深巨大的影響甚至操控。尊貴的蓮生聖尊認爲：「空圓滿一切，宇宙一切由空變化；空最大，無量無邊；空可以生出一切。」因此，我們要遠離外相，離境而不著境，去除意識分別心，不再執著，無住生心，就可以證入「涅槃空境」，融入「宇宙意識」，回歸「法界本體」，具足一切功德，契入本心，見證本性，眞空化無，任運自在。

針對涅槃空境，唐順宗與如滿禪師有一段很精彩的對話。根據景德傳燈錄（卷六）記載：唐順宗有一次問佛光如滿禪師說：「佛從何方來？滅向何方去？既言常住世，佛今在何處？」這是一般愚癡凡夫的疑問，很好奇佛陀涅槃後，到底現時在那裡？如滿禪師回答說：「佛從無爲來，滅向無爲去，法身等虛空，常住無心處；有念歸無念，有住歸無住，來為眾生來，去為眾生去；清淨眞如海，湛然體常住，智者善思惟，更勿生疑慮！」意思是說，佛的法身遍滿虛空，本體常住於清淨眞如本性空海，無為而為，無念而念，無住而住，非凡夫所能揣測。順宗皇帝不以為然地再問道：「佛向王宮生，滅向雙林滅，住世四十九，又言無法說；山河與大海，天地及日月，時至皆歸盡，誰言不生滅？疑情猶若斯，智者善分別。」愚癡無聞的凡夫，用凡夫的眼界，來觀察世俗的現象，當然有生滅。如滿禪師進一步解釋說：「佛體本無為，迷情妄分別，法身等虛空，未曾有生滅；有緣佛出世，無緣佛入滅，處處化眾生，猶如水中月；非常亦非斷，非生亦非滅，生亦未曾生，滅亦未曾滅，了見無心處，自然無法說。」意思是說，佛陀的法身等如虛空，清淨無為，無有生滅，非常非斷；只是隨順因緣，度化眾生，有如千江水中月。因為無心，沒有造作的心念，沒有任何染污的心念，所以無生，不住生滅，自然無一法可得，無一法可說。

由此可知，證悟「空」之前是妄心生幻有，由於無明、妄想、分別、執著、取捨、攀緣、造業，因而流轉生死。證悟「空」之後是眞心生妙有，洞見眞如、空寂、無生、平等、清淨，本來法界常住。其中的橋樑就是「眞空化無」。從「現象面」的緣起性空所生出的雜染幻有，證入「本體面」的涅槃眞空所生出的清淨妙有。「眞空化無」就是「眞正放空，一無所有」。但是，「一無所有」並非拋棄「物質面」的一切所有，而是去掉「心理面」的所有執著與牽掛，體現「眞空」，再由「眞空」生出「妙有」。所謂「眞空」不是空空洞洞什麼都沒有，也不是頑空或斷滅空，裡面其實有「妙有」。所謂「妙有」有別於幻有與妄有，因為心無罣礙顯眞空。若說是有，根本就看不到，則非有；若說是無，萬物皆由之而生，則非無。眞空不空，能生妙有；妙有非有，不礙眞空；空有不二，即空即有，契入中道。

無心的執著就是眞空；眞空的功用就是妙有。眞空一絲不掛，一塵不染，晶瑩剔透，本來沒有，了不可得。妙有不是實有，功德實有；作用雖在，微妙難見。眞空是體，妙有是用；體用不二，空有圓融。因爲妙而不有，眞空不空，所以眞空妙有。眞空能生萬法，妙有一切皆如；非因緣所造作，永恆存在。要用的時候就有，不用的時候眞空。無心而用，用而無心；無爲而爲，無所不爲。一切都無所求，一切都無所謂，一切都無所住，一切都無所得，盡心盡力去做，不管毀譽得失。金剛經（第十品）莊嚴淨土分云：應無所住，而生其心。「應無所住」就是沒有執著，謂之「眞空」；「而生其心」就是回歸本性，謂之「妙有」。破除無明愛染，就會生起妙明智慧。妙者，不可思議也。所以說，「眞空妙有」其實就是不著空，也不著有；不著自性本體，也不著世間幻相。若執著空，就會落入頑空或斷滅空，變得槁木死灰。若執著有，就會落入幻有或世俗有，導致生死輪迴。因此，我們要知幻離幻，息妄證眞，去染成淨，證入眞如本性，如如不動。眞心一出，眞我出現，由眞空中生出清淨、光明與大樂的妙用，強韌穩固，風吹不倒，不輕易受染污，不輕易受影響，而且永不退轉，卻任運自在，嘻哈一生，常樂我淨。

所以說，「空的智慧」幫助我們看透世間緣起、人生無常的眞相；也教導我們放空身心、回歸眞如的方法；更透露出涅槃空境、法界本體的勝妙，是實實在在的修行眞功夫。絕不是高談闊論，空談妙理，互比高下；也不是迴避見聞，離境趨空，鴕鳥心態；更不是死坐不動，壓念不起，磨磚成鏡。而是在日常生活當中，勇於面對，歷境練心；於應緣接物之時，心無沾染，念起無住。須知「心本無生因境有，一念無明妄心生」。其實，眞心同妄心，有如水與波；心海起波浪，眞心起妄心。眞心是宇宙本體，因爲無相，不生不滅，故稱爲「眞」：眞心無物。妄心是幻有之母，能生萬法，因有生滅，故稱爲「妄」：妄心執境。一旦觸境生心，雜染有我，即是心動；一旦怦然心動，心海生波，即生妄心。故要證外空，離六塵外相，一切都無所求；證內空，觀五蘊無我，一切都無所謂；證內外空，熄滅「貪、瞋、癡」，一切都無所住；證不移動，空寂無生，一切都無所得。透過空解脫門、無相解脫門、無所有解脫門或無願解脫門，心生厭離，離欲清淨，熄滅煩惱，證菩提智；依遠離、依無欲、依滅、向於捨，趨向涅槃，邁向解脫。讓我們這一顆心從「妄動」，到「少動」，最後「不動」。雖然心不移動，卻了了分明，任運自在。做到如如不動，風吹不倒；一心不亂，萬境不染；眞心不妄，無心無事。雖然處在五濁惡世，雜染塵境，但是照樣能夠正常工作，正常吃飯，正常睡覺，才是眞功夫。

止息對境攀緣的妄心，心海平靜無波，妙明眞心即可現前。內心清淨無染，自性的般若智慧與菩提覺性就會現前，六通神力即可具足。於一切境緣自在無礙，對境不惑，遇塵不染，隨緣應對，隨機起用。對人：無愛恨喜厭之別；對事：無成敗得失之心；感受上：無喜怒哀樂之情；知見上：無是非對錯之爭。該做的事，一樣也不會少；該說的話，一句也不會多；該行的道，一件也不會漏。一點也不會在意，一切都是很好。不變隨緣，從體起用；隨緣不變，攝用歸體。換句話說，「眞空」就是恆常不變的本體，「妙有」就是隨緣而起的作用。依不變的眞空本體隨緣生起妙有，隨緣生起妙有但不離不變的眞空本體。其實，不變即是「無所住」，隨緣即是「生其心」。無所住就是「本體」，生其心就是「妙有」。無住本體之性是「眞空」，生心起用之相是「妙有」；須知體用不二，性相一如。隨緣遇境，不隨境遷；眞空不空，隨緣妙用。「無所住」是不著世俗有，「生其心」是不落斷滅空。若有所住，即生妄心；若無所住，則現眞心。眞心一現，具備「大仁、大智、大勇」；眞我作主，具足「慈悲、智慧、法力」。「大仁」具足慈悲是方便行，「大智」具足智慧是般若行，「大勇」具足法力是精進行。

尊貴的蓮生聖尊慈悲開示：「慈悲是一種方便救度眾生；度眾生成佛要靠智慧；救度眾生要有方法，需要法力。所有佛法不離慈悲、智慧、法力，我們要學的也是慈悲、智慧、法力。」須知「慈悲」沒有敵人，「智慧」沒有煩惱，「法力」沒有畏懼。慈悲就是具有一顆「菩提心」，所思所想、所做所爲都是爲了眾生，而不是爲了自己。若能成就這樣的胸懷，自然沒有敵人，而且還可以廣結善緣。不過，做到起信發願、慈悲利他還不夠，因爲這些只能算是世俗方便，累積人天福報而已。眞正的慈悲其實是救人慧命，出離苦海，這就需要般若智慧，自度而後度人。般若智慧就是「空慧」，就是既能夠看懂「現象面」的緣起幻生，也能夠體悟「本體面」的空寂無生。一方面知幻離幻，不會被「世俗有」所迷惑；一方面以幻修幻，不會偏執「頑空」。不著空有，不落兩邊，中觀具足正見，眞空生出妙有。若能具備如此的眼光，自然沒有煩惱，而且還可以任運自在。法力就是因果的「反作用力」，須知因果分分秒秒在發生。種下什麼因，就會得到什麼果；發射什麼電波出去，就會反射什麼電波回來。想要什麼，就布施什麼，然後就會得到什麼。有靈有驗，試了便知。而且，法力還可以成就息災、增益、敬愛、降伏。「息災」就是平息一切災難，防止一切意外，消除一切病厄。「增益」就是增加功名利祿，促進事業發展，添福添財添壽。「敬愛」就是增進桃花人緣，攝召婚姻兒女，促進人我和諧。「降伏」就是鎮煞除穢，降伏鬼魅，折伏怨敵，小人退散。若能善用無邊的法力，自然沒有畏懼，而且還可以修證解脫。

此外，法力又包括自力與他力。「自力」是自己的功德力，例如心懷慚愧、懺悔除障、行善積德、精進修行，修出證量等。也就是說，一切都要靠自己努力，自己若不努力，全部都是枉然。不過，必須發自眞誠的內心，不能只做表面功夫；而且還要用對方法，加上日日用功，持之以恆，等到時機成熟，自然可以成就。「他力」是諸佛、菩薩的助力，包括上師的「加持力」、本尊的「攝受力」、護法的「擁戴力」，例如皈依供養、恭敬禮拜、結印持咒、念佛誦經，觀想憶念，修到相應等。其中，上師的「加持力」可以清淨行者業障，獲得傳承。本尊的「攝受力」可以令行者修法得到相應，成就悉地。護法的「擁戴力」可以護持行者，免受魔障。也就是說，除了自己的努力之外，同時也可以尋求有形的貴人或根本上師相助，或是無形的佛、菩薩、龍天護法、鬼神幫忙。不過，心念一定要正，不可以不如法；而且平常就要隨時恭敬供養、觀想憶念，否則平時不燒香，臨時報佛腳，屆時也不見得奏效。然而，不管自力或他力，都要誠心誠意，信願堅固，須知「人有誠心，佛有感應」。然後秉持「正方便」的精神：精勤不放逸，恆行不退轉，實踐「敬師、重法、實修」。並且，發菩提心，行菩薩道，悲智雙運，福慧雙修。只要日久功深，自然水到渠成；從此任運隨緣，應機起用。做到隨緣度日，心中無有差別心；隨機度眾，心中不存功德相。眞正的成就者，其實是隱身於紅塵之中，卻不受紅塵所擾。以淨土的心，做紅塵的事。不取於相，如如不動；不起妄想，一心不亂；清淨無爲，無爲而爲。心懷眾生，隨緣教化；一世隨緣，隨緣一世；萬事隨緣，隨緣自在。做一個無事行者，做一個無心道人。

第十一章 漏盡解脫的智慧

看破紅塵，不再貪戀，
一切都無所求！
放下得失，不再執取，
一切都無所謂！
止息妄心，顯露真心，
一切都無所住！
修正習性，回歸本性，
一切都無所得！

第一節 前言

修行學佛的最終目的不外乎就是要解脫人生的煩惱與痛苦，達到漏盡解脫，解脫自在。漏者，煩惱也；盡者，永除也。雜阿含經（卷三 五五經／六四經）云：云何漏盡？無漏心解脫、慧解脫，現法自知作證具足住。我生已盡，梵行已立，所作已作，自知不受後有。意思是說，什麼是漏盡？漏盡就是斷盡一切煩惱，止息一切痛苦。永斷喜貪，心解脫；永斷無明，慧解脫。當下自知、自覺、自證。「我生已盡」：生死流轉已經到了盡頭，從此不會再去受生受苦，不生也就不滅。「梵行已立」：清淨高尚的行為已經建立，不再執著「四大、五蘊、六根」，不再迷戀「四食、五欲、六塵」，不再生起「貪、瞋、癡」三毒，不再造作「身、口、意」三惡業，身心清淨。「所作已作」：該做的都已經做了，不會覺得有所缺乏與遺憾；對於世間的一切，無所貪愛染著。「自知不受後有」：從此以後再也不會受生，再也不會落入六道輪迴，無始長久以來的生死、煩惱、痛苦、沉淪，從此告一段落。

所以說，「解脫」就是止息妄想、執著之妄心，遠離煩惱、欲貪之糾纏，解除惑業之繫縛，脫離三界之苦果，而得自在。然而，什麼是心解脫與慧解脫呢？雜阿含經（卷三十七 一〇一五經／一〇二七經）云：比丘，貪欲纏故，不得離欲。無明纏故，慧不清淨。是故，比丘，於欲離欲，心解脫，離無明故，慧解脫。若比丘於欲離欲，心解脫，身作證，離無明，故慧解脫，是名比丘斷諸愛欲，轉結縛，止慢無間等，究竟苦邊。意思是說，由於被欲望與貪愛所糾纏，因此內心不得清淨；由於被愚癡與無明所覆蓋，因此智慧不得開顯。所以，一方面我們要離欲清淨，永斷見獵心喜、貪求攀緣之心，經由內觀禪定之力，離貪愛而斷一切煩惱得「心解脫」。另一方面，則要斷除無明，永斷愚癡無知，以智慧之力斷盡三界見思惑煩惱得「慧解脫」。果眞如此斷諸愛欲，離諸結使、束縛，就連無所間斷的細微我慢也被降伏了，就可以知道痛苦終於到了盡頭。雜阿含經（卷二十二 佚失／五八一經）云：已離於我慢，無復我慢心，超越我、我所，我說爲漏盡，於彼我、我所，心已永不著，善解世名字，平等假名說。意思是說，一旦遠離我慢，不再生起我慢之心，就可以超越無我、無我所有的層次，達到漏盡解脫的境界。對於我及我所有，內心不再有所染著，充分了解世間的一切，都是緣起幻生，平等無差別，只是假名存在。

因此，依「定力」離一切欲望而漏盡解脫者，謂之「心解脫」；依「慧力」通曉法義而漏盡解脫，但定力尚未精通者，謂之「慧解脫」；定慧俱修，智慧與禪定兼備而心慧解脫者，謂之「俱解脫」。心解脫者，依正定四禪：離生喜樂，定生喜樂，離喜生樂，離苦息樂，依「色界」的四禪成就遊而得心解脫；乃至於依「無色界」的四無色定或最高層次的「滅盡定」成就遊而得心解脫。慧解脫者，就是依「菩提智」而自知、自覺、自證；不過是「先知法住，後知涅槃」。所謂「先知法住，後知涅槃」是指先見緣起流轉生死之因，次證緣起還滅涅槃之果（雜阿含經 卷十四 三四六經／三四七經）。前者謂之「法住智」，徹悟諸行無常，諸受是苦之理；後者謂之「涅槃智」，親證諸法無我，寂靜涅槃之智。慧解脫者雖然禪定功夫未深，但已見法得法，以「先知法住，後知涅槃」的知見，依「苦集滅道」，念念轉趨涅槃。

參考釋從信法師《阿含經的疑難》的精僻看法：佛陀的侍者阿難尊者就是「先知法住，後知涅槃」的最佳例證。佛陀在世時，阿難遍聞一切經教卻未能證果；一直到佛陀入滅後，才離眾獨行，精進無亂，修無上梵行。有一天，坐在床上，在身體想要躺下來休息時，就在頭部碰觸到枕頭的瞬間，自證阿羅漢（中阿含經 未曾有法品 侍者經 三三）。也就是說，修行學佛並非人人聞法即可悟道證果，就算精進修行也不見得馬上就有成效，要能夠耐得住寂寞。但是我們可以「先知法住，後知涅槃」，先聞法、見法、得法，然後精進修行。不問煩惱何時永盡，但問有無日日用功。不過，也不能只是空想、空定，須時時專精思惟，思惟四聖諦、八正道、緣起法、無常、苦、空、無我、涅槃之理，隨憶、隨覺、隨觀。一旦因緣成熟，霎時證果成聖，是謂「先知法住，後知涅槃」。然而，不管是「心解脫」、「慧解脫」或是「俱解脫」的聖者，雖然禪定的功力深淺不一，只要斷盡「五下分結」，以及「五上分結」等結使煩惱，於一切法無取無著，無貪無染，就可以三毒漏盡，五蓋漏盡，無明漏盡。一旦諸漏已盡，則漏盡解脫；一旦漏盡解脫，則寂靜涅槃。從此不再受生死之果報（雜阿含經 卷五 一一二經／一一〇經）。

第二節 實修佛法

然而，光是「聽聞佛法」，建立「法住智」是不夠的。最重要的是「實修佛法」，實證「涅槃智」才是圓滿。「理」上雖然懂了，「事」上則要親身體驗。「理」就是佛理、佛經、佛法；「事」就是實修、實踐、實證。基本原則爲「理事不可偏廢，多聞實修兼顧」。重點則是一法深入，實修實證，一通百通。就像實修大成究者尊貴的藏密白教祖師密勒日巴尊者在張澄基譯注的《密勒日巴大師道歌集》裡提到：「如果只求佛法的知解而不去實際的修持，會誤入歧途的。」須知修行學佛最忌諱在文字上做學問，而忘記了本身的修爲，忽略了實踐的功夫。必須做到聞思修證，理事圓融，才是恰當。然而，如何實修呢？尊貴的蓮生聖尊《佛王之王》提到：「禪定」是實修的工具。但是，禪定不是單指坐禪而已，而是指「行住坐臥」全在禪定之中。「實修寂靜」是禪定至大的口訣。從禪定寂靜中，引發無漏智慧，漏盡解脫，到達彼岸「涅槃之妙心」。六祖《壇經》定慧品云：定是慧體，慧是定用。即慧之時定在慧，即定之時慧在定。意思是說，禪定是智慧之體，有如燈。智慧是禪定之用，有如光。燈是光之體，光是燈之用。顯現智慧的時候，一定是在禪定；進入禪定的時候，一定可以顯現智慧。尊貴的蓮生聖尊認爲：「禪定」與「智慧」是解脫之二翼。「禪定」的境界是自性內照，三毒去除，內外明徹，般若三昧。「智慧」的境界是智慧無形相，離境無生滅，萬法自心，見自本性。然而，何謂般若三昧？何謂見自本性呢？

所謂「般若三昧」即是無念。從「本體面」來說，「無念」即心無雜染，毫無牽掛。從「妙用面」而言，「無念」即任運自在，而不遲滯。六祖《壇經》般若品云：用即遍一切處，亦不著一切處。但淨本心，使六識出六門，於六塵無染無雜，來去自在，通用無滯，即是般若三昧。意思是說，眞空生起的妙用，無處不在，無半點染著。不變隨緣，隨緣不變。「不變」是眞空，應無所住；「隨緣」是妙用，而生其心。只要內心清淨，就可以使得我們的六識，透過六根與六塵接觸時，一塵不染，一絲不掛，來去自如，自由自在。暢通無阻，隨機起用，不會滯礙難行，此即是「般若三昧」。

所謂「見自本性」就是見證自己本有的眞如本性，性本空寂，空寂無生，清淨無爲，能生萬法。六祖《壇經》般若品云：但於自心常起正見，煩惱塵勞，常不能染，即是見性。意思是說，只要我們的自心能夠常起佛法正見，隨時隨地用佛法正見觀照自心，那些雜染的「貪、瞋、癡」煩惱與無明習性，都不能夠影響我們，污染我們，這就是所謂的「見性」。然而，爲什麼這如如不動、清淨無爲的眞心，會因爲一念無明而生起妄心，進而生出緣起幻有呢？如果「心海」風平浪靜，那麼波浪本初從何而來？如果「心海」遭狂風暴雨侵襲，眞心又如何保持不動？六祖《壇經》坐禪品云：人性本淨，由妄念故，蓋覆眞如。但無妄想，性自清淨。意思是說，眞如本性，如如不動，淨而不染。卻因爲妄想執著，把眞如本性給覆蓋住了。若無妄想執著，眞如本性本來就是清淨的。

須知有情眾生愚癡無明，執著「四大、五蘊、六根」為我，面對大千世界的百般誘惑，加上無形業緣的暗中牽動，以及生理上與心理上的實際需求，很難不生出欲望與貪愛，貪戀外在的「四食、五欲、六塵」，追求人間的「榮華、富貴、福祿、長壽」。進而透過「六根」向外攀緣接觸「六塵」，而有「受、想、思」。有「受」就會有苦樂情緒，有「想」就會有想像分別，有「思」就會有造作業行，進而引發「貪、瞋、癡」等煩惱。內有五蘊，外有六塵，內外相交而起貪著。偏偏人性本私，雜染不淨，身處滾滾紅塵之中，與各種牛鬼蛇神雜處往來。須知有人的地方就有是非，有人的地方就有糾紛。觸境生心，心隨境轉，越轉越煩，越轉越亂。心海生波，生起妄心；一念無明，妄心一動，眞心隱沒，生出「我見、我愛、我慢、我癡」，分別「我相、人相、眾生相、壽者相」，取著貪染，造就一個雜染幻有的人生。如何從雜染幻有的人生，做到無取無著，無貪無染，漏盡解脫，回歸眞如本性、法界本體？這就要靠「實修」的眞功夫。

其實，眞實的人生是我們的「心海」不時地受到外在狂風暴雨的侵襲，或是花花世界的誘惑，「心海」生起波浪在所難免。波浪一起，妄心隨之生起，很難禁止得了。重點是要證入自性本空，回歸眞如本性，認識本來的主人翁，把我們的「四大、五蘊、六根」交由「眞心」來主導。不要隨著「妄心」而去，更不要隨著「妄念」起舞，做到遇境不生心，心不隨境轉。眞心本來什麼都沒有，非善非惡，無喜無憂，無形無色，如如不動，不要去理會那些妄念就沒事。怎樣如如不動？首先「業行」要停，然後「心行」要定，加上「智慧」要開。也就是說，要停止造作惡業，避免墮入三惡道。然後謹守五戒、廣行十善、行三妙行，確保人身，可以修行。接著以「八正道」為基礎，學習三無漏學「戒、定、慧」，以戒修定，以定修慧，以慧生明。體悟「三法印」，證悟「內空」，證悟「外空」，證悟「內外空」，證悟「不移動」。

然後依「空解脫門」、「無相解脫門」、「無所有解脫門」或「無願解脫門」，內證無我，外證無相，念本無念，心本無生，性本空寂，空寂無生，眞空化無。進而心生厭離，厭則離欲，離欲則滅盡，滅盡則解脫。並以「依遠離、依無欲、依滅、向於捨」此一準則為實踐方向，實修佛法，離欲清淨。學會「看破紅塵」的智慧，一切都「無所求」；學會「放下得失」的智慧，一切都「無所謂」；學會「顯露眞心」的智慧，一切都「無所住」；學會「回歸本性」的智慧，一切都「無所得」。

三法印（四法本末）	諸行無常	諸受是苦	諸法無我	寂靜涅槃
空的智慧	外空	內空	內外空	不移動
三解脫門	空解脫門、無相解脫門、無所有解脫門或無願解脫門			
顯露真心 回歸本性	看破紅塵	放下得失	顯露眞心	回歸本性
	無事		無心	
真空化無	無所求	無所謂	無所住	無所得
真空妙有	常	樂	我	淨

做到「無事」就可以看破放下，無煩惱；做到「無心」就可以明心見性，得解脫。尊貴的蓮生聖尊《悟境一點通》提到：「明白了無事，念頭混亂會漸漸的沉澱下來，漸漸的心平靜了。心平和了，不起心念了，能入三昧地了，然後達到無心的境界。」「無事」就是認眞做事，不要執著；做就對了，不管得失；不爲外界所影響；而且要以「四無量心」，慈悲爲他，成就他人。「無心」就是「沒有造作的心念」，也就是布施不求功德，行善不欲人知，付出不求回報。本來就沒有，無一法可得，做到一心不亂。進而證悟空慧，明體即佛；眞空化無，見自本性。解脫之究竟是無縛，解脫之境地是無漏。朝向漏盡解脫、寂靜涅槃、眞空妙有、常樂我淨的目標邁進。以下我們就針對實修「依遠離、依無欲、依滅、向於捨」的智慧，「看破紅塵、無所求」的智慧，「放下得失、無所謂」的智慧，「顯露眞心、無所住」的智慧，以及「回歸本性、無所得」的智慧，分別解說如下：

第三節 依遠離、依無欲、依滅、向於捨的智慧

一、**依遠離——遠離諸惡不善法**：所謂「依遠離」就是遠離諸惡不善法，遠離十惡業、五蓋等令我們身心不得清淨的各種惡法及不善法，證入斷界解脫，斷一切身惡行，而得遠離樂。針對「身念處」：因爲此「身」喜貪「四食」而有一切身行，有身行就有造業的能力。若造業則隨業受報，因而招感各種果報。所以我們要善加管控我們此身的行爲，做好「身行管理」。以「四正斷」的「斷斷」做好身心的預警系統，時時監控，處處提醒。善護心念，莫使此心貪染造作；善護其身，莫讓此身行惡造業。於「摶食」飲食知量，莫令此世在三餐中空過。已生惡法，即刻令斷。建立「是非善惡，因果業報」的正見智慧，

以免造諸惡業。培養「正觀四食」的智慧，以免被四食淹沒。斷除對「摶食」的貪染（雜阿含經 卷十五 三七二經／三七三經），隨緣自在，遠離諸惡不善法。然後依「身念處」，身身觀念住，證「斷界」解脫（雜阿含經 卷十七 四六三經／四六四經），得遠離樂。

所謂「身行」就是有情生命個體透過此身所表現出來的外顯行爲，背後隱藏著「善惡業報」。所謂「身行管理」就是培養駕馭這些自身外顯行爲的能力，確保身行保持在善良的狀態，不致造下極惡重罪。要隨時體察自己的起心動念，規範表達自己的外顯行爲，學習忍辱的精神，避免衝動行事，不讓此身有爲非做歹的機會。雜阿含經（卷二十四 六二三經／六〇九經）云：食集則身集，食滅則身沒。意思是說，因爲有四食，所以有此色身，流轉生死。若對於四食無所貪染，則色身亦不再相續，進而寂滅永安。換句話說，爲了存續我們的色身慧命，我們需要仰賴四食而活，謂之「食集則身集」。由於「四食」的渴望，特別是生理上的需求：摶食、睡眠與性慾，與生俱來，任誰也無法避免。若不知道節制，或過份貪求，經常是引發我們自身造作業行的主因。另一方面，若欲究竟解脫，當於四食永盡喜貪，無所貪染，則憂悲惱苦的色身也隨之消滅，生死流轉亦將隨之終止，謂之「食滅則身沒」。可見得「身行管理」的重點，在於確保正當的外顯行爲，而且必須對「摶食」、「四食」有正確的認知與管理。

二、依無欲——離欲清淨：所謂「依無欲」就是離欲清淨，證入無欲界解脫，離棄一切欲貪、五欲功德，而得無欲樂。針對「受念處」：「受」是對於各種刺激的情緒反應。有六種不同的刺激——六塵，透過六種不同的管道——六根，進入我們的身心，產生各種不同的感受——三受。所以我們要善加守護我們的六根，做好「情緒管理」。以「四正斷」的「律儀斷」，佈好防護網，守護六根，持戒清淨。遵行人生「三妙行」的標準作業程序，不違反戒律。於「觸食」無所執取，於樂不貪染，於苦不傾動，身受心不受。未生惡法令不生。培養「味、患、離」的智慧，避免欲貪的勾引。培養「正觀諸受」的智慧，避免被情緒淹沒。斷除對「觸食」的貪染（雜阿含經 卷十五 三七二經／三七三經），歡喜自在，離欲清淨。然後依「受念處」，受受觀念住，證「無欲界」解脫（雜阿含經 卷十七 四六三經／四六四經），得無欲樂。

所謂「情緒」就是有情生命個體對外界的刺激，所產生的心理反應，具有主觀的感受，有苦樂憂喜捨之別，背後隱藏著「貪、瞋、癡」煩惱。所謂「情緒管理」就是培養駕馭這些感受、反應的能力，確保情緒保持在良好的狀態，不致失控脫序。要隨時體察自己的情緒，規範表達自己的情緒，繼而適當地抒發自己的情緒，然後轉移注意力，發揮同理心，最後收拾情緒，正向思考，回歸平靜。雜阿含經（卷二十四 六二三經／六〇九經）云：觸集則受集，觸滅則受沒。意思是說，由於「觸食」的渴望，喜歡追求各種感官的刺激與快樂，引發六根不斷地向外攀緣塵境。當我們的六根與六塵接觸，喜食六種觸食，喜貪六種妙境。有情生命個體透過「六根」產生「觸」，透過「觸」產生「受」。若緣「觸」有貪染，則緣「受」亦有貪染，謂之「觸集則受集」。當透過六根接觸六塵外境時，心無貪染，則於觸緣樂受、苦受、不苦不樂受時，亦是心無貪染，如此便可以做到「身受心不受」，謂之「觸滅則受沒」。可見得「情緒管理」的重點，在於確保穩定的情緒，而且必須對「觸食」有正確的認知與管理。

三、依滅——永斷喜貪，心解脫：所謂「依滅」就是繫心一處，住於定相，內淨其心，以善治惡，證入滅界解脫，止息一切煩惱，熄滅「貪、瞋、癡」，永斷喜貪，心解脫，而得寂滅樂。針對「心念處」：因爲「心」是身體的主人，心裡面在想什麼，身體就會做什麼，嘴巴就會講什麼，所謂「心惱故眾生惱，心淨故眾生淨。」偏偏我們那一顆「心」有如猿猴，跳上跳下，難以馴服。所以我們要善加守護我們的內心，做好「心靈管理」。以「四正斷」的「隨護斷」降伏我們的內心，讓內心止息，平靜下來，安住在定境上。然後淨化心靈，以善治惡，於「意思食」不起「貪、瞋、癡」。未生善法令生。培養「慈悲喜捨」的智慧，對治「瞋害嫉慢」。以善法對治各種惡法，止息我們的妄念，令內心平靜下來。培養「正觀緣起」的智慧，以免愚癡無知，無慧無明，邪見邪行，煩惱氾濫，斷除對「意思食」的貪染（雜阿含經　卷十五　三七二經／三七三經），清涼自在，熄滅「貪、瞋、癡」。然後依「心念處」，心心觀念住，證「滅界」解脫（雜阿含經　卷十七　四六三經／四六四經），得寂滅樂。

所謂「心靈」就是有情生命個體主導五蘊身心各種「身、口、意」行爲的那一顆「心」，具有意識能力，可以記憶，感知外界，進行思考，做出判斷，背後隱藏著無明習性。所謂「心靈管理」就是培養駕馭我們內心的能力，確保心靈保持在平靜的狀態，遇緣觸境時，不致心生狂亂。要隨時觀照自己的內心，止息雜染有爲的妄心，顯現清淨無爲的眞如本性。雜阿含經（卷二十四　六二三經／六〇九經）云：名色集則心集，名色滅則心沒。意思是說，由於「意思食」的渴望，促使我們不斷向外追逐各種「我要」的欲望，如名聲、權位、財富、妻兒、福壽等，而使得欲心奔放。因爲有「識」的相續，妄心執著有我，才得此「名色」。因爲有「名色」進而產生「六根」，與「六塵」接觸而產生各種感受，遇境生心，爲滿足自我而嚮往各種意思食，謂之「名色集則心集」。若於「四食、五欲、六塵」無所貪染，透過「識」所產生的「名色」與「六入處」就沒有貪染，無我的眞心就會顯現。因爲無所貪染，當「識」消滅的時候則不入「名色」，「名色」消滅的時候則「心」也跟著息沒，於各種意思食的嚮往之心也就跟著息沒，謂之「名色滅則心沒」。可見得「心靈管理」的重點，在於確保平靜的心靈，而且必須於對「意思食」有正確的認知與管理。

四、向於捨──永斷無明，慧解脫：所謂「向於捨」就是無取無著，無貪無染，不善法捨，善法亦捨，證入捨界，放下妄執，證菩提智，永斷無明，慧解脫，而得菩提樂。針對「法念處」：因爲「法」是無明緣行，行緣識的產物。有心識，就有萬法，所謂「三界唯心，萬法唯識。」有情眾生愚癡無明，妄執五蘊身心爲我，貪染世間萬法，不肯捨離，因而不得出離生死。所以我們要正觀「四大、五蘊、六根」以及「四食、五欲、六塵」皆是無常、苦、無我、空。放下妄執，去除貪染，不善法、善法俱捨，做好「價值觀管理」。以「四正斷」的「修斷」，於「四念處」，修「七覺支」，止觀雙運，定慧等持，觀破無明，放下執著，於「識食」斷妄執喜貪。已生善法令增長。所謂「七覺支」即念覺支、擇法覺支、精進覺支、喜覺支、息覺支、定覺支及捨覺支。教導我們提起正念，分辨揀擇善法、不善法。精進用功，斷惡修善。調適下劣心，令法喜充滿。止息高調心，令身心柔軟。進而繫心一處，住於定相，生出平等捨心。不善法捨，善法亦捨，趨入涅槃。培養「三法印」的智慧，以免執取不放，看不破、放不下。培養「正觀五蘊」的智慧，放下對於自我的執取。增長「菩提智」，斷除對「識食」的貪染，任運自在。然後依「法念處」，法法觀念住，證「捨界」解脫，得菩提樂。

所謂「價值觀」就是有情生命個體對於客觀事物的評價與看法，用於區別好壞，分辨是非及排列重要性的心理傾向，內心存在著主次優劣之分，背後隱藏著「我是、我能、我所、我見、我愛、我慢、我癡」。「價值觀」是有情生命個體的動機和行爲模式的統帥。所謂「價值觀管理」就是培養駕馭我們內心是非判斷與價值取捨的能力，確保有正確的價值觀體系，不致歪曲錯亂。要有正確的人生觀和宇宙觀，建立「四聖諦」佛法正見，徹見無常、苦、無我、空的無漏智慧，逐漸淡化自我，消融自我，修證無我，超越自我，邁向解脫。雜阿含經（卷二十四　六二三經／六〇九經）云：憶念集則法集，憶念滅則法沒。意思是說，「憶念」就是「累世記憶」的儲存。所謂「憶念集」就是透過「無明」而產生「業行」，再透過「業行」而產生「識」的意思。所謂「法集」就是指世間萬法、一切現象的集起。一旦累世業行的「憶念」集起，則「世間萬法」亦隨之集起，謂之「憶念集則法集」。另一方面，透過對無常、苦、無我、空的觀察，放下對於自我的執著與貪染，是爲「憶念滅」。滅除「無明」之後則「業行」滅；滅除「業行」之後則「識」滅；滅除「識」之後則「憶念」滅；滅除「憶念」之後則「萬法息沒」，謂之「憶念滅則法沒」。所以說，源頭就在「無明」，根本就在「識食」。「識食」若斷則「名色」斷；「名色」若斷則「生死」亦斷。如此促使我們流轉生死、沉淪苦海的「無明」，亦將隨「菩提智」的開顯而永斷無餘。可見得「價值觀管理」的重點，在於確保正確的佛法正見與價值觀體系，而且必須對「識食」有正確的認知與管理。

第四節　看破紅塵、無所求的智慧

四聖諦的「苦集聖諦」告訴我們：世間緣起，人生無常，欲爲苦本。從「時間」的層面來看：面對「三法印」的諸行無常，我們要學習看破；看破什麼？看破紅塵；走出紅塵，不再貪戀，厭離五欲，不再攀緣，一切都無所求！意思是說，佛陀要我們依照「四聖諦」——苦集滅道的思惟方式，用無漏思惟來觀察覺知世間的一切。從「諸行無常」的正見中向於厭，引發解脫的眞實欲求。學習「看破紅塵」的智慧，心生厭離，一切都無所求。看懂世間，看透人生，看破紅塵，生死哀樂就不會放在心上。不再貪戀五欲，不再攀緣六塵；知足常樂，離欲清淨；無求而求，自在人生。

看破紅塵的智慧

首先，我們來看爲什麼要看破？從客觀方面來看：大千世界，滾滾紅塵，無奇不有，有著太多的誘惑。從主觀方面來看：愚癡無聞的凡夫欲心奔放，爲了滿足自我，很難不動心、不奢望、不幻想。然而，受不了誘惑，就會誤落紅塵，而被紅塵所吞沒。何謂紅塵？「紅塵」本來是指繁華熱鬧之所在。此處「塵」有染污之意，能污染人的習性。「塵」也等於境，指外在一切所認知、感受的人情事物。所以說，紅塵就是虛幻的塵境世間，雖然萬紫千紅，但是充滿雜染、是非與糾紛。須知：紅塵如煙夢一場，夢醒煙散心惆悵；若問紅塵何時出，且看幾時寬心房。紅塵就像個大染缸，一旦落入紅塵，又不能自我把持，很難全身而退。因此要學習看破。尊貴的蓮生聖尊《當代法王答疑惑》提到：「人爲了追求俗樂，追逐美夢，一直在善惡之中變化，無法自拔。走入世之路，輪迴而已。走出世之路，斷煩惱，得往生。我們何不利用這短短的一生，努力修善，努力修行，努力出這苦輪。若不如此，更待何時？」所以說，要觀察看破，放下欲望，才能解脫自在。其實人生如夢，爭什麼！人生如戲，怨什麼！內心有煩惱的人，就是因爲沒有看破紅塵。所以，能夠看破紅塵的種種，看破世間的所有，看破身外的一切，解脫煩腦才有希望。

其次，何謂看破？「看破」就是明瞭世間緣起的眞理，了解人生無常的眞相，看破世間，看破人生，看破錢財，看破情愛，看破名利，看破權位，看破兒女。須知世間的一切了不可得，務必放下塵緣俗慮。「看破」其實就是觀照，就是禪思止觀的「觀」，有「觀慧」的作用。能夠看破是智慧，是般若，是明理，是慧解脫。許多人在歷經世間滄桑，飽學人生苦樂之後，才終於看破，感嘆一切不過如此。所以說，「看破紅塵」就是看透塵世的虛妄污濁，有如夢幻泡影，不足留戀，無須佔有，而應該達觀灑脫。

因此，「看破紅塵」就是放下執念，走出紅塵，與世無爭，超然物外。看破紅塵的虛幻，看破自己的渺小，看破煩惱的不實。所以，只要能夠看破人生無常，看透世事如棋，那麼經營世俗的凡心，自然就會漸漸淡薄。對人間的一切，也不會存有貪戀之心。尊貴的蓮生聖尊說：「一個開悟的人是將世間一切的東西都放下的。對於人間，或者是天上界，或者是佛國淨土，對於生死，都是看破的。只有明心見性的大覺悟者，才能夠眞正稱得上是看破紅塵。」

然而，如何看破紅塵呢？看破之前，先要看懂；看懂之前，先要看透；看透之前，先要看清；看清之前，先要看明。事情看透，就知道該如何進行；人情看透，就明白該如何相處。看透之後，就會看懂人事背後的方方面面。看懂之後，就要看開；看開之後，就要看淡；看淡之後，自然就能夠看破。看懂、看開、看淡、看破之後，自然就能夠領悟世事如棋，人生如夢。淨空法師說：「眞看破了，立刻就放下了。爲什麼？事實眞相徹底明白了，決定不會有分別、執著、妄想。」我們人生活在這個世間是因果循環的，是隨業受報的。了解眞相後，自然就會看破紅塵，自在解脫。因此，「對外」我們要看破六塵外境，及其引發的興衰、稱譏、毀譽、苦樂，都是無常、苦；「對內」我們要看破五蘊身心，都是無我、空；然後才能夠放下貪戀執著。

金剛經（第五品）如理實見分云：凡所有相，皆是虛妄。意思是說，世間的各種事相都是千變萬化的，非恆非久，都是假相。須知「四食、五欲、六塵」幻化無常，虛妄不實，若能了知，心生厭離，即爲看破。人不是因爲擁有的東西太少，而是想要的東西太多。心中雖喜歡，但並非佔有不可，就不會再去攀緣，自然一切都無所求。尊貴的蓮生聖尊認爲：「他們來找的，是隨緣；我們去求的，是攀緣。隨緣不是要你勉強，也不是阻止你的欲望喔！不是的。而是應對之間要知道有所節制，攀緣就不好。」緣來，好好珍惜；緣去，淡淡祝福。隨緣一世，一世隨緣；萬事隨緣，隨緣自在。然而，眞正看破紅塵，是走出紅塵又入紅塵。紅塵可沾染我身，卻無法沾染我心。雖然身在紅塵，但是心在淨土；用淨土的心，做紅塵的事。看懂世間，看透人生，看破紅塵，生死哀樂就不會放在心上。無爲而爲，無求而求，積極正向，自在人生。但絕不是心灰意冷，自我放棄，自甘墮落，放逐人生，這才是「看破紅塵」的眞諦與正確的態度。

無所求的智慧

人生八苦中有所謂的「求不得苦」。世間之事，常常事與願違，求而不得，則心生煩惱。想要的要不到，卻偏偏要強求。人的欲望如無底洞，永遠沒有滿足的一天。對於「四食、五欲、六塵」的追求，或是對於「財、色、名、食、睡」的貪戀，往往不容易滿足。人間的福德、祿位、長壽、名利、美妻、華屋、子孫滿堂、家財萬貫、樣樣都想要，卻不一定樣樣都要得到。得到了還會想要更多，甚至要到了，卻又患得患失，整日擔心受怕。或者喜新厭舊，另有所求，貪得無厭。要不到就怨天尤人，哀聲嘆氣，喪氣頹志；或是設計拐騙，豪取強奪，造業無數，受苦無窮。所以，只要是心有所求，就會有罣礙；有罣礙，心就不自在；心若不自在，鐵定是不會快樂的。

禪宗初祖達摩祖師《二入四行觀 無所求行》云：有求皆苦，無求即樂。也是在說明，只要心有所求，就是一種負擔，一種苦。只有心無所求，才能夠逍遙自在。所謂「無所求，得自來；有所求，心不快。」心有所求，眞的是很苦；不僅求的過程當中苦，求不到時更苦。求到了，生貢高我慢；或是不知足，越求越多。小時候，求玩具；讀書時，求成績；長大後，求愛情；成家後，求兒女、求事業、求財富；中年後求名望、求權位；老年後求長壽、求健康、求往生佛國淨土，求不完的。一般愚癡凡夫求財富、求情愛、求名位、求飲食，求安逸，佛法卻視「財、色、名、食、睡」爲地獄的五條根，很容易墮落的。所以，不僅不要貪求，而且不可妄求，以免造業墮落。禪宗初祖達摩祖師《二入四行觀　無所求行》云：有身皆苦，誰得而安。了達此處，故捨諸有，止想無求。意思是說，爲了滿足自身的需求，我們的內心就會不斷地有所求。有所求就會有苦，有苦就不能安心、安穩。能夠明瞭通達這樣的道理，就會放下「我」與「我所有」，止息心中的欲想，再也無所求。其中，「止想」就是定，「無求」就是慧。實修禪定寂靜，一念清淨；看破紅塵，自然心無所求。

何謂無所求？先說什麼是「求」？禪宗初祖達摩祖師《二入四行觀　無所求行》云：世人長迷，處處貪求，名之爲求。意思是說，世俗之人，迷惘無知，不斷向外處處貪求世俗的欲望，來滿足自我，名之爲「求」。反過來說，無所求就是不起心，不動念，不貪戀，不攀緣；看破紅塵，心生厭離，厭離「四食、五欲、六塵」，一切都無所求。既然心無所求，就可以止息欲貪，就會安然自在。不論這一生的名望權勢有多高，錢財有多富有，最後還不是黃土一坏，兩手空空；一切都是過眼雲煙，什麼也帶不走，有什麼好求的。如果一個人能夠心無所求，從此死了這條心，他的心就能夠安定下來，就能夠得到安詳寧靜。「無所求」才是正確的人生態度，一切隨順自然。「無所求」是佛法中相當高的境界，可以令我們放下一切貪求，安身立命，邁向解脫。若是眞有所求，則應該求善法、求正法、求解脫，而不是求世俗之欲。而且應該要向內求，而不是向外求；要從「因」上去求，不要從「果」上去求。做就對了，不管得失。尊貴的蓮生聖尊慈悲開示：「什麼也不求，就是佛；什麼都求，就是凡夫。」

如何做到無所求？若想要脫離因爲貪求所帶來的各種苦惱與逼迫，當觀「知足」。知足之法，即是安穩之處。知足之人，雖身臥地上，猶爲安樂；知足之人，雖粗茶淡飯，仍津津有味。人生起起伏伏，倒不如隨遇而安，隨順自然，隋緣自在。告訴自己：這樣也好，那樣也好，什麼都是很好。懂得知足，才不會妄求非份；懂得知足，才能知足常樂。人的一生，冥冥之中，自有安排；過份追求，徒勞無功。該是你的，就是你的；不該是你的，強求也沒有用。俗話說：「命裡有時終須有，命裡無時莫強求」。但求盡心盡力，無愧於心，結果淡然處之。

不過，雖然是「無所求」，但是不妨礙「有所求」；雖然是「有所求」，卻又歸於「無所求」。有捨才有得，有得才有捨。求而無求，念而無念，行而無行。雖「求」而不執著，雖「念」而不著相，雖「行」而不計功德。用恭敬、眞誠、慈悲、無爲、無所求的心，做有爲的事，做利益眾生的事。而且三輪體空：無施者、無受者、無施受之物；清淨無爲，無爲而爲，成敗得失都不放在心上，是謂「無所求」。用低調的智慧來處世，功成不居，寵辱不驚；不搶功，不居功，懂得功成身退，懂得與人分享，懂得與人沾光。功勞都歸給別人，好處都讓給別人。本來你不要，本來無所求，但是老天爺的安排就是那麼奇妙，最後光芒、功勞、好處卻反而會回到你身上。這是天大的秘密啊！這是大智慧者老子「上善若水、以退爲進、以柔克剛」的大智慧啊！。無所求才是眞求啊！無功德才是眞功德啊！佛陀度無量眾生，卻說沒有度一個眾生，這是不做「眾生求」的最佳榜樣啊！宋代名相王安石有一首「無所求」的夢詩，頗能傳達「無所求」的境界，是看破紅塵，一切都無所求的最佳寫照。

知世如夢無所求，無所求心普空寂；
還似夢中隨夢境，成就河沙夢功德。

第五節 放下得失、無所謂的智慧

四聖諦的「苦聖諦」告訴我們：人生是苦，五趣流轉，三界無安。從「感受」的層面來看：面對「三法印」的諸受是苦，我們要學習放下；放下什麼？放下得失。厭離五蘊，不再執取，與世無爭，不再計較，一切都無所謂！意思是說，佛陀要我們依照「四聖諦」——苦集滅道的思惟方式，用無漏思惟來觀察覺知世間的一切。從「諸受是苦」的正見中向於厭，引發解脫的眞實欲求。學習放下得失的智慧，只問耕耘，不問收穫，一切都無所謂。不再執著五蘊身心，不再計較世間成敗，學習忍辱，得失無妨。認眞努力過了就好，其他無須放在心上。

放下得失的智慧

首先，我們來看爲什麼要放下？從客觀來看：世間的一切都是緣起，如夢、如幻、如露、亦如電，無常變易，無有實在，都是假的，都是幻有，抓不住的，萬般皆空，了不可得，所以一定要放下。從主觀來看：有情眾生何以有苦的感覺？就是因爲放不下。有情眾生何以雜念紛飛，妄念不止，造業無數？也是因爲放不下。做人好苦、感情好累，所以要放下；執著好痛、仇恨好可怕，所以要放下。外面的花花世界誘惑這麼多，內心的欲望又蠢蠢欲動，人性又那麼地自私自利，加上累世業緣的牽動，使得人生充滿了變數與風險且不可預知。但是現實的人生卻往往非得碰到頭破血流，心力交瘁之後，才能幡然醒悟，或是含恨而終。然而，什麼時候該放下？當結果已經出來，不可逆轉的時候；當事情已經發生，不可挽回的時候；

當被人做出對不起自己的事，不可迴避的時候；當業力折磨現前，不可避免的時候，就要懂得放下。否則，就算不甘心、不服輸、不認命，卻又無力改變的時候，就會無奈地向老天抗議、嘶喊：爲什麼？爲什麼？爲什麼？爲什麼是我？爲什麼要這樣對我？爲什麼會是這樣的結果？

與其問爲什麼？何不放下心中是非見，品味人生千百態？人生沒有什麼是完美的，唯有放下才能夠活得完美。放下我見，才能坦然；放下攀緣，才能隨緣。放下得失，才有胸懷；放下煩惱，才會平靜。誰能眞正豁達？學會放下，內心才能眞正豁達；誰能眞正自由？學會放下，內心才能眞正自由。不要那麼固執、剛強、執著、在意、計較；懂得放下，就可以活得快樂自在。尊貴的蓮生聖尊慈悲開示：「學佛眞正的目的，就是要放下所有的執著。想要解脫煩惱與痛苦，就要懂得放下。放下之後，了無牽掛，無所畏懼。若放不下，則永遠在世俗紅塵裡打滾。」

其次，何謂放下？「放下」就是放下執著的得失心。也就是面對任何一件事情，都要能夠做到「過程盡情揮灑，結果坦然以對」。心境上有如船過水無痕般的灑脫，得失無妨，輸贏皆可。放下一切，放下仇恨，放下得失，放下成敗，放下是非，放下恩怨，放下包袱，放下負擔。放下名聞利養，放下妻財子祿，放下憂慮牽掛，放下自私自利。放下「四大、五蘊、六根」，放下「四食、五欲、六塵」，放下「無明、妄想、分別、執著」，放下「貪、瞋、癡」煩惱，放下「三界、五趣、六道」。若放不下，談何解脫？放下其實就是「捨」，就是禪思止觀的「止」，有「寂靜」的作用。能夠放下是眞功夫，是實修，是事證，是心解脫。做事圓圓滿滿，心裡乾乾淨淨。不過，放下不是放任不管、無所作爲、無情無義，而是沒有擔憂、沒有畏懼、沒有牽掛。放下不是不幹了，而是心無染著，是自在三昧。沒有抗拒的心，沒有捨不得的心。眞正能夠放下的人，便能夠從負面的情緒中解放出來，不再耿耿於懷。眞正能夠放下的人，是有大智慧的人，是快樂無比的人。

所謂「放下得失」就是得失自在，好壞不放在心上，能夠收放自如，一切都無所謂。盡人事，聽天命；得之坦然，失之泰然。事實上，得失心人人都有。一旦有得失心，就會患得患失，結果反而未必如願。而且，得失心若過重，勢必為世俗所累；越難割捨的人，越束縛內心。須知世間沒有永恆的東西，必須學會放下。不要執著，人生才會過得瀟灑自如；不再計較，人生才能活得從容自在。如果能夠保持一顆平常心，反而會有意想不到的結果。「沒有」是應該，「有」反而是賺到，而且本來就不是我所有，要學會知足。一切「得」都當作是上天賜與的禮物，擁有就成了奇蹟，要學會感恩；一切「失」都當作是上天給與的考驗，天下無不散的宴席，要學會惜福。證嚴法師《靜思語》說：「歡喜做，甘願受。」認眞做，不為什麼。放下得失，自然打開心量，自然身段柔軟，自然輕鬆自在。

然而，如何放下得失呢？一個人如果有很強的自我，很在意自己的一切，很在乎別人的看法，很貪戀身外的一切，是很難放下的。我們生活在現實的環境之中，要正見世間無常、苦、無我、空；要懂得放下，放下一切，無取無著，無貪無染，才能夠解脫自在。但是要注意的是：放下不是叫我們遠離人群，躲到深山裡，與世隔絕，不理紅塵。也不是叫我們放下家庭、事業、兒女、感情不管，避世隱居，逃避現實。而是要我們坦然面對，過程盡心盡力，但結果瀟灑放下。身雖在紅塵，心卻在淨土，猶如蓮花出淤泥而不染。凡事做最好的規劃，盡最大的努力，但是做最壞的打算。遇到困境的時候，要針對事情去好好處理，不帶情緒。聖嚴法師鼓吹：「面對它、接受它、處理它、放下它」是個不錯的方法。所謂「面對它」就是正視困境的存在；所謂「接受它」就是接受困境的事實；所謂「處理它」就是以悲智處理困境；所謂「放下它」就是處理之後，不管結果如何，就放下吧！了無牽掛。

俗話說：「人生不如意事十之八九。」與其逃避抱怨，不如積極面對。處理的結果不管是否盡如人意，最後一切都得放下。然後，吃飯照樣吃飯，睡覺照樣睡覺，工作照樣工作，生活照樣生活。修行學佛就是要從「放下」開始。學會放下自我，不再執著；學會放下萬緣，不再分別；學會放下煩惱，不再妄想。放下之後，才能眞正獲得；放下之後，才能眞正擁有。懂得有所爲、有所不爲；懂得什麼該選擇、什麼不該選擇，才是眞正的智者。不屬於自己的，學會放下；已經擁有的，懂得珍惜；不幸失去的，留在回憶。而且，過去的就讓它過去吧！心中一絲不掛；該來的就讓它來吧！心中一塵不染。學會放下，就得大自在；學會放下，就得大快樂。人生在世，只要盡心盡力，認眞去做，問心無愧，對得起天地良心就夠了，其他一切都無所謂。須知得失之間，常有定數！塞翁失馬，焉知非福！如果能夠參透這些道理，世間那裡還有什麼「得」與「失」呢？那裡還需要什麼「放下」呢？

無所謂的智慧

所以說，「無所謂」的前提就是該做的努力都已經做了，該盡的義務都已經盡了，至於結果如何？無所謂！成敗如何？無所謂！甚至既不認爲自己放下，也不認爲自己放不下，一切都不在乎，一切都無所謂，這才是眞正的放下。「無所謂」就是把一切人情事物都置之度外，得失都不放在心上。遇到什麼狀況都沒有關係，無懼一切，好像什麼事情都沒有發生一樣。尊貴的蓮生聖尊《無所謂的智慧》認爲：「它教我自處安逸，它教我吃飯，它教我睡眠，它教我一切都非常美好。就算一切都不是美好，也是美好。」另外，在《眞佛的心燈》也提到：「這樣也可以，那樣也可以；這個也好，那個也好。一切的一切，有與沒有，好與壞，善與惡，正與邪，讚與譭，全部化爲烏有。我這無所謂，也就是一切不執著的。這一切不執著，就連煩惱也沒有了，眞正一絲不掛了。我是永遠自主的，我是永遠自在的。」

然而，爲了避免世人誤解「無所謂」，而落入頑空，心生狂亂，或貢高我慢，尊貴的蓮生聖尊一再地提醒弟子們：無所謂非矛盾、非混亂、非懈怠、非胡搞。無所謂必須在「敬師、重法、實修」的大原則之下，遵守戒律。在戒律之外的，才能夠無所謂。每一個人活在世上，都要對自己的言行負責，對自己的良心負責，對戒律負責；對父母孝養負責，對婚姻幸福負責，對子女教養負責；對家庭負責，對工作負責，對社會負責，對國家負責。不但要盡心，而且要盡力。只要努力過了，俯仰無愧，至於結果如何，批評謾罵，稱譏毀譽，就無所謂了。若沒有盡心盡力，也沒有認眞去做，就高喊「無所謂」，那是不負責任的行爲，也是違反戒律的行爲。所以說，無所謂不是懈怠，無所謂不是不做，而是不在意最後的結果。只問耕耘，不問收穫。盡人事，聽天命。在盡了責任之後，就放下。把自己該做的份內事做好之後，就放下。把成敗得失放下，把虛名假相放下，一切都無所謂。

人生在世，不管我們怎麼做，總是有人喜歡、有人不喜歡；有人滿意、有人不滿意。總會有人指指點點，說三道四，品頭論足，議論紛紛。至於結果，本來就會有得有失，有成有敗，有好有壞，有輸有贏。生活當中，也經常是一波未平，一波又起；驢事未去，馬事又來，這就是人生。到底要怎麼做才能夠無所謂呢？尊貴的蓮生聖尊《甘露法味》認爲：我是無我的，既然是無我，無得亦無失，一切當然無所謂了。因爲只有「無我」，才能夠「無所謂」；有了「我」，就會「有所謂」。所以，重點就在「無我」。無我就無我所；無我、無我所就是「空」。能夠內空五蘊，放下自我；外空五欲，放下得失，就能夠達到無所謂。沒有愛憎喜厭，沒有計較嫉恚，沒有貢高我慢，沒有分別對立，一切都無所謂。

尊貴的蓮生聖尊《明空的大智慧》提到：「人來加害，不恨；人來譭謗，不氣；人來誣陷，不瞋；人來譏笑，不怨。還要謙卑、恭敬、和顏、低下。只要對得起天地良心，一心為眾生，他人的傷害都無所謂。被嫉妒、被陷害、被欺騙、被排斥、被打壓，不去計較，不去記恨，一切都無所謂。」禪宗初祖達摩祖師《二入四行觀 報冤行》云：若受苦時，當自念言，我往昔無數劫中，棄本從末，流浪諸有，多起冤憎，違害無限。今雖無犯，是我宿殃，惡業果熟，非天非人所能見與，甘心甘受，都無冤訴。意思是說，當我們遭受到一些不合理的對待，因而感到痛苦時，要懂得用三世因果的思惟方式，想像自己過去世當中，在五趣中流浪生死，造業無數，為害眾生。今生面臨苦惱，雖然現世無所違犯，但是惡業成熟，現時受此苦報，必須甘心承受。一旦受完苦報，業障自消，前途自是一片光明。若能了知此理，心裡的怨氣與憤怒就可以降低。從此心甘情願受苦受報，再也不會感到冤枉、委屈而想要控訴了。

並且，還要懂得忍辱，實修忍辱。何謂忍辱？所謂忍辱，即非忍辱，是名忍辱，這即是「無所謂」。也就是說，真正的忍辱就是心裡沒有執著忍辱，甚至沒有感覺到在忍辱；就是因為不覺得自己有在忍辱，才是真正的忍辱，而這樣的境界才可稱之為「無所謂」。另外，「應無所住，而生其心。」也可以達到「無所謂」的境界。隨緣自在，真心對待；什麼都不執著，什麼都不在意；隨遇而安，隨順自然，隨緣任運，妙用現前，自然一切都無所謂。然而，真正的成就者，不是把六根關閉，與世隔絕，而是身處世俗紅塵的雜染是非之中，內心卻仍然如如不動。修出定力，與世無爭，才是真正的「無所謂」。尊貴的蓮生聖尊《打開寶庫之門》提到：你必須保持著「無所謂」的心，享受著一種「空」與「明」的心情。無所謂是每時每刻都保持著清明的覺知，同時又安住在空寂的狀態之下。因為是「明空」，所以「無所謂」。

第六節　顯露真心、無所住的智慧

四聖諦的「苦滅道跡聖諦」告訴我們：依八正道，修戒定慧，自淨其意。從「空間」的層面來看：面對「三法印」的諸法無我，我們要止息妄心，顯露眞心；內證無我，無取無著，外證無相，無貪無染；一切都無所住！意思是說，佛陀要我們依照「四聖諦」——苦集滅道的思惟方式，用無漏思惟來觀察覺知世間的一切。從「諸法無我」的正見中向於離欲，不再於「四食、五欲、六塵」中有所染著、留戀。學習內而無我、外而無相的智慧，一切都無所住。「因地」努力過了，「果地」就無須過於在意。一切隨緣，隨緣自在。不住好壞，不住生死，不住涅槃，無住生心。在「無我利他」的前提下，證悟空心、平等心、清淨心，不再妄想、分別、執著，成就無上正等正覺。

顯露真心的智慧

「心」是指有情眾生的一切精神活動，包括認知、感受、情緒、思考、決定等。「心」是一個人外顯「行爲」的主導者。狹義的「心」就是「意識」：了別之意。廣義的「心」則涵蓋「心、意、識」：「心」者集起，含藏累世業緣習性；「意」者思量，思惟計量有我；「識」者了別，了解、識別、分別塵境。佛陀說：會讓一個人感到痛苦的，不是別人，而是自己的「心」。雜阿含經（卷二　四四經／二六七經）云：心惱故眾生惱，心淨故眾生淨。意思是說，有情眾生會感到惱怒或清淨，全是由我們這一顆心所決定。然而，偏偏我們這一顆「心」是那樣地難以降伏（增壹阿含經　卷五　不還品　七七），那樣地貪染世間（中阿含經 卷四十五 心品 心經 一七二），而且日日夜夜，時時刻刻，須臾轉變，異生異滅。好像彌猴一般，在林間攀爬，忽上忽下，或左或右，難以捉摸（雜阿含經 卷十三 三二七經／二八九經）。一個人的起心動念如何，所表現出來的語言及行爲大致上就會按照自己的心意表現出來。心裡面在想什麼，嘴巴就有可能說什麼，甚至透過身體的外在行爲表現出來。所以說，「心」是最重要的。因爲有什麼樣的心，就會造就出什麼樣的人，也同樣招感什麼樣的人來相遇。十法界不離一念心，你行菩薩心，就招感菩薩；你行天堂心，就招感天堂；你行畜生心，就招感畜生；你行地獄心，就招感地獄。

所以說，心存染污則妄，心存清淨則眞。故「心」有染淨、眞妄之別。妄心有雜染，眞心本清淨；妄心如波浪，眞心如海平；妄心如雲翳，眞心如天空。然而，爲什麼要止息妄心，顯露眞心呢？因爲「妄心」實在是太可怕了。這一顆妄心若沒有控制、管理、淨化好，殺人放火、偷拐搶騙、強姦邪淫樣樣來。所謂「妄心」就是指遇境生心。生什麼心？生起雜染有我的染污心，包括欲貪心、瞋恨心、愚癡心、我慢心、懷疑心、嫉妒心、得失心等都是妄心。也就是愚癡凡夫在現實生活當中所生起的「虛妄分別心」，分別人我四相、親疏喜厭、利害得失。透過妄心，妄執「四大、五蘊、六根」身心爲我，形成以自我爲中心的思惟模式，自私自利。然後，爲了滿足自我，不斷攀緣外境，貪染「四食、五欲、六塵」，於境上起雜染煩惱。時而思善，時而思惡，時而無知。或貪、或瞋、或怒、或害、或怨、或嫉、或慢，一時失察，一念之差，一發不可收拾。當內心抵擋不住外界的誘惑，心隨境轉，內心就會生起變化，導致妄念紛飛，念念不息，蠢蠢欲動，這就是「妄心」。妄心逐種種境，起種種念，念念分別，念念有我，念念不實，念念染著，隨境起舞，隨境生滅，故曰「妄心」。須知只要還有雜染的「我」存在，還沒有證到「無我」，一切眾生的起心動念，皆是妄想、分別、執著，全是生滅心，全是妄心。只有止息妄心，顯露眞心，這些可怕的災難才會停止，解脫煩惱才有希望。

所謂「眞心」就是本來具足的如來藏自性清淨心，是心的眞實本性，恆常不變，是成佛的根本。眞淨明妙，靈明覺知，離虛妄想，故曰「眞心」。「眞心」又叫眞如本性，包括眞誠心、平常心、慈悲心、空心、平等心、清淨心，是不變易的，如如不動。是眾生的本來面目，無形無相，不生不滅，空寂圓明，心量廣大；人人具有，遍及法界，包含宇宙，彌滿六合，是法界本體，是宇宙意識。「眞心」不逐種種境，因此不起種種念；無知而知，不起分別，不生愛憎。佛在覺中，一片眞心，如朗朗晴空，大日放光。眾生在迷中，眞心被妄心遮掩，如烏雲蔽日，隱沒光明。雖被遮掩，但眞心依舊完美無缺。眞心居「有無」而不落有無，常處「中道」。身處「萬境」而不染萬境，常處「寂靜」。雖分別而不起分別相，雖往來而無往來相，雖無知而無所不知，雖無爲而無所不爲。「眞心」裡面沒有喜怒哀樂，沒有自私自利，沒有人我是非，沒有「貪、瞋、癡」，沒有妄想雜念。

然而，須知眞心妄心本是一；迷了眞心成妄心，止息妄心現眞心。六祖《壇經》護法品云：煩惱即是菩提，無二無別。就是在告訴我們：眞心與妄心是同一顆心。性相一如，眞妄不二。六祖《壇經》般若品云：前念迷即凡夫，後念悟即佛。前念著境即煩惱，後念離境即菩提。也就是說，一念迷，就是眾生；染著塵境，就是煩惱；一念悟，就是佛；遠離塵境，即是菩提。故知煩惱與菩提皆源自同一顆心。所以說，只要心海起波浪，眞心就會起妄心。心海爲何起波浪？因爲觸境生心。心動了，就會生出妄心。完全覺悟，沒有迷惑，謂之「眞心」。一念不覺，無明妄動，起惑造業，由業感苦，謂之「妄心」。眞心是心的本體，妄心是心的盲動。有妄想、分別、執著就是妄心；沒有妄想、分別、執著就是眞心。眞心就像水，妄心就像水波。一旦起心動念，就隨妄心去，妄心妄爲，心海生波。若能心開念息，則眞心顯露，眞心做主，心海無波。而且心量越小，心海波動就越大，妄想、分別、執著就會越嚴重。心量越大，心海波動就越小，妄想、分別、執著就會比較輕微。當下正覺，妄即是眞；一念癡迷，眞即是妄。離妄無眞，離眞無妄；妄即是眞，眞即是妄。眞心與妄心，迷悟染淨之別而已。

該怎麼做？妄心若起，知而勿隨；妄心若息，眞心空寂。熄滅妄心，眞心自現，有如雨過天清，撥雲見日。用眞心生智慧，用妄心起煩惱。離開妄想、分別、執著，不爲外境所動，就可以見到眞相。有了妄想、分別、執著，心隨境轉，反而見到虛幻相。若能滅除「見思煩惱」，不再執著，可爲羅漢；若能滅除「塵沙煩惱」，不再分別，則爲菩薩；若能滅除「無明煩惱」，不再妄想，究竟成佛。如何滅除無明煩惱、塵沙煩惱、見思煩惱，成就聖人的境界，不再妄想、分別、執著呢？淨空法師認爲：「煩惱的產生是先有無明，再有塵沙，後有見思，是這樣發展出來的。因此我們要斷除煩惱，把這個次第、程序反過來就行了。所以要斷，一定是先斷見思，再斷塵沙，後破無明。」所謂「見思煩惱」就是有情眾生對於內在「四大、五蘊、六根」的執取，以及對於外在「四食、五欲、六塵」的染著。「見惑」是迷於理，「思惑」是迷於事。所謂「塵沙煩惱」就是有情眾生對於有如恆河塵沙般的萬法，不知法界一如，所起的種種分別與執著。所謂「無明煩惱」就是有情眾生無慧無明，不明究理，是業識的種子，是煩惱的根源，是根本煩惱，屬於非常細微的妄想。其實，三惑原係一惑，惑體無別。粗者稱之爲「見思惑」，細者稱之爲「無明惑」，介於兩者之間的稱之爲「塵沙惑」。後世學者稱見思惑爲「煩惱障」，稱塵沙惑與無明惑爲「所知障」。淨空法師說：「破見思煩惱，你就得正覺；破塵沙煩惱，你就得正等正覺；破無明煩惱，你就得無上正等正覺。」「無上」是萬法之宗，「正等」是眾生同具，「正覺」是遣妄除障。

我們要以「八正道」爲基礎，勤修「戒定慧」；禪定寂靜，慈悲喜捨；內證無我，無取無著；外證無相，無貪無染；不著內外，不落斷滅空，也不落世俗有，一切都無所住，息妄證眞。「眞心」是人人本來具足的功能，不生不滅，不垢不淨，不增不減。因爲一念無明而妄想、分別、執著，進而流轉生死。因此，我們要以「厭離」的智慧，遠離諸惡，離欲清淨，發「出離心」。以「慈悲」的智慧，悲憫眾生，對治煩惱，發「慈悲心」。以「三法印」的智慧，因緣和合，破除我見，證「無我利他心」。以「空」的智慧破除「見思煩惱」，不再執著，證悟「空心」。以「無相」的智慧破除「塵沙煩惱」，不再分別，證「平等心」。以「無住、無念」的智慧，破除「無明煩惱」，不再妄想，證「清淨心」。

總而言之，（一）世間本空，人生是幻，透過「空」破除世俗假有、緣起幻生，斷「見思惑」，去除「執著」的心；以「空觀」證「一切智」，厭離出世，開「慧眼」，通達萬法總相，明瞭宇宙本體，寂然眞空。（二）本體本無分別，法界本來一體，透過「無相」破除出世頑空、分別萬法，斷「塵沙惑」，去除「分別」的心；以「假觀」證「道種智」，慈悲入世，開「法眼」，通達萬法別相，看透宇宙萬象，幻生假有。（三）眞心本來就在，性本空寂，清淨無爲，透過「無住」不著出世空，不染世俗有；無住生心，不落「空、有、中」；透過「無念」止息妄想，念本無念，有念卻不染；心本無生，本來就沒有，斷「無明惑」，去除「妄想」的心；以「中觀」證「一切種智」，不著出入世，開「佛眼」，通達萬法總相與別相，體悟宇宙眞相，即空、即假、即中。止息妄心，顯露眞心；眞心一出，眞我出現；覺而不迷，正而不邪，淨而不染。徹悟法體眞空，法相假有，契入中道；眞空不礙妙有，隨緣生起妙用；眞心做主，自覺覺他。

無所住的智慧

要眞心現前？還是要妄心做主？跟我們的心「住」或「不住」有很大的關係。住或不住所生起的心是完全不一樣的。若是「無住生心」，就會生出眞心。而眞心就是佛心，清淨無我。若是「有住生心」，就會生起妄心。而妄心就是眾生心，雜染有我。有情眾生若是「有所住」，就會處處生起妄心，妄心一旦生起則不能清淨，心不清淨就會妄心妄爲。有情眾生若是「無所住」，才能時時生起清淨心，內心一旦清淨則眞心才能顯露，無爲而爲。然而，什麼是無所住呢？

在談「無所住」之前，先來討論一下什麼是「有所住」？「住」就是「住著」之意，包括對內在的執取，以及對外在的貪著。執著於以自我爲中心的價值判斷與取捨。其實，「有所住」就是妄想、分別、執著的意思。受到外在的打擊或誘惑，被心外的事物困擾或繫縛，心生煩惱，就叫做有所住。或貪名聞利養，或貪男女色，或貪妻財子祿，或貪權勢地位，就叫做有所住。心中老是掛念著這些恩怨之情、身外之物，就叫做有所住。死抓不放，不願捨離，不停攀緣，不斷貪戀，就做叫有所住。試問世人誰沒有煩惱？誰沒有欲望？大部份人的「心」都是有所住。而且，都住在煩惱上，住在欲望上。甚至只要一念微動，雜染有我，即是「有所住」。

那什麼是「無所住」呢？「無所住」就是「不在意」或「不在乎」。不在意自己的利害得失，不在乎別人的嬉笑怒罵。任何一個人，任何一件事，任何一樣東西，都不會放在心上。不會在任何一個念頭或現象上，產生執著，抓住牢牢不放。金剛經（第十品）莊嚴淨土分云：應無所住，而生其心。「應無所住」就是不住六塵境界，不被萬境所染，即使美色當前也不爲所動。身雖處紅塵，卻不爲紅塵所擾。「而生其心」就是以無私無我的智慧，面對一切塵境，處理一切事物。身雖在紅塵，心卻在淨土；以淨土的心，做紅塵的事，甚至根本就是無心。「無所住」就是安住，就是清淨心，就是自在解脫；沒有妄想，沒有分別，沒有執著；不著五蘊，不染六塵，不住四相；卻又明明白白，清清楚楚，任運自在。尊貴的蓮生聖尊認爲：「一絲絲的煩惱，連最小最小的煩惱，都不放在心上，才叫做無所住。而且，不住於愛，也不住於恨；不住於朋友，也不住於敵人，才是眞正的無所住。不住於凡，也不住於聖；不住於淨，也不住於垢；不住於善，也不住於惡，才是眞正的無所住。」另外，在《牛稠溪的嗚咽》也提到：諸佛語我「無所住」，不住六欲天，不住色界天，不住無色界天，不住涅槃解脫，才是眞正的無所住。從這裡我們可以領悟到：「無所住」就是不住於二元對立：不住於五蘊自我，不住於身外之物；不住於內心，不住於外相；不住於欲望，不住於煩惱；不住於三界，不住於生死，甚至不住於涅槃。連不住也不住，內心沒有半點執著，如船過水無痕，一切都無所住。

然而，要怎麼做才能夠無所住？禪宗初祖達摩祖師《二入四行觀　隨緣行》云：眾生無我，並緣業所轉，苦樂齊受，皆從緣生。意思是說，有情眾生皆因緣和合而有，沒有一個自在、自主的我，故說「無我」。隨業緣所轉，或順緣、或逆緣，或苦受、或樂受，都要平等接納，都要隨順因緣。又云：得失從緣，心無增減，喜風不動，冥順於道。意思是說，得失本從過去因緣所生，一切都是緣起，一切都要隨緣。不因順緣而喜不自禁，亦不因逆緣而憂不成眠。既不嫉妒，也不憎恨，無增無減，好壞都不要太在意，否則內心難以平靜。須風吹不動，順其自然，合乎正道。心不住於得，也不住於失；心不住於喜，也不住於憂。就像台語歌手黃思婷演唱的一首歌曲「一切隨緣」裡面所陳述的：

春夏秋冬，是自然的變化；
人的命運，甘是出世就來註定。
花開花謝，流轉在一條線；
世情冷暖，盡在人的心肝，
一切由在你來看。
若要講人生啊！留抹著青春的影！
歲月已經過一半，
還是隨緣卡快活。

是的，沒有錯！一切隨緣吧！遇逆緣時要逆來順受，懂得忍辱，不要失意抓狂；遇順緣時要懂得珍惜，切勿驕傲，不要得意忘形。都是因爲過去種下的因，直到現在開花結果，其實無得無失，無喜無憂。所謂「菩薩畏因，眾生畏果。」懂得經營人生的人，不在「果」上做比較，知道要在「因」上勤努力。做就對了，不管得失，是謂「無所住」。尊貴的蓮生聖尊《大心印》提到：「我們也不計較活得多久，只要活得精彩就好；也不要執著要賺多少錢，夠用就好；也不執著要得到怎麼樣的地位，只要努力就好；也不執著將來能夠成佛、成菩薩，只要認眞修行就好，這叫做去掉執著。」

所以說，不要執著一切內在的感受和外在的表相，更不要在這些內心的念頭上或世俗的現象上產生罣礙。面對內心：被人批評、被人毀謗、被人打罵，無動於衷，從來都不放在心上，這就是實修「無我」。面對塵境：無我相、無人相、無眾生相、無壽者相；影來則現，影去則無；物來則應，物去不留；一切無著，隨緣自在，這就是實修「無相」。內證無我，無取無著；外證無相，無貪無染，一切都無所住。而且不住於善，也不住於惡；不住於美，也不住於醜；不住於愛，也不住於恨；不住於空，也不住於有，契入中道，這就是實修「無所住」。

只要放下一切，妄心自息；妄心一息，則無住生心。生什麼心？生出眞心，其關鍵就在於一個「覺」字。「覺」則即相離相，眞心顯露，一切不住。「不覺」則遇境生心。生什麼心？生出妄心，妄心做主，一切皆住。有住則雜染，無住則清淨。一心隨緣，隨緣自在；不變隨緣，隨緣不變。不變即是「無所住」，隨緣即是「生其心」。依據因果循環之理，一切平等無差別。須知打我罵我可消宿業，苦盡可以甘來。快樂享福雖似天堂，福盡之後殃至。貧苦病厄可生菩提，名利恭敬反障修行。所以說，好也等於不好，不好也等於好，一切都是很好。禍兮福之所倚，福兮禍之所伏！塞翁失馬，焉知非福！尊貴的蓮生聖尊《無所謂的智慧》提到：住即不住，不住即住，何處有住，住有何處。「無所住」是任意運行，不住在紅塵裡，不住在欲望中，不住在三界裡。有無皆可，好壞相同。「住」是與佛同住，佛是那裡都不住，也即是那裡都住。無所住即住，住即無所住。在無我、無相的基礎下，一切都無所住。

第七節　回歸本性、無所得的智慧

四聖諦的「苦滅聖諦」告訴我們：漏盡解脫，永滅諸苦，常樂我淨。從「解脫」的層面來看：面對「三法印」的寂靜涅槃，我們要修正習性，回歸本性；念本無念，心本無生，性本空寂，清淨無爲；一切都無所得！意思是說，佛陀要我們依照四聖諦「苦集滅道」的思惟方式，用無漏思惟來觀察覺知世間的一切。從「寂靜涅槃」的正見中向於滅，收攝內心，趨向涅槃而行道。修正累世習性，回歸眞如本性。體認緣起幻生，世間的一切都是存在的不存在，有如夢幻泡影。雖然曾經擁有，但不執著；不執著自然一切放空。證悟空寂無生，心內無念，心外無相，心無所住，清淨無染，無爲而爲，心不移動，一切都無所得。所謂「無所得」是得而無得；因爲無所得，才是眞得。由無所得而無所住，由無所住而無所謂，由無所謂而無所求，熄滅「貪、瞋、癡」，寂靜涅槃。

回歸本性的智慧

爲什麼要修正習性，回歸本性？三字經云：人之初，性本善；性相近，習相遠。意思是說，人一出生下來，性本良善，就像一張純潔的白紙一樣，沒有染污。本性是相近的，但是因爲薰習不同，所養成的習慣也就不同，漸漸地習性就相差越來越遠了。善人習善而心益善，惡人習惡而心益惡。心善行正，心惡行邪。可見得「習性」是起心動念之根本，「心念」是個人習性之呈現。任何人的起心動念和言行舉止，都由潛在的習性所左右。有什麼樣的習性，就會有什麼樣的認知結構、思考方式與行爲模式。每個人不論處在何時何地，起心動念便是由過去長期薰染的習性與六根當下接觸六塵所影響而生起的！修行學佛的目的就是要與雜染的習性對抗，恢復人人本有的清淨本性。「本性」是指原來本有的光明特性，「習性」是指長期薰染的特性。本性空寂無生，清淨無爲，叫「眞如」；習性遇緣薰習，雜染有爲，叫「無明」。本性裡面無善惡，習性裡面有是非。本性人人相同，習性個個不同。本性是本來有，習性是本來無。我們要修正習性，回歸本性。體悟人生一切皆幻，然後知幻離幻。看破紅塵，放下得失；無我無相，無住無念，回歸眞如本性，就可以顯露眞心；否則習性未除，妄心當道，妄心就會妄爲。

何謂習性？近朱者赤，近墨者黑，就叫做「習性」，是指在某種條件或環境中，長期養成的特性。過去種種的妄想、分別、執著，餘習不絕，累積潛伏成爲一股力量，形成習性。有如滾滾暗流，行於地下，一有縫隙，即乘隙而出。長期一貫的薰染即成習性，就好像薰香則馨，薰魚則腥。所以說，「習性」就是習以爲常的思想言行，潛移默化而成爲一種長期穩定的特質，潛藏在我們的潛意識裡。愚癡凡夫用習性過生活，並且不斷薰染習性，有雜染的「我」在裡面，進而形成個人的價值觀與待人處世的信念。各人習性不同，價值觀也就不同，信念也隨之不同，皆是長時間薰習、造作、累積而成。所以說，習性是多生累世養成的，或被情欲污染，或被物欲遮蔽。隨著起心動念，所造作的一切，皆收納於我們的潛意識裡。這些累積的業緣、經驗與知識，就會慢慢形成個人的心理特質而成爲習性。

這種長期薰染而成的習性，其實就是無形的業力。藉由業力的牽引，產生無形的力量，時時刻刻影響著一個人的思想和行爲，並深埋在有情眾生的心識當中，歷經千百世的輪迴未曾消失。輪迴是一種無奈的生命形態轉換過程，生死相續，毫無意義，是虛幻的假相，痛苦的循環。偏偏有情眾生不曉得這是幻相，執取染著，業力牽動，過了一世又一世，造就愚癡無聞凡夫命運的墮落，受苦無窮。從十二緣起來看，其實也是在告訴我們最深層的潛意識裡潛藏著無明、妄想與業緣，以及累世的記憶與習性。在知見與情感不斷的薰染之下，形成雜染有我的價值觀，含藏「我見、我愛、我慢、我癡」。然後在各種不同價值觀的基礎之上，產生各種形形色色的人生百態。人是有習性的動物，任何一種行爲一旦成了習慣，往往是積習難改。習性有染有淨，有善有惡。若未淨化修正，就會遇境生心，隨境而去。本性是本來就清淨的，習性則是時時受薰，但可以被淨化。習性少一分，本性就可以多一分。慢慢地，就可以回歸眞如本性。

何謂眞如本性？諸法之體性，離虛妄而眞實，故曰「眞」；常住而不變，故曰「如」。「眞如」亦可稱爲如來藏、法身、法界、自性清淨心、佛性、涅槃、般若、空等。根據印順導師《如來藏之研究》的精僻看法以及個人的研究心得，說明如下：「如來藏」含藏萬有，能生萬法，人皆有之。須知「如來」本是「眾生」、「我」的別名。從前世到後世，在生死中來來去去，是生死的根本。如來法身常住而不滅，遍住於一切眾生之身。「法身」若隨生死流轉，則名爲眾生；若離一切煩惱苦迫而得自在，則名爲如來。所以說，一切眾生皆有如來藏。故知法身即眾生界，眾生界即法界。眾生界、法界、虛空界、如來界、佛界、涅槃界與如來藏是同一法界。既是同一法界，一切法都無二無別，而且法法平等。

由此可知，法界平等一如，而且一切法終歸寂滅，性本空寂，空寂無生，清淨無爲。猶如虛空，不受垢污，性常明淨。可知自性本來清淨，即是眞如。雖說心性本淨，但爲客塵所染。所謂「客塵虛妄染，本來自性空。」一切眾生本無差別，清淨不二，但爲煩惱所蓋。故知煩惱是外來的，眞如是本有的。雖然現起染污相，卻不能改變清淨的眞如本性。只要心離染污，即可恢復清淨。不過，心性本淨的意涵超越垢淨，其實是非淨非不淨，非染非不染，不著垢淨之相。所以說，在眾生煩惱覆藏中，有本性清淨的如來，說明眾生成佛的可能性。故知一切眾生悉有佛性，此即是「我」義。「我」者即如來藏，此「我」非外道之神我，或凡夫之妄我，而是證悟無我的「最勝我」；亦即法界清淨本體之「大我」，可知無我法中有「眞我」。正因爲有眞我、大我，故名涅槃，得八自在，無有罣礙。眞我亦名「佛性」，佛性就是無上菩提，就是佛的體性，常恆無有變易。由此可知，如來藏法身遍滿，眞如無別，佛性實有。其深義則爲「第一義空」，就是十二因緣勝義空。亦即自性本有的般若空慧，是發自內心的覺醒。就像具有覺性的虛空，無形無相，但有靈性。虛空不垢不淨，不動不壞；但覺性靈明覺知，光明無盡，謂之「明空」。

六祖《壇經》定慧品云：眞如即是念之體，念即是眞如之用。眞如自性起念，非眼、耳、鼻、舌、身能念。眞如有性，所以起念；眞如若無，眼、耳、色、聲當時即壞。意思是說，眞如本性是心念的本體，力量的源頭；心念是眞如本性的相用，外顯的作用。因爲有眞如本性，所以才有「眼、耳、鼻、舌、身」等見聞覺知的作用。若沒有眞如本性，「眼、耳、鼻、舌、身」見聞覺知的作用也就沒有了。所以說，眞如本性具有生起心念的功能，而非「眼、耳、鼻、舌、身」本身就有生起心念的功能。有眞如本性的功能，才有見聞覺知的作用。

六祖《壇經》定慧品云：善知識，眞如自性起念，六根雖有見聞覺知，不染萬境，而眞性常自在。意思是說，透過無形無相的眞如本性，生起心念的作用。六根雖有見聞覺知，但要能夠雖處萬境，而不染萬境，才能夠清淨自在。其實就是不要妄想、分別、執著的意思。看淡一點，想開一點，就能夠慢慢地放手、放下。太執著，太計較，放不開，放不下，就會綁太緊、黏太近，一有散失，就會痛苦。所以說，對於萬境切不可起妄念，一切塵勞妄想就此打住。塵勞妄想就是習性，每個人都有各自的習性跟隨著自己。能夠不染萬境，不受念頭影響，就是無念的眞如本性，恆常自在，所以要回歸眞如本性。

尊貴的蓮生聖尊慈悲開示：「不受自己的妄想影響自己的行爲，因爲行爲就是從妄念裡產生出來的。有念頭才有行爲，沒有念頭就不會有那種行爲。」另外，在《大心印》也提到：「修行就是要化解習性。」所以說，修行就是「修念頭」和「修習性」。「修念頭」就是要看好我們那一顆心，學會調伏內心：從護念、轉念、正念到無念。「修習性」就是要改變長期薰染的習性，勤修八正道，廣行戒定慧，變成一種習慣，去染成淨，無明變明，回歸本性。「護念」就是善護念，守護當下的心念；「轉念」就是對治，以善念對治惡念；「正念」就是四念處，如實覺知身、受、心、法念處；「無念」不是勉強自己一念不生，而是沒有妄念，不被念頭所影響。只要萬境不染，如如不動，風吹不倒，強韌穩固，自然而然就可以自己當家做主，任運自在。眞如本性雖然不動，卻能覺知現象面的一切變化。善於分別，當下即知，卻不做分別想而差別對待。六祖《壇經》機緣品云：分別一切法，不起分別想。也是在說，眞如本性靈明覺知，雖然可以清楚地分辨外面千差萬別的境界，但是內心卻不會隨之起舞，而有半點沾染，起分別心。不動是關鍵，不染是要訣。眾生迷於幻相，念念在虛妄相上。雖知是假，明知是幻，卻念念不停，使心紛擾。這都是由於累劫的無明習性才會對境生心。因此我們要回歸眞如清淨本性，讓妄心止息，眞心顯露。

然而，要如何回歸眞如本性呢？尊貴的蓮生聖尊《坐禪通明法》說：「要眞性現前，一要悟道，二要實修。」簡而言之，就是要體悟宇宙人生的眞相，然後悟後起修，實修實證。若沒有實修，一切都是空談。「悟道」者，悟何道？悟通往涅槃之道。悟即是明白、覺悟、親證的體會；如人飲水，冷暖自知，是自知、自覺、自證的境界，不可言說，但可體驗。豁然通達，回到本來面目，回歸法界本體，平等無差別，與法界本體合一。「實修」者，修何法？修禪定寂靜之法。在「八正道」的基礎之上，起心動念，行住坐臥，不離禪定寂靜。透過實修禪定寂靜，才能夠把習性的種子，在禪定之中慢慢地消除掉。

六祖《壇經》坐禪品云：何名爲禪定？外離相爲禪，內不亂爲定。外若著相，內心即亂；外若離相，心即不亂，本性自淨自定。意思是說，什麼叫做禪定？外離一切相，不受外境所影響，如如不動，就叫做「禪」；內離一切念，不被念頭所牽掛，一心不亂，就叫做「定」。爲什麼能夠於外境有相而心不亂呢？那是因爲我們的眞如本性，性本空寂，清淨無爲，不動、不亂、不妄，自淨自定。尊貴的蓮生聖尊《佛王之王》提到：「修行人要不動、不亂、不妄，達於純淨，就漸漸可以進入空境，無念的眞如本性就產生出來。」「不動」是心不動，不爲外境所動；「不亂」是鎮定如常，心不散亂；「不妄」是不起妄想，心安理得。尊貴的蓮生聖尊《悟境一點通》認為：「開悟的人，有兩大現象：一、無論周遭的環境再怎麼變化，這個悟者，皆如如不動也。二、無論一念、百念、千念、萬萬念，這個悟者，皆一心不亂也。真正能證明的是：如如不動、一心不亂、無心道人。」所以，只要做到不動、不亂、不妄，真如本性就可以顯現出來。從此習性盡除，回歸本性，真心顯露，真我出現，漏盡解脫。

無所得的智慧

世間人總是帶著「有所得」的心，在人生的舞台上活著。想要得這個，想要得那個！從小到大，不斷地想要有所得！想要快樂成長，想要學業進步，想要金榜題名，想要成家立業，想要幸福美滿，想要事業有成，想要功成名就，想要千古留名，想要身體健康，想要兒孫滿堂，想要長命百歲，想要昇天享福，想要往生淨土。人的一生當中想要得到的東西實在太多了！試問世人，樣樣稱心如意者能有幾人？古德有言：「魚與熊掌，不可兼得。」得此失彼，得彼失此。世間本來就很難兩全其美。甚至得的越多，煩惱也就越多。有時不得還好，得了反而麻煩也跟著來。而且，就算得到了又怎麼樣，最後還不是一樣兩手空空地走，世間真正是一切都無所得。

看看古代那些帝王將相，財閥富豪，而今安在哉？有時候，世人想要得到的東西，反而成為繫縛我們身心的累贅。甚至在得到的過程當中，用盡心機，機關算盡，爭得你死我活，鬥得死去活來，牽連甚廣，造業無數。尊貴的蓮生聖尊《地獄變現記》提到：「有些人想達到擁有的欲望和野心，不擇手段。想得到、想擁有，都變成惡業果報。」例如，有人為了私利，侵佔他人財產，後來反而因為有了這筆財產而被殺害。這不禁啓發我們思考：眼前得利，是眞得嗎？不以正途得來的，或是違背良心得來的，會長久嗎？或者捫心自問，在這個世間我們到底得到了什麼？其實，世間的一切都是無常、變易、苦、空的，那有得到什麼？人生的眞相就是「無所得」啊！什麼都沒有得到，無何有！何謂「無何有」？尊貴的蓮生聖尊《開悟一片片》認爲：妻子、金錢、兒女、高官、厚祿、生命、房子、土地、珠寶、汽車等都不是永遠的，是謂「無何有」。沒有一樣東西是眞正屬於你的。一個悟「無何有」的人，就不會對這器世間產生任何執著。沒有執著，也就沒有什麼煩惱了，一切的一切「無何有」，一切的一切沒有煩惱纏縛。愚癡無聞凡夫在未得之前，朝思暮想，處心積慮：痛苦；在得到的過程中，百般計較，角力鬥爭：痛苦；在得到之後，害怕失去，守護密藏：痛苦。或是引發更大的欲貪與糾紛，惡性循環：痛苦。爲了「有所得」，痛苦、痛苦、痛苦、痛苦。若能領悟「無所得」的眞諦，就可以斷除這些無止境的痛苦。

那什麼是「無所得」呢？「無所得」就等於無取無著，等於無有一法可得，就是解脫自在。「有所得」就是看不破、放不下，就是生死輪迴。無所得是智慧，有所得是無明。無所得名爲「無礙」，有所得名爲「罣礙」。從「現象面」來看：人生根本就是一時的夢幻而已，夢時非無，夢醒的時候，了無所得，包括「財、色、名、食、睡」均是無所得，什麼都帶不走的。尊貴的蓮生聖尊《開悟一片片》說：「世間一切欲、世間一切瞋、世間一切垢、世間一切罪、世間一切法、世間一切有情、世間一切智智、一切般若波羅蜜多，均無所得。」所以說，世間的一切，實無一物可得，實無一名可得，實無一法可得，故一切都無所得。因爲無所得，所以得到眞正的自由和自在。換言之，如果覺得有法可得，就會學一法，執取一法，就會爲法所縛，甚至引發我慢心與得失心，就會有罣礙。實際上是無法可得，所以不應執取一切法。所謂「無所得」是得而無得。「得」是依因緣而得，「不得」也是依因緣而不得。「得」或「不得」都不可以去執著。整個宇宙萬法，皆是無所得。隨順自然，隨緣妙用；來者不拒，去者不留；沒有起心動念，沒有貪愛染著。

從「本體面」來看：六祖《壇經》般若品云：世人妙性本空，無有一法可得。自性眞空，亦復如是。意思是說，世人眞如本來具足，猶如虛空，無有邊際；包容一切，無有分別；性本空寂，不取不捨；清淨無爲，不染不著；物來則應，物去不留；心量廣大，來去自由；空寂無生，靈明覺知。不是以前沒有現在才有，也不是向外求得的，而是自性本有。一旦證得眞如本性，只是回復本來面目，並非眞的有所得，故說「無所得」。也就是說，眞如本性本來就是自己的，所以根本就沒有得，根本就不需要向外求什麼，也沒有得什麼，回歸本性而已。了解這些道理之後，就會體悟「內無所得，外無所求」。無所求而求是眞求，無所得而得是眞得。心不住於求不求，也不住於得不得，一切都無所住。體悟萬法緣起，一切隨緣，隨遇而安；無我無相，一切平等無差別。在「因地」上努力過了，在「果地」上也就沒什麼好計較了。因爲無所住，所以不管結果如何，一切都無所謂。尊貴的蓮生聖尊慈悲開示：「無所得是無爲而爲，無所不爲。悟了無所得，就會更精進。」眞是說得一點都沒有錯啊！了悟無所得，人生將會更加精進，並且持續走在修行的正途上。無所得心者，其實就是「無分別智」，就是「平等性智」啊！那裡有得呢？根本就是無所得，都是沒有差別的。法界本是一體，眾生本無差別，一切平等平等，心裡根本就沒有所謂的「得不得」。得也可以，不得也可以；這樣的無所得，才是眞得啊！

然而，要怎麼做才能夠無所得呢？禪宗初祖達摩祖師《二入四行觀　稱法行》云：稱法行者，性淨之理，目之爲法。此理眾相斯空，無染無著，無此無彼。意思是說，修行不離清淨本性，當依眞如本性而行。眞如本性，空寂無生，故「無此無彼」；眞如本性，清淨無爲，故「無染無著」。又云：法無眾生，離眾生垢故；法無有我，離我垢故。智者若能信解此理，應當稱法而行。意思是說，外空一切相：無我相、無人相、無眾生相、無壽者相；外離一切塵：無色、聲、香、味、觸、法；不執著一切人我外相，故「法無眾生」。內空五蘊身心：無色、受、想、行、識；內離一切念：無眼、耳、鼻、舌、身、意；不執著有一個我，故「法無有我」。內外一切皆空，無「貪、瞋、癡」煩惱，無「身、口、意」業行，一切皆無所得。聰明的人若能信解此理，當依法隨緣修行。尊貴的蓮生聖尊《坐禪通明法》認爲：「修空觀，五蘊悉如幻；修假觀，離四大相；修中觀，攝心內證。」也是在說，修「空觀」內空五蘊，發厭離心，出離世俗。修「假觀」外離四相，發菩提心，入世度眾。修「中觀」，不著空有，一無所得，空寂無生，遠離空有斷常二邊，契入中道。所以無所沾染執取，遠離對一切法的繫著，而得自在。

若再進一步深究，爲什麼一切都無所得呢？因爲「心本無生」。尊貴的蓮生聖尊《開悟一片片》認爲：「既然是無生，自然無所得，自然無所謂，自然無所住。」「無生」是指事物根本就無法以獨立、自主、恆常的方式，不需要其他任何因緣條件的支持之下而永遠存在。世間的一切都是緣起的，萬事萬物都靠因緣和合；因緣成熟了才會出現，因緣具足了才得以存在。由緣起所形成的現象，都是暫時的存在，都是一時的，是謂「無生」。

從「現象面」來看：現象確實是有的，只是這些現象都是因緣和合。現象雖然顯現出來，但都只是暫時的存在，有如夢幻泡影，故說「萬法本來不生」，是謂「無生」。尊貴的蓮生聖尊《開悟一片片》提到：「夢是存在的不存在。人間是存在的不存在；禪定是存在的不存在；三界是存在的不存在；涅槃是存在的不存在；輪迴是存在的不存在。」就是在告訴弟子們「無生」的道理。不僅人間如夢，禪定、三界、涅槃、輪迴也都如夢。夢雖然曾經有過，但夢是虛幻而不實的，根本就無所得；執著夢境的人豈不是愚癡之人！永嘉大師《證道歌》云：「夢裡明明有六趣，覺後空空無大千。」也是在說，人生如夢，在夢裡擁抱我及我所有的一切，不肯捨離，豈知夢醒後全歸一無所有，一無所得！尊貴的蓮生聖尊《大心印》提到：「過去心不可得，現在心不可得，未來心不可得。過去的你，已經過去了；現在的你，將成爲過去；未來的你，還沒有出生，這就是無生。」其中的「三心不可得」出自金剛經（第十八品）一體同觀分。意思也是在說，從時間的層面來看，因爲一切都是因緣所生法，緣生緣滅，誰也抓不住，從來就沒有得到什麼！包括身與心、內與外、生理面與心理面、物質面與精神面、以及「能執」的心與「所執」的境。而且，過去的已經過去，當然不可得；現在的漸漸變成過去，也不可得；未來的還沒有發生，一樣不可得。因此，過去心、現在心、未來心都如幻如化，都是生滅心，都是妄心，了不可得，故不可執著。所以說，過去就讓它過去吧！不要緬懷。現在轉眼成空，不要執著。未來不可預知，不要攀緣。過去心已滅，現在心不住，未來心未生，皆不可得。知其了不可得，性本空寂，清淨無爲，是謂「無生」。

從「本體面」來看：世間的一切都是從緣的，都是無自性的，自性本空，空寂無生，都無法由自性獨立生起。「無生」是本自不生，本來就沒有，甚至根本就沒有「生不生」、「得不得」的念頭。因爲根本就沒有，所以也就無所求、無所謂、無所住、無所得了。眞如本性，無形無相，心本來不生，本來不動，本無生滅，因妄念一動而有生滅。生滅即是指無明，自性中本無無明，因妄念而有無明，一念無明而牽動生死。重點就在那一顆「心」動了沒有。沒有心就等於「無生」，有心就等於「生」。沒有心就是如如不動，有心就是動了妄心。本來是無生，生是變化出來的。無生是眞實，生是虛妄。尊貴的蓮生聖尊《開悟一片片》認爲：佛陀最重要的了義「無生」話是：「我根本沒有說法」、「我根本沒有說過一個字」、「我根本沒有三轉法輪，連一轉也沒有」。說法者，無法可說，是名說法。其中，「沒有」二字是關鍵，但不是眞的沒有，而是「不執著」的意思。也就是說，過程努力做，但是結果不在乎，得失不在意，一切都不放在心上的意思。

佛陀要我們這一顆心不要一念無明、雜染有我而有妄想、分別、執著、取捨、攀緣、造業。雖然萬法空寂，本來不生，可是由於受到無明的影響，形成迷惑錯亂的妄心，錯把萬法無生、自性無生執著成萬法有生、自性而生，再由執著有我而引發「貪、瞋、癡」煩惱，造作「身、口、意」業行，進而沉淪生死苦海。所以「無生」就是要我們不執著，而且連不執著也不要執著。若能夠體會「無生」，自然一切放空，心內無念，心外無相，心無所住，清淨無爲，心不移動，一切都無所得。所以六祖惠能說：「無念爲宗，無相爲體，無住爲本。」另外，根據淨空法師《金剛般若研習報告》的精僻看法以及個人的研究心得：佛陀告訴我們，引起煩惱的「心念」與「塵境」都是空的，一切都無所得。從空間的角度來看：凡所有相，皆是虛妄。因此佛陀教導我們要「離相」，遣其「所執」，去四相，亦即「無我相、無人相、無眾生相、無壽者相」，破除對緣起幻相的執著；做到無事，就可以煩惱解脫。另外，從時間的角度來看：佛陀教導我們要「離念」，遣其「能執」，離三心，亦即「過去心不可得，現在心不可得，未來心不可得」，破除對生滅妄心的執著；做到無心，就可以明心見性。然而，如何「離相」乃至於「離念」？佛陀教導我們要「無住」，能所俱泯，無住生心。亦即「應無所住，而生其心」，不即不離，非空非有，隨緣不變，不變隨緣。做到「是法平等，無有高下；不取於相，如如不動」，一切都無所得。般若波羅蜜多心經云：以無所得故，菩提薩埵。意思是說，佛陀要我們以無所得心，去行菩薩道。內心毫無所求，並沒有想要得什麼，什麼都不要，盡力去做就對了。而且沒有造作之心，這樣才是眞正的菩薩。尊貴的蓮生聖尊慈悲開示：「無造作是完美的，沒有什麼事，也沒有什麼心。無所求，也無所謂，也無造作，也無所住。到了無所住，就是跟虛空合一。」所以說，以無所得心，行一切善法；只問耕耘，不問收穫。無所得心，無造作之念、無有得失；無所得心，無怨無悔、不求回報；無所得心，沒有罣礙、任運自在。「般若空理」是從「無所得」開展出來的，「究竟涅槃」也是從「無所得」開展出來的。若內心執著有所得，就不可能證得「般若空理」與「究竟涅槃」。「無所得」完全是一種「捨」的精神，完全看懂世間，看透人生，看破紅塵；完全放下得失，放下自我，放下一切。無私無我才能夠證到自性本空，空寂無生，一無所得。與虛空相應，雖無形無相，但靈明覺知，周遍法界。由無所得而無所住；由無所住而無所謂，由無所謂而無所求。內無所得，外無所求；心無所住，亦無所謂，方能漏盡解脫，寂靜涅槃。

第八節　結語

生死事大！人生第一等大事就是了生死，出三界！修行學佛的主要目的就是爲了這等大事。淨空法師說：「如果不能了生死，出三界，這一生就是空過。」因此，若不想空過這一生，就要想辦法漏盡解脫，出離生死。想要漏盡解脫，就要開顯無漏智慧。想要開顯無漏智慧，就要實修禪定寂靜。實修禪定寂靜以「八正道」爲依歸。實踐「八正道」則要依遠離、依無欲、依滅、向於捨，才能達到寂靜涅槃，漏盡解脫（雜阿含經　卷二十八　七七六經／七六四經）。所謂「依遠離」就是根基在「身念處」，遠離諸惡不善法。善加管控我們此身的行爲，做好「身行管理」。一旦有壞的行爲產生，就要加以制止。培養「因果業報」、「正觀四食」的智慧；停止再造惡業，從此日子過得心安理得。所謂「依無欲」就是根基在「受念處」，離欲清淨。善加守護我們的六根，做好「情緒管理」。一旦有壞的情緒產生，就要加以疏導。培養「味、患、離」、「正觀諸受」的智慧；離斷五欲，從此日子過得歡喜自在。所謂「依滅」就是根基在「心念處」，熄滅「貪、瞋、癡」。善加守護我們的內心，做好「心靈管理」。一旦有壞的念頭產生，就要加以對治。培養「慈悲喜捨」、「正觀緣起」的智慧；永斷喜貪，心解脫，從此日子過得寧靜安詳。所謂「向於捨」就是根基在「法念處」，證菩提智。正觀內在的「四大、五蘊、六根」，以及外在的「四食、五欲、六塵」，皆是無常、苦、無我、空。放下妄執，去除貪染，善法、不善法俱捨，做好「價值觀管理」。一旦對於善、不善法有所執著，就要加以捨離。培養「三法印」、「正觀五蘊」的智慧；永斷無明，慧解脫，從此日子過得任運自在。

佛陀其實就是希望我們在日常生活當中，行爲要得當，六根要守護，心靈要淨化，智慧要開展。守護六根、行三妙行；依四念處，修七覺支，由戒修定，由定修慧，由慧生明，明則解脫（雜阿含經 卷十一 二八〇經／二八一經），做到所謂「諸惡莫做、眾善奉行、自淨其意、是諸佛教。」最後，「身」自自然然地不造惡業；「受」自自然然地離斷五欲；「心」自自然然地不起「貪、瞋、癡」；「法」自自然然地充滿智慧。其中，智慧的開展就是正觀「緣起中道」、「苦集滅道」、「諸行無常」、「諸受是苦」、「諸法無我」、「寂靜涅槃」的智慧。「緣起中道」的智慧告訴我們世間的一切都是緣起的，有善惡業，因果報應，非常非斷，非空非有，是整個法界的運作原理。「現象面」：緣起、幻生、假有；「本體面」：空寂、無生、妙有。萬法從緣，一切隨緣。面對諸行無常：四聖諦的「苦集聖諦」告訴我們，世間緣起，人生無常，欲爲苦本。因此，我們要學習看破；看破什麼？看破紅塵。走出紅塵，不再貪戀，厭離五欲，不再攀緣，一切都無所求！面對諸受是苦：四聖諦的「苦聖諦」告訴我們，人生是苦，五趣流轉，三界無安。因此，我們要學習放下；放下什麼？放下得失。厭離五蘊，不再執取，與世無爭，不再計較，一切都無所謂！面對諸法無我：四聖諦的「苦滅道跡聖諦」告訴我們，依八正道，修戒定慧，自淨其意。因此，我們要止息妄心，顯露眞心；內證無我，無取無著，外證無相，無貪無染；一切都無所住！面對寂靜涅槃：四聖諦的「苦滅聖諦」告訴我們，心慧解脫，永滅諸苦，常樂我淨。因此，我們要修正習性，回歸本性；念本無念，心本無生，性本空寂，清淨無爲；一切都無所得！

由此可知，眞如本性，空寂無生，清淨無爲，如如不動。所以說，心本無生，根本就沒有；妄心止息，眞心不動。不生不滅，不垢不淨，不增不減。法界清淨一體，平等無有差別。在「無生」的基礎之上，修正習性，回歸本性；內離一切念，外離一切相，不住一切心。做到「無念」，不被一切念頭所影響；做到「無相」，不被一切外相所干擾；做到「無住」，一切事物都不放在心上。以「空解脫門」內空「四大、五蘊、六根」；以「無相解脫門」外空「四食、五欲、六塵」；以「無所有解脫門」內外空「貪、瞋、癡」煩惱；最後證「不移動」。這些成就的基礎就是「諸法無我」。因爲無我，所以無我所；因爲無我、無我所，所以是空。「諸法無我」的背後則是因爲「諸受是苦」；「諸受是苦」的背後則是因爲「諸行無常」；「諸行無常」的背後則是因爲「萬法緣起」。所以說，「緣起法」是整個宇宙人生的眞理；是因果循環、善惡業報、流轉還滅的運行法則；不管有佛無佛出世，法界常住。

從「現象面」來看：緣起幻生，雜染有爲。世間的一切都是因緣所生法，有如夢幻泡影，最終歸於寂滅。緣聚則生，緣散則滅；緣生緣滅，生滅變易。因爲生滅變易，所以諸行無常；因爲諸行無常，所以諸受是苦；因爲諸受是苦，所以諸法無我；因爲諸法無我，所以世間本空。心外無相，心內無念，心無所住。證外空：不再貪染；證內空：不再執取；證內外空：不再煩惱；證不移動：如如不動。進而漏盡解脫，寂靜涅槃，常樂我淨。從「本體面」來看：空寂無生，清淨無爲。眞如本性，無形無相，性本空寂，

緣起幻生
雜染有爲
無常　苦　無我
無相　無念　無住
外空　內空　內外空
心不移動
寂靜涅槃
不貪　不瞋　不癡
無所求　無所謂　無所住
無所得
清淨無爲
空寂無生

本無生滅。因爲無生，所以一切都無所得。由無所得，而無所住；由無所住，而無所謂；由無所謂，而無所求。內無所得，外無所求；心無所住，亦無所謂。因爲無所求，所以不貪；因爲無所謂，所以不瞋；因爲無所住，所以不癡；因爲無所得，所以不再妄想、分別、執著。因爲不貪、不瞋、不癡，所以成就寂靜涅槃；因爲不再妄想、分別、執著，所以成就無上正等正覺。

在「無常、無我、無相、無住、無念、無生」裡面提到許多個「無」，到底是何意涵呢？從「現象面」來看：「無」可解釋爲「不執著」的意思。由於萬法緣起，世間的一切都是無常、變易、苦、無我、空的。認識到宇宙人生的眞相，看破紅塵之後，我們這一顆心就應該要放下，不可以執著。否則，執著的背後就是煩惱與痛苦。從「本體面」來看：「無」可解釋爲「本來就沒有」的意思。由於萬法緣起，世間的一切都是無自性的，自性本空，性本空寂，空寂無生，清淨無爲，無形無相，本來就沒有，根本就是「無」。不念生死，不著外相，不住有無，心本無生。所謂「無」，即非「無」；因爲不是「無」，所以才是「無」。也就是說，所謂「不執著」，即非「不執著」；因爲不執著「不執著」，所以才是眞的「不執著」。世間的一切事物都是「存在的不存在」，都是「無所得」啊！既然是「存在的不存在」及「無所得」，還值得花心思、費力氣去追求、去執著嗎？如果能夠領悟「現象面」的生滅變易，緣起幻生；也能夠領悟「本體面」的不生不滅，空寂無生，就能夠證悟「涅槃空境」，進而眞正體會大自然的運轉法則。佛陀說：但法自然（中阿含經　卷十　習相應品　不思經（三二）。須知「法」本來就在大自然裡面，懂得以大自然爲師，就不會背道而馳，就不會逆天而行，就可以與「法界本體」相應，從而回歸法界。

聖嚴法師說：「只要心安，就有平安。」可是只要是人，心都是不安的！要如何才能夠心安呢？尊貴的蓮生聖尊《打開寶庫之門》教導我們心安的口訣：（一）每個人都會死；（二）凡事都會過去；（三）任何物都會壞；只要想這三句話，心就能心安了。其實就是要了悟無常、無我、涅槃、寂靜的眞理；也就是要學習看破、放下的智慧；學習無所求、無所謂、無所住、無所得的智慧。看得破、放得下，才能夠入佛法之門，才能夠享受眞正的快樂與自在。尊貴的蓮生聖尊《大樂中的空性》說：「只有了解了人生的眞相，才能眞正的看破、放下。」其實看破與放下，如鳥之兩翼。看破是智慧，放下是實修。面對「由內而外」的各種欲望貪愛，要懂得看破，才會無所求。面對「由外而內」的各種打擊遭遇，要懂得放下，才會無所謂。尊貴的蓮生聖尊《流星與紅楓》提到：「有求皆苦，無求則樂。苦樂隨緣，得失隨緣。」從「有爲」來說，看破世間無常、苦，放下五蘊身心，放下一切五欲樂，無貪無染。從「無爲」來說，看破一切法無我、空，不著一切相，放下一切法，無取無著。只有眞正放下，才能眞正看破。不過想放下，必須先看破；既然已看破，還要決心放下，才能得到眞正的自在。於世無求，就是看破；與人無爭，就是放下。看破是信解門，放下是修習門。看破與放下其實就是止與觀、定與慧。看破與放下要並進，就像止觀雙運，定慧等持。然而，「看破」的意思並不是什麼都不要，而是心中不執著這是我的，那不是我的，來去隨緣。「放下」的意思並不是什麼事都不做，而是心中不執著這是好的，那不是好的，一切都是很好的。身在紅塵，心在淨土；物來則應，物去不留；三輪體空，無事無心。心無此相，亦無此念，更無所住，甚至心本無生。「無事」就煩惱解脫，「無心」就明心見性，「無生」是本來面目。修行要修到「一塵不染」，學佛要學到「一絲不掛」；好壞得失的念頭，種種執著都要放下。如此，才能心安，才有平安，才能自在無礙。尊貴的蓮生聖尊《隨風的腳步走》說：「不執著，即眞解脫。」

如本法師《佛學問答第四輯》認爲：「看破」是般若德，「放下」是解脫德，「自在」是法身德。何謂般若德？修行者能以般若智慧眼，善觀宇宙人生之實相，從中自性光明不迷，因而得無量無邊之智慧，名之爲「看破」，是「般若德」。何謂解脫德？修行者能堪察「貪、瞋、癡」一切煩惱，皆畢竟空，幻化了不可得，諸煩惱不得束縛菩提自性，遠離諸垢，當下法身慧命復活，名之爲「放下」，是「解脫德」。何謂法身德？修行者已透徹淨化塵垢，諸纏無縛，法身之德，即是自在平等之性，而且常住不滅的法身，無不週遍，名之爲「自在」，是「法身德」。也就是說，能夠「看破」是眞智慧，除惑障，滅見思煩惱；能夠「放下」是眞功夫，除業障，滅一切罪業；看破放下之後方得以「自在」，除報障，滅六道苦報身。尊貴的蓮生聖尊《禪的大震憾》說：「不是我的，不是你的，不是他的，這就是看得破。一個修行人對自己的名，自己的利，榮譽毀辱均能放下，完全超於度外，功名富貴均不會沾一點，這就是放下了。這身心不爲名韁利索所縛，就是一種大自在的功夫，縱然環境再惡劣，也是一樣的自在。」

總而言之，在「緣起法」、「四聖諦」、「三法印」等無漏智慧的基礎之上：因爲「諸行無常」，所以要看破，一切都無所求，就不會「貪」，與達摩祖師的「無所求行」相應。因爲「諸受是苦」，所以要放下，一切都無所謂，就不會「瞋」，與達摩祖師的「報冤行」相應。爲了證悟「諸法無我」，所以要息妄證眞，一切都無所住，就不會「癡」，與達摩祖師的「隨緣行」相應。爲了證悟「寂靜涅槃」，所以要回歸本性，一切都無所得，就不會「妄想、分別、執著」，與達摩祖師的「稱法行」相應。所以說，「現象面」：緣起幻生，要懂得看破放下；「本體面」：空寂無生，要懂得回歸眞如。由「無生」而「無所得」，由「無所得」而「無所住」，由「無所得」而「無所謂」，由「無所得」而「無所求」。無所求對治「貪」，無所謂對治「瞋」，無所住對治「癡」，無所得對治「妄想、分別、執著」。內無所得，外無所求；心無所住，亦無所謂。

須知萬般皆由心，一切唯心造。禪宗四祖道信禪師說：「百千法門，同歸方寸，河沙妙法，總在心源。」又說：「境緣無好醜，好醜起於心。心若不強名，妄情從何起？」意思是說，「方寸」就是指我們這一顆「心」。佛法以「心」爲根本，八萬四千法門不離這一顆「心」。須知塵境無好壞，好壞皆是起於心。所謂「三界唯心、萬法唯識。」六祖《壇經》疑問品云：心平何勞持戒，行直何用修禪。意思也是在說，「心」是最重要的。只要我們能夠自識本心，自見本性，於境離相，於心離念；由離相而無住，由無住而離念。做到內不起一切念，外不著一切相，內外不住一切心；實則空寂無生，清淨無爲，如如不動。須知菩提自性，本自清淨；只要能夠平等正直地對待一切眾生，心行自然平直，持戒修禪其實都是多餘的。六祖《壇經》般若品云：用自眞如性，以智慧觀照，於一切法不取不捨，即是見證成佛道。意思是說，回歸眞如本性，讓眞心現前，眞我做主，以般若智慧觀照世間的一切，不取不捨，有無皆可，毫無勉強，隨緣處世，即是見證本性，成就佛道。尊貴的蓮生聖尊慈悲開示：「不取就是不要去爭，不捨就是應該得到的就得吧！是中觀的一種智慧。」

所以說，眞如本性是人人本有的佛性，這種自性本空，空寂無生，清淨無爲，能生萬法的功能，人人本來具足。眾生本是一體，無有差別。卻因一念無明，妄想、分別、執著，覆蓋眞如本性，不能證得。六祖《壇經》般若品云：菩提本自性，起心即是妄，淨心在妄中，但正無三障。又云：若識自性，一悟即至佛地。意思是說，菩提智慧，自性本有，一旦起心動念，雜染有我，就會生起妄心，妄心就會妄爲。其實眞妄本不二，只要止息了妄心，清淨的眞心就會顯露出來。眞心一出，眞我出現，正見具足，煩惱障、業障、報障等三障自然隱沒。而且，只要識得本性，一悟即可回到本來面目，直達清淨佛土。六祖《壇經》疑問品云：但心清淨，即是自性西方。其理相同，亦即只要自心清淨，西方淨土就在眼前。尊貴的蓮生聖尊慈悲開示：「佛是從你的心裡出來的，魔也是從你的心裡出來的；愛是從你的心裡出來的，恨也是從你的心裡出來的，全部都是從你的心裡出來的。」

六祖《壇經》般若品云：故知萬法盡在自心，何不從自心中頓見眞如本性？就是在教導我們學佛求道要向心內求，莫向心外求。只要自心清淨，即可見證本有的眞如本性。綜合而言，「性」是體，是法界一體；「心」是用，是隨緣妙用。依本性起用就是眞心，眞心如如；依習性起用就是妄心，妄心妄爲。眞心就是本性，妄心就是習性。本性清淨無我，其性本空，「空」的究竟就是空寂無生，不生不滅。習性雜染有我，緣生幻有，「有」的究竟就是因果輪迴，生滅相續。本性是本來有，常住不動；習性是本來無，薰染而成。佛性就是本性，六道就是習性。薰染狗性，就會生起狗心；薰染人性，就會生起人心；回歸佛性，就會生起佛心。不過，體用一如，眞妄不二，其源本同，如水與波。雖然眾生皆有佛性，可憐愚癡凡夫一念不覺，無明妄動，遇境生心，生起妄想、分別、執著，因而起惑、造業、感苦，循環不已。因此，必須在八正道的基礎之上：離相、離念；去四相、離三心；外不著相，內不動心；應無所住，而生其心；離一切相，修一切善；修善不著空，無住不著有；外修福德，內修功德；福慧雙修，悲智雙運；止觀同步，定慧等持；明自本心，見自本性，方能回歸法界，任運自在。

須知「心本無生因境有，境無好壞全由心」。所以，我們要好好管理、時時觀照自己的心念。因爲我們的行爲舉止，全部都是由念頭而來。六祖《壇經》機緣品云：無念念即正，有念念成邪。就是在提醒我們：無念就是清淨，身心自然端正。有念都是妄念，身心隨之邪曲。尊貴的蓮生聖尊慈悲開示：「無念是正覺佛寶，有念是輪迴根本。」佛陀要我們依「四念處」，修「七覺支」，念念轉趨涅槃，法法渡向彼岸。依遠離、依無欲、依滅、向於捨。以「慈悲心」去除自私自利；以「空心」去除執著；以「平等心」去除分別；以「清淨心」去除妄想。最重要的就是要發「菩提心」：上求佛道，下化眾生。「菩提」二字意爲「覺悟」：覺悟宇宙人生的眞相，覺悟宇宙人生的眞理，覺悟看破放下的智慧，證悟寂靜涅槃的境界。解脫的關鍵，就在覺悟；所謂「不怕念起，只怕覺遲。」不過，覺悟之後，還當實修；若無實修，皆是空話。在日常生活裡，在待人處世中，在進退應對時，在觸境遇緣處，實修「無所求心」，證外空；實修「無所謂心」，證內空；實修「無所住心」，證內外空；實修「無所得心」，證不移動。從慈悲中生出清淨，有如「蓮花」出淤泥而不染；從智慧裡射出光芒，有如「燈塔」於闇冥中指引方向。永斷喜貪，心解脫；永斷無明，慧解脫。「心慧解脫」就可以成爲解脫的聖者。出離三界，終止輪迴，永斷生死，寂靜涅槃，常樂我淨，任運自在。

第十二章 结語

好也等於不好，
不好也等於好，
一切都是很好，
無所謂好不好。

解脫煩惱的智慧乃根基於「八正道」之上。若沒有「八正道」做基礎，直接奢談解脫煩惱的智慧，很容易流於文字之爭，學問之辯，不可不慎。畢竟佛法必須在日常生活裡實修實證，在滾滾紅塵中接受考驗，有無生起貪念、瞋念、癡念、邪念？有無生起我見、我愛、我慢、我癡？有無生起妄想、分別、執著、攀緣？一點都騙不了人。八正道是一切佛法的基礎，教導我們如何清淨身心，淨化心靈，增長智慧，解脫煩惱。透過「八正道」的實踐，徹悟解脫煩惱的智慧，漏盡解脫。讀者若想進一步了解「八正道」的內容，可以參考拙作《解脫煩惱的方法：八正道》一書，裡面有精彩詳細的解說。以下我們在「八正道」的基礎之上，針對本書的重點「解脫煩惱的智慧」做一個總結說明。

第一節　認識生命、人生與生活

佛法基本上是以有情生命為本而立論的，闡述有情生命生死流轉、生滅相續的眞相，以及終止流轉、解脫生死的方法。從佛教的觀點來看，有情生命是由「五蘊」所組成，並仰賴「四食」而活。有情生命執取「五蘊」身心為我，進而貪求「四食」，並透過「六根」向外攀緣「六塵」，在「六識」的了別下，產生各種認知、感受、想像、思考與決定。並形成一種動機，造作行為，或意行、或口行、或身行。「動機」有淨有染，「行為」有善有惡。一切有情生命均有趨樂避苦的特性，既追求物質上的滿足，也追求精神上的撫慰。因此，生前擺脫不了欲望的枷索，煩惱的束縛；死後還要背負著業力，輾轉輪迴。須知生命無常，人身難得，不應該輕易向命運低頭，任由業力宰割，虛度一生；也不應該只是即時行樂，醉生夢死，浪費生命；應該好好珍惜生命，把握當下，精進修行，終止毫無意義的生死輪迴。

其次，面對人生的十字路口，我們必須經常做選擇，不同的選擇就會有不一樣的人生。因此，我們要培養正確的「人生觀」與「價值觀」，才能夠做正確的判斷與選擇。「命運」的智慧告訴我們命運好壞的原理完全由自己決定；幫助我們建立命運操之在我的「命運觀」。「善惡」的智慧告訴我們是非善惡的標準，讓「身、口、意」的行爲有所依循；幫助我們建立待人處世的「價值觀」。「因果業報」的智慧告訴我們「業力法則」的無所不在，以及「因果報應」的履試不爽；幫助我們建立三世因果的「人生觀」。「五趣流轉」的智慧告訴我們有情生命在「善惡系統」的監控下與「因果業報」的運作下，爲惡則墮落地獄、畜生、餓鬼三惡趣；爲善則上昇人、天善趣；幫助我們建立生死流轉的「輪迴觀」。「凡聖差別」的智慧告訴我們有修行解脫的可能性，只要斷了三界煩惱，每個人都可以成爲解脫的聖者；幫助我們建立解脫自在的「聖者觀」。

另外，生活其實就是一個修行的道場。若缺乏生活的智慧，生活頓時變成造業的舞台。有情生命就像一個「開放系統」：「輸入」代表我們的六根，「處理」代表我們的五蘊身心，「輸出」代表我們的行爲，「環境」代表外在的六塵。人生的「第一道防線」是針對「處理」的部份，要「善護心念」：有惡即斷，以善治惡，住於定相。人生的「第二道防線」是針對「外界輸入」的部份，要「守護六根」：遠離是非，勿著五欲，莫染六塵。人生的「第三道防線」是針對「行爲輸出」的部份，要「持戒清淨」：善護其身，以戒爲師，莫造惡行。此外，還要正命存命，行中道生活。以如法的職業維持生計，既不過於奢侈，也不過於吝嗇；做到量入爲出，收支平衡。並且懂得孝養父母，照顧親眷，供養三寶，勤耕福田，布施貧病，行善積德。若能堅守這人生的「三道防線」，並且奉行中道生活，造業的機會就會越來越少，生活就會越來越清淨，人生就會越來越圓滿。

第二節 四聖諦

佛陀說：「四聖諦」是所有佛法當中最殊勝，也是最重要的佛法。「四聖諦」包括苦聖諦：一切都是苦的；苦集聖諦：一切都是有原因的；苦滅聖諦：一切終歸寂滅，寂滅最樂；苦滅道跡聖諦：一切苦都有消滅的方法。佛陀要我們苦諦當知，集諦當斷，滅諦當證，道諦當修。更具體一點講：在「萬法緣起」的基礎之上，諸行無常是痛苦的原因，諸受是苦是痛苦的事實，諸法無我是滅苦的方法，寂靜涅槃是苦滅的境界。從「諸行無常」、「諸受是苦」的正見中向於「厭」，引發解脫的眞實欲求。從「諸法無我」的正見中向於「離欲」，不再於「四食、五欲、六塵」中有所染著。從「寂靜涅槃」的正見中向於「滅」，收攝內心，趨向涅槃而行道。並隨時抱持「四聖諦」的正見，依遠離、依無欲、依滅、向於捨。遠離諸惡不善法；離欲清淨；熄滅「貪、瞋、癡」，永斷喜貪，心解脫；放下妄執，永斷無明，慧解脫，心慧解脫就是解脫的聖者。「四聖諦」是佛陀引導眾生脫離苦海，教化眾生趨向解脫道，到達涅槃彼岸的珍貴法寶。佛法以「四聖諦」爲總綱，一切佛法皆因「四聖諦」而有，是無漏智慧的基礎，並與「三法印」相通。

第三節 緣起中道

緣起法的基本精神在於「此、故、彼」的法則。所謂「此有故彼有，此生故彼生；此無故彼無，此滅故彼滅。」正確認識世間的看法，即是要建立「緣起中道」的思想，不會偏執地以爲絕對的「有」，或絕對的「無」。有是因爲「因緣聚合」而有，無是因爲「因緣離散」而無。或有或無，決定於因緣條件的成熟與否。而且，隨著因緣的變化，有會變成無，無會變成有。世間的一切都會隨著因緣的生滅而遷流變化，無有恆常。好的會變成不好的，不好的也會變成好的。一切都會變化的，一切都會過去的，一切都會消失的，最終歸於寂滅。此外，「緣起十二支」的智慧告訴我們人生是一個「惑、業、苦」的無限循環，生死流轉，生死相續，無始無終。其中，「無明」與「愛」是造成有情生命在生死苦海中流轉的兩大主因，前者屬「理智」上的無知，後者屬「情感」上的貪愛。針對「無明」，我們要培養正見，學會看破的智慧；針對「愛染」，我們要熄滅煩惱，學會放下的功夫。

第四節　厭離與慈悲

在原始佛教裡，佛陀開示了許多無上尊貴的解脫法門，但歸納起來不外乎「厭離」與「慈悲」兩大類。皆是導向「無我」，再經由「無我」導向「離欲」，趨向「涅槃」。「厭離」代表生起厭離心，主要是透過無常想、苦想引發「厭離心」，再由「厭離心」而徹底離欲。首先要遠離「諸惡不善法」，進而厭離「四食、五欲、六塵」，然後厭離「五蘊身心」。厭則離欲，離欲則滅盡，滅盡則解脫。針對「諸惡不善法」，我們要培養「是非善惡」、「因果業報」的智慧，幫助我們固守人生的「三道防線」，不再造諸惡業。針對「四食、五欲、六塵」，我們要培養「味、患、離」的智慧，認清欲貪背後的眞相，心生怖畏。培養正觀「四食、五欲、六塵」的智慧，須知這些欲貪表面雖然甜美，其實是痛苦的根源，因此要離欲清淨。針對「五蘊身心」，我們要培養緣起、無常、苦、空、無我的智慧，幫助我們去除執著五蘊身心爲我的無明，生起無漏智慧，熄滅「貪、瞋、癡」，解脫自在。屬於「生厭、離欲、滅盡」的修學方法。

「慈悲」代表生起慈悲心，主要是透過「四無量心」——慈悲喜捨的建立，對治貪心、瞋心、害心，從「慈悲利他」著手；時時與樂、處處拔苦、滿心歡喜、冤親平等。把心量放到最大，不再自私自利。只要心懷仁慈，易地而處，自他互換，多爲他人著想，就可以做到慈心不殺、慈心不盜、慈心不邪淫、乃至於慈心不邪見。然後，進一步行善布施，以利他的大悲行，完成自我的淨化。佛陀一再推崇，慈最第一。勤修慈心可以讓我們自然而然地遠離各種惡業，減少許多造業的機會，讓我們的心靈得到眞正的平靜與安寧。修行其實就是在修心，修出一顆慈悲心，修出一顆歡喜心，修出一顆平等心，修出一顆清淨心，修出一顆漂亮的心。只要有一顆漂亮的心，必有漂亮的一生。然後，在身心清淨、心平氣和的基礎之上，繼續邁向解脫。屬於「慈悲、喜捨、利他」的修學方法。尊貴的蓮生聖尊慈悲開示：「菩提心就是慈悲，出離心就是智慧。有慈悲，有智慧，才是圓滿。」用「出世」的智慧，行「入世」的慈悲；用智慧處世，以慈悲待人；悲智雙運，契入無我，離欲清淨，解脫自在。

第五節　無常的真諦

世間最殘忍的、最恐怖的，最現實的，卻也是最公平的，莫過於無常。從自我身心到世間，無一不是無常，故說「諸行無常」。因爲無常，從當世的人生來看：有身心八苦、五盛陰之苦；從輪迴的系統來看：有苦海浮沉、生死輪迴之苦；從痛苦的本質來看：有緣起生滅、無常變易之苦；從主觀的意識來看：有執著五蘊、貪愛五欲之苦。因爲客觀的「無常」加上主觀的「欲貪」而引發諸苦。然而，雖然生活在無常、敗壞、不安穩的世間，但是我們仍然有權力可以選擇不痛苦。因爲世間的無常反而提醒、刺激了我們，成爲尋求離苦的契機。以無常爲警惕，發厭離之心。以厭離心來面對無常，捨棄情感上的好惡、貪染，來達到離欲，進而解脫，不受無常的擺佈。不過，無常其實就是不斷地變化，沒有好壞的價值包袱。好的會過去，不好的也會過去。無常不離因緣，是自然的法則。無常變易才是常態，問題在於如何徹底認清無常並坦然面對、接受無常。所以說，無常是中性的，好也等於不好，不好也等於好。若能這樣看待，無常反而是一種轉機。佛陀說：解脫的方法，最重要的就是導向離欲（雜阿含經 卷二十三 六一七經/九〇三經）。透過無常，正觀無常，老實修行，對於世間的一切，確認沒有可欲貪者、可欲求者，因而生起厭離之想，最終導向離欲，自然而然不取不著、不貪不染，自覺涅槃，這才是無常的眞諦。

第六節 苦的功德

因爲緣起，所以無常；因爲無常，所以是苦。人生是大苦的聚集，五蘊本身就是苦。一者因色身而有苦，稱爲「身苦」；二者因煩憂而有苦，稱爲「心苦」。前者是客觀的生理遭遇；後者是主觀的心理反應。綜合起來就是五蘊所引起的身心諸苦。面對各種無常變易、挫折橫逆，在還沒有學會如何安頓我們的內心之前，就會產生種種的煩惱與痛苦。因此，痛苦無處不在，故說「諸受是苦」。只要還是一個活生生的凡人，痛苦是必然的。所以要正觀諸受，不爲苦樂所遷，要「身受心不受」。並進一步正觀五蘊無常、苦、空、無我，來破除執取染著。然後，依遠離得遠離樂，依無欲得離欲樂，依滅得寂滅樂，向於捨得菩提樂。其實，苦並非完全不好，若沒有苦，就不會想要出離世間，進而忘卻修行。所以，「苦」反而是一種功德。因爲知苦才要離苦，離苦方能無苦。苦的功德就是讓我們生起出離心。有了離苦之心，才會驅使我們邁向解脫之道。其次，由於苦，所以想要離苦得樂。若要離苦，必先斷惡；若要得樂，應修眾善；所以離苦的入門便是「諸惡莫做，眾善奉行」。此外，看到眾生漂流生死苦海，不忍眾生苦，發起慈悲心，發願度一切眾生，遠離諸苦。不僅自度，而且度人。所以說，「苦」的功德始於「出離心」，但終於「菩提心」。因此，正確認識苦的眞諦，可以令我們遠離一切惡，常修一切善，更應悲憫眾生，慈悲利他，放下自我，無取無著，無貪無染，方能離苦得樂。

第七節 無我的深義

人生在世，誰無煩腦？誰無痛苦？重點在於用什麼「心態」去面對這些人生的煩惱與痛苦。處在相同的境界，心態不同，結果與感受自然也就不同。美國西點軍校有一句名言就是：「態度決定一切」。也就是說，心態改變，世界也會跟著改變。面對挫折逆境，若缺乏解脫煩惱的智慧，就會心生怨懟，起瞋恨心，痛苦不堪。若能轉個心境，懂得原諒別人，將逆境挫折視同一種考驗，用來幫助我們找出自己的弱點與不足，反而是成就修行的逆增上緣。所以說，只要我們不要被煩惱所繫縛，痛苦所羈絆，一樣可以活得快樂自在。然而，什麼樣的「心態」才能讓我們免於煩惱與痛苦的折磨呢？綜觀整個佛法的精髓，其實就是「無我」。尊貴的蓮生聖尊認為：佛陀所宣說的佛法，以「無我法」為第一。因為有「我」就會有煩惱，有「我」就會有糾紛。只要執著有個「我」，就會千般計較，萬分不捨；只要執著有個「我」，就會想的都是自己，怨的都是別人。只有修證無我，才能放下自我，摒除個人的自私自利，懷抱慈悲喜捨，遠離諸惡不善法，離欲清淨，滅盡「貪、瞋、癡」，漏盡解脫，寂靜涅槃。

無我的「無」是「不執著」的意思。無我的深義在於「緣起」。一切都是「緣起」，一切都是「無常」，一切都是「因緣和合」，一切都是「互助共生」。我非「恆常不變」，我非「自在自主」，我只是「假名存在」，我非「獨一自有」，故說「諸法無我」。我們這個「我」是隨著大自然運行的法則變遷轉化，無有恆常。因爲緣起，所以無常；因爲無常，所以是苦；因爲是苦，所以無我；因爲無我，所以是空。不可以執著啊！這個「我」既不能避免「生老病死」的身苦，也不能避免「憂悲惱苦」的心苦；三界無安，諸受是苦，不能自在，不得自主，要懂得看破啊！這個「我」是五蘊因緣和合而有；緣聚則生，緣散則滅，是緣起幻有，假名存在，如露亦如電，要懂得放下啊！這個「我」是由「地、水、火、風、空、識」六界所組成，需要許多因緣來支持，方能存在與發展，不是單靠自己就能成辦一切的。包括吸取土地的營養，大自然的水份、空氣與太陽熱能等，再經過能量的轉換，成爲身體的一部份，加上虛空的包容，以及法界無私的緣起因果運轉，才能成就一個「我」。具足這麼多因緣，切不可心生我慢，要心懷感恩啊！能夠體會「無我」的深義，自然就懂得感恩、知足、惜福、看破、放下，進而解脫自在。

第八節　空的智慧

根據原始佛教聖典四阿含經的說法，「無我」進一步的引申就是「空」。「空」的智慧包羅萬象，含意深遠。「空」可以是一個「形容詞」：教導我們看透世間緣起、人生無常的眞相；「空」可以是一個「動詞」：教導我們放空身心、回歸眞如的方法；「空」可以是一個「名詞」：透露出涅槃空境、常樂我淨的勝妙。摘要如下：

一、「形容詞」的「空」：因為緣起、無常、苦、無我、無我所，所以是「空」。透過「空」的深義，我們體會到世間緣起性空，體會到自性本空，空無自性，所以法法平等，無所分別。在緣起法的基礎之上，不管從現象面或本質面，世間的一切都是空的。從現象面：因為緣起、無常、苦、無我、無我所，所以是空。內空：「四大、五蘊、六根」是空；外空：「四食、五欲、六塵」是空；內外空：「貪念、瞋念、癡念」是空。從本質面：世間的一切都是因緣所生法，都是因緣和合而有。萬事萬物皆是緣起，緣起幻有，幻有假名，假名施設，唯名而已，虛而不實，一切都不可得；隨緣而生，隨緣而滅，故無自性；緣起無自性就是無我；因為無我，所以無我所；因為無我、無我所，所以「自性本空」。

二、「動詞」的「空」：「空」有空五蘊、空世間、空諸欲、空煩惱、空欲漏、空有漏、空無明漏之意。包括放空「四大、五蘊、六根」，放空「四食、五欲、六塵」，放空「苦受、樂受、不苦不樂受」，放空「貪、瞋、癡」，放空一切法、非法。「空」其實就是不起妄念、不分別、不執著、不取捨、不攀緣、不造業的意思；或者就等於「捨」之平等慧見。進一步依遠離：遠離諸惡不善法；依無欲：離欲清淨；依滅：永斷喜貪，心解脫；向於捨：永斷無明，慧解脫。以慧生明，明則厭，厭則離欲，離欲則滅盡，滅盡則解脫。「空」可以幫助我們看破紅塵，一切都無所求！「空」可以幫助我們放下得失，一切都無所謂！「空」可以幫助我們內證無我，外證無相，一切都無所住！「空」可以幫助我們念本無念，心本無生，性本空寂，清淨無為，心不移動，一切都無所得！

三、「名詞」的「空」：「空」是離妄執而顯的法性。證入「涅槃空境」，身心俱寂，諸漏已盡，心慧解脫。不再受生輪迴，流轉五趣；了生脫死，出離三界；不生不滅，常樂我淨。常者恆常，樂者快樂，我者自在，淨者清淨。達到內心空寂，寂滅無染，快樂充滿，光明清淨的「涅槃空境」。回歸「法界本體」，顯現「眞如本性」，找回本來面目，回到本地風光，佛性自顯，現出如來藏自性清淨心，眞我出現。眞心圓明空寂，心量廣大，涵容一切，自性清淨，常住不變。只要證入眞如本性，就可以融入「法界本體」。有如水滴，匯入大海。法界清淨，平等不二，不分彼此，無有分別，遍在常住，寂靜涅槃，任運自在。法界就是「如來眞心」，就是「空」，就是「宇宙本體」，不生不滅，是一個實體的存在。

第九節　法界本體

「法界本體」——空，是法爾如斯，眞實存在。修行的最終歸宿就是回歸「法界本體」。「法界本體」無形無相，無質無礙，自由自在，來去自如，具有大能，不可言喻。若眞要比喻，則有如「虛空」加上「覺性」。「虛空」廣大無邊，包容一切，無所不在，而且法界一如，無有差別，去來不留。「覺性」靈明覺知，具有靈性，光明遍照；覺而不迷，正而不邪，淨而不染，沒有絲毫的妄想、分別、執著；而且了了分明，能起大用，不受境遷，不隨物轉。雖然有感覺，但不受影響；自性清淨，如如不動；眞空妙有，能生萬法，一種眞實的存在感。法界常住的「緣起法」是其運行法則。所以說，緣起法就是宇宙、世間甚至整個法界的運行法則，包括物質界的物理、化學、生物、醫學等工程科學；以及精神界的心理、人際關係、經濟、政治、管理等社會科學；甚至包括法界的是非善惡、因果報應、六道輪迴、業力法則等無形的法界系統原理。每一件事物的背後，都有它的因緣存在，包括知性的、理性的、與感性的因素。因爲這樣，所以那樣；因爲那樣，所以這樣；環環相扣，重重相因，互相影響，互相牽連；形成一個所謂的「機理」或「機制」的因果關係。若再加上「人」的因素、「有情生命」的因素、甚至「累世業緣」的因素，那就更加晦暗難明了。所謂「緣起甚深」啊！這些相依相存的因素，又會隨著歲月的流轉而變遷轉化，無常變易。一切都會變化的，一切都會過去的，一切都會消失的，最終歸於寂滅。所以說，「緣起法」是三法印的基礎，也是有情生命從「流轉」通向「還滅」，從「生死相續」通向「寂靜涅槃」的橋樑。

例如，把食物吃進肚子裡，不用等我們下命令，身體就會自動消化、分解、吸收、轉換、儲存；讓我們變得有力氣、有精神，並且會成長、會茁壯，眞是不可思議啊！要心懷感恩啊！這就是「緣起」！我們的身體會依照大自然的法則進行運轉，毋須我們操心。但是卻需要我們小心呵護，若不知道保養、珍惜，須知種什麼因，就會得什麼果。如果不斷地消耗它，一旦超過臨界點而失去平衡，身體就會崩解毀壞。物質界如此，精神界亦是如此，大自然的一切何嘗不是如此，世間的一切人情事理更是如此。你散發出去的電波如果是瞋恨心、嫉妒心，法界迴向回來的就是瞋恨心、嫉妒心；你散發出去的電波如果是感恩心、慈悲心，法界迴向回來的就是感恩心、慈悲心。俗話說：「人在做，天在看。」尊貴的蓮生聖尊《怪談一篇篇》說：「我們每一個人的一舉一動、一想一念，都有鬼神知之。」又說：「我們只要動了一個念頭，善惡立判。」須知因果是分分秒秒都在發生的啊！而且一切都在法界的緣起運轉法則控制之下。

所以說，任何起心動念、身行口說所引發的業行都會被傳送到「法界本體」，接受緣起法的監控，形成業因業緣。在因緣成熟時，招感應得的遭遇和果報。而且，有什麼樣的心念業行，就會招感什麼樣的法界與之相應，故有「三界、五趣、六道」之別。因此，現象面的一切都是來自於「法界本體」，其實也就等於來自於我們自己的「心」。心裡面在想什麼，就會做出什麼，然後就會招感什麼。一切都是自己造成的啊！有形的世間其實受到無形的法界深深巨大的影響甚至操控。若能搞懂這些道理，還會去貪小便宜嗎？還會去爲非做歹嗎？還會去造十惡業嗎？還敢做對不起天地良心的事嗎？

第十節 寂靜涅槃

當我們學會看破、放下，就可以捨掉物欲，捨掉情欲；當我們顯現眞心、回歸本性，就可以捨掉色身，捨掉心識。一件一件捨，一樣一樣離，慢慢地把「我」拿掉。當我們全部捨離，捨離一切，捨到一絲不掛，捨到一無所有；捨之又捨，連捨也捨，就會發現：捨掉一切反而得到一切，成就別人反而成就自己，一無所有反而無所不有。無我本來就沒有我，沒有我反而顯現眞我，融入法界空海，平等沒有差別，無在無所不在，證入無生，寂靜涅槃。三界任我遨遊，法界處處化現，自在神通，自主生死。印順導師《學佛三要》說：「入了涅槃，無牽制、無衝突、無迫害、無苦痛；一切是永恆、安樂、自在、清淨。」

修行學佛的最終歸宿就是寂靜涅槃。只要滅盡「貪、瞋、癡」，就可以證入「寂靜涅槃」的眞實解脫境界，而且是現世得解脫，不必等到死後。因此，涅槃的別名又叫「解脫」，解除惑業之繫縛，脫離三界之苦果，不爲塵世所累，不爲生死所縛，達到任運自在、自主生死的境界。在情感上，永斷喜貪，得心解脫；在知見上，永斷無明，得慧解脫。「心解脫」要實修禪定，懂得放下自我，證清淨心，去染成淨；「慧解脫」要培養正見，懂得看破紅塵，證法性空，轉迷成悟；心慧解脫就可以成爲解脫的聖者。另外，涅槃就是苦滅，苦滅就是流轉五趣、沉淪生死的痛苦已經消滅，再也不會受生，不生也就不滅。

所以說，涅槃不是死亡，而是滅度、無生之義。「滅度」是滅煩惱、度生死的意思。以「緣起法」爲基礎，從「無常」悟入「無我」，從「無我」悟入「無生」。「無常」是人生眞實的現象，「無我」是生命眞實的作用，「無生」是諸法眞實的體性。從「諸行無常」中，體悟「常性」本空而不生不滅。從「諸法無我」中，體悟「我性」本空而不生不滅。萬法緣起，世間本空，「空」即是「無生」的涅槃。因爲性本空寂，清淨無爲，本來什麼都沒有；念本無念，心本無生，無生也就無滅。有心妄動，就是生；無心不動，就是無生。「無生」其實是無生無不生。只要不執著，生也可以，不生也可以，甚至根本就無所謂生不生，是謂「無生」。這種自由灑脫，自主生死，來去自如，任運自在的境界就是「寂靜涅槃」。

第十一節　當下管理

建立這些解脫智慧之後就是要拿來應用，在日常生活當中應用，在歷緣對境處應用，在當下的起心動念應用。如何應用？首先要「護念」，依「四正斷」，善護心念。我們這一顆「心」有如猿猴一般，跳上跳下，很不安份。所以要找一件正事讓「心」去忙，使「心」能夠專注在「正念」上，才不至於失念，導致胡思亂想、胡言亂語、胡作非爲。因此，可以結合「四念處」與念佛、念安般、念慈悲喜捨，或觀想佛、菩薩、上師、本尊、護法住頂，看好我們這一顆「心」。並且如實知我們的內心在想什麼？嘴吧在說什麼？身體在做什麼？平時則要多聞善法，培養正見，建立正確的人生觀與價值觀，然後實修佛法。經過聞慧、思慧、修慧的過程，將解脫煩惱的智慧深植在我們的「潛意識」當中，慢慢地成爲一種習慣。

修行過程當中，在「遇境生心」的時候，要能夠靈明覺知，除了從現象面去觀察之外，也可以從本體面去思惟，才不至於心隨境轉。須知妄心雜染妄爲，蠢蠢欲動；眞心清淨無爲，如如不動。遇境切勿隨妄心而去，定要令眞心做主，實修「無念」。尊貴的蓮生聖尊慈悲地教導弟子們「滅心」與「滅境」的方法：所謂「滅心」就是滅你現在目前的心，滅你自己本身的心。讓你的心死，你就能應付外面所有的萬象，你的心中就不起波濤。所謂「滅境」就是教你滅掉境界。只要你能夠將一切的境界統統滅了，你才能自在。何謂滅心？你要讓眼睛不看、耳朵不聽、嘴吧不講、心裡不想，這是「滅心」的方法。何謂滅境？諸行無常，沒有所謂的常態。事實上，沒有人能得到什麼的。你要思惟你所看見的外面環境的這些東西，都會變遷，都會沒有的，你的心裡就定了，那就是「滅境」。

這樣的說法其實和《金剛經》所談到的「離相」與「離念」，以及六祖惠能所說的「一相三昧」與「一行三昧」是相通的。「離相」是離一切相，去四相，不爲外境所動，做到無事，有如「滅境」。「離念」是離一切念，離三心，不爲煩惱所亂，做到無心，有如「滅心」。怎麼做？佛陀教導我們「無住生心」，一切隨緣，眞心常住，做到「是法平等，無有高下；不取於相，如如不動」。另外，六祖《壇經》付囑品云：若於一切處而不住相，於彼相中不生憎愛，亦無取捨，不念利益成壞等事，安閒恬靜，虛榮淡泊，此名一相三昧。若於一切處行住坐臥，純一直心，不動道場，眞成淨土，此名一行三昧。意思是說，面對塵境諸幻相，要能夠做到不執著，成就離相。對於諸幻相不生愛恨之心，無取無捨，也不把利害成敗當一回事，自然就可以淡泊寧靜，安然自在，此謂之「一相三昧」，有如「滅境」。面對一切行住坐臥、眠寤語默、起心動念，單純地用這一顆正直的清淨心，成就離念。令不動的眞心做主，自然直心就是道場，淨土就在眼前。須知只要心淨，無處不是淨土，此謂之「一行三昧」，有如「滅心」。

也就是說，就「塵境」、「內心」、「業行」來看：「塵境」是所緣之境，「內心」是能緣之心，「業行」是所作之行。須知累世的「業緣」會牽動我們的「命運」去遭遇不同的「塵境」，接觸不同的「人事時地物」；當下的那一顆「心」會受到累世無明「習性」的影響，而造作雜染「業行」。因此，我們要滅心、滅境。「滅心」是指滅能緣之心，令心如止水，一心不亂。不看、不聽、不說、不想，不起妄念，做到「離念」就可以「無心」。「滅境」是指滅所緣之境，不爲外境所動，離境而不著境。雖看、雖聽，但不說、不想，如如不動，做到「離相」就可以「無事」。綜合起來就等於「平常心」，也就是「心平行直」的意思。「心平」就是一相三昧，離相滅境，做到如如不動。「行直」就是一行三昧，離念滅心，做到一心不亂。然而，心境雖滅，但無爲而爲，無造作之心；無相而相，無取捨之相；無物而物，無一物可得。是心無起滅，但身起萬行；慈悲濟世，利益眾生；無事無心，業行清淨；煩腦解脫，痛苦止息。尊貴的蓮生聖尊《隨風的腳步走》提到：「一切無事，一切無心，永寂如空，畢竟清淨，自然解脫。」

綜合而言，面對內心：我們要離念滅心，實證一心不亂，重點是不要亂想。做到無心，從此不再妄念紛飛！面對外境：我們要離相滅境，實證如如不動，重點是不要亂觸。做到無事，從此不爲外境所動！面對事相：我們要隨緣自然，體悟眞心不妄，重點是不要勉強。開悟明心，從此明白自己的眞心！面對理體：我們要證悟無生，體悟本性不染，重點是不要執著。修道見性，從此見證自己的本性！一旦離念離相，滅心滅境，無心無事，明心見性，眞心做主，眞我出現，就可以解脫煩惱，任運自在。

並且要學會「轉念」。遇到惡緣逆境，轉個念，就沒事了。「轉念」就是重新塑造自我價値觀的一個過程，試著用不同的角度來看待事情。修行其實就是在學習轉念。怎麼做呢？我們且從「心、意、識」的運作模式來看：「心」能集起，是累世記憶的儲藏庫，類似「潛意識」。「意」能思量，與「我愛、我見、我慢、我癡」的習性相應，類似「價値觀」。「識」可了別，能認知，會造業，就是「意識」。當外界「六塵」的資訊透過「六根」進入到內心之後，在「潛意識」與「價値觀」的影響之下，經由「意識」的了別，而有所了解認知。從了解認知到行動造業之間，我們的內心會經過注意／不注意、合意／不合意、在意／不在意、起意／不起意、決意／不決意的過程，最終透過外顯行爲表現出來。以下我們歸納出當下管理的轉念模式與些許準則供大家參考。但是運用巧妙，存乎一心，可隨個人彈性使用。

一、「注意／不注意」階段：外面的花花世界，以及內心的無窮欲望，會促使我們的六根不斷向外攀緣，誘發種種接觸，引起我們的注意，因此我們要儘量避開惡因、惡緣、惡塵、惡境。「守護六根」乃當務之急，勤修四正斷之「律儀斷」。遠離小人，遠離煩人，乃至於遠離是非之人、事、時、地、物。須知小人不可信，煩人不可親，是非之人不可近。口訣是：看到「五欲」要想到火坑，看到「美女」要想到毒蛇，看到「錢財」要想到深淵，看到「名位」要想到懸崖，看到「小人」要想到陷阱。並且培養「是非善惡」、「因果業報」、「味、患、離」的智慧，不貪「四食、五欲、六塵」，莫圖「財、色、名、食、睡」。面對「由內而外」的各種欲望貪愛，要懂得看破，不再貪戀，一切都無所求，將心力專注在修行上。有益於修行的，就多接觸一點，例如多親近善知識。當然，最高境界是證悟空寂無生；一心不亂，萬境不染；如如不動，風吹不倒；眞心不妄，無事無心；一切都無所得。內無所得，外無所求，就知道什麼該要，什麼不該要；什麼該注意，什麼不該注意。

二、「合意／不合意」階段：注意之後會因爲個人偏好的不同、累世習性的差異、或是「潛意識」當中「價值觀」的不同而引發「合意」或「不合意」的感受。遇到合意的順境，容易起欲貪心，因此要培養知足感恩的心。也容易得意忘形，招來禍患，因此要生起怖畏心。遇到不合意的逆境，容易起瞋恨心，因此要生起慚愧心。並且培養「正觀諸受」的智慧，樂受不起貪念，苦受不起瞋念，不苦不樂受不起癡念，做到「身受心不受」。或是建立佛法正見，重新修正我們的「價值觀」，培養「三法印」、「正觀五蘊無常、苦、無我、空的智慧，勤修四正斷之「修斷」，依四念處，修七覺支。口訣是：好也等於不好，不好也等於好；一切都是很好，其實無所謂好不好。不住於好，也不住於壞，一切都無所住。自然就沒有所謂「合意」或「不合意」，一切隨緣自在，一心邁向解脫。

三、「在意／不在意」階段：不管合意或不合意，我們的內心都有可能因爲「心動」而引發「在意」或「不在意」的念頭。應當淨化心靈，勤修四正斷之「隨護斷」，以佛法對治一切煩惱，以善法對治一切惡法。培養「慈悲喜捨」的智慧，眼裡不要只看到自己，多爲苦難的眾生著想，要有一顆「漂亮的心」。培養「正觀緣起」的智慧，用「三世因果」來思惟世間的一切，須知因果是分分秒秒都在發生的。口訣是：體悟萬法緣起，一切都會變化的，一切都會過去的，一切都會消失的，最終歸於寂滅。人生如夢如幻，一切都是假的，都是暫時的存在，都是存在的不存在，有什麼好在乎的。把「我」放下，不再執著「四大、五蘊、六根」爲我。須知有「我」就有煩惱，「無我」才能解脫。不管「合意」或「不合意」，千萬都不要「在意」。「合意」的不起貪念，「不合意」的不起瞋心、害念。面對「由外而內」的各種打擊遭遇，要懂得放下，不再計較，一切都無所謂，一切都不放在心上。不要那麼敏感，更不要那麼在乎。只要過程盡情揮灑，對得起天地良心，結果如何？就無所謂了。

四、「起意／不起意」階段：若是在意，則我們的內心可能就會產生「起意」或「不起意」的念頭，發起行爲的動機。故當「善護心念」，勤修四正斷之「斷斷」。培養「是非善惡」、「因果業報」、「五趣流轉」的智慧，凡事三思而後行，內心不要隨便「起意」。口訣是：「舉頭三尺有神明」，「凡事天必知」。老子《道德經》云：「天網恢恢，疏而不漏」。須知任何起心動念所引發的業行都會被傳送到「法界本體」，接受緣起法的監控，形成業因業緣。生了什麼心，就會招感什麼來；起了什麼意，就會隨著意念去。一旦起意就會有念，一旦有念就是輪迴的根本。須知妄念一起，妄行妄爲，後患無窮。因此，我們要提起正念，例如將念頭安住在「阿彌陀佛」聖號上，做到無量覺醒，無量悲心，無量光明，念念清淨。最好是無念，當止息妄心，讓眞心作主，就不會隨便起意。

五、「決意／不決意」階段：若是起意，則我們的內心可能就會「決意」，進而「造作行爲」來維護自我，造無量業。所以我們要善護身行，學習忍辱，持戒清淨，所謂「忍一時風平浪靜，退一步海闊天空。」雖然已經起意，但是只要不表現出來，就可以避免事態擴大。口訣是：守五戒，行十善，以戒爲師，凡事包容，懂得忍耐，與人無諍。要忍辱、忍辱再忍辱，戒怒、戒怒再戒怒。否則一步錯，步步錯，一錯再錯，一發不可收拾。看看自己手上有多少籌碼？有能力與之對抗嗎？想想後果値得這樣做嗎？做了之後還有退路嗎？特別是針對「不可逆」的嚴重後果，例如殺生取命等，一定要避免衝動行事。留得青山在，不怕沒柴燒。有什麼芝麻大的事會比追求修行解脫來得更重要呢？所謂「事緩則圓」，不妨利用時間來沉澱一切。大事化小，小事化無，就可以避免造諸惡業。其實轉個念就沒事了，吃虧就是佔便宜，吃苦就是吃補，受罪其實是消業障啊！

總而言之，想要解脫自在，就要滅盡煩惱；想要滅盡煩惱，就要離欲清淨；想要離欲清淨，就要修證「無我」。由「無我」而「無我所」；無我、無我所就是「空」。然後在「空」的基礎之上，進而「無相」、「無住」、「無念」，最後「眞空化無」，證入「無生」。什麼都無所求！什麼都無所謂！什麼都無所住！什麼都無所得！什麼都不執著！什麼都沒有！什麼都可以！什麼都一樣！什麼都很好！想要修證「無我」，就要生起「厭離心」與「慈悲心」。想要生起「厭離心」，就要知苦而離苦，以智慧處事；想要生起「慈悲心」，就要悲憫眾生的苦，以慈悲待人。想要知道苦的眞諦，苦的原因，苦滅的境界，滅苦的方法，就要思惟四聖諦，體悟緣起法，勤修八正道，精進斷煩惱。從止惡行善做起，然後清淨「身、口、意」，止息妄心，修正習性，進而停止妄想、分別、執著、取捨、攀緣、造業，達到離苦、極樂、離欲、光明、清淨、慈悲、菩提、涅槃的境界，回歸法界本體，成就無上正等正覺。

所以說，修行的重點包括：「調適」今生的殘酷命運，圓滿人生；「調伏」當下的起心動念，清淨生活；「調整」累世的無明習性，提昇生命。須知命運的主宰是「業力」，業力是來自於「身、口、意」行爲，行爲則是由「心念」所主導，心念則受「習性」所指揮。因此，在實踐「八正道」的基礎之上，我們要懺悔除障，行善布施，改變命運，建立正確的人生觀，學會管理自己的人生。其次要調伏內心，因上修「般若慧」，遠離妄我；建立正確的生活態度，學會當下管理。然後要改變習性，果上證「菩提智」，顯現眞我；建立正確的價值觀，學會生命的實相，關鍵則在於覺悟「無我」。無我就不會有「我要」與「我怕」，就可以安心自在。證悟前：習性未除，妄我當道，妄心起妄行；不知是假，卻假戲眞做，但眞心換來絕情。證悟後：自性起用，眞我做主，眞心起妙行；明知是假，卻依然假戲眞做，但付出不求回報。而且明知世間本空，眾生可畏，厭離出世，但由於不捨眾生，卻仍然慈悲入世，廣度眾生，實無眾生可度；以無爲的心，做有爲的事。先「空觀」出世，再「假觀」入世，然後「中觀」非入出世；不住空有，純然中性，隨緣度眾，隨機應化，不爲什麼。不過，這一切都還得靠自己才能夠實現。六祖《壇經》機緣品云：迷悟在人，損益由己。意思是說，要執迷不悟，或覺醒開悟？要變壞沉淪，或變好提昇？全都是由自己決定的啊！尊貴的蓮生聖尊慈悲開示：「成就是自己，輪迴也是自己，一切都是自己。」

最後，想跟讀者分享的是：能夠修行學佛，解脫自在眞的是一件很幸福的事。當你走在「八正道」上，開顯解脫煩惱的智慧，並實際運用在日常生活之中，止息妄心，修正習性，當下管理，學會轉念，你會發現：煩惱越來越少，快樂越來越多，心情越來越平靜，內心越來越自在。欲望變得比較少，脾氣變得比較小，得失看得比較淡，智慧變得比較高。胸懷越來越寬大，內心越來越慈悲。身體越來越健康，日子越來越平安，事業越來越順利，家庭越來越和樂。敵人越來越少，貴人越來越多；厄運開始減少，命運開始變好。除了自己好，也希望別人好。生命越來越有價值，人生越來越有意義，生活越來越有自信。壓力不再那麼大，擔憂不再那麼多，麻煩不再那麼煩，糾紛不再那麼纏。再也沒有私心，從此不再計較。知道要認眞努力，結果如何無所謂。耕耘不問收穫，付出不求回報。紅塵不染，風吹不倒，好壞不住，如如不動。覺得這樣也好，那樣也好，一切都沒有什麼不好。就算不好也是好，其實無所謂好不好，只要隋緣自然就是好。慈航法師遺訓：「只要自覺心安，東西南北都好。」若是能夠懂得看破，學會放下，原來人生的一切都是很好。面對「你、我、他」的時候，記得把「我」拿掉，把「你」放在心中，把「他」化爲修行的動力。看得破是眞智慧，提得起是眞慈悲，放得下是眞功夫。須知一切都是緣份；緣來了，好好珍惜；緣盡了，留在回憶。就像歌手李翊君演唱的一首歌曲「萍聚」裡面所陳述的：

不管以後將如何結束，至少我們曾經相聚過；
不必費心地彼此約束，更不需要言語的承諾。
只要我們曾經擁有過，對你我來講已經足夠；
人的一生有許多回憶，只願你的追憶有個我。

一切隨緣，隨遇而安；隨順自然，隨緣自在！老實說：解脫自在，眞好！因此，想要現世得解脫，當下得清淨，早日安心自在，天天都有好心情，處處都是淨土，就要儘早開啓智慧，遠離顚倒夢想。須知解脫煩惱的關鍵在智慧，成就出世間的訣竅是智慧，轉凡成聖的要訣也是智慧。智慧開顯了幾分，自在就會增進幾分。想要開啓智慧，解脫自在嗎？這本書或許可以提供各位讀者些許參考。

在結束本書之前，我們再回到第一章提及的「松子的一生」來探討，不管我們曾經輪迴了幾世，也曾經以不同的生命形態存在過，但是「松子」的一生，或者說「你、我、他」的一生，的確也都曾經發生過，只可惜沒有辦法重來。我們藉由松子菩薩苦難一生的示現，給了我們許多寶貴的警惕和啓示。對生命的價值，人生的意義，與生活的態度，是否有正確的認知，實在是太重要了。不過，仔細並客觀地看待松子的一生，我們發現，在「生命的價值」方面：就像原著小說中，松子的侄子川尻笙及其女友明日香，透過了解松子姑姑的一生而體會到：「人的價值，不在於從別人那裡得到什麼，而是自己究竟可以給別人什麼。」其實，我們最敬佩與最需要的不就是無私而不求回報的愛？松子做到了，你做到了嗎？

在「人生的意義」方面：從松子的弟弟紀夫或是其他人眼中，松子的人生無疑是沒有意義的，一點都沒有。但是松子對從小不學好、愛打架，爹不疼、娘不愛的小混混龍洋一，卻無怨無悔地付出了眞愛，甚至賠上了自己的一生。不但感動了他，甚至成爲他心中的神，而神就是「愛」，因爲「愛」而感化並救贖了一條原來不可救藥、墮落的靈魂。另外，松子也讓她的侄子川尻笙，在完成松子姑姑人生拼圖的調查之後，學會了同理心，也變得更加成熟，不再是無知輕浮的少年。你能說松子的一生完全都沒有意義嗎？其實，只要能夠正面影響我們週遭的人，那怕只是一個，你的人生都是有意義的，更何況「松子的一生」已經影響千千萬萬的人了。

在「生活的態度」方面：松子不管在讀書求學方面，還是當上泡泡浴女郎，或是變成美髮師，其實都是個中的佼佼者。那到底是什麼地方出了問題，讓她的人生如此不堪？我想應該就是對自己沒有自信吧！缺乏正確的生活態度，感情不夠獨立，渴望被愛，害怕孤單，讓自己失去了理性的判斷。加上扭曲的價值觀，倔強的個性，命運的作弄，錯誤的選擇，與衝動的行爲，也是造就令人同情的松子的苦難一生的原因之一。由此也可以體會到家庭的庇護、情感的獨立、正見的培養實在是太重要了。不過，雖然不能否定松子一生的價值與意義，但是，還是不鼓勵大家去學習松子的行爲，透過血淋淋的人生教訓，來達到學習人生課題的做法。這樣做，太辛苦、太慘烈、太心酸了。因此，如果能夠透過「修行學佛」，是一個比較緩和而且正確有效的方法吧！就像台語歌手詹雅雯演唱的一首歌曲「正確的路」裡面所陳述的：

行在人生的路途，愛穩重著腳步。
不通為著一時糊塗，煞來行入黑暗路。
紅燈來阻止，嘸通行險路，嘸通踏出錯誤的第一步。
認清方向，認識路途，即袜一生來耽誤。
行在人生的路途，有時甜，有時苦。
認真打拼，才有前途，雖無富貴也快樂。
青燈來指示，選擇光明路，慎重踏出正確的第一步。
嘸驚困難，嘸驚艱苦，創造光明的前途。

在人生的路途上，修行學佛絕對是一條值得你我選擇「正確的路」。所謂「修行」就是修正行爲：修正「身、口、意」的行爲，修正「貪、瞋、癡」的念頭，修正「妄想、分別、執著」的習性。所謂「學佛」就是學習佛法：學習佛陀解脫煩惱的方法，學習佛陀解脫煩惱的智慧，學習佛陀解脫煩惱的慈悲。然後在日常生活中加以實踐，實現所謂的「生活佛教」。一切都要在歷緣對境當中接受血淚的考驗，一切都要回到滾滾紅塵裡經歷世間的磨練，才不會只是高談闊論、花拳繡腿。一代高僧廣欽老和尚說：「修行就是在修我們這忍耐性，修這種種逆境，凡事要能忍才是修行。舒適順意的境界有什麼可修？就是要在橫逆的環境去磨、去修。」須知理悟不夠，口說無憑，一切都要做出來才算數！而最重要的就是我們那一顆心！須知聞思爲本，實修爲重，淨心爲要，方能徹證。若能如此，生命的價値、人生的意義、生活的自信，自然就會顯現出來。因爲佛陀已經爲我們指明了一條解脫之道，點亮了一盞明燈，並且身體力行，親自示範，解脫自在，寂靜涅槃，證明給我們看了！What is a life？你參透了嗎？

六祖《壇經》無相頌

心平何勞持戒？行直何用修禪？
恩則親養父母，義則上下相憐。
讓則尊卑和睦，忍則眾惡無喧。
若能鑽木出火，淤泥定生紅蓮。
改過必生智慧，護短心內非賢。
日用常行饒益，成道非由施錢。
菩提只向心覓，何勞向外求玄？
聽說依此修行，西方只在目前。

高王觀世音真經

觀世音菩薩。南無佛。南無法。南無僧。佛國有緣。佛法相因。常樂我淨。有緣佛法。南無摩訶般若波羅密。是大神咒。南無摩訶般若波羅密。是大明咒。南無摩訶般若波羅密。是無上咒。南無摩訶般若波羅密。是無等等咒。南無淨光秘密佛。法藏佛。獅子吼神足幽王佛。佛告須彌燈王佛。法護佛。金剛藏獅子遊戲佛。寶勝佛。神通佛。藥師琉璃光王佛。普光功德山王佛。善住功德寶王佛。過去七佛。未來賢劫千佛。千五百佛。萬五千佛。五百花勝佛。百億金剛藏佛。定光佛。六方六佛名號。東方寶光月殿月妙尊音王佛。南方樹根花王佛。西方皂王神通燄花王佛。北方月殿清淨佛。上方無數精進寶首佛。下方善寂月音王佛。無量諸佛。多寶佛。釋迦牟尼佛。彌勒佛。阿閦佛。彌陀佛。中央一切眾生。在佛世界中者。行住於地上。及在虛空中。慈憂於一切眾生。各令安穩休息。晝夜修持。心常求誦此經。能滅生死苦。消除諸毒害。南無大明觀世音。觀明觀世音。高明觀世音。開明觀世音。藥王菩薩。藥上菩薩。文殊師利菩薩。普賢菩薩。虛空藏菩薩。地藏王菩薩。清涼寶山億萬菩薩。普光王如來化勝菩薩。念念誦此經。七佛世尊。即說咒曰：「離婆離婆帝。求訶求訶帝。陀羅尼帝。尼訶囉帝。毘離尼帝。摩訶伽帝。真陵乾帝。梭哈。」（咒唸七遍）

信念（21）

解脫煩惱的智慧

建議售價・360元

國家圖書館出版品預行編目資料

解脫煩惱的智慧／真蓮行者著. --初版.—臺中市：白象文化，民104.06
面： 公分.——（信念；21）
ISBN 978-986-358-137-6（平裝）
1.佛教修持
225.7 104001608

作　　者：真蓮行者
校　　對：真蓮行者
專案主編：黃麗穎
出版經紀：徐錦淳、黃麗穎、林榮威、吳適意、林孟侃、陳逸儒
設計創意：張禮南、何佳諠
經銷推廣：何思頓、莊博亞、劉育姍、王堉瑞
行銷企劃：張輝潭、劉承薇、莊淑靜、林金郎、蔡晴如
營運管理：黃姿虹、李莉吟、曾千熏
發 行 人：張輝潭
出版發行：白象文化事業有限公司
402台中市南區美村路二段392號
出版、購書專線：（04）2265-2939
傳真：（04）2265-1171
印　　刷：基盛印刷工場
版　　次：2015年（民104）六月初版一刷